# LINGVA LATINA
# PER SE ILLVSTRATA

# TEACHER'S MATERIALS

*focus* Publishing
R. Pullins Company
PO Box 369
Newburyport, MA  01950

Part of the
**LINGVA LATINA**
PER SE ILLVSTRATA
series

For further information on the complete series and new titles, visit www.pullins.com.

**Lingua Latina per se illustrata**
**Teacher's Materials**
© 2005 Hans Ørberg
Domus Latina, Skovvangen 7
DK-8500 Grenaa, Danimarca
Distributed by permission of Domus Latina by
Focus Publishing/R Pullins Company
PO Box 369
Newburyport, MA 01950
www.pullins.com

ISBN 13: 978-1-58510-074-3

Printed in the United States of America.

14 13 12 11 10 9 8 7 6 5

1213TS

# Table of Contents

# LINGVA LATINA PER SE ILLVSTRATA

## *Advice to the Teacher*

Before starting to read a new chapter the students should study the picture heading the chapter or the map facing the first page. Through a brief English discussion the teacher may help them to observe important details and to familiarize themselves with the theme or the setting, without entering upon the actual content of the text. In any case the preliminary discussion in English, if practiced, should not take more than a few minutes.

In the presentation of the text itself only Latin should be used. The object is to accustom the students, from the start, to read and understand the Latin text as Latin without the interference of English, or with a minimum interference of English. Begin by reading the text aloud, making the whole class or (later) individual students echo each sentence. If the reading is done carefully, with correct pronunciation and appropriate accentuation and grouping of words, the students will find to their satisfaction that they can understand the text immediately and will feel no need to translate.

Pronunciation will be taught by encouraging the students to imitate their teacher, who must therefore take great pains to pronounce as correctly and distinctly as possible.

When listening to and repeating the sentences, the students should normally have their books open before them, or have the pages shown on transparencies, so that they can see the written word at the same time.

It is important for the teacher, when first presenting the text, to know exactly what words and what grammatical forms and structures are new to the students. The *self-explanatory* text assures that the meaning of every new word and the function of every new grammatical form can be understood from the context, but a lively presentation, with suggestive intonation and gesturing and with frequent reference to visual aids, will always be a great help to the students. Their spontaneous response will generally be sufficient to show that they have grasped everything, while on the other hand an occasional puzzled look or failure to respond will reveal difficulties. In such cases, and whenever you want to be on the safe side, you can make the meaning clear by repeating one or two sentences with special stress on the word or form in question, or by illustrating the point with further examples or drawings. The same procedure can be used to call students' attention to new grammatical features.

After a passage has been presented in this way, individual students may be asked to take turns to read parts of the passage aloud in a manner that shows understanding through correct phrasing and accentuation. If the passage contains dialogue, parts can be assigned to different students (the teacher or a student can act as narrator). This is one way of checking the students' comprehension of the text. But to make quite sure that the passage has been precisely understood and assimilated, various other procedures must be used.

First of all you can ask simple questions in Latin concerning the content of the passage just studied (detailed questions on each lesson can be found in the volume EXERCITIA LATINA). Some of the questions may be accompanied by the showing of pictures. When answering the questions the students should normally be allowed to keep their books open, so that if necessary they can find the answer in the book (the very fact that they can spot the right answer shows that they understand the meaning of both question and answer).

In the last resort, if you are still in doubt whether a new word or a new grammatical form has been correctly understood by everybody, you may ask one of the students to give an English equivalent. However, if the text is carefully presented with proper emphasis on new features, translation, whether of single words or whole sentences, will generally be felt to be superfluous. Of course the English translations of Latin words and phrases will often be present in the students' minds, but when reading the text they should be encouraged to concentrate on understanding the Latin directly as it stands instead of searching for English equivalents. The very fact that they are not asked to translate will help them to such direct understanding, which is a prerequisite for obtaining proficiency in reading and insight into the mechanism of the language and its means of expression. (The general comprehension of the text may be checked by asking a student to give an English paraphrase).

Most teachers will find it necessary to explain and discuss points of grammar in English on the lines of the *instructions* given in the Students' Manual LATINE DISCO. When this is practiced, the formulation of rules should preferably be left to the students themselves after they have seen several examples of the grammatical forms functioning in context.

As a further help to observe and learn the grammatical system, each chapter is followed by a grammar section, GRAMMATICA LATINA, which contains systematically arranged examples of the new points of grammar with the relevant Latin grammatical terms. Since the teacher will probably already have called attention to most of these points, the study of this section need not take up much time.

The chapters of LINGVA LATINA are so long that they will have to be divided into several lessons. The division into lessons (*lēctiōnēs*) shown in the margin by roman numerals (*I, II, III*), and followed in EXERCITIA LATINA, is intended as a guide for the teacher, but more than one period will be needed for some of the lessons. However, in the interest of promoting the reading skill the teacher should not make the readings too short.

The three PENSA at the end of each chapter constitute the final test of the students' comprehension of the material taught in the chapter. After studying both the main text and the GRAMMATICA LATINA section, the students are required to copy the PENSA (as homework or in class), filling in grammatical endings in PENSVM A, and new words in PENSVM B (special PENSA forms with blanks to be filled in are provided). The questions in PENSVM C should be answered with complete sentences, but if this has already been done orally in class, written answers need not be given. If these exercises are done satisfactorily (with at least some 80 per cent of the answers correct), this is the best guarantee that the whole chapter, with its new grammar and vocabulary, has been understood and assimilated by the students. Whenever reinforcement of certain points is needed, the more detailed exercises in EXERCITIA LATINA can be used. (Keys to the PENSA and EXERCITIA are available for teachers who want them.)

In spite of careful reviewing students will, as they progress in their reading, come across some words whose meaning they have forgotten. In most cases the teacher can help a student out by giving an example of the word used in an easy context which clarifies the meaning; but the students can also find out the meaning for themselves by consulting the INDEX VOCABVLORVM at the end of the volume. The teacher should show the students, when they have read one or two chapters, how they can use the reference to chapter and line to find the passage where the word occurs for the first time in a context which will generally be sufficient to make the meaning clear. (This effort is more rewarding than looking up the word in the *Latin-English Vocabulary*). In a similar way the treatment of grammatical points can be retraced by means of the INDEX GRAMMATICVS (pp. 326-327).

*Hans H. Orberg*

2

# LINGVA LATINA PER SE ILLVSTRATA
# PARS I: FAMILIA ROMANA

## CAPITVLVM I

### PENSVM A

Nīlus fluvi_____ est. Nīlus et Rhēnus fluvi___ _____. Crēta īnsul___ _____. Crēta et Rhodus īnsul__ sunt. Brundisium oppid___ est. Brundisium et Tūsculum oppid___ _____.

Rhēnus fluvi___ magn___ est. Tiberis est fluvi___ parv___. Rhēnus et Dānuvius nōn fluvi__ parv___, sed fluvi___ magn___ sunt. Sardinia īnsul___ magn___ est. Melita īnsul__ parv___ est. Sardinia et Sicilia nōn īnsul___ parv___, sed īnsul___ magn___ sunt. Brundisium nōn oppid____ parv___, sed oppid___ magn___ est. Tūsculum et Delphī nōn oppid___ magn___, sed oppid___ parv___ sunt.

Crēta īnsul___ Graec___ est. Lesbos et Chios et Naxus sunt īnsul___ Graec___. In Graeciā mult__ īnsul___ sunt. In Galliā sunt mult___ fluvi___. In Italiā mult___ oppid___ sunt. In Arabiā sunt pauc___ fluvi___ et pauc___ oppid___.

A et B litter_____ Latīn_____ sunt. C quoque litter___ Latīn__ est. *Multī* et *paucī* vocābul ___ Latīn____ sunt. *Ubi* quoque vocābul___ Latīn___ est. I et II number___ Rōmān___ sunt. III quoque numer___ Rōmān___ est.

### PENSVM B

Sicilia _____ est. Italia īnsula _____ est. Rhēnus _____ est. Brundisium _____ est. Sicilia et Sardinia _____ magnae sunt. Melita īnsula _____ est. Britannia nōn _____ parva, sed _____ est. Brundisium nōn _____ _____, sed _____ magnum est. Est__ Brundisium in Graeciā? Brundisium ___ est in Graeciā, ____ in Italiā. ___ est Sparta? Sparta est in Graeciā. Sparta oppidum _____ est. Delphī _____ oppidum Graecum est. Euboea, Naxus, Lesbos, Chios _____ Graecae sunt. In Graeciā sunt _____ īnsulae.

Quid est III? III _____ est. _____ est A? A littera est. A, B, C _____ Latīnae sunt. _____ x littera Latīna est? x _____ littera _____, sed littera _____ est. *Īnsula* _____ Latīnum est.

### PENSVM C

1. Ubi est Rōma?
2. Estne Sparta in Italiā?
3. Ubi est Italia?
4. Ubi sunt Syria et Arabia?
5. Estne Aegyptus in Asiā?
6. Ubi sunt Sparta et Delphī?
7. Ubi est Brundisium?
8. Quid est Brundisium?
9. Num Crēta oppidum est?

10. Estne Britannia īnsula parva?

11. Quid est Tiberis?

12. Quid est D?

13. Num x littera Latīna est?

14. Estne II magnus numerus?

# CAPITVLVM II

## PENSVM A

Mārcus fīli___ Iūliī est. Iūlia fīli___ Iūliī est. Iūlius est vir Rōmān___. Aemilia fēmin___ Rōmān___ est. Iūlius domin____, Aemilia domin___ est. Mēdus serv____ Graec___ est, Dēlia est ancill___ Graec___. Sparta oppid___ Graec___ est.

Iūlius pater Mārc____ est. Mārcus est fīlius Iūli___ et Aemili____. Mēdus servus Iūli___ est: Iūlius est dominus serv___. Iūlius dominus Mēd___ et Dāv___ est: Iūlius dominus serv____ est. Numerus serv____ magnus est. Dēlia est ancilla Aemili___: Aemilia domina ancill___ est. Aemilia domina Dēli___ et Syr____ est: Aemilia domina ancill____ est. In familiā Iūli___ est magnus numerus serv____ et ancill____. Aemilia māter Mārc____ et Quīnt___ et Iūli___ est. Mārcus, Quīntus Iūliaque sunt līberī Iūli___ et Aemili___. Numerus līber_____ est trēs. Numerus serv_____ est centum.

In pāginā prīmā capitul___ secund___ multa vocābula nova sunt. Numerus capitul_____ nōn parvus est.

## PENSVM B

Mārcus _____ Rōmānus est. Iūlius _____ Rōmānus est. Aemilia est _____ Rōmāna. Iūlius est _____ Mārcī et Quīntī et Iūliae. In _____ Iūliī sunt trēs _____: duo _____ et ūna _____. _____ līberōrum est Aemilia.

_____ est Dāvus? Dāvus est _____ Iūliī. Iūlius _____ Dāvī est. _____ est Syra? Syra _____ Aemiliae est. Aemilia est _____ Syrae.

Cornēlius: " _____ servī sunt in familiā tuā?" Iūlius: "In familiā _____ sunt _____ [C] servī." Cornēlius: "Familia _____ magna est!"

'LINGVA LATINA' est titulus _____ tuī Latīnī.

## PENSVM C

1. Quis est Quīntus?
2. Quī sunt Mēdus et Dāvus?
3. Mārcusne quoque servus Iūliī est?
4. Cuius fīlia est Iūlia?
5. Quot līberī sunt in familiā Iūliī?
6. Quot servī in familiā sunt?
7. Num Syra domina est?
8. Quae est domina ancillārum?
9. Estne Cornēlius vir Graecus?
10. Num *puella* vocābulum masculīnum est?

# CAPITVLVM III

## PENSVM A

Cūr Mārc_____ Iūliam pulsat? Mārcus Iūli_____ pulsat, quia Iūli___ cantat. Iūli___ plōr___, quia Mārcus e___ pulsat. Iūlia: "Mamma! Mārcus_____ pulsat." Aemilia puell___ aud___ et ven___. Māter Quīnt___ videt et e_____ interrog____: "Quis mē voc___?" Quīnt___ respond____: "Iūlia ____ vocat."

   Iūlius dorm_____. Quīntus Iūli_____ voc_____: "Pater!" Mārcus rīd____, quia Iūli _____ nōn venit. Aemilia Mārc_____ verber_____. Iūlius ven_____, quia Mārc_____ plōrat. Iūlius Aemili_____ et Mārc_____ et Quīnt_____ et Iūli_____ videt. Iūlius: "Puer quī parv_____ puell _____ pulsat improbus ets." Iūlius puer_____ improb_____ verberat. Quem Iūli_____ verberat? Puer qu____ Iūlius verberat est Mārcus. Mārcus plōr_____. Puer qu____ plōrat laet_____ nōn est. Puella qu____ cantat laet_____ est.

## PENSVM B

Puella _____: "Lalla." Puella _____ cantat est Iūlia. Iūlia _____ est. Puer improbus puellam _____. Puella _____: "Uhuhū! Puer _____: "Hahahae!" Puer _____ rīdet est Mārcus. Iūlia Aemiliam _____: "Mamma!" Aemilia _____, et Quīntum _____: "Cūr Iūlia plōrat?" Quīntus _____: "Iūlia plōrat, _____ Mārcus eam pulsat." Aemilia: "Mārcus puer _____ nōn est, puer _____ est! Ubi est pater?" Aemilia Iūlium nōn _____. Quīntus: "Pater nōn _____ est." Quīntus Iūlium _____: "Pater!" Iūlius Quīntum nōn _____. _____ Iūlius Quīntum nōn audit? Iūlius eum nōn audit, quia _____. Mārcus plōrat, _____ Aemilia eum verberat. Iūlius Mārcum audit; _____ Iūlius nōn dormit. _____ Aemilia verberat? Aemilia Mārcum _____. Puer _____ Aemilia verberat improbus est. Iūlia laeta nōn est _____ rīdet.

## PENSVM C

1. Quis Iūliam pulsat?

2. Cūr Iūlia plōrat?

3. Quīntusne quoque Iūliam pulsat?

4. Quem Quīntus pulsat?

5. Cūr Aemilia venit?

6. Quis Iūlium vocat?

7. Cūr Iūlius Quīntum nōn audit?

8. Quem audit Iūlius?

9. Cūr Mārcus plōrat?

10. Rīdetne Iūlia?

11. Num *Mārcus* accūsātīvus est?

12. Num *Iūliam* nōminātīvus est?

13. Quid est *dormit?*

# CAPITVLVM IV

## PENSVM A

Mēdus ad_____. Dāvus ab_____. Iūlius imper____: "Voc___ Dāvum, Mēd___!" Mēdus Dāvum voc ___: "Dāv__! Ven___!" Dāvus ven___ neque Iūlium vid___. Mēdus: "Salūt___ dominum!" Dāvus dominum salūt____: "Salvē, domin____! Quid est?" Dominus: "Tac___, serv___! Nummī meī ubi sunt?" Servus tac___ neque respond___. Iūlius: "Respond__!" Dāvus: "Interrog___ Mēdum!" Iūlius Mēdum interrog_____: "Ubi est pecūnia mea, Mēd___?" Mēdus: "Dāvus pecūniam tuam hab___." Iūlius: "Pōn___ sacculum tuum in mēnsā, Dāv___!" Dāvus pār___: sacculum suum in mēnsā pōn ___. Dāvus: "Vid___, domin____: sacculus meus vacuus est." Iūlius: "Sūm___ sacculum tuum et discēd___, bon___ serv___!" Dāvus sacculum suum sūm___ et discēd___.

## PENSVM B

In sacculō Iūliī _____ est. Iūlius pecūniam suam _____: "Ūnus, duo, trēs, _____, _____, sex, _____, _____, _____, _____." In _____ nōn centum, sed _____ decem nummī sunt.

　　Dāvus dominum _____: "Salvē, domine!" Iūlius _____: "Pōne sacculum tuum in _____!" Dāvus sacculum _____ in mēnsā _____. Sacculus Dāvī _____ est, in sacculō _____ [: Dāvī] _____ pecūnia est. Dāvus sacculum suum _____ et discēdit.

　　Iūlius: "Mēde! Venī!" Mēdus nōn venit, quia ____ [: Mēdus] pecūniam Iūliī _____. Iūlius baculum, _____ in mēnsā est, sūmit et _____.

　　Dominus imperat, bonus servus _____.

## PENSVM C

1. Quot nummī sunt in sacculō Iūliī?

2. Adestne Dāvus in scaenā prīmā?

3. Quis Dāvum vocat?

4. Suntne nummī Iūliī in sacculō Dāvī?

5. Quid Iūlius pōnit in sacculō Dāvī?

6. Quot nummī iam in sacculō Iūliī sunt?

7. Estne vacuus sacculus Mēdī?

8. Cūr Mēdus discēdit?

9. Quem Iūlius vocat?

10. Cūr Mēdus Iūlium nōn audit?

# CAPITVLVM V

## PENSVM A

Iūlius et Aemilia in vīll___ habit_____ cum liber____ et serv____. Dominus mult___ serv_____ et mult___ ancill___ habet.

    Aemilia in peristȳl___ est cum Mārc___ et Quīnt___ et Iūli___. Iūlia mult___ ros___ in hort___ vid___ et ab Aemili___ discēd___. Iam Aemilia puell___ nōn vid___, neque puerī eam vid____. Aemilia: "Mārce et Quīnte! Voc____ Iūliam!" Puerī Iūli____ voc___: "Iūlia! Ven___!" et Iūlia puer____ voc___: "Mārce et Quīnte! Ven___!" Iūlia puerōs nōn aud___, sed puerī Iūli___ aud____. Iūlia: "Cūr puerī nōn ven____?" Iūlia ex hort___ venit cum V ros____ pulchr___. Iūlia: "Vid___ ros___ meās, māter! Vid____, puerī!" Mārcus: "Rosae pulchrae sunt, puella sine ros___ pulchra nōn est!" Iūlia cum ūn___ ros____ discēd___. Puerī rīd___. Aemilia: "Tac___, puerī! Sūm___ ros___ et discēd ___!" Puerī ros___ sūm___ et discēd___; in ātri___ aqu___ sūm___ ex impluvi___ et ros___ in aqu___ pōn___.

## PENSVM B

Iūlius in magnā ____ _____. Aemilia cum ____ [: Iūliō] habitat. Iūlius Aemiliam ___, quia ___ [: Aemilia] bona et _____ fēmina est.

    Aemilia in peristȳlō est _____ līberīs suīs, sed _____ virō suō. Iūlia ___ Aemiliā discēdit; iam puella in _____ est. Iūlia rosās _____ et ___ hortō venit cum V _____. Puella laeta est: rosae eam _____.

    Ubi est impluvium? _____ [: impluvium] est in _____. In impluviō _____ est. In ātriō nūllae _____ sunt.

## PENSVM C

1. Num Iūlius sōlus in vīllā habitat?

2. Quot fīliōs et quot fīliās habent Iūlius et Aemilia?

3. Ubi est impluvium?

4. Ubi dormiunt servī?

5. Adestne Iūlius in peristȳlō cum Aemiliā?

6. Ubi est Iūlius?

7. Estne Aemilia sōla in peristȳlō?

8. Quid agit Iūlia in hortō?

9. Cūr puerī Iūliam rīdent?

# CAPITVLVM VI

## PENSVM A

Iūlius ab oppid___ Tūsculō ad vīll___ su___ it. Vīlla eius prope Tūscul___ est. Iūlius in lectīcā est inter Urs___ et Dāv___. Dominus ā servīs port___. Ursus et Dāvus nōn saccōs port___, sacc___ ā Syrō et Lēandrō port___. Saccus quem Lēander port___ nōn tam parvus est quam saccus quī ā Syr___ port___.

Mēdus nōn est apud domin___, nam servus malus dominum tim___. Dominus ā serv___ mal___ tim___. Dominus serv___ mal___ voc___ neque ab eō aud___. Serv___ mal___ ā domin___ voc___ neque eum aud___.

Quō it Mēdus? Rōm___ it. Unde venit? Mēdus Tūscul___ venit. Ante Mēd___ est Rōma, Tūsculum post e___ est. Cornēlius nōn Tūsculō Rōmam, sed Rōm___ Tūscul___ it, nam is Tūscul___ habitat. Cornēlius nōn ambulat, sed equ___ veh___.

Lȳdia, amīca Mēdī, Rōm___ habitat. Iam Mēdus Rōm___ apud Lȳdi___ est. Mēdus amīc___ su___ salūt___ et ab amīc___ su___ salūt___, nam Lȳdia Mēd___ am___ et ab e___ am___.

## PENSVM B

Ōstia nōn _____ ā Rōmā, sed _____ Rōmam est. _____ venit Iūlius? Tūsculō venit et _____ vīllam it. Duo servī eum _____. Syrus et Lēander, quī ____ lectīcam ambulant, duōs _____ portant. Saccus Syrī nōn _____ magnus est _____ saccus quī ___ Lēandrō portātur, _____ Syrus nōn tam _____ est quam Lēander.

Mēdus _____ dominum nōn est, nam Mēdus dominum īrātum _____. Mēdus servus _____ [= improbus] est; _____ Mēdus et Iūlius nōn _____, sed inimīcī sunt. Via Latīna, quae est _____ Rōmam et Capuam, nōn tam _____ est quam ___ Appia. ___ ambulat Mēdus? Is Rōmam ambulat, _____ amīca eius Rōmae habitat. Cornēlius _____ [= sed C.] Rōmā Tūsculum ___. Tūsculum est ante eum, _____ eum est Rōma. Cornēlius equō _____, is nōn _____. Iūlius et Cornēlius ad vīllās suās _____.

## PENSVM C

1. Ambulatne Iūlius?
2. Quī Iūlium portant?
3. Quid portant Syrus et Lēander?
4. Unde venit Iūlius et quō it?
5. Quō it Mēdus?
6. Etiamne Cornēlius Tūsculō Rōmam it?
7. Ubi habitat Cornēlius?
8. Cūr Mēdus laetus est?
9. Quae est Lȳdia?
10. Quid habet Mēdus in sacculō suō?
11. Suntne amīcī Iūlius et Mēdus?
12. Num *portat* verbum passīvum est?

# CAPITVLVM VII

## PENSVM A

Iūlius Mārc___, fīli___ su___, mālum dat. Iūlius Mārc__ et Quīnt___, fīli___ su___, māla dat. Iūlius etiam serv___ su___, Syr___ et Lēandr___, māla dat.

C_____ Aemilia ōsculum dat? Aemilia vir___ su___ Iūli___ ōsculum dat. Iūlius Aemili_____ ōsculum dat. Iūlius Iūli___, fīli___ su___, mālum dat, neque sōlum Iūliae, sed etiam Syr____ et Dēli ___, ancill___ su___. Iūlia māl___ su___ ōsculum dat!

## PENSVM B

Iūlius ad vīllam _____. Ōstiārius ōstium _____ et post eum _____.

Saccī nōn vacuī, sed _____ sunt. Iūlius: "Vidēte, puerī: _____ saccus plēnus _____ est. Ecce mālum tuum, Mārce." Iūlius Mārcō mālum _____. Iūlius fīliīs nōn _____ māla, sed etiam pira dat. Iam puerī ___ māla ___ pira habent, sed servī _____ māla _____ pira habent. Dominus servōs ad ___ vocat et ___ quoque māla et _____ dat.

Aemilia ad Iūlium _____ et eī _____ dat. Iūlia abest. Puerī nōn ambulant, sed _____ in hortum. _____ [: in hortō] Iūlia nōn est, ea in cubiculō suō est. Iūlia nōn rīdet, sed _____: in _____ eius sunt _____. Dēlia: "In ātriō pater tuus tē _____, Iūlia." Iūlia ___ [= ex] cubiculō _____, ad Iūlium currit et ___ [: Iūliō] ōsculum dat. Iūlia rosam ante Iūlium _____. Iūlia: "Nōnne _____ rosa _____ [= pulchra] est?"

## PENSVM C

1. Quem puerī exspectant?
2. Venitne Iūlius Rōmā?
3. Quis ōstium aperit et claudit?
4. Quid inest in saccīs?
5. Cui Iūlius mālum prīmum dat?
6. Cui Aemilia ōsculum dat?
7. Estne Iūlia in hortō?
8. Quō it Dēlia?
9. Estne Iūlia sōla in cubiculō suō?
10. Rīdetne Iūlia?
11. Quō Iūlia currit?
12. Quid Iūlius dat fīliae suae?

# CAPITVLVM VIII

## PENSVM A

Qu___ est Albīnus? Est tabernārius qu___ ōrnāmenta vēndit. Qu___ ōrnāmenta? Ōrnāmenta qu___ Albīnus vēndit sunt gemmae et margarītae. Qu___ emit Mēdus? Ōrnāmentum emit. Qu____ ōrnāmentum? Ōrnāmentum qu___ Mēdus emit est ānulus c___ pretium est HS C. Digitus in qu___ ānulus pōnitur est digitus quārtus.

H___ servus Mēdus, ill___ Dāvus est. Lȳdia h___ servum amat, nōn ill___. Lȳdia amīca h____ servī est, nōn ill___. Lȳdia h___ servō ōsculum dat, nōn ill___. Lȳdia ab h___ servō amātur, nōn ab ill___.

H___ oppidum est Tūsculum, ill___ est Brundisium. Cornēlius in h___ oppidō habitat, nōn in ill___. Viae h____ oppidī parvae sunt.

## PENSVM B

Gemmae et margarītae _____ pulchra sunt. Aemilia multa ōrnāmenta ā Iūliō _____. Aemilia _____ in collō et ānulum in _____ habet. Multae fēminae ante tabernam Albīnī _____ et ōrnāmenta eius aspiciunt. Virī ōrnāmenta _____ et fēminīs dant. _____ gemmātus centum sēstertiīs _____. _____ ānulī est centum sēstertiī, sed Mēdus _____ [XC] tantum habet. Albīnus: "Nōnāgintā nōn _____ est!" Mēdus: "Accipe nōnāgintā sēstertiōs ____ nūllōs!" Ānulus ad digitum medium nōn _____: digitus medius _____ magnus est. Sed ānulus convenit ad digitum _____ [IV], quī nōn _____ est quantus digitus _____. Lȳdia laeta digitum suum _____ et cum Mēdō ā tabernā _____. Lȳdia Mēdō viam _____.

## PENSVM C

1. Quid Albīnus vēndit?

2. Ā quō Aemilia ōrnāmenta accipit?

3. Ambulatne Mēdus cum dominō suō?

4. Ubi Mēdus et Lȳdia cōnsistunt?

5. Cūr Mēdus margarītās nōn emit?

6. Cūr Lȳdia nūllum ānulum habet?

7. Estne vacuus sacculus Mēdī?

8. Quot sēstertiīs cōnstat ānulus gemmātus?

9. Ad quem digitum ānulus convenit?

# CAPITVLVM IX

## PENSVM A

In Italiā sunt multī pāstōr___. Numerus pāstōr___ magnus est. Pāstor lūliī ūnum can__ et multās ov__ habet. Pastor est dominus can__ et ov__. Can__ et ov__ pāstōr__ amant. Cibus ov___ est herba, cibus pāstōr___ est pān___. Pāstor pān___ ēst.

In coll___ ūna arbor est. Pāstor cum can__ et ov___ ad arbor___ it. Iam pāstor in umbrā arbor ___ iacet. Arbor pāstōr___ et can__ et ov___ umbram dat, sed ov___ nigra in sōl___ iacet. Nūllae nūb___ ante sōl___ sunt. In silvā multae arbor___ sunt, sub arbor___ umbra est. Ov___ nigra ā pāstōr___ cēterīsque ov_____ discēdit. Canis ov___ videt.

## PENSVM B

Pāstor et centum _____ in _____ sunt. Pāstor ovibus aquam et _____ dat. Cibus ovium est _____, cibus pāstōris est _____. Pāstor pānem _____. Ovēs herbam _____ et aquam _____ ē _____.

Sōl _____, nūlla _____ in caelō _____ hunc campum vidētur. In colle ūna _____ est, in _____ multae arborēs sunt. _____ arboribus umbra est. Pāstor ovēs suās ad arborem _____. _____ pāstor in _____ arboris iacet, ovis nigra cēterās ovēs _____ et silvam _____. In terrā sunt _____ lupī; lupus _____ nōn procul abest. Lupus in silvā cibum _____, dum pāstor et _____ ovem quaerunt.

## PENSVM C

1. Num pāstor sōlus in campō est?

2. Quot ovēs habet pāstor?

3. Ā quō canis cibum accipit?

4. Suntne montēs prope pāstōrem?

5. Ubi sunt vallēs?

6. Quid est collis?

7. Quō it pāstor?

8. Cūr pāstor umbram petit?

9. Quō it ovis nigra?

10. Quid ovis in terrā videt?

11. Cūr lupus ovem nigram nōn ēst?

# CAPITVLVM X

## PENSVM A

Av___ in āer___ volant. Pisc___ in aquā natant. Iūlia neque vol____ neque nat____ potest. Homō duōs ped___ habet, itaque homō ambul____ potest. Homō mortuus sē mov____ nōn potest. Spīr ___ necesse est hominī, nam sine animā nēmō vīv___ potest. Cum homō spīrat, anima in pulmōn ___ intrat et ex pulmōn____ exit. Homō quī spīrat mortuus es___ nōn potest. Homin___ deōs vid ___ nōn possunt. Deī ab homin____ vid___ nōn possunt. Nēmō piscēs numer____ potest. Piscēs numer____ nōn possunt. Sine pecūniā cibus em___ nōn potest.

Puerī Iūliam can___ audiunt. Mārcus Quīntum ad terram cad___ videt. Iūlius Mārcum clām ___ audit. Puerī saccum ā Iūliō in mēnsā pōn___ et aper___ vident.

## PENSVM B

Leō et aquila _____ sunt. Virī et fēminae _____ sunt. Mercurius nōn homō, sed _____ est. In aquā sunt _____. In āere sunt _____. Quid agunt piscēs et avēs? Piscēs in aquā _____, avēs in āere _____. Avis duās _____ habet, itaque avis volāre _____. Avis quae volat ālās _____. Cum homō ambulat, _____ moventur. Cum homō _____, anima in _____ intrat. Homō quī spīrat _____ est, quī nōn spīrat _____ est. Nam sine animā _____ vīvere potest. Spīrāre hominī _____ est.

Iūlia _____ [= cantat]. Iūlia _____ pulchram habet. Puerī _____ quaerunt. Nīdī sunt inter _____ et folia arborum. In nīdīs avium sunt _____ aut pullī. Avēs nōn pullōs vīvōs, sed ōva _____. Quīntus in arborem _____ et IV _____ videt in nīdō. Rāmus quī nīdum _____ tenuis est. Rāmus tenuis puerum _____ sustinēre nōn potest: Quīntus ad terram _____. Mārcus eum cadere videt et _____ est.

## PENSVM C

1. Num Neptūnus homō est?

2. Quis est Mercurius?

3. Quid agunt mercātōrēs?

4. Num necesse est margarītās habēre?

5. Quid est ōceanus Atlanticus?

6. Cūr aquila ā parvīs avibus timētur?

7. Ubi sunt nīdī avium?

8. Quid est in nīdīs?

9. Quae bēstiae ōva pariunt?

10. Quid agunt puerī in hortō?

11. Cūr rāmus Quīntum sustinēre nōn potest?

# CAPITVLVM XI

PENSVM A

Membra corpor___ hūmānī sunt duo bracchia et duo crūr___. In corpor___ hūmānō ūn _____ caput est, nōn duo capit___. In capit___ sunt duae aur___ et ūn___ ōs. In ōr__ sunt dent___. In pector ___ ūn___ cor et duo pulmōn___ sunt.

    Medicus Quīnt_____ super lectum iac_____ videt; medicus puer_____ dorm_____ videt. Medicus: "Quīnt___ dorm_____." Medicus 'Quīnt_____ dorm_____' dīcit. Medicus puer_____ linguam ostend _____ iubet, et 'lingu_____ eius rubr_____ es_____' dīcit. Puer dīcit 'ped_____ et caput dol_____.' Medicus Aemili_____ pōculum ten_____ iubet. Syra Quīnt_____ spīr_____ nōn aud_____, itaque Syra e___ mortu_____ es____ putat. Sed Quīnt___ vīv____. Māter fīli____ vīv_____ gaudet. Necesse est puer_____ aegr_____ dorm_____.

PENSVM B

_____ hūmānum habet quattuor _____: duo _____ et duo _____. In bracchiīs duae _____ sunt, in crūribus duo _____. Super collum est _____. In capite sunt duo oculī, duae _____, ūnus nāsus, ūnum _____. In ōre sunt dentēs et _____. Sub collō est _____. In pectore sunt pulmōnēs et _____. In corde et in vēnīs _____ est. Sanguis per _____ ad cor _____.

    Aemilia apud lectum Quīntī _____, Syra apud lectum _____. Quīntus nōn _____, sed aeger est. Syrus medicum ex oppidō _____. Medicus digitum ad pedem puerī _____: medicus pedem eius _____. Quīntus, quī digitum medicī in pede _____: "Ei! Pēs _____!"

PENSVM C

1. Quae sunt membra corporis hūmānī?

2. Ubi est cerebrum?

3. Quid est in pectore?

4. Ubi est venter?

5. Cūr Quīntus cibum sūmere nōn potest?

6. Estne Quīntus sōlus in cubiculō suō?

7. Unde medicus arcessitur?

8. Quid videt medicus in ōre Quīntī?

9. Quid Quīntus in bracchiō sentit?

10. Cūr Syra Quīntum mortuum esse putat?

# CAPITVLVM XII

## PENSVM A

Pīlum ē man____ iacitur, sagitta ex arc____. In exercit____ Rōmānīs multī Gallī mīlitant, quī arc____ ferunt. Equitāt____ sine met____ impet____ in hostēs facit, neque hostēs impet____ equitāt____ sustinēre possunt. Mīlle pass____ sunt quīnque mīlia pedum. Via Latīna CL [150: centum quīnquāgintā] mīlia pass____ long____ est.

Rāmus tenu____ puerum crass____ sustinēre nōn potest, nam puer crass____ grav____ est. Ūnum mālum grav____ nōn est, nec duo māla grav____ sunt, sed saccus plēn____ mālōrum grav____ est. Lēander saccum magn____ et grav____ portat. In saccō grav____ sunt māla. Servī saccōs grav____ portant. In saccīs grav____ sunt māla et pira.

Saccus Lēandrī grav____ est quam Syrī, nam māla grav____ sunt quam pira. Via Appia long____ est quam via Latīna. Via Appia et via Aurēlia long____ sunt quam via Latīna. Quīntus crass____ est quam Mārcus. Lēander saccum grav____ quam Syrus portat; in saccō grav____ māla sunt.

Hoc pīlum long____ et grav____ est quam illud. Haec pīla long____ et grav____ sunt quam illa.

## PENSVM B

Mārcus _____ Quīntī est. Quīntus ūnum frātrem et ūnam _____ habet. 'Iūlia' _____ sorōris est. Frāter Aemiliae est _____ līberōrum. Quīntus: "Ubi est avunculus noster?" Iūlius: "Avunculus _____ est in Germāniā."

Prōvincia est _____ imperiī Rōmānī. Rhēnus Germāniam ab imperiō Rōmānō _____; Rhēnus _____ imperiī est. In Germāniā multī _____ Rōmānī sunt, quī contrā Germānōs _____; Germānī enim _____ Rōmānōrum sunt. Mīlitēs Rōmānī scūta et _____ et pīla _____. Mīlitēs in _____ habitant. Circum castra est _____ et _____, quod x pedēs _____ est. Mīlitēs patriam ab hostibus _____.

## PENSVM C

1. Num *Mārcus* cognōmen est?
2. Quot frātrēs habet Aemilia?
3. Quid agit Aemilius in Germāniā?
4. Quae arma pedes Rōmānus fert?
5. Quam longum est pīlum Aemiliī?
6. Ubi habitant mīlitēs Rōmānī?
7. Quī sunt Germānī et Gallī?
8. Estne Germānia prōvincia Rōmāna?
9. Quod flūmen Germāniam ā Galliā dīvidit?
10. Cūr hostēs castra expugnāre nōn possunt?
11. Num mīles fortis ab hoste fugit?
12. Cūr hasta procul iacī nōn potest?

# CAPITVLVM XIII

## PENSVM A

Hōrae di\_\_\_ sunt XII. Hōra sexta di\_\_\_ dīvidit in duās partēs: ante merīdi\_\_\_ et post merīdi\_\_\_.
Sex hōrae sunt dīmidia pars di\_\_\_\_. Mēnsis Iūnius XXX di\_\_\_\_ habet: numerus di\_\_\_ est XXX.
Novus annus incipit ab eō di\_\_\_ quī dīcitur kalendae Iānuāriae.

lūlius mēnsis annī calid_____ est; Iānuārius est mēnsis annī frīgid_____. Mēnsis annī brev
_____ est Februārius. Padus est flūmen Italiae long\_\_\_\_\_ et lāt_____. Sōl stēlla clār _____ est.

## PENSVM B

Iānuārius _____ prīmus est. December est mēnsis _____ ac _____. Tempore antīquō September
mēnsis septimus _____, nam _____ [= illō tempore] mēnsis prīmus erat Mārtius. Nunc September
mēnsis _____ est. Diēs est tempus ā _____ ad _____. Māne est _____ diēī, vesper _____ diēī est
et initium _____. Diēs in XII _____ dīviditur. Nocte _____ et _____ lūcent, neque eae tam _____
sunt quam sōl. Sōl lūnam _____ suā _____. Ea lūnae pars quae sōle nōn illūstrātur _____ est.

Vēr et _____, aestās et _____ sunt quattuor _____ annī. _____ ā mēnse Iūniō _____. Hieme
nōn sōlum _____, sed etiam _____ dē nūbibus cadit: montēs et campī nive _____. Aqua nōn
tam _____ est quam nix.

## PENSVM C

1. Quot sunt mēnsēs annī?
2. Ā quō Iānuārius nōmen habet?
3. Quam longus est mēnsis Aprīlis?
4. Ā quō mēnsis Iūlius nōmen habet?
5. Cūr mēnsis decimus Octōber nōminātur?
6. Cūr lūna nōn tam clāra est quam sōl?
7. Quī diēs annī brevissimus est?
8. Quī diēs aequinoctia dīcuntur?
9. Quod tempus annī calidissimum est?
10. Quandō nix dē nūbibus cadit?
11. Quid est imber?
12. Ā quō diē incipit novus annus?

16

# CAPITVLVM XIV

### PENSVM A

Puer dorm_____ nihil audit. Dāvus puerum dorm_____ excitat: in aurem puerī dorm_____ clāmat: "Mārce!" Mārcus oculōs aper_____ servum apud lectum st_____ videt. Servus puerō frīg _____ vestīmenta dat. Parentēs fīlium intr_____ salūtant et ā fīliō intr_____ salūtantur. Fīlius discēd____ "Valē!" inquit.

Corpus val____ nōn dolet. Medicus caput dol____ sānāre nōn potest. Piscēs sunt animālia nat _____.

### PENSVM B

Puerī in lectīs _____ [= iacent]. _____ puer dormit, alter _____; alter _____, alter aegrōtat. _____ puer aegrōtat, Mārcusne _____ Quīntus? Quīntus aegrōtat.

Servus puerum dormientem _____ et eī aquam _____. Mārcus ē lectō _____ et prīmum manūs _____, _____ faciem. Puer vestīmenta ā servō _____, et prīmum tunicam _____, deinde _____. Iam puer _____ nōn est. Virō _____ [= togam gerentī] bracchium _____ nūdum est. Dāvus Mārcum sēcum venīre iubet: "Venī _____!"

Mārcus Mēdum, quī cum eō īre _____, nōn videt. Mēdus librōs et cēterās _____ Mārcī portāre solet, Mārcus ipse _____ portāre solet _____ mālum. "Hodiē" _____ Iūlius "Mēdus _____ īre nōn potest." Mārcus sōlus abit librum et _____ et stilum _____ ferēns.

### PENSVM C

1. Quīntusne bene dormit?

2. Uter puer aegrōtat?

3. Estne clausa fenestra Mārcī?

4. Uter ē duōbus puerīs gallum canentem audit?

5. Quōmodo servus Mārcum excitat?

6. Tōtumne corpus lavat Mārcus?

7. Cūr Mārcus frīget?

8. Quid Mārcus ā servō poscit?

9. Utrum bracchium togā operītur?

10. Utrā manū mīles scūtum gerit?

11. Quās rēs Mārcus sēcum fert?

Nōmen:...................................................................

# CAPITVLVM XV

## PENSVM A

Mārcus ad lūdum ven____ nec iānuam puls____. Magister: "Cūr tū iānuam nōn puls____, cum ad lūdum ven____?" Mārcus: "Ego iānuam nōn puls___, cum ad lūdum ven___, quod nec Sextus nec Titus id facit. Audīte, Sexte et Tite: vōs iānuam nōn puls____ cum ad lūdum ven____!" Sextus et Titus: "Nōs iānuam puls___, cum ad lūdum ven____!" Magister: "Tacēte! Aperīte librōs!" Titus: "Ego librum nōn hab____." Magister: "Cūr librum nōn hab___, Tite?" Titus: "Librum nōn hab____, quod Mārcus meum librum hab___!" Mārcus: "Sed vōs meās rēs hab____!" Titus et Sextus: "Nōs rēs tuās nōn hab_____!"

Magister discipulōs dormīre vidēns exclāmat: "Ō puerī! Dorm____! Ego recit___, vōs nōn aud____!" Mārcus: "Ego tē recitāre aud___. Nōn dorm___." Titus et Sextus: "Nec nōs dorm____. Tē recitāre aud_____. Bene recit___, magister." Magister: "Ego bene recit___, at vōs male recit_____! Malī discipulī es___!" Discipulī: "Vērum nōn dīc___, magister. Bonī discipulī s_____: in lūdō nec clām_____ nec rīd_____, et tē aud_____!"

## PENSVM B

Māne puerī in _____ eunt. Puerī quī in lūdum eunt _____ sunt. Quī lūdum habet _____ est. Mārcus magistrum metuit, nam Diodōrus magister _____ est quī puerōs improbōs _____ verberat.

Intrat magister. Sextus dē _____ surgit. Cēterī discipulī _____ adsunt. Magister _____: "Ō, discipulōs improbōs!" Sextus: "Num ego improbus _____?" Magister: "_____ discipulus improbus nōn es, ___ [= sed] cēterī discipulī improbī sunt!"

Post Sextum venit Titus, _____ [= deinde] Mārcus. Mārcus _____ [= ōstium] nōn pulsat, _____ lūdum intrat, nec magistrum salūtat. Magister: "Discipulus improbus __, Mārce! _____ ad mē venī!" Magister _____ Mārcī verberat. Tergum est _____ pars corporis. Magister puerum verberāre _____. Mārcus ad sellam suam _____ neque _____. Magister: "_____ [= cūr] nōn cōnsīdis?" Mārcus: "Sedēre nōn _____, quod pars tergī _____ mihi dolet!"

## PENSVM C

1. Quō puerī māne eunt?
2. Quis est Diodōrus?
3. Cūr puerī magistrum metuunt?
4. Quis discipulus prīmus ad lūdum advenit?
5. Quid facit Titus antequam lūdum intrat?
6. Cūr Titus librum suum nōn habet?
7. Quis est discipulus improbissimus?
8. Cūr Quīntus in lūdum īre nōn potest?
9. Cūr magister recitāre dēsinit?
10. Tūne magister/magistra an discipulus/discipula es?
11. Num tū iānuam pulsās antequam cubiculum tuum intrās?

18

# CAPITVLVM XVI

## PENSVM A

Nautae, quī Neptūnum ver_____, tempestātem opper_____. Mēdus et Lȳdia ex Italiā proficīsc _____. Lȳdia Mēdum in puppim ascendentem sequ____. Dum nauta loqu____, Mēdus occidentem intu____, unde nūbēs ātrae ori_____. Simul tempestās or____. Mercātor trīstis mercēs suās in mare lāb___ videt; nēmō eum cōnsōl____ potest.

      Quī ab amīcīs proficīsc_____ laet_____ nōn potest.

## PENSVM B

Brundisium est oppidum _____ (in ____ maritimā situm) quod magnum _____ habet. Portus est _____ quō _____ ad terram adīre possunt.

      Cum nūllus _____ flat, mare _____ est. _____ est magnus ventus quī mare _____ et altōs _____ facit. Gubernātor est _____ quī in _____ nāvis sedēns nāvem _____. Partēs caelī sunt _____ et _____, _____ et merīdiēs. Oriēns est ea caelī pars unde sōl _____, occidēns est ea pars quō sōl _____.

      Mēdus et Lȳdia nāvem _____ atque ex Italiā _____. Ventus _____ est, nāvis plēnīs _____ ex portū _____ [= exit]; sed in altō marī tempestās _____: magnus ventus _____ incipit, tōtum mare turbidum _____. Nautae aquam ē nāve _____ et _____ in mare iaciunt. Mēdus Neptūnum _____: "Ō Neptūne! _____ mē!" Nāvis flūctibus _____ nec _____ [= sed nōn] mergitur.

## PENSVM C

1. Quae nāvēs Rōmam adīre possunt?
2. Quid est 'ōstium' flūminis?
3. Num Tiberis in mare Superum īnfluit?
4. Quandō nāvēs ē portū ēgrediuntur?
5. Ubi sedet gubernātor et quid agit?
6. Quae sunt quattuor partēs caelī?
7. Quās rēs Mēdus et Lȳdia sēcum ferunt?
8. Quō Mēdus cum amīcā suā īre vult?
9. Cūr trīstis est Lȳdia?
10. Quem deum invocant nautae?
11. Cūr mercēs in mare iaciuntur?
12. Num nāvis eōrum mergitur?

Nōmen:...............................................................................

# CAPITVLVM XVII

PENSVM A

Mārcus ā magistrō nōn laud_____, sed reprehend_____. Mārcus: "Cūr ego semper reprehend
____, numquam laud____? Titus et Sextus semper laud_____, numquam reprehend_____."
Magister: "Tū nōn laud_____, sed reprehend_____, quia prāvē respondēs." Mārcus: "Sed ego
semper interrog____!" Sextus: "Tū nōn semper interrog_____; nōs saepe interrog_____ nec prāvē
respondēmus: itaque ā magistrō laud_____, nōn reprehend_____." Mārcus: "At facile est id quod
vōs interrog_____: itaque rēctē respondētis ac laud_____!" Titus: "Nōs magistrum ver
_____. Nōnne tū eum ver_____?" Mārcus: "Ego magistrum nōn ver_____. Cūr vōs eum ver
____?"

PENSVM B

Discipulus est puer quī _____. Vir quī puerōs _____ magister est. Magister est vir _____ quī
multās rēs _____ quās puerī _____. Sextus nec stultus nec piger, sed _____ atque
_____ est. Magister interrogat, discipulus quī respondēre potest manum _____. Nōn
_____ respondēre antequam magister interrogat. Magister: "_____ numerōs ā decem _____ ad
centum!" _____ puer manum tollit, primum Sextus, deinde Titus, _____ Mārcus. Sextus
numerōs dīcit: "XI, XII, XIII, XIV, XV, XVI, XVII, XVIII, XIX, XX, XXX, XL, L, LX, LXX, LXXX, XC,
C." Sextus bonus discipulus est, quī semper _____ respondet; itaque magister eum _____.
Mārcus, quī semper _____ respondet, ā magistrō _____: "_____ [x semper] rēctē
respondēs, Mārce! Cūr nōn _____ antequam respondēs?" Mārcus: "Cūr Titum nōn interrogās?
Is nōn tam _____ interrogātur quam ego." Magister: "Iam eum interrogō: quot sunt XXI et LXVIII?"
Titus: "LXXXVII? an LXXXVIII?" Titus nōn _____, sed _____ est ac magistrō
_____ incertum dat. Sextus vērō rēctē respondet, _____ difficile est id quod
interrogātur. Quod Mārcus interrogātur nōn difficile, sed _____ est.
    Ūnus _____ est IV sēstertiī, ūnus sēstertius IV _____.

PENSVM C

1. Quid puerī discunt in lūdō?
2. Cūr Sextus ā magistrō laudātur?
3. Cūr Mārcus reprehenditur?
4. Estne facile id quod Titus interrogātur?
5. Cūr Titus nōn statim respondet?
6. Uter rēctē respondet, Titusne an Sextus?
7. Quot sunt ūndētrīgintā et novem?
8. Trēs sēstertiī quot sunt assēs?
9. Quot dēnāriī sunt octōgintā sēstertiī?
10. Num facilēs sunt numerī Rōmānī?
11. Tūne ā magistrō tuō laudāris?

20

# CAPITVLVM XVIII

## PENSVM A

Sextus rēct_____ respondet, Mārcus prāv_____ respondet et sevēr___ reprehenditur. Nēmō rēct _____ aut pulchr_____ scrībit quam Sextus; is rēctissim___ et pulcherrim___ scrībit. Lūna plēna clār___ lūcet, sed sōl clār___ lūcet quam lūna et cēterae stēllae; sōl clārissim___ lūcet.

Hostēs nōn tam fort_____ pugnant quam Rōmānī. Mīlitēs nostrī fort_____ pugnant quam hostēs. Nostrī fortissim___ pugnant. Mārcus nimis lev___ scrībit. Magister brev_____ scrībit 'Mārcum improbum esse'.

## PENSVM B

Ex XXIII litterīs Latīnīs VI _____ sunt: A E I O V Y; cēterae sunt _____. Cōnsonāns semper cum vōcālī _____. K, Y, Z litterae _____ sunt in _____ Latīnā, in linguā Graecā _____. Vocābula ōstium et iānua _____ rem significant; lingua duās rēs _____ significat. Magister librōs Latīnōs et Graecōs _____ potest.

Discipulī hanc _____ in tabulīs suīs _____: Homō oculōs et nāsum habet. Magister tabulam _____ puerī aspicit, et Sextī et Titī et Mārcī. In tabulā Mārcī IV litterae _____. Magister litterās quae dēsunt _____; _____ [= eō modō] magister menda Mārcī _____. Tum Mārcus scrībit _____ [= hōc modō]: HOMO HOCVLOS... Magister: "Ō Mārce! Hīc nōn _____, immō _____ littera H!" Mārcus stilum vertēns H litteram _____. Tum magister calamum et _____ sūmit et _____ ad patrem Mārcī scrībit.

Cēra est _____ mollis. Ferrum est māteria _____.

## PENSVM C

1. Quot sunt litterae Latīnae?
2. Estne D vōcālis an cōnsonāns?
3. Quot syllabās habet vocābulum apis?
4. Quōmodo parvus discipulus legit?
5. Quis discipulus rēctissimē scrībit?
6. Quālēs sunt litterae quās Titus scrībit?
7. Quālis discipulus est Mārcus?
8. Cūr Mārcus nōn HOMO, sed OMO scrībit?
9. Quotiēs Mārcus litteram H scrībit?
10. Stilōne in tabulā scrībit magister?
11. Quid magister scrībit?
12. Estne facilis grammatica Latīna?
13. Tūne rēctius scrībis quam Mārcus?

21

# CAPITVLVM XIX

## PENSVM A

Ante X annōs Iūlius apud parentēs suōs habit____ nec uxōrem hab____. Iūlius et Aemilia Rōmae habit_____. Iūlius Aemiliam am____ nec ab eā am_____. Ea numquam Iūlium salūt ____ cum eum vid____, quamquam ipse ab eō salūt_____. Aemilia epistulās Iūliī nōn leg ____ nec dōna eius accipi____, sed omnia remitt____.

Iūlius: "Tunc ego tē am____ nec ā tē am____, nam tū alium virum am____ nec ab eō am _____. Ego miser er_____ et tū misera er____. Tunc apud parentēs nostrōs habit_____. Tū et parentēs tuī in parvā domō habit_____. Vōs ā mē salūt_____, quamquam pauperēs er ____."

## PENSVM B

Iūlius, quī _____ Aemiliae est, _____ suam nec _____ aliam fēminam amat. Quīntus _____ quam Mārcus et _____ quam Iūlia est.

_____ peristȳlī XVI altīs _____ sustinētur. Inter columnās III _____ stant. Iūnō, _____ [= uxor] Iovis, ____ mātrōnārum est. Nēmō deōrum ____ marītus est quam Iuppiter. Inter omnēs deōs Iuppiter _____ marītus est.

Ante X annōs Aemilia nōn mātrōna, sed _____ erat. Tunc Iūlius _____ XXII annōrum erat. Pater Iūliī vir _____ [= pecūniōsus] erat. Quī nōn dīves, sed _____ est, in parvā _____ habitat. Rōmae multī hominēs habitant, _____ quam in ūllā aliā urbe. Rōma est urbs _____ imperiī Rōmānī.

## PENSVM C

1. Quae est coniūnx Iovis?

2. Num Iuppiter bonus marītus est?

3. Cuius fīlius est Cupīdō?

4. Estne Quīntus māior quam Mārcus?

5. Ubi parentēs Iūliī habitābant?

6. Cūr Iūlius tunc miser erat?

7. Cūr Aemilia Iūlium nōn amābat?

8. Num Iūlius Aemiliam propter pecūniam amābat?

9. Cūr Aemilia nunc beāta est?

10. Hodiēne Aemilia minus pulchra est quam tunc?

# CAPITVLVM XX

## PENSVM A

Mox novus īnfāns in cūnīs Aemiliae er____. Aemilia rūrsus īnfantem hab____. Tum quattuor līberī in familiā er_____. Iūlius et Aemilia quattuor līberōs hab_____. Aemilia īnfantem suum am _____. Iūlius et Aemilia īnfantem suum aequē am_____. Annō post īnfāns prīma verba disc ____ et prīmōs gradūs faci____. Īnfāns ambulāns ā parentibus laud_____.

Aemilia: "Ego īnfantem meum bene cūr_____: semper apud eum man____, numquam ab eō discēd____." Iūlius: "Certē bona māter er____, Aemilia: īnfantem tuum ipsa cūr_____ nec eum apud nūtrīcem relinque____." Aemilia: "Etiam nocte apud īnfantem er___, semper cum eō dorm _____. Nōs et īnfāns in eōdem cubiculō dorm_____." Iūlius: "Nōn dormiēmus, sed vigil _____! Nam certē ab īnfante vāgiente excit_____!" Aemilia: "Ego excit_____, tū bene dorm ____ nec excit_____!"

## PENSVM B

Parvulus puer quī in _____ iacet _____ appellātur. Īnfāns quī cibō _____ magnā vōce _____. Nōn pānis, sed _____ cibus īnfantium est. Nūtrīx est _____ [= fēmina] quae nōn suum, sed _____ īnfantem _____. Multae mātrēs īnfantēs suōs ipsae alere _____.

Marītus et uxor iam nōn dē tempore praeteritō _____, sed dē tempore _____. Aemilia: "Cūr tū fīlium habēre _____, Iūlī? Ego alteram fīliam habēre _____, plūrēs quam duōs fīliōs _____ [= nōn volō]. Vōs virī fīliōs tantum _____! Fīliōs _____ dīligitis quam fīliās!" Iūlius _____ [= tacet]. Aemilia īrāta _____ adversus ōstium facit, sed Iūlius: "_____ hīc apud mē!" inquit, "_____ discēdere!" Aemilia manet ac loquī _____: "Bona māter apud īnfantem suum manēre _____, hoc mātris _____ est. Nēmō enim īnfantem melius _____ potest quam māter ipsa."

## PENSVM C

1. Ubi parvulus īnfāns cubat?
2. Quid facit īnfāns quī cibō caret?
3. Quid est cibus īnfantium parvulōrum?
4. Num omnēs īnfantēs ā mātribus suīs aluntur?
5. Quae sunt prīma verba īnfantis?
6. Quandō Aemilia novum īnfantem habēbit?
7. Cūr Aemilia ā marītō suō discēdere vult?
8. Cūr Iūlius in aliō cubiculō dormīre vult?
9. Quid Aemilia officium mātris esse dīcit?
10. Cūr Syra et Iūlia in hortō nōn manent?
11. Cūr Iūlia sorōrem habēre nōn vult?

# CAPITVLVM XXI

## PENSVM A

Mārcus ūmidus est, quod per imbrem ambul_____, ac sordidus, quod humī iac_____. Discipulī ūmidī sunt, quod per imbrem ambul_____, ac sordidī, quod humī iac_____.

    Mārcus: "Ā Sextō puls_____ sum." Iūlius: "Nōnne tū Sextum puls_____?" Mārcus: "Prīmum Sextus mē puls_____, tum ego illum puls_____. Ego et Titus Sextum puls_____." Iūlius: "Quid? Vōs duo ūnum puls_____? Et cūr sordida est vestis tua? Humīne iac_____?" Mārcus: "Humī iac_____: Sextus mē ten_____."

    Aemilia: "Quid magister vōs doc_____ hodiē?" Mārcus: "Magister aliquid recit_____, sed ego initium tantum aud____." Aemilia: "Cūr nōn omnia aud_____?" Iūlius: "Mārcus in lūdō dorm _____!" Aemilia: "Audīsne? Pater dīcit 'tē in lūdō dorm_____.' Tūne vērē dorm_____?" Mārcus: "Certē dorm_____, māter. Omnēs dorm_____! Sed paulō post magister laud _____ litterās meās." Mārcus mātrī litterās quās Sextus scrīps_____ ostendit. Aemilia: "Tūne ipse hoc scrīps____?" Mārcus: "Ipse scrīps___. Cēterī puerī prāvē scrīps_____."

## PENSVM B

Hodiē māne Mārcus _____ erat, vestīmenta eius tam _____ erant quam nix. Nunc nōn modo _____ [= vestīmenta] eius, sed etiam faciēs et manūs et _____ sordida sunt, atque _____ [= sanguis] eī dē nāsō fluit. Nam Sextus, quī tam _____ est quam bōs, Mārcum pulsāvit sine _____ (ut ait Mārcus). Mārcus, quī _____ iacuit, tam sordidus est quam_____. Difficile est eum _____.

    In cubiculō suō Mārcus lavātur et vestem _____. _____ [= dum haec aguntur] Aemilia ātrium intrat et vestīgia puerī _____. Aemilia: "Quid hoc est? _____ pedibus sordidīs in _____ mundō ambulāvit!" Mārcus, _____ vestem mūtāvit, in ātrium redit. Puer mātrī _____ [= parvam tabulam] Sextī ostendit et 'sē ipsum eās litterās _____' dīcit. Id quod Mārcus dīcit nōn vērum, sed _____ est; Mārcus _____, sed Aemilia filiō suō _____. Iūlius vērō dē verbīs eius _____; Mārcus patrem suum _____ nōn potest.

## PENSVM C

1. Cūr Mārcus rediēns ūmidus et sordidus est?

2. Ā quō pulsātus est?

3. Cūr Mārcus sōlus Sextum vincere nōn potest?

4. Quōmodo Mārcus sē excūsāre cōnātur?

5. Quid agit Mārcus in cubiculō suō?

6. Quid Aemilia in solō cōnspicit?

7. Quid tum Iūlius dīcit uxōrī?

8. Quid Mārcus parentibus suīs ostendit?

9. Quis litterās quae in eā tabulā sunt scrīpsit?

10. Cūr Iūlius filium suum nōn laudat?

# CAPITVLVM XXII

## PENSVM A

Hōrā nōnā erus ambulā_____ īre solet. Tabellāriī nōn mittuntur pecūniam postulā_____. Hostēs castra expugnā_____ veniunt. Multī barbarī Rōmam veniunt habitā_____.

Syra: "Verba medicī difficilia sunt audī_____." Ea rēs est fac____ facilis. Nōmen barbarum difficile dic____ est.

Verba: terrēre, _____isse, _____um; claudere, _____isse, _____um; dīcere, _____isse, _____um; solvere, _____isse, _____um; emere, _____isse, _____um; rumpere, _____isse, _____um; aperīre, _____isse, _____um; vincīre, _____isse, _____um; pellere, _____isse, _____um; scindere, _____isse, _____um; venīre, _____isse; posse, _____isse.

## PENSVM B

Iānua cōnstat ē duābus _____, quae in _____ vertuntur. Ōstiārius vel _____ dīcitur servus quī hominēs in vīllam _____. Canis eius prope tam _____ quam lupus est; itaque necesse est eum catēnā _____ [<ferrum] _____. Ānulus Lȳdiae nōn ex ferrō, sed ex _____ factus est. Servus quī epistulās fert _____ dīcitur, nam _____ epistulae in tabellīs scrībēbantur.

Tabellārius _____ iānuam stat. Iānitor, quī _____ iānuam sedet, tabellārium dē cane ferōcī _____: "Cavē! Canis tē _____!" In solō intrā _____ scrīptum est '_____ canem' īnfrā _____ canis. "Nec haec _____ nec canis vērus mē _____" inquit tabellārius, ac propius ad canem _____. Canis catēnam _____ et vestem eius dentibus _____. Tabellārius neque _____ neque_____ audet. Iānitor: "_____ prōcēdis? Ego tē intrāre _____!" Sīc iānitor hominem territum_____. Ille alterum gradum facit, sed canis eum ex ōstiō _____. Tlēpolemus tōtō corpore _____ ex ōstiō _____. _____ [= postrēmō] iānitor canem vincit.

## PENSVM C

1. Quid est iānitōris officium?
2. Cūr necesse est canem eius vincīre?
3. Ex quā māteriā cōnstat iānua?
4. Vulcānus quis est?
5. Quid in solō intrā līmen vidētur?
6. Quid tabellārius sēcum fert?
7. Unde venit Tlēpolemus et quem quaerit?
8. Quōmodo iānitor ē somnō excitātur?
9. Quid agit Iūlius post merīdiem?
10. Cūr canis saliēns catēnā nōn retinētur?
11. Quid facit iānitor antequam tabellārius intrat?

# CAPITVLVM XXIII

## PENSVM A

Mārcus: "Posthāc bonus puer fu_____ sum et vōbīs pāri_____ sum." Mārcus prōmittit 'sē bonum puerum fu_____ esse et sē parentibus pāri_____ esse.' Aemilia putat Mārcum ā Iūliō verberā_____ īrī, sed Iūlius 'sē epistulam scrīp_____ esse' dīcit.

Verba: dūcere, _____ isse, _____ um; legere, _____ isse, _____ um; mittere, _____ isse, _____ um; inclūdere, in_____ isse, in_____ um; facere, _____isse, _____um; ferre, _____isse, _____um; afferre, at_____isse, al_____um; trādere, trā_____isse, trā_____um; perdere, per_____isse; ostendere, _____isse; fugere, _____isse.

## PENSVM B

Iānitor dominō epistulam _____ [= dat]. Iūlius _____ rumpit; iam signum _____ nōn est. Mārcus _____ et tremēns _____ patris legentis aspicit. Epistula magistrī omnem rem _____ facit. Iūlius: "Sextī est haec tabula; num hoc _____ audēs?" Puer nihil negat, sed omnia _____. Iūlius: "Indignum est _____ tuum. Nōnne tē _____ factī tuī?" Mārcus, quī paulō ante _____ timōrem pallēbat, iam _____ ob _____. Mārcus: "_____ semper bonus puer erō, hoc vōbīs _____!"

Hodiē Mēdus Mārcum ad lūdum _____ nōn potuit, nam _____ domō fūgit; itaque Mārcus sine _____ ambulāvit. Magister pecūniam quam Iūlius eī _____ postulat. Iūlius: "Magistrō pecūniam _____ nōlō, neque enim is mercēdem _____. Pecūniam meam _____ nōlō."

## PENSVM C

1. Ā quō epistula missa est?

2. Quōmodo Iūlius epistulam aperit?

3. Quid magister scrīpsit dē Mārcō?

4. Cuius nōmen in tabulā īnscrīptum est?

5. Quam ob rem rubet Mārcus?

6. Negatne Mārcus sē malum discipulum fuisse?

7. Quid Mārcus parentibus prōmittit?

8. Quō Dāvus puerum dūcit?

9. Quārē Iūlius surgit?

10. Quid Iūlius magistrō respondēbit?

11. Cūr mercēdem solvere nōn vult?

# CAPITVLVM XXIV

## PENSVM A

Mārcus rediēns sordidus erat quod humī iac_____ et cruentus quod Sextus eum puls_____. Puerī in viā pugn_____. Tergum Mārcō dolēbat quod magister eum verber_____. Mārcus ā magistrō verber_____ _____ quod in lūdō dorm_____ nec magistrum recitantem aud_____. Mārcus: "Magister mē verberāvit quod in lūdō dorm_____ nec eum recitantem aud_____, sed mē laudāvit quod bene comput_____ et scrīps_____."

Verba: lavāre, _____isse, _____um; vidēre, _____isse, _____um; mordēre, _____isse, _____um; mordēre, _____isse, _____um; dare, _____isse, ____um; reprehendere, re_____isse, re_____um; frangere, _____isse, _____um; cognōscere, _____isse, ____um; nōscere, _____isse; lūdere, _____isse; cadere, _____isse; īre, ____isse; cupere, _____isse; velle, _____isse; patī, _____um esse; loquī, _____um esse; fatērī, _____um esse.

## PENSVM B

Puer _____ [= aeger] dormīre nōn potest sīve in _____ dextrō iacet sīve in _____ [= sinistrō]. Itaque surgere cōnātur, sed in lectō _____, nam pēs _____ [= rūrsus] dolēre incipit. Mārcus clāmat et forem valdē _____ [= pulsat], ita puer inclūsus forem _____ cōnātur. Quīntus clāmōrem et _____ audit et Syram vocat; quae _____ accurrit. Puer dīcit 'pedem _____ dolēre': "Pēs mihi dolet, ob _____ dormīre nōn possum. Fortasse ____ crūris frāctum est." Syra: "Nōlī _____!" Quīntus: "Nōn fleō, _____ [= quamquam] dolōrem gravem _____."

## PENSVM C

1. Cūr Quīntus mīrātur pedēs suōs aspiciēns?

2. Quam ob rem pēs eius aegrōtat?

3. Estne frāctum os crūris?

4. Quārē Mārcus forem frangere cōnātur?

5. Quid Syra Quīntō nārrat dē Mārcō?

6. Cūr Mārcus rediēns cruentus erat?

7. Quārē Mēdus ē vīllā fūgit?

8. Quid Syra dē cane iānitōris putat?

9. Cūr canis Quīntum dīligit?

10. Cūr Iūlius Mārcum nōn verberāvit?

# CAPITVLVM XXV

## PENSVM A

Mēdus (ad Lȳdiam): "In Graeciam ībō. Comit_____ mē! Proficīsc_____ mēcum! Hoc mihi pollic _____! Oblīvīsc_____ Rōmae! Ōscul____ mē!"

    Mēdus (ad nautās): "Iam proficīsc_____, nautae! Ventus secundus est: intu_____ caelum! Laet_____!"

    Verba: trahere, _____isse, _____um; petere, _____isse, _____um; quaerere, _____isse, _____um; occīdere, _____isse, _____um; relinquere, re _____isse, re _____um; interficere, inter-_____isse, inter_____um; cōnstituere, cōn_____isse, cōn_____um; dēserere, _____isse, _____um; cōnspicere, cōn_____isse, cōn_____um; incipere, _____isse, _____um; reddere, red_____isse, red-_____um; reperīre, _____isse, _____um; iubēre, _____isse, _____um; gerere, _____isse, _____um; iacere, _____isse, _____um; regere, _____isse, _____um; cōnscendere, cōn_____isse; accēdere, ac_____isse; proficīscī, pro_____um esse; sequī, _____um esse; oblīviscī, ob_____um esse.

## PENSVM B

Quīntus _____ dē lupō et _____ audīre nōn vult nec fābulam dē Achille, quī Hectorem _____ et corpus eius mortuum post _____ suum circum _____ [= mūrōs] Trōiae _____.

    Labyrinthus est magnum _____ unde nēmō exīre potest, etsī iānua _____. Thēseus, quī patrem Mīnōtaurī, _____ album, iam necāverat, Mīnōtaurum ipsum quoque _____ [= interficere] _____. Antequam Thēseus, ad pugnam _____, labyrinthum intrāvit, Ariadna, fīlia _____, eī _____ longum dedit. Ita Ariadna Thēseō _____ tulit, nam ille fīlum sequēns_____labyrinthī repperit. Post _____ Mīnōtaurī Thēseus cum Ariadnā Naxum nāvigāvit atque _____ [= illīc] eam _____ [= relīquit]. Ariadna ab altō _____ prōspiciēbat, sed _____ [= mox] nāvis Thēseī ē _____ eius abiit. Puella misera in _____ dēscendit, ubi _____ et _____ currēns capillum scindēbat, ut faciunt eae quae _____. Thēseus post _____ patris multōs annōs Athēnās _____.

## PENSVM C

1. Quid fēcit Achillēs?
2. Quid fēcit Rōmulus?
3. Quālem fābulam Quīntus audīre cupit?
4. Ubi habitābat Mīnōtaurus?
5. Quid est labyrinthus?
6. Quid Mīnōtaurus edēbat?
7. Cūr tot Athēniēnsēs ad eum mittēbantur?
8. Quis Athēniēnsēs ā Mīnōtaurō servāvit?
9. Quōmodo Thēseus exitum labyrinthī repperit?
10. Sōlusne Thēseus ē Crētā profectus est?
11. Ubi Thēseus Ariadnam relīquit?
12. Ā quō mare Aegaeum nōmen habet?

# CAPITVLVM XXVI

## PENSVM A

Nāvēs necessāriae sunt ad nāvig_____. Iūlia dēlectātur in hortō ambul_____ et flōrēs carp _____. Mēdus cōnsilium fugi_____ excōgitāvit; Lȳdia eum iūvit in fugi_____. Paulum satis est ad beātē vīv_____.

Verba: iungere, _____isse, _____um; fīgere, _____isse, _____um; mergere, _____isse, _____um; ūrere, _____isse, _____um; movēre, _____isse, _____um; capere, _____isse, _____um; invenīre, in_____isse, in-_____um; cōnsīdere, cōn_____isse; iuvāre, _____isse; accidere, _____isse.

## PENSVM B

Daedalus exitum labyrinthī _____ [= reperīre] nōn poterat nec _____ [= ūllus homō] eum in fugiendō _____ poterat. _____ igitur aliae viae clausae erant, vir _____ [= audēns] per āera _____ cōnstituit. _____ patris fīlium dēlectāvit. Tum Daedalus ālās cōnfēcit ex _____ quās cērā iūnxit et in lacertīs _____. Postquam hoc _____ perfēcit, Daedalus fīlium suum _____ volandī docuit: "_____ mē! Movē ālās _____ _____ hōc modō! Ars volandī _____ [= nōn] difficilis est. Sed antequam hinc _____, hoc tē moneō: nōlī volāre in _____ āere prope mare nec in _____ āere prope sōlem. Iam sequere mē! _____ nostrum relinquimus, _____ sumus!"

Īcarus in summum caelum ascendēns nōn sōlum Graeciam, _____ [= sed] etiam Asiam ac _____ tōtum _____ terrārum dēspiciēbat. Tum vērō id quod pater timuerat _____ [= factum est]: _____ sōlis propinquī cēram _____ atque pennās _____.

Ecce fābula mīrābilis dē puerō _____ quī _____ quaerēns mortem invēnit.

## PENSVM C

1. Quis Daedalum in labyrinthum inclūdī iussit?
2. Quōmodo Daedalus effugere cōnstituit?
3. Cūr hominēs volāre nōn possunt?
4. Ex quibus rēbus Daedalus ālās cōnfēcit?
5. Cūr ālae Īcarum sustinēre nōn poterant?
6. Quid pater et fīlius volantēs vīdērunt?
7. Estne Peloponnēsus magna īnsula?
8. Quārē Īcarus in summum caelum ascendit?
9. Quid tum puerō accidit?
10. Ubi corpus puerī inventum est?
11. Num haec fābula dēlectandī causā modo nārrātur?

# CAPITVLVM XXVII

## PENSVM A

Iūlius colōnō imperat ut mercēdem solv_____. Ille dominum ōrat ut patientiam habe____: "Nōlī postulāre ut tantam pecūniam statim solv_____!" Dominus colōnō imperat ut tace_____ et surg ____, tum "Prīmum cūrā" inquit "ut uxor et līberī tuī vale_____, tum vērō cūrā ut agrōs bene col ___ et mercēdem solv___!" Dominus colōnōs monet ut labōr_____ nēve quiēsc____: "Moneō vōs ut labōr_____ nēve quiēsc_____"

Māter fīliam monet ut cauta s___: "Moneō tē ut cauta s___!" Fābula nōs monet nē temerāriī s _____.

Verba: spargere, _____isse, _____um; rapere, _____isse, _____um; neglegere, _____isse, _____um; dēsinere, _____isse; quiēscere, _____isse; crēscere, _____isse; poscere, _____isse; prōdesse, _____isse.

## PENSVM B

Mēnse Augustō _____metitur, deinde _____ arantur et novum frūmentum _____. Agricola quī _____post arātrum ambulat duōs bovēs _____ [= ante] sē agēns; arātrum est _____ quō agrī arantur. Agricola quī serit nūllō īnstrūmentō _____ et sēmen manū _____. Quī _____ falce ūtitur. Agricola est vir cuius _____ est agrōs _____. Ex Aegyptō, quae terra _____ est, magna _____ frūmentī in Italiam _____. Frūgēs vīneārum sunt _____ ex quibus _____ efficitur. _____ sōlis vīneīs _____, _____ [x calor] vīneīs _____.

Iūlius in _____ suō Albānō nōn labōrat, sed _____. _____ quiētum et _____ [= pulchrum] eum dēlectat. Colōnus aliēnōs agrōs _____ dominō absentī colit.

Pāstor est vir quī pecus _____ et cūrat. _____ pecoris magnum negōtium est, nōn _____, ut pigrī pāstōrēs _____ [= cēnsent]. Pāstōrēs nōn tam industriē _____ quam agricolae. Pāstōris officium est cūrāre ____ ovēs aberrent _____ [= et nē] ā lupō rapiantur.

## PENSVM C

1. Quid est negōtium agricolae?
2. Quandō frūmentum metitur?
3. Num arātor ipse arātrum trahit?
4. Quid est pābulum pecoris?
5. Unde frūmentum in Italiam invehitur?
6. Quae regiō Āfricae fertilissima est?
7. Cūr necesse est agrōs rigāre?
8. Quae sunt frūgēs vīneārum?
9. Num Iūlius ipse in agrīs labōrat?
10. Omnēsne colōnī mercēdem solvērunt?
11. Quot sēstertiōs colōnus Iūliō dēbet?
12. Num uxor colōnī officium suum neglegit?
13. Quid est officium pāstōris?
14. Estne Iūlius dominus inhūmānus?

# CAPITVLVM XXVIII

## PENSVM A

Servus dominum ōrābat nē sē verberā_____, sed dominus imperāvit ut tacē_____ et surg_____, tum aliīs servīs imperāvit ut eum prehend_____ et tenē_____.

Mēdus ā dominō fūgit, ut amīcam suam vidē_____ et semper cum eā es_____. Mēdus: "Ā dominō fūgī, ut amīcam meam vidē_____ et semper cum eā es_____."

Mīnōs imperāvit ut Daedalus et Īcarus in labyrinthum inclūd_____. Īcarus: "Quis imperāvit ut nōs inclūd_____?" Daedalus: "Mīnōs imperāvit ut ego inclūd_____ et ut tū mēcum inclūd _____."

Verba: dīvidere, _____isse, _____um; ēicere, ē_____isse, ē_____um; prōmere, _____ isse, _____um; vīvere, ___isse; discere, _____isse; persuādēre, per_____isse; surgere, _____ isse.

## PENSVM B

Lȳdia Rōmae vīvere _____ quam in Graeciā, sed Mēdus multīs prōmissīs eī _____ ut sēcum proficīscerētur. In Italiā Mēdus dominō sevērō _____.

Nāvis nōndum extrā _____ est. Multa perīcula nautīs _____. _____ maritimī nāvēs persequuntur; nūllum mare _____ est ā praedōnibus.

Hominēs mortālēs nāscuntur et _____, diī vērō _____ sunt. Nūllus deus Rōmānus hominem mortuum ab Īnferīs _____ [= excitāre] potest, nē Iuppiter quidem tantam _____ habet, etsī ille deus māximus _____ [= exīstimātur]. Trēs diī ūniversum _____ inter sē dīvīsērunt.

Chrīstus in oppidō Bethlehem _____ est. Ille verbīs sōlīs efficiēbat ut hominēs _____ vidērent, _____ audīrent, _____ loquerentur, _____ ambulārent.

## PENSVM C

1. Fretum Siculum quid est?

2. Ubi nātus est Chrīstus?

3. Quid Iaīrus Chrīstum rogāvit?

4. Quae perīcula nautīs impendent?

5. Cūr nautae praedōnēs maritimōs metuunt?

6. Quālī dominō Mēdus in Italiā serviēbat?

7. Quārē Mēdus ā dominō suō fūgit?

8. Num Lȳdia laetō animō Rōmā profecta est?

9. Quōmodo Mēdus eī persuāsit ut sēcum venīret?

10. Cūr Mēdus nescit quid respondeat?

11. Quem Mēdus accēdere videt?

12. Tūne in Graeciā vīvere māvīs quam in patriā tuā?

# CAPITVLVM XXIX

## PENSVM A

Magister puerōs monet _____ pulchrē scrīb_____ Sextus tam pulchrē scrībit _____ magister eum laud____. Magister ipse calamum sūmit, _____ litterās scrīb____.

Daedalus ālās cōnfēcit ____ ē labyinthō ēvol____. Īcarus tam altē volāvit _____ sōlī appropinqu _____, quam-quam pater eum monuerat _____ temerārius es_____.

Herī Quīntus arborem ascendit, ____ nīdum quaer_____, etsī pater eum monuerat _____ cautus es____. Medicus Quīntō imperāvit ____ oculōs claud_____, _____ cultrum medicī vid_____. Quīntus tam pallidus erat_____ Syra eum mortuum esse put_____.

Sōl ita lūcēbat ____ pāstor umbram pet_____, ____ in sōle ambul_____.

Tantus atque tālis deus est Iuppiter _____ Optimus Māximus appell _____.

Verba: vehere, _____isse, _____um; pōnere, _____isse, _____um; āmittere, ā_____isse, ā_____um; allicere, _____isse, _____um; ēripere, ē_____isse, ē_____um; secāre, _____isse, _____um; suādēre, _____isse; dēsilīre, dē_____isse; canere, _____isse; crēdere, _____isse; cōnfitērī, cōn_____um esse; lābī, _____um esse.

## PENSVM B

Orpheus, fidicen _____, tam pulchrē canēbat ut ferae _____ [= prope venīrent] ac fluviī _____ cōnsisterent. Etiam ad _____ dēscendit, ut _____ [= illinc] uxōrem suam _____. Nēmō tam _____ est ut Orpheum ignōret.

Arīōn quoque omnibus _____ est. Cum ille magnās _____ sēcum in nāve habēret, nautae pauperēs hominī dīvitī _____ eumque necāre cōnstituērunt. Arīōn, cum _____ suam in perīculō esse sentīret, pecūniam nautīs _____ [= dedit] eōsque ōrāvit ut sibi _____. Precibus _____ nautae eī permīsērunt ut ante mortem _____ caneret. Hōc factō Arīōn in mare _____; sed delphīnus eum in _____ sedentem ad lītus vēxit. Ita ille servātus est, cum iam salūtem _____. Nautae, cum Arīonem _____ [= in cōnspectum venīre] vidērent, _____ [= statim] _____ suum cōnfessī sunt.

## PENSVM C

1. Quōmodo mercātōrēs lucrum faciunt?

2. Cūr mercātor Rōmānus trīstis est?

3. Quārē mercēs ēiectae sunt?

4. Quid mercātor deōs precātur?

5. Quārē ad Īnferōs dēscendit Orpheus?

6. Num nautae Arīonem gladiīs interfēcērunt?

7. Quōmodo Arīōn servātus est?

8. Quid nōs monet haec fābula?

9. Cūr Polycratēs ānulum suum abiēcit?

10. Ubi ānulus eius inventus est?

# CAPITVLVM XXX

## PENSVM A

Syra: "Iam dormī, Quīnte! Cum bene dormīv_____, valēbis." Quīntus: "Nōn dormiam antequam tū mihi fābulam nārrāv_____. Cum fābulam audīv_____, bene dormiam. Cum bene dormīv _____, brevī sānus erō, nisi medicus mē necāv_____!"

Patria salva erit sī mīlitēs nostrī fortiter pugnāv_____. Dux: "Nisi vōs fortiter pugnāv_____, mīlitēs, hostēs castra nostra expugnābunt." Mīlitēs: "Num quid nōbīs dabitur, sī fortiter pugnāv _____?"

Verba: induere, _____isse, _____um; ēligere, ē_____isse, ē_____um; coquere, _____isse, _____um; sternere, _____isse, _____um; fundere, _____isse, _____um; miscēre, _____isse, _____um; exhaurīre, ex_____isse, ex_____um; revertī, re_____isse/ re_____um esse; ūtī, _____um esse.

## PENSVM B

Iūlius Cornēlium et Orontem, amīcōs et _____ suōs, cum uxōribus ad _____ vocāvit. Cum hospitēs veniunt, Iūlius in _____ lavātur. Aemilia eōs _____ iubet [= salūtat] et marītum suum _____ excūsat. Cornēlius ad vīllam suam reversus ōtiō _____. Orontēs, quī ex longō _____ revertit, vītam rūsticam nōn _____, sed _____ esse cēnset. Hospitēs in ātriō exspectant, dum cibus _____. Servus quī in_____ cibum coquit, _____ appellātur. In _____ sunt trēs lectī: lectus summus, medius, _____; in singulīs lectīs _____ aut _____ aut ternī _____ accubant. Rōmānī in lectīs cubantēs _____.

Tandem puer 'cēnam parātam esse' _____. In mēnsā sunt _____ et pōcula ex _____ facta. Cibus omnibus _____, māximē autem _____ laudātur. _____ [= servī] vīnum in pōcula _____. Orontēs vīnum merum _____ [= bibit], cēterī convīvae aquam vīnō _____.

Sine cibō homō _____ vīvere potest, sine aquā _____ tantum. _____ mala rēs est, sed multō pēior est _____. Ex malīs minimum _____ oportet.

## PENSVM C

1. Quī sunt Cornēlius et Orontēs?
2. Ubi est Iūlius cum hospitēs adveniunt?
3. Quid est balneum?
4. Nōnne iūcunda est vīta rūstica?
5. Quid est cocī negōtium?
6. Num Rōmānī in sellīs sedentēs cēnant?
7. Quot lectī sunt in triclīniō?
8. Quot convīvae in singulīs lectīs accubant?
9. Ex quā māteriā pōcula et vāsa facta sunt?
10. Tūne vīnum aquā calidā mixtum bibis?

# CAPITVLVM XXXI

## PENSVM A

In hīs exemplīs syllabae quae dēsunt add_____ sunt:

Mercēs ad diem solv_____ est. Quī fūrtum fēcit pūni_____ est. Quidquid dux imperāvit mīlitibus faci_____ est. Quid magis opt_____ est quam vīta beāta? Ē malīs minimum ēlig _____ est. In perīculīs dēspēr_____ nōn est. Pater dīcit 'fīlium pūni_____ esse, nōn laud _____.'

Verba: tangere, _____isse, _____um; accipere, ac- _____isse, ac____um; auferre, _____isse, _____um; statuere, _____isse, _____um; intellegere, _____isse, _____um; bibere, _____isse; audēre, _____um esse.

In exemplīs quae sequuntur vocābula add_____ sunt.

## PENSVM B

Herī Mēdus ā dominō _____ aliquantum pecūniae sēcum _____. Mēdus dominum suum nōn amat, sed _____. Iūlius, quī eum Rōmae _____ [= occultārī] putat, magnum _____ dabit eī quī eum invēnerit _____ [= antequam] Italiam relīquerit. Iūlius dīcit 'mulierēs nimis _____ esse ac facile virīs nēquissimīs _____.' _____ dominus imperāvit servō faciendum est. Solō, vir _____, Athēniēnsibus _____ optimās scrīpsit. Patrem suum necāre _____ inhūmānum est. Iūlius nōndum _____ est ut Nestor, sed adhūc _____ ut Paris ille quī Helenam ā marītō _____. "_____ amat valeat!"cantat Orontēs, quī _____ est quod _____ [= nimis multum] vīnī pōtāvit.

## PENSVM C

1. Quis fuit Midās?

2. Quamobrem Midās fame et sitī cruciābātur?

3. Cūr Iūlius illam fābulam audīre nōn vult?

4. Ubi Cornēlius servum Iūliī vīdit?

5. Quantum pecūniae Mēdus sēcum abstulit?

6. Estne Mēdus adhūc Rōmae?

7. Quid faciet Iūlius sī Mēdum invēnerit?

8. Quōmodo hominēs ā maleficiīs dēterrentur?

9. Quam fēminam Paris abdūxit?

10. Quī hominēs ad bēstiās mittuntur?

11. Cūr Orontēs pedibus stāre nōn potest?

# CAPITVLVM XXXII

## PENSVM A

Dominus dubitat num pāstor ovēs bene cūrāv_____. Dominus: "Dīc mihi, pāstor, utrum in campō dormīv_____ an vigilāv_____." Pāstor: "Mīror cūr mē interrogēs utrum dormīv_____ an vigilāv _____. Semper officum meum faciō." Dominus: "Ergō dīc mihi cūr herī ovis ē grege aberrāv _____ ac paene ā lupō capta s____." Pāstor mīrātur unde dominus hoc audīv_____.

Iūlius servōs interrogat num Mēdum vīd_____. Servī: "Nescīmus quō fūg_____, ut tibi dīximus. Cūr nōs interrogās num eum vīd_____?" Iūlius: "Id interrogō, quia dubitō vērumne dīx _____!"

Verba: vincere, _____isse, _____um; agere, _____isse, _____um; flectere, _____isse, _____um; offerre, ob- _____isse, ob_____um; redimere, red_____isse, red- _____um; tollere, _____isse, _____um; adesse, _____isse.

## PENSVM B

Priusquam Pompēius, dux_____ [= optimus], _____ Rōmānae praepositus est, _____ [= omnia] maria _____ erant praedōnibus, quī Rōmānōs ita _____ ut etiam portūs Italiae oppugnārent. Tanta erat _____ praedōnum ut nēmō iīs _____ posset. Nēmō sine metū mortis aut _____ nāvigābat. _____ [= complūrēs] īnsulae ab _____ relinquēbantur. Rōmae frūmentum tam _____ erat ut multī pauperēs fame (= _____ cibī) perīrent.

Pīrātae, quī _____ [= aliquō tempore] Caesarem cēperant, XX talenta _____ [= sīve] D mīlia sēstertium ab eō postulāvērunt, sed Caesar, vir _____, L talenta iīs _____. Tantō pretiō Caesar _____ est.

Omnēs amīcī prō beneficiīs _____ agunt, sed paucī posteā _____ referre volunt. Vēra _____ rāra est. Difficile est beneficiōrum _____. Fortēs fortūna _____.

## PENSVM C

1. Cūr Pompēius classī Rōmānae praepositus est?

2. Cūr amīcī nostrī ab alterā nāve fugiunt?

3. Utrum ventus secundus an adversus est?

4. Quantum gubernātor pīrātīs offerre potest?

5. Num ipse tantum pecūniae possidet?

6. Quandō vērus amīcus cognōscitur?

7. Quōmodo Mēdus servus factus est?

8. Cūr Mēdus adhūc nihil nārrāvit dē eā rē?

9. Suntne praedōnēs quī eōs persequuntur?

10. Cūr Mēdus etiamnunc perterritus est?

11. Quō nāvēs longae cursum flectunt?

# CAPITVLVM XXXIII

## PENSVM A

Magister epistulam ad Iūlium scrīpsit, cum Mārcus in lūdō dormīv_____ nec magistrō pāru
_____. Sī Mārcus bonus discipulus fu_____, magister eum laudāv_____ nec epistulam scrīps
_____.

    Mārcus: "Herī in cubiculō inclūsus sum, cum pater epistulam tuam lēg_____. Nisi tū eam
epistulam scrīps_____, ā patre laudātus es_____." Magister: "Epistulam scrīpsī cum in lūdō
dormīv_____ nec mihi pāru_____. Sī industrius fu_____, tē laudāv_____ nec epistulam scrīps
_____." Mārcus: "Etiam sī industrius fu_____ et tibi pāru_____, mē nōn laudāv_____!"

    Clēmēns es____, domine! Patientiam habē____! Servōs probōs laudā____, sed improbōs pūnī
____!

    Industriī es____, servī! Cum dominus loquitur, tacē_____ et audī_____! Semper officium faci
_____!

    Verba: īnstruere, īn_____isse, īn_____um; cōgere, co_____isse, co_____um; caedere,
_____isse, _____um; convertere, con_____isse, con_____um; percutere, per_____isse, per
_____um; prōcurrere, prō_____isse; dēsistere, dē_____isse; prōgredī, prō_____um esse.

## PENSVM B

Ūna _____ cōnstat ex V vel VI mīlibus hominum, quī in X _____ dīviduntur. Exercitus
prōcēdēns _____ dīcitur. Exercitus ad _____ [= pugnam] īnstrūctus _____ appellātur. Post
victōriam dux ā mīlitibus '_____' nōminātur. Sī mīlitēs fortiter pugnāvērunt, _____ eōrum
ab imperātōre laudātur. Officium mīlitis est sanguinem _____ prō patriā.

    Aemilius, quī in capitulō XII _____ est, ūnā cum Valeriō, adulēscente eiusdem
_____, in Germāniā _____ meruit. Tabellārius pūblicus XV _____ [= circiter] diēbus
Rōmā in Germāniam _____ [= celeriter īre] potest. Difficile est Alpēs _____. Mīlitēs
Rōmānī _____ Dānuvium sunt, hostēs sunt _____ Dānuvium.

## PENSVM C

1. Quae arma gerunt auxilia?

2. Quid est signum legiōnis?

3. Quōmodo mīlitēs in aciem īnstruuntur?

4. Ad quod studium pater Aemilium hortābātur?

5. Quō Aemilius adulēscēns missus est?

6. Cūr Aemilius epistulās legēns permovētur?

7. Quamobrem ipse paucās epistulās scrīpsit?

8. Quī nūntius nocte in castra allātus est?

9. Cūr hostēs castra Rōmāna nōn expugnāvērunt?

10. Num Tibullus vītam mīlitārem laudat?

# CAPITVLVM XXXIV

## PENSVM A

Hī versūs in syllabās brevēs et longās et in pedēs dīvidendī sunt notīs appositīs:

Scrībere mē quereris, Vēlōx, epigrammata longa.
— ⏑⏑| — ⏑⏑| — —| — ⏑⏑| — ⏑⏑| — ⏑
Ipse nihil scrībis: tū breviōra facis!
—⏑⏑| — —| — ‖ — ⏑⏑|—⏑⏑| —
Dās numquam, semper prōmittis, Galla, rogantī.

Sī semper fallis, iam rogo, Galla, negā!

Quem recitās meus‿est, ō Fīdentīne, libellus.

Sed male cum recitās, incipit‿esse tuus!

Bella's, nōvimus,‿et puella, vērum'st,
— —| — ⏑ ⏑| — ⏑| — ⏑ | — —
et dīves, quis‿enim potest negāre?

Sed cum tē nimium, Fabulla, laudās,

nec dīves neque bella nec puella's!

## PENSVM B

Dum gladiātōrēs _____ [= pugnant], _____ dēlectātī manibus _____. Fēminīs nōn _____ gladiātōrēs spectāre.

    Ovidius in _____sedēns ōrābat ut vinceret ille cui amīca eius _____. Hoc nārrātur in _____ [= initiō] carminis. Cum poēta _____ [= fortūnam] Priamī canere vellet, puella in _____ eius sēdit eīque mīlle _____ dedit. Ovidius _____ mulierum bene nōverat.

    Lucernīs _____, Iūlius recitat carmen _____ [= pulchrum] dē _____ Lesbiae mortuō: "_____, ō Venerēs...!" Versibus _____ [= postrēmīs] dēmōnstrātur _____ [= causa] dolōris. Catullus Lesbiam uxōrem _____ cupiēbat, at illa Catullō _____ nōluit. _____ poētae inter amōrem et _____ dīvidēbātur.

## PENSVM C

1. Quid Rōmānī in amphitheātrō spectant?

2. Quid Fabia in theātrō spectāvit?

3. Quis fuit Ovidius?

4. Quārē Ovidius in circum vēnerat?

5. Quae carmina recitat Iūlius?

6. Cūr ocellī Lesbiae turgidī rubēbant?

7. Cūr poēta Lesbiam et amābat et ōderat?

8. Num sacculus Catullī plēnus erat nummōrum?

9. Quid scrīpsit Mārtiālis?

10. Cūr librōs suōs nōn mīsit Pontiliānō?

11. Tūne Cinnam bonum poētam fuisse putās?

12. Cūr Laecāniae dentēs niveī erant?

13. Ex quibus syllabīs cōnstat pēs dactylus?

14. Ex quibus pedibus cōnstat hexameter?

# CAPITVLVM XXXV

## PENSVM A

Dēclīnā haec vocābula:

[1] *āla,* nōmen fēminīnum I dēclīnātiōnis:

Singulāris: nōm. *haec āl___,* acc. *h____ āl_____,* gen. *h_____ āl____,* dat. *h_____ l____,* abl. *h____ āl___.*

Plūrālis: nōm. *h___āl_____,* acc. *h____ āl___,* gen. *h_____ āl_____,* dat. *h_____ āl____,* abl. *h____ āl___.*

[2] *pēs,* nōmen masculīnum III dēclīnātiōnis:

Singulāris: nōm. *h____ pēs,* acc. *h_____ ped___,* gen. *h_____ ped ___,* dat. *h____ ped ___,* abl. *h____ ped ___.*

Plūrālis: nōm. *h____ ped ____,* acc. *h____ ped___,* gen. *h_____ ped___,* dat. *h_____ ped_____,* abl. *h____ ped_____.*

[3] *ōrāre,* verbum āctīvum I coniugātiōnis (pers. I sing.):

Indicātīvus: praes. *ōr____,* imperf. *ōr_____,* fut. *ōr_____,* perf. *ōrāv____,* plūsquamperf. *ōrāv _____,* fut. perf. *ōrāv_____.*

Coniūnctīvus: praes. *ōr____,* imperf. *ōr_____,* perf. *ōrāv_____,* plūsquamperf. *ōrāv_____.*

[4] *dīcere,* verbum āctīvum III contiugātiōnis (pers. I sing.):

Indicātīvus: praes. *dīc ____,* imperf. *dīc _____,* fut. *dīc _____,* perf. *dīx ____,* plūsquamperf. *dīx _____,* fut. perf. *dīx _____.*

Coniūnctīvus: praes. *dīc _____,* imperf. *dīc _____,* perf. *dīx _____,* plūsquamperf. *dīx _____.*

Verba: laedere, _____isse, _____um; plaudere, _____isse, _____um; parere, _____isse, _____um; retinēre, re_____isse, re_____um; accendere, _____isse, _____um; dēmere, _____isse, _____um; adicere, ad_____isse, ad_____um; sedēre, _____isse; nūbere, _____isse; sapere, _____isse.

## PENSVM B

Nōmen est pars _____ quae corpus aut rem significat. *Aemilia* et *Iūlia* nōmina _____ sunt, *māter* et *filia* sunt nōmina _____. _____ nōminum sunt nōminātīvus, genetīvus, cēt. Gradūs _____ sunt trēs: _____, comparātīvus, superlātīvus. Adiectīva quae comparantur _____ aut quantitātem significant. *Amāre* est verbum prīmae _____. Interiectiō mentis _____, ut laetitiam vel dolōrem, significat. _____ est affectus eius quī īrātus est. Frātrēs geminī tam _____ sunt quam ōva.

Synōnyma (vocābula quae idem ferē significant): plānum facere et _____, fortasse et _____, ideō et _____, citrā et ____, ecce et ____.

Contrāria (vocābula quae rēs contrāriās significant): commūnis et _____, addere et _____.

## PENSVM C

1. Quae sunt partēs ōrātiōnis?
2. Estne *discipulus* nōmen proprium?

3. Cāsūs nōminum quī sunt?

4. Quī sunt gradūs comparātiōnis?

5. Prōnōmen quid est?

6. Quot sunt coniugātiōnēs verbōrum?

7. Num *intus* et *forīs* adverbia temporis sunt?

8. Cui cāsuī iungitur *inter* praepositiō?

9. Quae praepositiōnēs ablātīvō iunguntur?

10. Quibus cāsibus iungitur *in* praepositiō?

11. Interiectiō quid significat?

# LINGVA LATINA PER SE ILLVSTRATA
# PARS II: ROMA AETERNA

## CAPITVLVM XXXVI

### PENSVM A

*Dē cāsū genetivō*

Urbs Rōma, quae caput orb___ terr_____ vocātur, in rīpā Tiber_____ flūmin____ sita est XVI mīlia pass_____ ā marī.

In Capitōliō est magnus numerus templ_____, qu_____ clārissimum est templum Iov ____ Optim__ Māxim__. In cellā h____ templ__ simulācrum de___ sedent___ positum est.

Vesta est dea foc__ ac r_____ domestic_____, in c_____ aede nūllum de____ simulācrum inest. Ātrium Vest____ est domus virgin___ Vestāl____. Rēgia est domus pontific___ māxim___, summ____ sacerdōt_____ popul___ Rōmān___.

C. Octāviānus adulēscēns XIX ann_____ dux exercit_____ fuit; postquam necem Caesar _____ ultus est, monumentum victōri_____ su___ aedificāvit: templum Mārt___ Ultōr____.

Colossus est statua Sōl___ Rhod___ locāta; eōdem nōmine vocābātur statua Nerōn_____ quae Rōm____ in vestibulō dom_____ aure_____ stābat. In hortīs ill_____ tyrann___ erat multitūdō omn _____ gener_____ pecud_____ ac fer_____.

Titus, fīlius Vespasiān_____ prīncip_____, post expugnātiōnem Hierosolym_____, urb ____ Iūdaeōrum nōbilissim___, triumphāvit. In templō Pāc____ servantur rēs sacrae Iūdae_____, in iīs tubae et candēlābrum magn___ preti___. Iūdaeī eās rēs magn__ aestimant, etiam plūr ___ quam Rōmānī. Novus imperātor triumph___ cupidus est.

Domitiānus, quī mult_____ sceler_____ accūsābātur, prae metū mort___ dormīre nōn poterat. Māximum Hadriān___ opus est templum Vener___ et Rōm___ sīve Urb___ Aetern___.

Rōmulus rēx bell___ studiōsus erat, neque eum pudēbat cas___ su___ pauper____.

### PENSVM B

Cum rēx Tarquinius Rōmā_____ esset, duo _____ populō Rōmānō_____ [= praepositī] sunt. Cōnsul Rōmānus_____ [= templum] Iovis _____. Domitiānus illam aedem _____ [= igne] absūmptam _____ [= refēcit]. Tēctum aurō _____, columnae ē _____ factae sunt. In templō Iūnōnis Monētae, quod _____ [= positum] est in summā _____, nummī efficiuntur ex aurō et argentō et _____. Arx _____ [= validīs] mūrīs mūnītur. In aede Vestae, quae fōrmam _____ habet, ignis aeternus _____ quī numquam _____. In campō Mārtiō est _____ Pācis, ubi sacerdōtēs et Vestālēs anniversārium _____ faciunt. Augustus templum Mārtis _____ aedificāvit postquam necem Caesaris _____ est. Hadriānus _____ Aelium in Tiberī fēcit.

Titus Iūdaeōs _____ [= vīcit] et rēs sacrās, ut _____ argenteās et _____ aureum, iīs _____. In summā _____ viā _____ populusque Rōmānus Dīvō Titō arcum _____ [= cōnsecrāvit].

_____ est ōrdō columnārum tēctus. Mausōlēum dīcitur _____ [= magnum] _____ in quō ossa servantur. Aqua Appia est aquae _____ veterrimus, quī in urbem _____ est ab Appiō Claudiō. _____ est aedificium quō senātus convenit. _____ est parva domus pauper; _____ domus rēgis est. _____ sunt bēstiae quibus agricola ūtitur.

Locus _____ est quō multī conveniunt. Is cui mēns sāna nōn est _____ esse dīcitur. Aedificium quod stāre nōn potest _____. Cicerō est _____ Rōmānus _____ [= clārissimus].

Synōnyma: imāgō et _____; māter et _____; dīvus et _____; clārus et _____; internus et _____; superesse et _____; operīre et _____; prōicere et _____; sacrāre et _____; aedificāre et _____; accidere et _____; ūrere et _____; accendere et _____; deō prōmittere et _____; glōriōsē dīcere et _____; intrāre et _____; eōdem locō et _____.

Contrāria: puppis et _____; discordia et _____; plēbēiī et _____; bona valētūdō et _____; exstruere et _____; dare et _____.

## PENSVM C

1. Num hominēs pauperēs in Palātiō habitant?

2. Quis templum Iovis Capitōlīnī aedificāvit?

3. Templumne Iovis ā rēge dēdicātum est?

4. Quid facit imperātor post triumphum?

5. Quid significat ignis Vestae?

6. Quid est negōtium sacerdōtum?

7. Quot senātōrēs in senātū Rōmānō sunt?

8. Quis fuit M. Tullius Cicerō?

9. Ubi C. Iūlius Caesar necātus est?

10. Cūr Caesar Dīvus Iūlius appellātur?

11. Ubi templum Dīvī Iūliī aedificātum est?

12. Quārē Augustus Mārtem 'Ultōrem' appellābat?

13. Quandō Augustus Iānum clausit?

14. Quamobrem Nerō urbem incendisse putābātur?

15. Cūr domus Nerōnis 'aurea' vocābātur?

16. Quid aedificātum est in locō domūs aureae?

17. Quam gentem Titus in oriente superāvit?

18. Ubi mausōlēum Hadriānī situm est?

# CAPITVLVM XXXVII

## PENSVM A

*Dē cāsū datīvō*

Aedēs Castoris sacrāta est di____ Castor__ et Pollūc__, Iovis fīli__ gemin__, quī saepius Rōmān__ auxili___ vēnērunt. Octāviānus de_ Mārt__ templum vōvit.

Rēx Faunus Euandr___, Mercuriī fīli__, arva dedit. Rēg__ Latīn__ ūna fīlia erat, Lāvīnia, iam mātūra vir__. Lāvīni____ nōn licuit rēg__ Turn___ nūbere.

Trōiānī equum ligneum Minerv____, dē__ Trōiān___ benign___, sacrātum esse putābant,. sed sacerdōs, c___ nōmen erat Lāocoōn, i__ suāsit nē Graec__ cōnfīderent. Cassandra fātum Trōiae cīv____ su___ praedīxit, nec vērō Trōiānī e__ crēdidērunt, sed somn__ sē dedērunt.

Aenēās iuven_____ Trōiān___ suāsit ut host____ Graec____ resisterent: "Ūna salūs vict___: nūllam spērāre salūtem!" Graecī, qu_____ diī favēre vidēbantur, nēmin___ parcēbant.

Venus fīli__ sē ostendit et e__ imperāvit, ut patr_ et uxōr_ et fīli__ auxilium ferret. Ille mātr__ su__ pāruit, neque quisquam e_ redeunt__ nocuit. Anchīsēs urb__ capt__ superesse nōluit, sed Aenēās "Sī t___ certum est" inquit "Trōi____ peritūr_____ tē addere, patet iānua mort__. Date m___ arma! Reddite mē Dana___!" Tandem patr___ su__ sen__, c__ vīrēs deerant ad fugiendum, persuāsit ut ex urbe portārētur, nec id onus fīli__ grave fuit. Aenēās fugiēns nōn s__, sed patr__ ac fīli__ timēbat. Umbra Creūsae vir__ mīrant__ occurrit et "Nōn t__ licet" inquit "mē tēcum dūcere. Diū nāvigandum est t__, sed in Hesperiā nova patria t__ et soci__ tu__ parāta est."

## PENSVM B

Rēx Faunus _____ [= ōlim] Euandrō, quī _____ [= fugiēns] in Italiam vēnerat, _____ colenda dedit. Post Faunum Latīnus _____ accēpit; cuius fīlius in prīmā _____ mortuus est. Latīnō rēgnante pāx _____ [< diū] fuit.

Graecī nōn vī, sed _____ Trōiam intrāvērunt: equum ligneum _____ [= cōnfēcērunt] et armātīs complēvērunt. Trōiānī, quī Graecōs in patriam suam _____ esse putābant, castra dēserta _____ et _____ equī mīrābantur. Lāocoōn equum ligneum, ut dōnum _____, hastā laesit, sed hasta in firmō _____ [= lignō] stetit nec ad mīlitēs _____ [= latentēs] _____. Dum Lāocoōn taurum _____, duo _____ eum _____ [= celeriter rapiunt] et corpus eius _____ [= complectuntur], neque ille sē _____ potest. Trōiānī, novō _____ perturbātī, _____ [= simul clāmant] 'equum dōnum esse Minervae, deae Trōiānīs _____.' Equus in urbem trahitur _____, dum templa velut _____ diē _____ [= foliīs] ōrnantur. Equō _____ [= apertō] Graecī per fūnem _____ ad terram lābuntur. Aenēās in somnō Hectorem _____ [= vulnerātum] vīdit, quī sordidam _____ et _____ [= capillōs] cruentōs gerēbat et Aenēae suāsit ut ex urbe _____ [= ārdentī] fugeret. Hōc _____ perturbātus Aenēās _____ [= sine mente] arma capit et iuvenēs ad pugnam _____. Iī _____ gladiīs per hostēs _____ [= eunt]. Cassandra, quae fātum _____ poterat, crīnibus _____ ā templō trahēbātur oculōs ad caelum _____ [= tollēns], nam _____ manūs _____ tenēbantur. Trōiānī hanc _____ ferre nōn poterant et _____ [= ex omnibus partibus] in mediōs hostēs _____ [= sē praecipitābant]. Ad _____ [= domum] Priamī ācerrimē pugnābātur. Trōiānī altās _____ et _____ domōrum dēstruēbant et laterēs _____que in hostēs _____ [= iaciēbant]. Frāctīs cardinibus forēs _____ [= collābuntur]. Rēx Priamus manibus _____ [= invalidīs] arma capit, sed Hecuba "Iam nōn tēlīs _____" inquit, "sed auxiliō deōrum. Hūc tandem _____!" Cum Polītēs cōram patre _____ [= obtruncātus] esset, Priamus _____ [= pīlum] in Pyrrhum coniēcit, quod _____ [= frūstrā] in _____ eius _____. Pyrrhus

_____ [= capillum] rēgis prehendēns ēnsem in latere eius ____. Hoc vidēns Aenēās _____ perfūsus est. Anchīsēs fīlium et _____ in fugā comitārī _____ [= nōluit]. Tum _____ [= lūx] in capite Iūlī appāruit atque simul cum hōc _____ māximus _____ [= strepitus] caelestis audītus est. Aenēās patrem ex urbe portāvit nec hoc _____ fīliō grave fuit.

In convīviō _____ [= servī] cum dominīs nōn _____ [= accumbunt]. In manū senis gladius _____ est. Quī invocat deōs _____ [< caelum], manūs ad caelum _____ [= extendit]. Caelō serēnō nōn _____ [= tonitrus fit]. Manibus cruentīs _____ tangere _____ nōn est. Nihil ēvenit sine _____ [= voluntāte] deōrum. Quae lūget ululāre aut _____ solet; ululātū et _____ [< gemere] significātur _____.

Synōnyma: fīlius et _____; scelestus et _____; summus et _____; timidus et _____; fertilis et _____; splendēre et _____; exstinguere et _____; ubi et _____.

Contrāria: dextra et _____; servīre et _____.

PENSVM C

1. Aborīginēs quī fuērunt?

2. Quis fuit Latīnus?

3. Quōmodo Graecī in urbem Trōiam penetrāvērunt?

4. Quid fēcit Lāocoōn et quid eī accidit?

5. Cuius fīlius erat Aenēās?

6. Quid Aenēās in somnō vīdit?

7. Ubi rēx Priamus interfectus est?

8. Cūr Aenēae redeuntī nēmō nocuit?

9. Num Anchīsēs statim fīlium comitātus est?

10. Cum quibus Aenēās ex urbe aufūgit?

11. Quārē Creūsa marītum sequī nōn potuit?

12. Quid Aenēās in urbem reversus vīdit?

13. Quid Creūsa Aenēae abeuntī prōmīsit?

14. Quō sociī Aenēae convēnērunt?

# CAPITVLVM XXXVIII

## PENSVM A

*Dē cāsū ablātivō*

Graecī, cum Trōiam v__ capere nōn possent, dol__ ūsī sunt: equum ligneum mīlit_____ armāt____ complēvērunt et in lītor__ relīquērunt. Mult__ spectant__ Lāocoōn omn____ vīr_____ equum hast__ percussit. Paul__ post duo anguēs rēct__ vi__ eum petunt. Part__ mūrorum dēstrūct__ equus host__ plēnus magn__ labōr__ in urbem trahitur fūn__. Velut fēst__ di__ templa frond__ ōrnantur. Equ__ patefact__ mīlitēs exeunt; occīs__ urbis cūstōd____ sociōs suōs recipiunt in urbem quae dēfēnsōr_____ carēbat. Interim Trōiānī sine cūr___ dormiēbant, in i__ Aenēās, Anchīs__ et Vener__ de__ nātus. Ille clāmōr__ et strepit__ ē somn__ excitātus est.

Cum Priamus gladi__ cingerētur, Hecuba, quae vir__ prūdentior erat, "Iam nōn tēl__ egēmus" inquit, "sed auxili__ deōrum!" Dūcent__ Vener__ Aenēās salvus domum rediit e__ dem vi__ qu__ dom__ exierat. Anchīsēs loc__ sē movēre nōluit et "Ipse" inquit "mē__ man__ moriar. Nōlīte me__ caus__ hīc morārī!"

Prīm__ aestāt__ Trōiānī duc__ Aenē__ ex Asi__ profectī sunt. In medi__ mar__ Aegae__ est īnsula nōmin__ Dēlos, quae Trōiānōs tūt__ port__ recēpit. Dēl__ relict__ in Crētam vēnērunt. Ibi Trōiānī foed__ pestilenti__ afficiēbantur et agrī sōl__ flagrant__ torrēbantur.

Aedēs Iovis Capitōlīnī mult__ magnificentior est cēter__ omn____; ea summ____ de__ digna est. In templum Iovis Statōris senātus e__ di__ convēnit qu__ Cicerō, ōrātiōn____ clārissim__ habit__, Catilīnam Rōm__ expulit. Pāc__ terr__ mar__ que fact__ Iānus clauditur.

Polycratēs tant__ fēlīcitāt____ et tant__ glōri__ erat ut dī eī invidērent.

## PENSVM B

In Crētā Trōiānī foedā _____ afficiēbantur atque agrī sōle _____. Penātēs _____ [= nocte] vīsī sunt ante lectum Aenēae _____, quī Trōiānīs et _____ eōrum novam terram prōmīsērunt. Ergō ex īnsulā _____ cōnstituērunt et rūrsus in altum _____ sunt. Ibi _____ [= subitus] sōlem occultāvit ita ut diem noctemque _____ nōn possent ac nāvēs trēs diēs _____ que noctēs caecae errārent, _____ in īnsulās Strophadēs _____ sunt.

In Ēpīrō Aenēās fāmam _____ [= vix crēdendam] audīvit: Helenum parte Ēpīrī _____ esse et Andromachēn, _____ Hectoris, uxōrem dūxisse. Andromachē in _____ [= silvā sacrā] dīs Mānibus _____. Helenus laetus Trōiānōs _____ [= recognōvit] eōsque ad convīvium _____ [= vocāvit].

Charybdis nāvēs in _____ [= vorāginem] mergit, et Scylla _____ [x fōrmōsa] nāvēs in _____ perīculōsōs trahit. _____ [= melius est] tōtam Siciliam _____ quam illa mōnstra _____.

_____ [= ut prīmum] Italia in cōnspectum vēnit, Anchīsēs _____ vīnō implēvit et deōs maris _____ [= potestātem habentēs] invocāvit. Trōiānī in terrā Graecōrum _____ [< mora] nōlēbant.

Ex Aetnā _____ flammaeque surgunt atque saxa _____ que _____. In ōrā Cyclōpum vir Graecus accessit cum _____ [= lacrimīs] precibusque: "Hinc in quās_____ terrās abdūcite mē!" Anchīsēs virō _____ [= ōrantī] manum dedit. Mōnstrum horrendum erat Polyphēmus, quī in _____ obscūrō habitābat et carne hūmānā _____. Cum ille accēderet, Trōiānī fūnēs nāvium _____ [= secuērunt] et _____ [= celeriter] aufūgērunt. Polyphēmus clāmōrem _____ [< horrēre] sustulit, quō penitus resonuit mōns _____.

In Siciliā Aenēās ossa _____ [= patris] suī _____. Tum ex Siciliā atque ā _____ patris _____ est [= discessit].

45

Fōrma litterae C est līnea _____. Onus grave magnum _____ habet. _____ est parvus flūctus. Chāonia est pars Ēpīrī _____. _____ est bōs iuvenis. Saxa flūctibus pulsāta fragōrem _____.

Synōnyma: (summum) mare et _____; avis et _____; turgidus et _____; pavidus et _____; (urbem) cōnstituere et _____; relinquere et _____; arbitrārī et _____; tam valdē et _____; scīlicet et _____; ego (ipse) et _____.

Contrāria: occāsus et _____; (nāvem) dēdūcere et _____; propinquus et _____; noctū et _____.

PENSVM C

1. Quid Trōiānī profugī sub monte Īdā fēcērunt?

2. Quōmodo rēx Thrāciae aurō Priamī potītus est?

3. Quid deus Apollō Trōiānīs pollicitus est?

4. Cūr Trōiānī in Crētā manēre nōn potuērunt?

5. Cūr Palinūrus rēctum cursum tenēre nōn potuit?

6. Quae īnsulae in marī Īoniō sitae sunt?

7. Quid fēcit Aenēās in īnsulā Leucadiā?

8. Ubi Aenēās Andromachēn invēnit?

9. Quid Andromachē Aenēae nārrāvit?

10. Cūr Aenēās per fretum Siculum nāvigāre nōluit?

11. Quid Andromachē Ascaniō dōnāvit?

12. Cūr Trōiānī Italiam relīquērunt?

13. Quid accidit in ōrā Cyclōpum?

14. Num Polyphēmus Trōiānōs fugientēs vīdit?

15. Ubi pater Anchīsēs sepultus est?

# CAPITVLVM XXXIX

## PENSVM A

*Dē cāsū accūsātīvō*

Trōiānī mult____ iam ann____ per omn____ mar____ errābant. Neptūnus, ut class____ disiect ____ vīdit, flūct____ sēdāvit, nūb____ collēct____ dispulit sōl____ que redūxit. Aenēās Itali____ nov ____ patri____ quaerēns in Āfric____ dēlātus est. Venus fīli____ su____ certiōr____ fēcit 'soci ____ salv____ esse class____ que in tūt____ loc____ āct____.' Aenē____ paenitēbat Creūs ____ uxōr____ Trōiae relīquisse. Aenēās: "Heu m_ miser___! Numquam dom__ redībō!" Venus Cupīdin____ prō Ascaniō ad Dīdōn____ īre iussit. Ille, ubi Aenē____ complexus est, rēgīn ____ petīvit; quae puer____ ōsculāta est et in gremi____ accēpit.

Multae viae Rōm____ ferunt. Circus Māximus trecent____ pass____ longus est. Pompēius Iūli____, fīli____ Iūliī Caesaris, uxōr____ dūxit. Senātus C. Octāviān____ 'August____' nōmināvit. Augustus urb____ Rōm____ in XIV regiōn____ dīvīsit. Nerva ann____ tantum et IV mēns_____ imperāvit. Nerō, qu____ populus tyrann____ appellābat, dom_____ aure ____ aedificāvit. Rōmul____ rēg____ nōn pudēbat in casā habitāre. Rōmānī Brūt____ cōnsul ____ fēcērunt.

Graecī Rōmān____ litter____ et art____ poētic____ docuērunt.

## PENSVM B

Iūnō īrāta erat ob _____ Paridis, quī Venerem deam pulcherrimam esse _____ [= cēnsuerat]; eius reī _____ [= reminīscēns] Trōiānōs ab Italiā _____ [= prohibēbat]. Tempestās classem Aenēae _____, sed Neptūnus, cum vidēret _____ [= mare] _____ [= ventīs rapidīs] turbārī, mōtōs flūctūs _____ et nūbēs _____. In lītore Aenēās septem _____ occīdit; hanc _____ sociīs dēspērantibus dīvīsit, dum ipse laetō vultū spem _____. Posterō diē, dum nova loca _____, Venus eī _____ iit arcum sagittāsque _____ [= gerēns] Diānae deae _____, quae in silvīs _____ solet.

Pygmaliōn, rēx _____ [x pius] et avārus, cum Sychaeum _____ [= occultē] necāvisset, scelus diū _____ et Dīdōnem viduam falsā spē _____. Sed eī in somnīs appāruit vir mortuus, quī pectus vulnerātum _____ [< nūdus] et rēgis _____ occultōs mōnstrāvit. Dīdō nāvēs aurō _____ [< onus] et in Āfricam fūgit, nec posteā eam _____ ex patriā fūgisse.

Dēspiciēns ex colle quī Karthāginī _____ Aenēās vīdit cīvēs quī magnā _____ [< industrius] novārum aedium _____ locābant. Dīdō rēgīna magnā _____ comitāta _____ [= prōcessit] et in altō _____ cōnsēdit. Quae cum Aenēam cōram aspiceret, prīmum _____, tum sīc _____ est [= loquī coepit]: "Tūne ille Aenēās quem Anchīsēs et Venus _____?"

In rēgiā convīvium _____ [= parātur]: _____ [= lectī] Tyriā _____ sternuntur, ministrī mēnsās _____ onerant. Lucernae dē tēctō _____ et multae _____ ārdent. Aenēās omnibus _____ [= attentīs] nārrābat dē _____ [= dolō] Graecōrum et dē _____ [< errāre] suīs. Postquam _____ patrī factum memorāvit, _____ tandem atque _____ sē dedit.

Karthāginiēnsēs, hominēs _____ [= bellī studiōsī], saepe cum Rōmānīs _____ [< bella gessērunt]. Tridēns est _____ Neptūnī. _____ est bēstia quae immolātur, ut _____ [= porcus], ovis, taurus. Nūbēs quae terram operit _____ dīcitur. Trōiānī, sī in Italiam īre nōn possunt, in Siciliam _____ īre cupiunt.

Synōnyma: gurges et _____; saxum et _____; pulchritūdō et _____; glōria et _____; Notus et _____; stēlla et _____; frequēns et _____; nesciēns et _____; fēlix et _____; pulsāre et

_____ et _____; circumgere et _____ natāre et _____; ambulāre et _____; accūsāre et _____; subīre et _____; ascendere et _____; auxilium ferre et _____; dēlēre et _____; cōnārī et _____.

Contrāria: altum et _____; Auster et _____; acūtus et _____; spargere et _____; abdūcere et _____; dispellere et _____; subitō et _____.

## PENSVM C

1. Ubi sita est Karthāgō?

2. Quae est Iūnō?

3. Cūr Iūnō Trōiānōs ōderat?

4. Quid est Aeolī officium?

5. Quid fēcit Neptūnus cum mare turbārī sentīret?

6. Quō Trōiānī tempestāte dēlātī sunt?

7. Quid Aenēās sociīs suīs partītus est?

8. Quōmodo sociī vīrēs restituērunt?

9. Quae dea in silvā Aenēae obviam iit?

10. Cūr Aenēās mātrem suam prīmō nōn agnōvit?

11. Quid Venus filiō suō nārrāvit?

12. Quid vīdit Aenēās ex colle dēspiciēns?

13. Cūr nēmō Aenēam Karthāginem intrantem vīdit?

14. Quae imāginēs in novō templō pictae erant?

15. Quid Īlioneus ā Dīdōne petīvit?

16. Num urbs Trōia Dīdōnī ignōta erat?

17. Quōmodo Dīdō Aenēam et sociōs eius recēpit?

18. Quod cōnsilium Venus excōgitāvit?

19. Quid Cupīdō effēcit in gremiō Dīdōnis sedēns?

20. Quid Dīdō Aenēam hortāta est?

# CAPITVLVM XL

## PENSVM A

*Dē cāsū vocātivō*

Aemilia: "Ō Iūl___, m___ optim___ marīt___!"

Mārtiālis:

"Semper pauper eris, sī pauper es, Aemiliān___!"

Catullus:

"Cēnābis bene, m___ Fabull___, apud mē."

Hector: "Heu, fuge, nāt___ deā!"

Hecuba: "Ō miserrim___ coniūnx!"

Anchīsēs: "Fuge, m___ fīl___!"

Aenēās: "Venī mēcum, Achāt___, m___ amīc___!"

Achātēs: "Quid nunc sentīs, Aenē___?"

Dīdō:

"Perfid___ hospes!" "Dabis, improb___, poenās!"

Cōnsul (in senātū): "Quid cēnēs, Mārc___ Tull___? et tū, Lūc___ Cornēl___?"

Spectātōr___, plaudite!

## PENSVM B

Dīdō: "_____ [= utinam] prius Iuppiter mē _____ percutiat quam virī amōrī _____ [x resistō]!"

Anna: "Ō soror mea _____ [= cāra]! Etiamne _____ [= grātō] amōrī repugnābis?" Ita animum sorōris amōre _____ [= incendit]. Templa adeunt ut ā dīs _____ petant, nec vērō sacrificia mulierem _____ [= āmentem] iuvant. Poenīs et Trōiānīs vēnantibus, tonāre incipit; _____ [= sequitur] imber _____ mixtus, et Dīdō et Aenēās in eandem _____ dēveniunt. _____ [= statim] Fāma nārrat 'eōs in māximō _____ vīvere turpī _____ [= cupiditāte] captōs!'

Mercurius Iovis _____ [= imperia] ad Aenēam dēfert: "Quid _____ [= parās]? Nōlī hīc morārī! Italiam pete!" Haec locūtus deus ex oculīs eius _____. Aenēās imperiō dīvīnō _____ [= stupefactus] _____, tum Trōiānōs prīncipēs _____ iīsque _____ [= imperāvit] ut classem clam ōrnārent.

At rēgīna, quae dolum _____, Aenēam appellat: "Spērāsne, _____ hospes, tē tantum _____ [x fās] _____ posse et _____ tempore [= hieme] clam hinc _____ [= excēdere]?" Per _____ [= coniugium] nostrum tē ōrō: _____ meī!" Ita supplex _____. Aenēās: "Numquam tē uxōrem dūxī aut _____ tibi prōmīsī. Dēsine _____ tuīs et mē et tē incendere! Nōn meā _____ Italiam petō." Dīdō dicta eius nōn _____, sed medium sermōnem _____ et virum _____ [= dubiē morantem] relinquit. _____ [= ancillae] eam collāpsam _____.

Iam rēgīna morī cupit: _____ eam vītae. Annam ōrat ut _____ ērigat et super rogum arma et _____ [= vestīmenta] et _____ [= imāginem] Aenēae impōnat. Dīdō, cum classem abīre vidēret, Furiās _____ [< ulcīscī] invocāvit. Tum rogum cōnscendit, torō _____ atque ēnsem ē _____ ēdūxit.

Officium Rōmānōrum est "parcere _____ et _____ superbōs."

Synōnyma: pallium et _____; stēlla et _____; āra et _____; lectus et _____; pīlum et _____; virtūs et _____; vigilāns et _____; moriēns et _____; praecipitāns et _____; recipere et _____; āmēns esse et _____; perficere et _____ et _____; properāre et _____; ēlūdere et _____.

PENSVM C

1. Quid Dīdō Annae sorōrī fassa est?

2. Cūr Dīdō amōrī repugnābat?

3. Quid Anna sorōrī suae suāsit?

4. Quid fāma nārrābat dē Dīdōne et Aenēā?

5. Quis Aenēam ex Āfricā excēdere iussit?

6. Cūr Aenēās classem clam ōrnāvit?

7. Quōmodo Dīdō cōnsilium Aenēae cognōvit?

8. Quid Anēās rēgīnae implōrantī respondit?

9. Num Dīdō dicta eius refellit?

10. Quid Dīdō Annam facere iussit?

11. Quae rēs super rogum impositae sunt?

12. Quae fuērunt precēs Dīdōnis extrēmae?

13. Quid vīdit Aenēās ē nāve respiciēns?

14. Cūr plēraeque fēminae in Siciliā relictae sunt?

15. Quō Sibylla Aenēam dūxit?

Nōmen:..............................................................................

# CAPITVLVM XLI

## PENSVM A

*Dē generibus verbōrum*

Verte hās sententiās in genus alterum, āctīvum aut passīvum:
[Pater fīlium laudat:] Fīlius ā patr___ laud___.
[Tyrannus ferōx ab omnibus metuitur:]
Omnēs.....
[Alta moenia urbem Trōiam cingēbant:]

.....

[Trōia ā Graecīs capta et incēnsa est:]

.....

[Graecī equum ligneum fabricāvērunt:]

.....

[Cum pars moenium ā Trōiānīs dēstrūcta esset, equus ille in urbem tractus est:]

.....

[Terribile incendium urbem absūmpsit:]

.....

[Creūsa ā marītō quaerēbātur nec inventa est:]

.....

[Karthāginiēnsēs Aenēam cernere nōn poterant, quod nūbēs eum cēlābat:]

.....

[Puerī ā Faustulō inventī et domum lātī sunt:]

.....

[Geminī praedam pāstōribus dīvidēbant:]

.....

[Fluvium Tiberim ōlim Albulam vocābant:]

.....

[Arx ab hostibus numquam expugnābitur:]

.....

[Magister tē laudat, mē reprehendit:]

.....

## PENSVM B

Post _____ Aenēae rēx Latīnus, cum _____ suās in aciem ēdūxisset, inter _____ [= prīncipēs] prōcessit ducemque advenārum ad colloquium _____. Ut nōmen Aenēae audīvit, _____ virī gentisque admīrātus Trōiānōs in _____ [< socius] recēpit et Aenēae fīliam suam in _____ dedit. Rēx Turnus, cui Lāvīnia _____ fuerat, Aenēae Latīnōque bellum _____. Proeliō victus Turnus rēbus suīs _____ [x cōnfīdēns] ad Etrūscōs cōnfūgit. Post proelium Latīnīs _____ Aenēās _____ [= nūllō locō] appāruit. Cum Ascanius nōndum ad _____ aetātem pervēnisset, Lāvīnia inter _____ eius rēgnāvit, nec Etrūscī nec ūllī aliī _____ inter rēgnum _____ [< mulier] bellum facere ausī sunt.

Rēx Proca Numitōrem et Amūlium _____ [= genuit] atque Numitōrī rēgnum _____ [= vetus]
_____ [= relīquit]. Amūlius frātrem pepulit, frātris fīliam Vestālem lēgit: ita eī perpetuā _____
spem _____ [< parere] adēmit. At Vestālis, vī _____, geminōs peperit, quī _____ rēgis expositī
sunt; sed pāstor _____ puerīlem audīvit et puerōs invēnit cum _____, quae tam _____ fuit ut eōs
lacte suō _____ et linguā _____. Ita ā _____ [< crūdēlis] rēgis puerī servātī sunt.

Rōmulus et Remus, ut prīmum _____, per _____ vēnābantur et in _____ praedam
ferentēs impetūs faciēbant. Latrōnēs Remum captum Numitōrī _____ [= trādidērunt], quī cum
eum in _____ habēret, nepōtem suum esse _____ [= crēdere incipiēbat]. Amūliō occīsō
Numitor, _____ advocātō, mala _____ [= maleficia] frātris ostendit et 'sē caedis _____ esse'
dīxit.

Remus, cum in Aventīnō _____, sex _____ vīdit; hōc _____ nūntiātō, _____ numerus
[: XII] Rōmulō sē ostendit; is igitur urbem condidit, quae ā nōmine _____ 'Rōma' appellāta est.
Remus vērō, cum hoc _____ ferret, novōs mūrōs _____ et ā Rōmulō _____ [= interfectus]
est.

Cācus _____ Herculis _____ [= percussus] occidit, cum bovēs in spēluncam _____
[= cēlāvisset]. Bove _____ [= ēgregiā] immolātā _____ [= sacrificium] Herculī factum est _____
Graecō.

Ōceanus mare _____ [= sine fīne] est. Facile est mūnera _____ [= offerendō] animōs
populī sibi _____. Ante proelium imperātor auspiciīs deōs _____. Difficile est inter
geminōs _____ facere. Quī _____ bibere cupit.

Synōnyma: līberī et _____; vīrēs et _____; pecus māius et _____; pater patris et _____;
frāter patris et _____; piger et _____; ūmidus et _____; turbāre et _____; auxilium ferre et
_____ ferre; trepidus esse et _____.

Contrāria: muliebris et _____; āmittere et _____; cōnfīdere et _____; cōnsōlārī et _____;
ubīque et _____; vērē et _____.

## PENSVM C

1. Unde Aenēās in Italiam vēnit?

2. Num Aenēās rēgem Latīnum proeliō vīcit?

3. Cūr Turnus Aenēae Latīnōque bellum intulit?

4. Cūr neuter exercitus laetus ex proeliō abiit?

5. Quōmodo Aenēās animōs Aborīginum sibi conciliāvit?

6. Quō rēx Turnus victus cōnfūgit?

7. Quam urbem condidit Ascanius?

8. Quod cognōmen rēgibus Albānīs fuit?

9. Quōmodo Amūlius rēgnō Albānō potītus est?

10. Quem Rēa Silvia patrem geminōrum esse dīxit?

11. Quōmodo gemellī expositī servātī sunt?

12. Cūr Numitor Remum nepōtem suum esse susspicābātur?

13. Quid Rōmulus et Remus fēcērunt cum sē nepōtēs rēgis esse cognōvissent?

14. Ubi Rōmulus urbem condidit?

15. Cūr frātrem suum occīdit?

16. Quōmodo Herculēs bovēs abditās repperit?

17. Quō rītū Rōmulus sacra Herculī fēcit?

# CAPITVLVM XLII

## PENSVM A

### Dē modīs verbōrum

Magister discipulōs tac_____ et aud_____ iubet: "Tac_____, discipulī, et aud_____!" Mārcus nōn tac_____ nec aud_____; magister eum monet ut tac_____ et aud_____: "Tac_____, Mārce, et aud_____! Quot sunt bis sēna (2 x 6)?" Magister interrog_____ quot s_____ bis sēna, ac Mārcō imperat ut surg_____ et respond_____: "Surg_____ et respond_____, Mārce, sed cav_____ nē prāvē respond _____!" Mārcus nōn surg_____ nec respond_____. Magister: "Aud_____, Mārce: iubeō tē surg _____ et respond_____." Mārcus: "Nesciō quid respond_____." Magister iubet eum digitīs comput _____: "Digitīs comput_____! Cūrā ut rēctē comput_____!" Mārcus: "Interrog_____ aliōs! Nōlī semper mē interrog_____!" Mārcus magistrum monet ut aliōs interrog_____.

Cicerō cōnsul Catilīnam ex urbe ēgred_____ et proficīsc_____ iussit: "Ēgred_____ ex urbe! Patent portae: proficīsc_____!" Cōnsul ōrātiōne suā effēcit ut Catilīna ex urbe ēgred_____ et in Etrūriam proficīsc_____.

Latīnus ab Aenēā quaesīvit 'quis es_____ et quid quaer_____': "Tū quis_____ et quid quaer _____?" Ille respondit 'sē es_____ Aenēam Trōiānum novamque sēdem quaer_____': "Ego _____ Aenēās Trōiānus; novam sēdem quaer_____."

## PENSVM B

Rōmulus rēx XII _____ sūmpsit, quī _____ imperiī, _____ et _____, gererent, et C senātōrēs _____ [= lēgit]. Gentēs _____ [= fīnitimae] Rōmānōs _____ [= contemnēbant] nec _____ Rōmānam benignē audīvērunt. Id Rōmulus _____ passus est, sed _____ suam dissimulāns fīnitimōs ad _____ [= lūdōs] vocāvit. In mediō _____ [< plaudere] iuvenēs Rōmānī _____ [= clāmantēs] _____ virginibusque manūs _____, ut nārrat Ovidius in 'Arte _____'. Parentēs virginum terrōre _____ [= percussī] _____ [= aufugiunt]. Rōmulus _____ verbīs animōs virginum _____ cōnābātur, sed parentēs cīvēs suōs contrā Rōmānōs _____. Dum aliī _____ [= tempus idōneum] exspectant, Caenīnēnsēs in fīnēs Rōmānōrum _____, sed Rōmulus _____ [= statim] eōs _____ [= in fugam vertit] et ipse rēgem eōrum occīdit et _____; _____ rēgis in Capitōliō ad _____ sacram dēposuit et fīnēs templō Iovis _____. Mulierēs ōrābant ut parentibus licēret Rōmam _____; quod facile _____.

Tarpēia nōn _____ [= sine poenā] arcem hostibus _____. Rōmulus Iovem ōrāvit ut fugam Rōmānōrum _____. Tum mulierēs sē inter aciēs intulērunt patrēs virōsque ōrantēs 'nē sanguine _____ [= īnfandō] sē _____!' Movet rēs _____ multitūdinem _____ ducēs [= et m. et d.]. Sabīnī _____ [= virīs filiārum] et Rōmānī _____ suīs dextrās dant ac ducēs ad _____ faciendum _____ [= prōcēdunt]. Ūnam _____ ex duābus faciunt et rēgnum _____; nōn modo commūne, sed etiam _____ rēgnum eōrum fuit. Rōmulus rēx trēs _____ equitum _____. Ita equitātū Rōmānō auctō cum fīnitimīs, quī agrōs Rōmānōs _____ [= populābantur], _____ [= pugnāvit] eōsque vīcit. Haec ā Rōmulō domī _____ que gesta sunt. Cum _____ mīlitum habēret, subitō _____ [= ortā] procellā _____ [= ad caelum] raptus est. Proculus Iūlius affirmāvit 'Rōmulum dē caelō _____ sibi _____ fuisse.'

Post breve _____ populus Numam, quamquam _____ erat, rēgem creāvit et patrēs auctōrēs factī sunt: ergō nōn _____ [= populus], sed patrēs _____ quis Rōmae rēgnāret. Tum _____, capite _____ et _____ (id est baculum _____) tenēns, Iovem precātus est _____ [= ut] signa certa _____; ita Numa _____ [= auspiciīs missīs] rēx _____ est.

Numa rēs _____ [< ūtī] īnstituit: annum in XII mēnsēs _____ et diēs _____ et _____ fēcit; _____ Diālem creāvit ac Vestālēs, Vestae sacerdōtēs _____ [= semper praesentēs], quās virginitāte _____ fēcit; nec quae _____ virgō Vestālis fierī poterat, sed nōbilissimae tantum. Cum igitur fīnitimī nefās putārent cīvitātem sānctam _____, pāx per multōs annōs _____ est.

Iānus clausus pācem esse _____. Quī _____ [= valdē] maeret crīnēs et vestem _____ [= scindit] et ocellōs lacrimīs _____. Prō pecūniā mūtuā _____ dandum est. _____ [< nox] tempore nauta sīdera in caelō _____ [= animadvertit].

Synōnyma: honōs et _____; templum et aedēs et _____; rēs mīrābilis et _____; rūsticus et _____; tardus et _____; fēlīx et _____; grātus et _____; iterum facere et _____; taedēre et _____; validus fierī et _____; oppugnāre et _____; aliquantum temporis et _____; dēnuō et dē _____.

Contrāria: victōria et _____; aequus et _____; bellicōsus et _____; internus et _____; concurrere et _____; ērumpere et _____; āvertere et _____; recumbere et _____.

PENSVM C

1. Quae sunt īnsignia imperiī?

2. Quōmodo Rōmulus cīvitātem auxit?

3. Cūr novus populus uxōribus carēbat?

4. Quārē Rōmulus fīnitimōs ad lūdōs vocāvit?

5. Quō rēx victor spolia opīma tulit?

6. Quōmodo Sabīnī arcem Rōmānam cēpērunt?

7. Quārē scūta sua in puellam coniēcērunt?

8. Quid fēcit Rōmulus cum Rōmānī fugerent?

9. Quam ob rem pāx facta est cum Sabīnīs?

10. Cūr Rōmulus Vēiōs expugnāre nōn potuit?

11. Quid accidit cum rēx cōntiōnem mīlitum habēret?

12. Num mīlitēs rēgem in caelum rapī vīdērunt?

13. Quid Proculus Iūlius nārrāvit?

14. Quōmodo novus rēx creātus est?

15. Uter rēx ferōcior fuit, Rōmulusne an Numa?

16. Quōmodo Numa populum bellicōsum temperāvit?

# CAPITVLVM XLIII

## PENSVM A

*Dē adiectīvīs*

Italiae incolae prīm____ agricolae industri____ fuērunt. Ill____ tempus beāt____ 'aetās aure____' dīcitur. Dum Latīnus in pāce diūturn____ rēgnat, Trōia, urbs opulent__, ab exercitū Graec ____ capta est. Graecī audāc____ ingent____ equum ligne____ mīlitibus armāt____ complēvērunt. Lāocoōn dē summ____ arce dēcurrēns cīvēs su____ monuit nē hostibus Graec____ cōnfīderent, atque omn_____ vīribus hastam ingent_____ in latus equī dūr____ mīsit, sed illa in firm ___ rōbore stetit nec in partem interiōr____ ad mīlitēs occult___ penetrāvit. Brev___ tempore duo anguēs māxim____ per mare tranquill____ ad lītus propinqu____ natāvērunt et corpus eius medi ____ amplexī sunt. Priamus mult____ gentium rēx superb____ fuit.

Prīm____ lūce Dīdō sorōrī su____ "Quāl____ hospes" inquit "domum nostr___ intrāvit, quam nōbil__, quam fort___! Agnōscō veter___ vestīgia flammae!"

Rōmulus ante diem ūndecim____ kalendās Māi____ in colle Palātīn____ nov____ urbem condidit. Gentēs fīnitim____ cīvēs Rōmān____ spernēbant. Cum iuvenēs Rōmān____ virginēs Sabīn____ rapuissent, magn____ et ācr____ certāmen ortum est.

Senātus Rōmān_____ cōnstat ex sescent_____ senātōribus, quī summ_____ potestātem in rē pūblic___ habent. Pontifex māxim___ est summ___ sacerdōs quī cēter____ omn_____ sacerdōtibus Rōmān____ praefectus est.

Templum Iovis Optim____ Māxim____ magnificent____ est quàm cēter___ omn___ templa Rōmān___; ex omn___ templīs Rōmān____ id magnificent____ est.

Nūll____ fēmina mortāl____ pulchr____ fuit quam Helena; ea pulcher____ fuit omni _____ fēminārum mortāl____.

## PENSVM B

Tullus, rēx _____ [= ingeniō] ferōx, Numae _____ fuit. Cum Albānī Rōmānōs rēs _____ dīmīsissent, Tullus iīs bellum _____. Cupīdō imperiī duōs populōs _____ [= ab eōdem ortōs] ad arma _____ [= incitābat]. Etrūscī ambōs exercitūs spectābant, ut pugnā fessōs _____ [= oppugnārent].

Cum duo Rōmānī _____ [= morientēs] concidissent, ūnus ferrō _____ fuit; is aliquantum _____ aufūgit ac trēs Albānōs magnīs _____ sequentēs occīdit. cum soror Horātiī _____ suum mortuum _____ [= iterum iterumque] appellāret cum _____ [= lamentātiōne], Horātius eam verbīs _____ et gladiō _____! Itaque accūsātus est, et duumvirī, quī tantum _____ neglegere nōn potuērunt, eum _____; sed Horātius ad populum _____. In eō iūdiciō pater eius 'fīliam iūre caesam esse' _____; tum populus Horātium _____, neque enim _____ [< līberāre] urbis verberātum et arbore īnfēlīcī _____ vidēre voluit.

Tullus simul cum hostibus et cum _____ [<prōdere] et _____ [<perfidus] sociōrum dīmicāvit, nam _____ [x iussū] eius Albānī ex proeliō abiērunt. Hostibus victīs, rēx Mettium poenā _____ [= crūdēlī] affēcit: corpus eius ad duās quadrīgās _____ [= vīnctum] in _____ [= contrāriās] partēs _____ est. Deinde Alba _____ [= dēstrūcta] est et Albānī Rōmam _____ sunt. Ita Rōma _____ [< ruere] Albae crēvit, numerus cīvium _____ [< duplex] est et x equitum _____ exercituī Rōmānō additae sunt.

Bellum _____ est quod inter cīvēs geritur. Duumvirī sunt _____ sevērissimī. Quī sine _____ est ā iūdice absolvitur. _____ dīcitur quī centuriae praefectus est.

Synōnyma: servitūs et _____; pallium mīlitis et _____; fūnis et _____; plēbs et _____; cīvēs et _____; metus deōrum et _____; flēns et _____; miserandus et _____; senex fierī et _____; oppōnere et _____; ōrnāre et _____; cingere et _____; laniāre et _____; errāre et _____; lūx fit et _____; ab utrāque parte et _____; nūllō modō et _____; paulātim et _____; ubīque et _____; esset et _____.

Contrāria: pulchritūdō et _____; libēns et _____; fōrmōsus et _____; placēre et _____; clam et _____.

PENSVM C

1. Quis fuit avus Tullī Hostīliī?

2. Quamobrem Tullus Albānīs bellum indīxit?

3. Ubi Albānī castra collocāvērunt?

4. Num Rōmānī et Albānī aciē pugnāvērunt?

5. Quōmodo Horātius sōlus trēs Albānōs vīcit?

6. Quid tum factum est ante portam Capēnam?

7. Horātiusne condemnātus ac pūnītus est?

8. Quid est 'pōmērium'?

9. Quōmodo Mettius sociōs suōs Rōmānōs prōdidit?

10. Quid fēcit Tullus postquam hostēs fūdit?

11. Quōmodo duplicātus est cīvium numerus?

12. Quamdiū Alba Longa stetit?

13. Quid Tullus Hostīlius aedificāvit?

14. Quandō Tullus deōs colere coepit?

15. Quōmodo ille rēx periit?

# CAPITVLVM XLIV

## PENSVM A

### Dē adverbiīs

Tullus lēgātōs Albānōs bland____ ac benign____ recēpit. Rēx Albānus lēgātīs Rōmānīs superb____ ac ferōc____ respondit. Horātiī et Cūriātiī nōn timid____, sed fort____ pugnāvērunt. Duo Horātiī cit____ (celer____) occīsī sunt, trēs Cūriātiī vulnerātī, duo magis aut min____ grav____, tertius lev____. Subit____ Horātius, quī fēlīc____ incolumis erat, fugere coepit. Albānī nōn aeque____ vēlōc____ sequī potuērunt: quī levissim____ vulnerātus erat, vēlōcissim____ currēbat et continu____ occīsus est, cum long____ abesset ā cēterīs; quī gravissim____ vulnerātus erat, postrēm____ occīsus est. Cert____ Horātius fort____ ac prūdent____ pugnāvit quam cēterī: is omnium fortissim____ ac prūdentissim____ pugnāvit; sed postquam ita glōriōs____ patriam servāvit, sorōrem suam, quae Cūriātium flēbil____ nōmināverat, crūdēl____ interfēcit!

Posteā Tullus ēgregi____ cum hostibus pugnāvit, etsī Albānī sociōs Rōmānōs turp____ (foed__) dēseruerant. Tullus ducem Albānum sevēr____ atque atrōc____ pūnīvit. Nēmō Rōmānus hostem sevēr____ aut atrōc____ pūnīvit quam Tullus.

Numa iūst____ et prūdent____ rēgnāvit deōsque dīligent____ coluit. Rōmulus et Tatius commūn____ rēgnāvērunt, nec Rōmulus mortem Tatiī molest____ (aegr__) tulit.

Malus discipulus, quī mal____ ac prāv____ scrībit, rār____ laudātur; bonus discipulus, quī b__ ac rēct__ scrībit nōn sōlum Graec___, sed etiam Latīn___, frequent____ laudātur.

## PENSVM B

Ancus iūs _____ scrīpsit quō bellum indīcitur. Latīnīs bellum indictum est, postquam lēgātus deōs _____ est populum Latīnum adversus populum Rōmānum _____ [= male fēcisse] et plērīque senātōrēs _____ [= in eandem sententiam iērunt]. Latīnīs victīs, Ancus ingentem praedam Rōmam _____; nec vērō Medulliam expugnāre potuit propter firmās _____ [< mūnīre]. Iāniculō adiectō urbem _____ [= ampliōrem fēcit].

Patre mortuō, Lucumō, vir _____ [= impiger], omnium bonōrum _____ factus est. Cum Etrūscī eum spernerent ut _____ ortum, uxor Tanaquīl, quae virum _____ [= decorātum] vidēre cupīvit, eī persuāsit ut Rōmam _____ cum omnibus _____ [= fortūnīs] suīs. Aquila eī _____ abstulit et _____ [= dīvīnē] in capite reposuit. Hoc _____ Tanaquīl, quae rērum caelestium _____ erat, laeta accēpit. Rōmae L. Tarquinius, quem dīvitiae _____ faciēbant, cīvēs sibi conciliābat _____ [= benignē] invītandō.

Equitātū auctō rēx Tarquinius cum Sabīnīs _____. Eō proeliō _____ fuit glōria equitum, quī ab lateribus _____ ac Sabīnōs fūdērunt. Haec _____ [= ferē] est fōrmula _____: "Dēditisne vōs, urbem, agrōs, _____, _____ [= fāna], dīvīna hūmānaque omnia in populī Rōmānī _____?" "Dēdimus."

Servius Tullius, quī _____ [= ancillā] nātus esse dīcitur, magnā cūrā _____ [= docēbātur]. In vestibulō rēgiae duo pāstōrēs _____ simulant; vocātī ad rēgem alter rem ex _____ ōrditur, alter secūrim in caput rēgis _____. Rēgīna, _____ [= testibus] ēiectīs, Servium _____ [= celeriter] _____ [= arcessīvit]. Populō nūntiat 'rēgem nōn mortuum, sed _____ esse subitō _____; interim Servium rēgis officiīs _____ esse.' Ita cēlātā morte opēs Serviī _____ [< firmus]. Servius rēx populum ex _____ [< cēnsēre] in V classēs _____ [= discrīpsit]; singulae classēs ex _____ et _____ cōnstant. Quamquam Servius magnō _____ [< cōnsentīre] populī rēx _____ [< lēx] dēclārātus erat, L. Tarquinius rēgnum _____ nōn dēstitit; Tullia, quācum _____ [< nūbere] iūnctus erat, eum _____ [= incitābat]. Postrēmō senātum per _____ in Cūriam coēgit ibique turpissimīs _____ Serviō _____ orsus est. Huic ōrātiōnī Servius _____ cum _____ [< favēre] suīs, sed Tarquinius eum _____ atque per gradūs _____! Tullia currum suum per corpus patris _____ [= cruentum] ēgisse fertur, neque id ā cēterō scelere _____.

Māne hominēs ē somnō _____. Senēs māiōrēs _____ sunt quam iuvenēs. Mōtus membrōrum vinculīs _____. _____ est mīles captus. Discordia cīvīlis _____ dīcitur. Hominēs ferās _____ nōn possunt. Quī sōlus esse vult, locum _____ petit. Caput ārdēns glōriam futūram _____ putābātur. Fabius Pictor est rērum gestārum _____ antīquus. Servius cum prīmōribus Latīnōrum _____ [< hospes] iūnctus erat.

_____ est _____ [= currus] quod duās _____ habet; bēstia quae currum vehit _____ dīcitur.

Synōnyma: uxor fīliī et _____; dolus malus et _____; īnsānia et _____; clam factus et _____; idōneus et _____; illūstris et _____; rēgius et _____; acerbus et _____; ēlūdere et _____; quōmodo et quō _____.

Contrāria: vetustās et _____; iuventūs et _____; ēgredī et _____; pūblicē et _____.

PENSVM C

1. Quōmodo fētiālis bellum indīcēbat? ...

2. Quārē carcerem aedificāre necesse fuit?

3. Cūr Lucumō domī honōrem adipīscī nōn poterat?

4. Quī rēgēs peregrīnī Rōmae rēgnāvērunt?

5. Quot equitēs tum in exercitū Rōmānō erant?

6. Quibus condiciōnibus pāx cum Sabīnīs facta est?

7. Quāle prōdigium in rēgiā vīsum est?

8. Quid caput Serviī ārdēns portendere putābātur?

9. Quōmodo rēx Tarquinius occīsus est?

10. Quārē Tanaquīl mortem rēgis cēlāvit?

11. Quōs collēs Servius urbī Rōmae adiēcit?

12. Quālēs erant fīliae Serviī?

13. Quōmodo Servius rēgnō pulsus est?

*Nōmen*:...................................................................

# CAPITVLVM XLV

## PENSVM A

*Dē prōnōminibus*

Qu___ fuit rēx ill___ ferōx qu___ Rōmā exāctus est? Tarquinius fuit, qu___ Rōmānī 'Superbum' appellāvērunt. Is enim e___ cīvēs qu___ timēbat aut qu___ dīvitiās cupiēbat necāvit. Ill___ tempore nēm___ Rōmae tūtus erat. Cum Lucrētia, uxor c___dam Collātīnī, ā fīliō ill___ rēgis stuprāta esset, Brūtus, c___ frāter ab e___ dem rēge necātus erat, h___ modō iūrāvit: "Per h___ sanguinem iūrō: m___ qu___ cumque vī possim L. Tarquinium exsecūtūrum nec ill___ nec ali___ qu___ quam rēgnāre Rōmae passūrum!" Tum rēgem ips___ et līberōs e___ exēgit.

Ōrāculum ill___ Delphicum, c___ ips___ deus Apollō praeest, clārius est quam ull___ ali ___ ōrāculum neque rēx Tarquinius ūll___ ali___ ōrāculō crēdēbat.

Sextus qu___ dam nūntium ad rēgem mīsit, nec vērō rēx h___ nūntiō cōnfīdēbat. Sextus ab e___ quaesīvit: "Qu___ rēx t___ respondit cum t___ recēpisset?" Nūntius: "In hortum exiit m___ sequente nec qu___ quam m___ respondit." Nūntius dīxit 'rēgem n___ s___ respondisse.'

Rōmulō mortuō patrēs inter s___ certābant qu___ e___ Rōmae rēgnāret. Omnibus placēbat aliqu___ caput cīvitātis esse, nec vērō qu___ quam alter___ concēdere volēbat. E___ tempore Numa Curibus habitābat; e___ populus Rōmānus rēgem creāvit, ac patrēs, cum nēmin___ ill___ virō praeferre audērent, e___ rēgnum trādidērunt. Tum augur h___ verba locūtus est: "Iuppiter pater, sī est fās h___ Numam Pompilium, c___ e___ caput teneō, rēgem Rōmae esse, utī t___ signa certa dēclārēs inter e___ fīnēs qu___ fēcī!"

## PENSVM B

Tarquinius Superbus prīmōrēs suspectōs et _____ [x dīlēctōs] occidit aut in _____ ēgit; ita senātōrum numerō _____ [= minūtō], senātus _____ potestātis [= sine potestāte] erat, et rēx ipse per sē rem pūblicam _____.

Cum Turnus _____ in rēgem Rōmānum iactāvisset, rēx allātō falsō crīmine virum _____ [= sine culpā] oppressit: gladiōs multōs ad eum _____ [= cōnferrī] iussit, quibus inventīs _____ [x dubia] rēs vīsa est.

Rēx praedam largiendō animōs cīvium _____ [= mītigāre] studēbat, quī sē _____ [= operāriōs] prō _____ factōs esse _____ [= indignum putābant]; sed cum Ardeam vī capere nōn posset, urbem _____ coepit. Ibi cum dē uxōribus _____ facta esset, Collātīnus dīxit 'Lucrētiam suam _____ esse'; iuvenēs Rōmam properāvērunt, ubi uxōrēs suās in _____ [= cēnā] et luxū tempus _____ invēnērunt; Lucrētia vērō nocte _____ inter ancillās labōrābat. Postquam Sextus Tarquinius Lucrētiam _____ [= violāvit], Brūtus per sanguinem Lucrētiae _____ 'sē rēgem cum coniuge et _____ [= stirpe] Rōmā _____ esse.' Ōrātiōne habitā dē vī ac _____ Sex. Tarquiniī, dē _____ Lucrētiae nefandō, dē _____ [< saevus] rēgis nōn _____ [= ferendā] ac dē plēbis _____ [< miser], Brūtus haud _____ [x facile] Rōmānīs persuāsit ut imperium rēgī _____.

Hostis _____ [= audāx et superbus] semper parātus est ad _____ [= bellum renovandum]. Cohors cōnstat ex III _____. _____ est locus ubi fātum dīvīnitus praedīcitur _____. Vir _____ [< honor] nōn _____ [= dēlinquit].

Synōnyma: potentia et _____; iuventūs et _____; pudīcitia et _____; culpa et _____; peccātum et _____; fūnus et _____; iactūra et _____; fīdus et _____; vacuus et _____; tuērī et _____; interrogāre et _____; cōgitāre et _____; trucīdāre et _____; properāre et _____;

59

fluere et _____; premere et _____; cōnsentīre cum aliquō et _____ alicui; in eundem locum et _____; profectō et _____; ūllō locō et _____; apud et _____; suā sponte et _____.

Contrāria: stultitia et _____; decus et _____; amīcitia et _____; coāctus et _____; pudīcus et _____.

## PENSVM C

1. Cūr ultimus rēx 'Superbus' appellābātur?

2. Quid Tarquinius Latīnīs indīxit?

3. Num Latīnī rēgem patienter exspectābant?

4. Quōmodo Tarquinius Turnum suspectum fēcit?

5. Quārē Sextus Tarquinius Gabiōs trānsfūgit?

6. Quid Tarquinius nūntiō fīliī respondit?

7. Quōmodo Gabiī rēgī Rōmānō trāditī sunt?

8. Quod portentum in rēgiā vīsum est?

9. Quōs Tarquinius Delphōs ad ōrāculum mīsit?

10. Quārē Brūtus stultitiam simulābat?

11. Cūr Brūtus terram ōsculātus est?

12. Quam ob rem Tarquinius Ardeam oppugnāvit?

13. Aerāriumne plēnum erat pecūniae?

14. Quōmodo iuvenēs rēgiī in castrīs tempus terēbant?

15. Quō iuvenēs rēgiī ex castrīs profectī sunt?

16. Quōmodo uxōrēs eōrum tempus terēbant?

17. Quae fuit uxor castissima?

18. Cūr Lucrētia se ipsa interfēcit?

19. Quid Brūtus per sanguinem Lucrētiae iūrāvit?

20. Quī prīmī cōnsulēs fuērunt?

# CAPITVLVM XLVI

## PENSVM A

*Dē numerīs*

Līvius scrīpsit _____ _____ _____ [CXLII] librōs 'Ab urbe conditā', quōrum _____ _____ [XXXV] tantum cōnservātī sunt, _____ et _____ [CVII] periērunt.

Tarquinius, _____ [VII] rēx Rōmānus, ā Brūtō expulsus est annō ab urbe conditā _____ _____ _____ [CCXLIV], et prō _____ [I] rēge _____ [II] cōnsulēs creātī sunt. Ex eō tempore quotannīs _____ [II...] cōnsulēs creābantur.

Annō ab urbe conditā _____ _____ [CCCCXC] bellum Pūnicum _____ [I] ortum est. Annō _____ _____ [XXIII] eius bellī Poenī proeliō nāvālī dēvictī sunt: _____ _____ [LXIII] nāvēs eōrum captae sunt,_____ _____ [CXXV] dēmersae, _____ _____ [XXXII] mīlia hostium capta, _____ [XIII] mīlia occīsa; ex classe Rōmānā _____ [XII] nāvēs dēmersae. Pugnātum est ante diem _____ [VI] īdūs Mārtiās, id est diē _____ [x] mēnsis Mārtiī.

Legiōnēs Rōmānae in _____ [X...] cohortēs dīviduntur, cohortēs in _____ [III...] manipulōs, manipulī in _____ [II...] centuriās. In _____ [I...] legiōnibus sunt _____ [IV...] vel _____ [V..] mīlia hominum, quibus _____ [VI...] tribūnī mīlitum praefectī sunt.

_____ bīna [2x2] sunt _____. _____ _____ [3x6] sunt _____. _____ [4x5] sunt _____. _____ _____ [5x10] sunt _____.

## PENSVM B

Tarquinius Collātīnus, L. Brūtī _____, cum omnī _____ suō Rōma migrāvit. Brūtus et Arrūnus _____ sē occīdērunt. Coriolānus ad quīntum _____ ab urbe prōcessit, sed mātris et uxōris flētū superātus _____ sē recēpit. Cincinnātus, quī agrum IV _____ possidēbat, ab arātrō dictātor factus est (_____ est dignitās māior quam _____); ergō _____ dētersō togam _____ accēpit. M.Valeriō adversus Gallum prōcēdentī _____ super bracchium sēdit atque oculōs Gallī ālīs et _____ verberāvit. Ap. Claudius _____ [< cēnsēre] viam Appiam strāvit. Samnītēs Rōmānōs victōs sub _____ mīsērunt.

Pyrrhus captīvōs Rōmānōs _____ [= magnō honōre] _____, sed senātus eōs _____ habērī iussit. Fabricius medicum, quī sē Pyrrhum _____ occīsūrum prōmīserat, _____ [= dīmīsit]; rēx cum hoc _____ [= cognōvisset], _____ [< honestus] Fabriciī valdē admīrātus est.

Cōnsulēs Rōmānī Poenōs proeliō _____ vīcērunt, sed cum _____ classe redeuntēs _____ passī sunt; nec tamen animī Rōmānōrum hāc _____ īnfrāctī sunt. Bellō Pūnicō _____ [= perāctō], rēx Hierō ducenta mīlia _____ trīticī populō Rōmānō _____ [= praebuit].

_____ est novus mīles. Pānis albus ex _____ efficitur.

Synōnyma: III annī et _____; IV annī et _____; ferōx et _____; immēnsus et _____; magnus et _____; cōnspicuus et _____; senēscere et _____; ulcīscī et _____; pārēre et _____; condemnāre et _____; fallere et _____.

Contrāria: prōgredī et _____; cessāre et _____.

## PENSVM C

1. Quid ēgit Tarquinius Rōmā expulsus?
2. Quōmodo perrit L. Brūtus?

3. Quid trecentīs Fabiīs accidit?

4. Ubi senātōrēs Cincinnātum invēnērunt?

5. Cūr decemvirīs potestās sublāta est?

6. Tōtamne urbem Rōmam Gallī occupāvērunt?

7. Quōmodo Mānlius 'Torquātī' cognōmen accēpit?

8. Quid Ap. Claudius Caecus cēnsor fēcit?

9. Ā quibus Rōmānī sub iugum missī sunt?

10. Cūr Pyrrhus Rōmānōs admīrābātur?

11. Quid medicus Pyrrhī prōmīsit?

12. Quid ēgit Rēgulus postquam Rōmam missus est?

13. Ubi Carthāginiēnsēs dēvictī sunt?

14. Quandō Iānus iterum clausus est?

15. Quis spolia opīma tertia cēpit?

# CAPITVLVM XLVII

## PENSVM A

*Dē modīs verbōrum et participiīs*

Porsenna, rēx Etrūscōrum, cum Iāniculum _____ [capere], virtūte Horātiī Coclitis _____ [prohibēre] est nē Tiberim _____ [trānsīre]. Quī, cum aliīs_____ [imperāre] ut pontem _____ [rescindere], ipse prō ponte _____ [stāre] sōlus Etrūscōs _____ [sustinēre], et ponte _____ [rumpere] in flūmen sē _____ [mittere] ut ad suōs _____ [natāre]. Ob hoc factum statua eī in Comitiō _____ [pōnere] est.

Cum Porsenna rēx urbem _____ [obsidēre], C. Mūcius senātum _____ [adīre] et patribus _____ [pollicērī] est 'sē rēgem _____ [occīdere] esse'. Cum ad hostēs _____ [trānsfugere] et in castra rēgis _____ [intrāre], ut prōmissum _____ [solvere], alium virum prō rēge_____ [occīdere]. Ā cūstōdibus _____ [apprehendere] et ad rēgem _____ [trahere] dextram ignī _____ [impōnere] _____ [exūrere]; ita manum _____ [pūnīre] quae(: cum) in caede _____ [peccāre]. Hāc virī cōnstantiā rēx ita _____ [permovēre] est ut Mūcium _____ [līberāre] et lēgātōs Rōmam _____ [mittere] quī (: ut) pācem _____ [compōnere]. Patrēs Mūciō virtūtis causā trāns Tiberim agrum _____ [dare].

## PENSVM B

In hōc _____ A. Gellius collēgit ea quae _____ ex librīs _____ [= chronicīs] dē temporibus quibus _____ Graecī Rōmānīque illūstrēs.

Ad annum _____ _____ [= CCLX] a.u.c. Aeschylus Athēnīs _____ scrībere coepit et _____ [= nōbilitātus] est; eōdem tempore Coriolānus, ā tribūnīs plebes _____ [= male tractātus], ad Volscōs ā Rōmānīs _____. M. Mānlius Gallōs in _____ [< obsidēre] Capitōliī obrēpentēs _____, sed posteā rēgnum affectāvisse _____ est.

Alexander in Asiam _____ est [= trānsiit] et _____ [= māiōre] parte Orientis subāctā mortem _____.

Cēnsōrēs ad nōmen P. Cornēliī Rūfinī _____ apposuērunt et causam _____ 'quod argentī factī X pondō _____ habēret'. Annō _____ _____ [DXIX] a.u.c. Sp. Carvilius Rūga prīmus Rōmae _____ cum uxōre fēcit. Lūcīlius aliōs poētās _____ in _____ suīs.

Anus, postquam trēs librōs _____ [= deussit], rēgem _____ est 'num reliquōs eōdem pretiō _____ [= emere] vellet?' Rēx, quī prīmō 'anum _____ [= furere]' dīxerat, iam _____ [< cōnstāns] et _____ [< cōnfidēns] eius admīrābātur.

'Mehercule' est _____ _____ per Herculem.
Synōnyma: diūturnus et _____; vēndere et _____; certē et sine _____.
Contrāria: cōmicus et _____; fertilis et _____; sapere et _____; cautē et _____.

## PENSVM C

1. Ā quō incipit A. Gellius?

2. Cūr nōn ab Homērō incipit?

3. Quandō Solō lēgēs Athēniēnsibus scrīpsit?

4. Quid Tarquiniō Superbō rēgnante factum est Athēnīs?

63

5. Quō duce Persae ad Marathōnem victī sunt?

6. Ubi Athēniēnsēs classem Persārum vīcērunt?

7. Quot tabulās lēgum decemvirī scrīpsērunt?

8. Quōmodo Sōcratēs mortem obiit?

9. Cūr M. Mānlius capitis damnātus est?

10. Platō et Aristotelēs quī fuērunt?

11. Quō Alexander trānsgressus est et quid ēgit?

12. Cūr P. Cornēlius Rūfinus senātū mōtus est?

13. Quid scrīpsit Menander?

14. Quis Rōmae prīmus dīvortium fēcit et quārē?

15. Plautus quis fuit et quandō flōruit?

# CAPITVLVM XLVIII

## PENSVM A

*Supplenda sunt themata quae dēsunt:*

tegere _____isse _____um; cingere _____isse _____um; cōnflīgere cōn_____isse cōn-_____um; exstinguere ex_____isse ex_____um; stringere_____isse _____um; pingere _____isse _____um; ērigere ē_____isse ē_____um; augēre_____isse _____um; dēstruere dē_____isse dē_____um; laedere _____isse _____um; invādere in_____isse in_____um; ēlūdere ē_____isse ē_____um; sentīre _____isse _____um; suādēre _____isse; excēdere ex_____isse; haerēre _____isse; haurīre_____isse _____um; manēre _____isse; opprimere op_____isse op_____um; dētergēre dē_____isse dē_____um; reficere re_____isse re_____um; adicere ad_____isse ad_____um; recipere re_____isse re_____um; adimere ad_____isse ad_____um; gignere_____isse _____um; accumbere ac_____isse ac-_____um; pallēscere _____isse; sonāre _____isse; domāre _____isse _____um; increpāre in_____isse; cōnscīscere cōn_____isse cōn_____um; inquīrere in_____isse in_____um; sepelīre _____isse _____um; colligere col_____isse col_____um; exigere ex___isse ex_____um; cōgere co_____isse co_____um; fundere _____isse _____um; relinquere re___isse re_____um; contingere con-_____isse con_____um; incendere in_____isse in-_____um; tribuere _____isse _____um; concurrere con_____isse con_____um; pandere_____isse _____um; comperīre com_____isse; com_____um; expellere ex_____isse ex_____um; resistere re_____isse; parere _____isse _____um; fallere _____isse _____um; ēdere ē_____isse ē-_____um; dēlēre _____isse _____um; complēre com-_____isse com_____um; dēcernere dē_____isse dē-_____um; crēscere _____isse; colere _____isse _____um; cōnsulere cōn_____isse cōn_____um; corripere cor_____isse cor_____um; torrēre_____isse_____um; fungī _____um; patī _____um; ēgredī ē-_____um; complectī com_____um; orīrī _____um; experīrī ex_____um; ulcīscī _____um; adipīscī ad_____um; rērī _____um.

## PENSVM B

Hannibal puer, cum patrī _____ ut sē dūceret in Hispāniam, iūre iūrandō _____ est 'sē semper hostem fore Rōmānīs'. Patre mortuō Hannibal _____ [= vix adhūc] pūbēs in Hispāniam missus est, ut mīlitiae _____ et in locum patris _____. Omnium _____ [< assentīre] dux dēclārātus prīmum aliās gentēs domuit, tum Saguntum _____ [= obsidēre] coepit. Iam mūrī _____ feriēbantur, sed _____ [= cīvēs oppidī] fortiter _____ hostēsque _____ [= remōvērunt]. Per paucōs diēs obsidiō magis quam _____ fuit, nec vērō ab _____ [< apparāre] mūnītiōnum cessāvērunt. Pugnā renovātā, mūrī et turrēs _____ sunt et cum fragōre ingentī _____; utrimque prōcursum est, Poenōs spēs, Saguntīnōs _____ incitābat; oppidānīs minuēbātur _____ [< exspectāre] opis, cum tam procul Rōma, _____ spēs, esset. Audītīs pācis condiciōnibus, prīmōrēs in ignem _____ [= sē] ipsī praecipitāvērunt; inde cum pavor tōtam urbem _____ ac mūrī sine _____ cūstōdiīsque _____ [< solēre] essent, Poenī per ruīnam mūrī impetū factō urbem _____ temporis cēpērunt.

Post _____ Saguntī tantus _____ [< maerēre] et metus dē _____ rērum Rōmānōs cēpit ut trepidārent magis quam _____. Māximīs cōpiīs _____, bellum Poenīs indictum est. Vēre Hannibal exercitum ex _____ ēdūxit atque Alpēs _____ [= trānsiit]. Post _____ [< trānsīre] _____ [= magnī labōris] Rōmānōs _____ [< equus] proeliō vīcit. Ad Trasumennum Hannibal, equitibus ad _____ [= angustiās] locātīs et levī

_____ post montēs circumductā, Rōmānōs _____ [= circumdedit] antequam aciem īnstruere et arma _____ possent. Rōmae cum turba _____ [= quaereret] 'quae _____ [= repentīna] clādēs allāta esset?' M. Pompōnius _____ "Pugnā magnā" inquit "victī sumus." Duae mātrēs, cum praeter spem filiōs _____ [= salvōs] vīdissent, gaudiō _____ sunt [= exspīrāvērunt]. Fabiō Māximō dictātōrī mandātum est ut praesidia certīs locīs _____ et pontēs _____. Fabius novīs cōnsulibus suāsit ut proelium _____, quia sciēbat Hannibalem, ducem _____, aliter vincī _____ [= nōn posse]. Sed ob _____ Varrōnis cōnsulis proeliō commissō, Rōmānī _____ [= temere] in medium irruentēs inclūsī et victī sunt. Alter cōnsul, quī prīmō proeliō _____ ictus erat, postrēmō tēlīs _____ est. _____ [< reliquus] exercitūs Canusium perfūgērunt.

Māgō in senātū Carthāginiēnsī dīxit 'prō victōriīs dīs _____ [= grātiās] agendās esse et _____ [< supplēre], pecūniam, _____ Hannibalī mittendum'; sed Hannō eī _____ et Hannibalem _____ est [= incūsāvit].

Hannibal revocātus dīxit 'sē _____ atque invidiā senātūs Carthāginiēnsis victum esse', et sīc Hannōnem _____ [= reprehendit]: "Nec hāc _____ [= foeditāte] _____ [< redīre] meī tam P. Scīpiō _____ quam Hannō..."

Carthāginiēnsibus dēvictīs _____ in trēs mēnsēs datae sunt. Pāx facta est hīs lēgibus: ut _____ fugitīvōsque et captīvōs redderent; nāvēs longās praeter X _____ trāderent; X mīlia talentum argentī et C _____ darent.

Quod senātus dēcrēvit senātūs _____ dīcitur. _____ est quī cōnsul fuit, quī praetor fuit _____. _____ est magistrātus quī viās, aedēs, lūdōs cūrat. Novī cōnsulēs dē prōvinciīs _____ [< sors]. Eques properāns equō _____ _____. Difficile est longitūdinem flūminis _____.

Synōnyma: hostia et _____; virga et _____; mūnītiō et _____; stīpes et _____; memorandus et _____; dēnsus et _____; errāns et _____; lūgubris et _____; tolerandus et _____; operam dare et _____; indūcere et _____; ēminēre et _____; dēfungī et _____; cēnāre et _____; dēterrēre et _____; explōrāre et _____; nēquāquam et _____; sine perīculō et _____; nec adhūc et _____; scīlicet et _____; num quis et _____; aliō locō et _____.

Contrāria: virtūs et _____; somnus et _____; invītus et _____; remōvēre et _____; sequī et _____.

## PENSVM C

1. Quid Hannibal puer iūrāvit?

2. Cur Rōmānī Poenīs bellum indīxērunt?

3. Quōs montēs Hannibal trānscendit ut in Italiam pervenīret?

4. Quid factum est ad lacum Trasumennum?

5. Quōmodo Rōmānī nūntium clādis accēpērunt?

6. Quōmodo Q. Fabius Māximus Hannibalī resistēbat?

7. Ubi Paulus et Varrō cum Hannibale cōnflīxērunt?

8. Cūr peditēs Rōmānī, quī Gallōs Hispānōsque impulerant, Āfrīs resistere nōn potuērunt?

9. Uter cōnsul eō proeliō occīsus est?

10. Quot equitēs cōnsulem fugientem secūtī sunt?

11. Num Hannibal inde exercitum dūxit Rōmam?

12. Quis nūntium victōriae Carthāginem tulit?

13. Quid Māgō ā senātū Carthaginēnsī petīvit?

14. Num omnis senātus Māgōnī assentiēbat?

15. Quis prīmum Hannibalem vīcit in Italia?

16. Cūr Masinissa Sophonisbae uxōrī venēnum mīsit?

17. Quandō Hannibal ex Italiā revocātus est?

18. Ā quō Hannibal victus est in Āfricā?

19. Quid Hannibal in senātū Carthāginiēnsī fassus est?

20. Quibus condiciōnibus pāx composita est?

21. Quō cognōmine nōbilitātus est Scīpiō?

# CAPITVLVM XLIX

## PENSVM A

*Dē praepositiōnibus*

Annō ab urb____ condit____ CCLXI, post rēg____ exāct____ XVII, Coriolī oppidum Volscōrum captum est ā Cn. Mārci___, quī cum mīlit____ dēlēct____ per patent____ port___ irrūpit et propter h___ fact___ Coriolānus vocātus est. Ille vērō, etsī bene prō patrī___ pugnāverat, ā cīv ____ in exsili__ pulsus ad ips____ Volsc____ cōnfūgit eōsque contrā Rōmān____ concitāvit. Exercitum adversus patri___ dūxit et castra posuit prope Rōm____ iūxtā vi___ Appi___. Lēgātī ad e__ Rōm____ (ex urb____ Rōm___) dē pāc____ missī sine respōns____ revertērunt. Postrēmō māter et uxor eius, quae Rōm____ relictae erant, cum duōbus parv___fili__ad castr____ vēnērunt. Coriolānus, cum mātrem suam inter uxōr___ et fili____ stantem cōnspexisset, intrā vāll____ eōs recēpit. Ob amōr___ ergā mātr____ et coniug____ et līber____ su____ Coriolānus īram in patri ___ oblītus est; nēmō praeter mulier____ animum virī frangere potuit.

   Contrāria: ex urb___ et ____ urb___; ā vīll____ et ____ vīll___; cum equ__ et ____ equ ___; ante templ___ et____ templ___; contrā patri___ et ____ patri___; extrā moen___ et ____ moen ___; procul ____ oppid ___ et____ oppid___; suprā cael____ et ____ cael___; citrā fluvi ____ et ____ fluvi___; super terr____ et____ terr____.

## PENSVM B

In librō suō dē _____ ducibus Cornēlius Nepōs dīcit 'populum Rōmānum cēterās _____ fortitūdine _____.'

   Hannibal, _____ [= postquam] expugnāvit Saguntum, civitātem _____ [< foedus], Alpēs, quae Galliam ab Italiā _____, trānsiit et identidem cum Rōmānīs manum _____ eōsque _____ [= dēvīcit]. Nihilō _____ ā Scīpiōne victus est, cum patriae _____ [= opēs] exhaustae essent. Domī Hannibal novīs _____ pecūniam comparāvit, quae Rōmānīs _____ [= solvenda] erat. Cum dēposcerētur, in Syriam profūgit, atque bona eius _____ sunt. Inde in Crētam vēnit, ut _____ [= reputāret] quid ageret. Crētēnsibus avārīs sīc _____ dedit: _____ fictilēs _____ complēvit, summīs aurō opertīs, et aurum suum in statuās _____ [= aereās] abdidit. Tum ad Prūsiam vēnit, quī _____ [= dissentiēbat] ā rēge Eumene et saepe cum eō _____ erat et marī et terrā; sed _____ Eumenēs _____ [= validior] erat. Hannibal eum dolō vīcit, cum venēnātās _____ in vāsa _____ abditās in nāvēs eius coniēcisset. Nec tum sōlum, sed saepe _____ Hannibal _____ [= hostēs] pepulit. Dēnique ā Rōmānīs circumventus venēnum, quod semper sēcum ferre _____ [= solēbat], sūmpsit, nē _____ Rōmānōrum perīret.

   Senātōrēs 'patrēs _____' vocantur. _____ est quod hērēdī lēgātur. Īnfāns quī nōndum ambulāre didicit manibus et genibus _____. Stēllae _____ sunt [= numerārī nōn possunt]. Ovidius est poēta _____ et urbānus.

   Synōnyma: mors et _____; damnum et _____; duo diēs et _____; imperium et _____; mōs et _____; magister et _____; antīquus et _____; negāre et _____; egēre et _____; īnsidiās parāre et _____; ēvenīre et _____ venīre; adimere et _____; pererrāre et _____; forte et _____; haud paulum et _____.

   Contrāria: fidēs et _____; ōtiōsus et _____; firmāre et _____.

68

PENSVM C

1. Quam ob rem Hannibal victus est?

2. Quō Hannibal ex patriā profūgit?

3. Quā poenā Poenī eum profugum affēcērunt?

4. Quid Hannibal regī Antiochō suādēbat?

5. Num Antiochus cōnsiliīs eius pāruit?

6. Quārē Hannibal ē Syriā in Crētam vēnit?

7. Quōmodo pecuniam suam ā Crētēnsibus cōnservāvit?

8. Quō Hannibal ē Crētā sē contulit?

9. Quōcum rēx Prūsiās bellum gerēbat?

10. Quōmodo Hannibal classem Eumenis pepulit?

11. Quōmodo Rōmānī Hannibalem in Bīthȳniā reppererunt?

12. Num Prūsiās Hannibalem Rōmānīs dēdidit?

13. Quāle erat castellum Hannibalis?

14. Quōmodo Hannibal comperit sē ā Rōmānīs petī?

15. Num Hannibal vīvus captus est ā Flāminīnō?

16. Quem Hannibal māximum imperātōrem dūcēbat?

# CAPITVLVM L

## PENSVM A

*Verte ōrātiōnem rēctam in oblīquam:*

Augustus: "Marmoream relinquō urbem quam latericiam accēpī." Augustus glōriātus est 'Marmoream _____ relinqu_____ urbem quam latericiam accēp_____'.

Nerō: "Postquam domum mihi aedificāvī, quasi homō tandem habitāre coepī!" Nerō dīxit '_____, postquam domum _____ aedificāv _____, quasi hom_____ tandem habitāre coep_____.'

Horātius pater: "Ego fīliam meam iūre caesam iūdicō, quod hostium mortem lūgēbat." Horātius pater prōclāmāvit '_____ fīliam _____ iūre caesam iūdic _____, quod hostium mortem lūg _____.'

Tarquinius: "Ego nōn rem novam petō, quia duo iam rēgēs peregrīnī Rōmae rēgnāvērunt." Tarquinius negāvit '_____ rem novam pet_____, quia duo iam rēgēs peregrīnī Rōmae rēgnāv_____.'

Tullia: "Nōn mihi dēfuit vir cum quō tacita serviēbam." Tullia dīcēbat 'nōn _____ dēfu _____ vir_____ cum quō tacita serv_____.'

Tarpēia: "Mercēdem postulō id quod in sinistrīs manibus habētis." Tarpēia mercēdem ā Sabīnīs postulāverat 'id quod in sinistrīs manibus hab_____.'

Hamilcar: "Tē in castra mēcum dūcam, Hannibal, sī mihi fidem quam postulō dederis." Hamilcar fīliō prōmīsit '_____ eum in castra _____ cum duct_____ _____, sī_____ fidem quam postul_____ ded_____.'

Macedonēs: "Quodcumque senātus cēnsuerit, id rēx faciet." Macedonēs prōmīsērunt 'quodcumque senātus cēnsu_____, id rēg_____ fact_____ _____.'

## PENSVM B

Philippō victō, in V diēs _____ dēcrētae sunt. X lēgātī mōre _____ in Graeciam missī sunt. Isthmiīs praecō in mediam _____ processit atque 'līberōs esse Graecōs' _____. Aliī aliōs _____ [= mīrantēs] intuēbantur, tum plausus ortus est. Flāminīnus in _____ [= conciliō] dīxit 'sē exercitum suum ē Graeciā _____ esse'; cūnctī eum '_____,' 'līberātōrem' que _____. Exercitū in Italiam _____ imperātor _____ [= III diēs] triumphāvit. Antiochus, postquam hiemem in convīviīs et vīnum sequentibus _____ trādūxit, intrā saltum Thermopylārum, quī Graeciam _____ [= dīvidit], sē recēpit, et castra duplicī vāllō fossāque _____. Aetōlīs imperāvit ut _____ montium _____ [= occupārent], nē quās _____ Rōmānī invenīrent ad trānsitum. Cōnsul Acīlius castra posuit prope _____ calidārum aquārum; propter angustiās aciem _____ fronte īnstrūxit. Eō proeliō Rōmānī recessissent, ____ [= nisi] Catō, dēiectīs Aetōlīs, _____ vēnisset. Antiochō victō Acīlius Hēraclēam, quae sita est in _____ Oetae montis, _____ est [= īnspexit]. Post oppugnātiōnem XXIV diērum Rōmānī integrōs mūrōs _____ transcendērunt. L. Scīpiō, cum Antiochum in Asiā vīcisset, _____ accūsātus est, sed tribūnus plēbis prō eō _____.

Perseus, quī nōn _____ rēgnō suō fīnitimōs oppugnāverat, victus Samothrācam cōnfūgit et omnium animōs ā sē _____. Cum Cn. Octāvius Macedonibus _____ lībertātemque prōmīsisset, _____ [< trānsīre] omnium facta est. Rēx cum tribus _____ fugae ad portum pervēnit nec _____ quō ad Cotym veherētur invēnit. Postquam in templō_____, sē Rōmānīs dēdidit et in nāvem _____ impositus est. Cōnsul rēgī praetōrium_____ [= intrantī] dextram _____ eumque in _____ intrōdūxit. Perseus est_____ [= exemplum] _____ [< mūtāre] sortis hūmānae.

_____ est locus quō mercātōrēs conveniunt ut _____ faciant. Victōria est prosperus bellī _____ [= exitus]. _____ est signum reī futūrae. Iuppiter est _____ [= cūstōs] arcis Capitōlīnae. Tullus, Numae _____, rēx fuit ācer et _____ [< vis]. Paulus ex magnā _____ [= stirpe] duōs fīliōs in _____ dedit.

Synōnyma: perfuga et _____; fidēs et _____; vectīgal et _____; fidēs et _____; vectigal et _____; thēsaurus et _____; oblītus et _____; valdē cupere et _____; continuum facere et _____; amplificāre et _____; dēmittere et _____; properē et _____; tantum et _____; aliter et _____; inter vulgus et _____.

Contrāria: clāmor et _____; īnsula et _____; nocturnus et _____; nōbilis et _____; accēdere et _____; continuāre et _____; retrō et _____.

PENSVM C

1. Quis rēgem Philippum dēvīcit?

2. Post victōriam quid Isthmiīs prōnūntiātum est?

3. Quōmodo Graecī gaudium suum ostendērunt?

4. Quid Flāminīnus in triumphō trānstulit?

5. Quid rēx Antiochus Chalcide ēgit?

6. Ubi M'. Acīlius cum Antiochō congressus est?

7. Cūr Aetōlī rēgī subsidiō nōn vēnērunt?

8. Quōmodo Rōmānī mūrōs Hēraclēae trānscendērunt?

9. Cūr L. Cornēlius Scīpiō 'Asiāticus' nōminātus est?

10. Quis successor rēgis Philippī fuit?

11. Ubi et ā quō duce victus est Perseus?

12. Quō Perseus victus cōnfūgit?

13. Quōmodo victōria Aemiliī Paulī Rōmam nūntiāta est?

14. Quōmodo populus Rōmānus dīs grātiās ēgit?

15. Cūr Paulus lēgātōs Rōmānōs sine respōnsō dīmīsit?

16. Cūr Perseus Rōmānīs sē dēdidit?

17. Quōmodo Paulus Perseum victum recēpit?

18. Quid fēcit Paulus ante adventum decem lēgātōrum?

19. Quae mala fortūna fēlīcitātem Paulī turbāvit?

20. Quandō rēgnum Macedoniae māximum fuit?

# CAPITVLVM LI

## PENSVM A

*Supplenda sunt verba composita:*

ab- + agere > _____; ab- + ferre > _____; ab- + tulisse > _____; ad- + currere > _____; ad- + lātum > _____; ad- + pellere > _____; con- + cadere > _____; con- + loquī > _____; con- + pōnere > _____; con- + regere > _____; con- + orīrī > _____; dē- + scandere > _____; dē- + salīre > _____; dis- + fluere > _____; dis- + regere > _____; ex- + ferre > _____; ē- + iacere > _____; in- + ruere > _____; in- + premere > _____; in- + lātum > _____; ob- + pōnere > _____; ob- + caedere > _____; re- + statuere > _____; per- + facere > _____; prō- + gradī > _____; prō- + īre > _____; re- + agere > _____; re- + quaerere > _____; sub- + tenēre > _____; trāns- + dare > _____.

*Supplenda sunt verba simplicia:*

accipere < ad- + _____; contingere < con- + _____; ēdere < ē- + _____; prōicere < prō- + _____; colligere < con- + _____; inquīrere < in- + _____; inclūdere < in- + _____.

## PENSVM B

Catō, quamquam aliās prōmptus erat ad _____, Scīpiōnem laudāvit. Multī ad Andriscum _____ [= conveniēbant], quī fābulam _____ 'sē esse Perseī filium ex _____ nātum.' Masinissa in summā _____ [= senectūte] mortuus est. Corinthus, urbs _____ [= dīvitissima], dīruta est ā L. Mummiō, virō _____ [x cupidō]. Mancīnus dignitātī populī Rōmānī _____ imposuit: pācem fēcit _____ [= turpem], quam senātus _____ esse vetuit. Viriāthus, ex _____ [ < vēnārī] dux factus, ā _____ interfectus est et ā mīlitibus suīs multum _____. Scīpiō exercitum _____ [= luxū] corruptum ad veterem disciplīnam restituit: multa _____ ē castrīs ēiēcit et mīlitēs _____ [VII] _____ portāre coēgit.

Ti. Gracchus, cum lēgem _____ [< ager] _____ [= tulisset], ab _____ occīsus est ictus _____ subselliī. Scīpiō, dum _____ agrō dīvidendō creātīs _____ [= resistit], dēcessit, sed dē morte eius nūlla _____ ācta est. C. Gracchus, quī ōrātor _____ fuit quam frāter, lēgem _____ [< frūmentum] tulit et complūrēs _____ dēdūxit. Post _____ [< tribūnus] suum _____ [< sēditiō] is quoque occīsus est. Ti. et C. Gracchus plēbem in lībertātem _____ cōnāti sunt, sed nōbilitās, quae factiōne magis _____ [= valēbat], _____ [< agere] eōrum obviam iit.

Fontēs calidārum aquārum corporī _____ sunt. Servus quī dēliquit sub _____ verberātur. Quī modum nōn excēdit _____ est; quī paulō contentus est _____ esse dīcitur.

Synōnyma: indignatiō et _____; nimia cōpia et _____; terror et _____; licentia et _____; distāns et _____; peregrīnus et _____; patefacere et _____; passim spargere et _____; praeferre et _____; passim spargere et _____; praeferre et _____; quīlibet et _____.

Contrāria: cōnsēnsus et _____; rudis et _____; salūber et _____; ratus et _____; īnsōns et _____; pūrgāre et _____.

PENSVM C

1. Quid Gulussa Rōmam nūntiāvit?
2. Quid Catō in senātū suādēbat?
3. Quid fierī placuit antequam bellum indīcerētur?
4. Cūr Carthāginiēnsēs dēditiōne factā rebellāvērunt?
5. Quam fābulam finxit Andriscus?
6. Quibus Masinissa rēgnum suum relīquit?
7. Quamobrem Catō Scīpiōnem laudāvit?
8. Quis imperātor Carthāginem expugnāvit?
9. Num uxor Hasdrubalis Rōmānīs sē dēdidit?
10. Cūr Corinthus ā Rōmānīs dīruta est?
11. Quid L. Mummius in triumphō tulit?
12. Quis fuit Viriāthus?
13. Cūr senātus pācem quam Mancīnus cum Numantīnīs fēcerat ratam esse vetuit?
14. Cūr bellum Numantinum trahēbātur?
15. Quārē Scīpiō iūmenta vēnīre iussit?
16. Quid Scīpiō ēgit XIV annō post Carthāginem dēlētam?
17. Quās lēgēs Ti. Gracchus prōmulgāvit?
18. Num Ti. Gracchus iterum tribūnus creātus est?
19. Quandō Scīpiō mortuus inventus est?
20. Quamobrem suspecta fuit uxor eius?
21. Ā quō C. Gracchus occīsus est?

# CAPITVLVM LII

## PENSVM A

*Supplenda sunt verba facta ex hīs nōminibus:*

(1) numerus > _____; laus > _____; cūra > _____; verbera > _____; mīles > _____; arma > _____; nūntius > _____; dōnum > _____; labor > _____; vulnus > _____; nex > _____; rēgnum > _____; locus > _____; onus > _____; līber > _____; probus > _____; nūdus > _____; firmus > _____; aequus > _____; novus > re_____; prāvus > dē_____.

(2) comes > _____; minae > _____; glōria > _____; dominus > _____; mora > _____; testis > _____; praeda > _____; merx > _____; crīmen > _____; mīrus > _____; miser > _____; indignus > _____; vagus > _____;

(3) servus > _____; sitis > _____; vestis > _____; cūstōs > _____; lēnis > _____; rudis > ē_____.

(4) sors > _____; mēns > _____; blandus > _____.

## PENSVM B

Micipsa, _____ [= etsī] nātūram Iugurthae _____ [= violentam] et _____ [= cupidam] imperiī timēbat, tamen eum _____ et hērēdem fēcit. Rēx moriēns Iugurtham _____ est ut amīcōs dīvitiīs _____ [= praeferret] et frātrēs eius monuit ut Iugurtham colerent atque _____. Micipsā mortuō, _____ [= rēgis filiī] tempus ad _____ pecūniae cōnstituērunt; ibi mīlitēs Iugurthae Hiempsalem locō _____ [= occultō] latentem occīdērunt. Fāma tantī sceleris per Āfricam brevi _____ est. Adherbal, cum rēgnum suum armīs _____ nōn posset, Rōmam contendit et senātum ōrāvit ut sibi _____. Iugurtha vērō _____ [< largīrī] effēcit ut senātōrēs virtūtem eius laudibus _____, scelus et _____ [= turpe factum] omitterent. Ergō potentiā _____ [= cōnfidēns] ex _____ fīnēs Adherbalis invāsit. Is victus Cirtam profūgit, quae virtūte Italicōrum _____ [= dēfendēbātur]; dēditiōne factā, Adherbal _____ [= statim] necātus est cum Numidīs et _____ [= mercātōribus] Rōmānīs.

Calpurnius, rēgis pecūniā _____ [= corruptus], pācem _____ [= ignōminiōsam] cum Iugurthā fēcit. Cum rēx Rōmam _____ [= arcessītus] esset, ut dēlicta Scaurī aliōrumque patefaceret, _____ [= amīcō] suō Bomilcarī imperāvit ut _____ parāret quī Massīvam necārent; ūnus vērō dēprehēnsus _____ profitētur et Bomilcar _____ fit. Iugurtha Rōmā ēgressus "O, urbem _____" inquit "et _____ peritūram sī _____ invēnerit!"

_____ est aetās inter pueritiam et iuventūtem. Victor ab hostibus victīs _____ solet ut obsidēs dentur. Quī _____ [= sonum] magnum ac molestum facit, _____ dīcitur. Quī multa incipit, rārō _____ suum _____ [= perficere] _____ [= potest]. Nihil meā _____ quid aliī dē mē loquantur!

Synōnyma: V annī et _____; casa et _____; inopia et _____; vetus vulnus et _____; ars et _____; asperitās et _____; explōrātor et _____; pulcher et _____; modicus et _____; fessus et _____; equō vehī et _____; explōrāre et _____; adnītī et _____; cūnctārī et _____; magnā cum cūrā et _____; celerrimē et _____; nimis et _____.

Contrāria: stultitia et _____; fortitūdō et _____; validus et _____; convalēscere et _____.

PENSVM C

1. Quōs fīliōs Micipsa genuit?
2. Cūr Micipsa Iugurtham adoptāvit?
3. Quibus artibus Iugurtha adulēscēns sē exercēbat?
4. Quārē Micipsa Iugurtham in Hispāniam mīsit?
5. Quālem Iugurtha sē praebuit bellō Numantīnō?
6. Quid Micipsa moribundus fīliōs suōs monuit?
7. Patre mortuō, dē quibus rēbus rēgulī disseruērunt?
8. Quōmodo Hiempsal interfectus est?
9. Quid fēcit Adherbal post necem frātris?
10. Quōmodo Iugurtha in grātiam nōbilitātis vēnit?
11. Quid senātus dēcrēvit cum lēgātōs audīvisset?
12. Dīvīsō rēgnō Numidiae, quid factum est?
13. Quid fēcit Adherbal Cirtae inclūsus?
14. Num Iugurtha Cirtam armīs expugnāvit?
15. Quārē Iugurtha Rōmam arcessītus est?
16. Cūr rēx in cōntiōne interrogātus nōn respondit?
17. Quis fuit Massīva et quid eī accidit?
18. Cūr Iugurtha Rōmam 'urbem vēnālem' appellāvit?
19. Quālis imperātor fuit Q. Caecilius Metellus?
20. Cūr Rōmānī nōbilēs C. Marium contemnēbant?
21. Quōs novōs mīlitēs Marius cōnscrīpsit?
22. Quī rēx Iugurtham adiuvābat?
23. Num Bocchus socius fīdus fuit?
24. Quōmodo Iugurtha in potestātem Mariī vēnit?
25. Utrī Sallustius favēre tibi vidētur, nōbilitātī an plēbī?

# CAPITVLVM LIII

## PENSVM A

*Supplenda sunt nōmina adiectīva:*

(1) fōrma > _____; pecūnia > _____; perīculum > _____; gloria > _____;
ōtium > _____; iocus > _____; studium > _____; perniciēs > _____; flāgitium
> _____; numerus > _____;

(2) mors > _____; rēx > _____; hospes > _____; nātūra > _____; triumphus
> _____; Vesta > _____;

(3) cōnsul > _____; salūs > _____; vulgus > _____; singulī > _____;

(4) legiō > _____; frūmentum > _____; necesse > _____;

(5) puer > _____; servus > _____; cīvis > _____; vir > _____; iuvenis
> _____;

(6) nauta > _____; modus > _____; ūnus > _____; poēta > _____; pīrāta
> _____; Italia > _____;

(7) pater > _____; mercātor > _____; gladiātor > _____; rēx > _____; uxor
> _____; praetor > _____; noxa > _____; Mārs > _____;

(8) ferrum > _____; argentum > _____; aes > _____; lignum > _____; marmor
> _____; purpur > _____; lapis > _____; nix > _____;

(9) gemma > _____; arma > _____; aurum > _____; ferrum > _____; āla > _____;
aes > _____; rōstra > _____; venēnum > _____; scelus > _____; foedus >
_____; fortūna > _____;

(10) urbs > _____; Trōia > _____; Tūsculum > _____; Alba > _____;

(11) vīcus > _____; repēns > _____; Tiberis > _____; Latium > _____;

(12) circus > _____; Cannae > _____; Carthāgō > _____.

## PENSVM B

Annō _____ ūndēquīnquāgēsimō [DCXLIX] a. u. c. Rōmānī ingentī _____
[= strāge] victī sunt ā Cimbrīs et Teutonibus, quōrum cōpia _____ [= sine fīne] erat. Bellum
gestum cum sociīs, quī lībertātem sibi _____ volēbant, bellum _____ dīcitur. Marius
Rōmam ingressus multōs _____ et domum Sullae _____. Spartacus _____
[< numerus] exercitum _____ [= collēgit] ac variō _____ cum Rōmānīs pugnāvit.
   Cicerō adulēscēns ōrātōrēs _____ [= ēloquentēs] audiēbat neque ūllus diēs ab
_____ ōrātōriīs vacuus erat. Cum multārum causārum _____ fuisset, Rōma
profectus est ut ōrātiōnī _____ [= ārdentī] _____. Rhodī sē ad Molōnem _____
[= magistrum dīcendī] _____. _____ [= II annīs] post revertit ōrātor mūtātus: nōn ācer et
_____ [= redundāns], sed remissus et _____ [= placidus]. Duo ōrātōrēs tum _____,
Cotta et Hortēnsius. Post _____ Siciliensem _____ [= ars ōrātōria] Cicerōnis
_____ esse vidēbātur. In *Brūtō* Cicerō nārrat dē _____ suā iuvenīlī: sermōnī eius

76

_____ est ut industriam et _____ [< assiduus] eius _____ [= plānē videāmus].

Synōnyma: cōgitātiō et _____; laus et _____; licentia et _____; fōrma et _____; dīves et _____; iuvenālis et _____; accūrātus et _____; morārī et _____; exercēre et _____; ēlūcubrāre et nocte _____; praecipuē et _____.

Contrāria: vigor et _____ (corporis); remissiō et _____:

PENSVM C

1. Quid ēgit Marius post bellum Iugurthīnum?

2. Unde Cimbrī et Teutonēs vēnērunt?

3. Quī imperātōrēs dē Cimbrīs triumphāvērunt?

4. Quamdiū bellum sociāle prōtractum est?

5. Quis bellō sociālī fīnem imposuit?

6. Quid Mithridātēs Ephesī imperāvit?

7. Cūr Sulla pācem cum Mithridāte fēcit?

8. Quid Sullā absente factum est Rōmae?

9. Ubi Sulla Mariānōs vīcit?

10. Quae nova bella exārsērunt cum Sulla rem pūblicam composuisset?

11. Quid Nīcomēde mortuō factum est in Asiā?

12. Unde ortum est bellum servīle?

13. Quās cīvitātēs Lūcullus expugnāvit?

14. Ad quem Mithridātēs victus cōnfūgit?

15. Cūr Mithridātēs bellum renovāvit?

16. Num Lūcullus cum Mithridāte dēbellāvit?

17. Quōmodo Metellus cognōmen 'Crēticī' adeptus est?

18. Cui bellum pīrāticum mandātum est?

19. Quis lēgem Mānīliam suāsit?

20. Quandō nātus est M. Tullius Cicerō?

21. Quibus magistrīs Cicerō adulēscēns operam dabat?

22. Quandō Cicerō causās agere coepit?

23. Quārē in Graeciam et Asiam profectus est?

24. Ubi Cicerō quaestūram gessit?

# CAPITVLVM LIV

## PENSVM A

*Supplenda sunt nōmina ē verbīs facta:*

(1) nāvigāre > _____; oppugnāre > _____; mūnīre > _____; dīvidere > _____;
exspectāre > _____; cōgitāre > _____; admīrārī > _____; largīrī > _____;
meditārī > _____; dēdere > _____; cōnfitērī > _____; excurrere > _____;
colligere > _____; cognōscere > _____;

(2) exīre > _____; dūcere > _____; cadere > _____; rīdēre > _____; cōnspicere >
_____; gemere > _____; lūgēre > _____; flēre > _____; ūtī > _____; discēdere
> _____; parere > _____; vāgīre > _____; apparāre > _____; trānsīre > _____;
adīre > _____; redīre > _____; plaudere > _____; sentīre > _____; convenīre
> _____;

(3) imperāre > _____; aedificāre > _____; studēre > _____; incendere
> _____; sacrificāre > _____; colloquī > _____; indicāre > _____;
dēsīderāre > _____;

(4) firmāre > _____; supplēre > _____; vestīre > _____; mūnīre
> _____; impedīre > _____; arguere > _____; (-ē- > -u-) monēre
> _____; docēre > _____;

(5) dolēre > _____; pudēre > _____; terrēre > _____; horrēre > _____; ārdēre >
_____; pavēre > _____; vigēre > _____; favēre > _____; clāmāre > _____;
maerēre > _____; splendēre > _____; furere > _____; calēre > _____; decēre >
_____; errāre > _____;

(6) līberāre > _____ [= quī līberat]; gubernāre > _____; imperāre > _____; condere
> _____; ulcīscī > _____; cēnsēre > _____; explōrāre > _____; adhortārī >
_____; docēre > _____; servāre > _____; prōdere > _____; emere > _____;
succēdere > _____; regere > _____; largīrī > _____; favēre > _____;

(7) mīrārī > _____; memorāre > _____; terrēre > _____; crēdere > in
_____; sānāre > īn_____; numerāre > in_____;

(8) frīgēre > _____; calēre > _____; valēre > _____; pallēre > _____; turbāre >
_____; cupere > _____; rapere > _____; splendēre > _____; pavēre >
_____; tumēre > _____; avēre > _____;

(9) capere > _____; vocāre > _____; dare > _____; agere > _____; patī >
_____.

## PENSVM B

Cicerō Lūcullō magnam laudem _____ [= tribuit]. Is oppida in quibus erant _____
[= domūs] rēgis et aliās urbēs _____ [= plūrimās] cepit. Ut Mēdēa in fugā membra frātris
_____ [= dispersisse] dīcitur, sīc Mithridātēs fugiēns dīvitiās quās in suum rēgnum _____
[= contulerat] relīquit, quārum _____ [< colligere] Rōmānōs _____. Tigrānēs
_____ permōtus rēgem _____ [= perculsum] ērēxit et perditum _____
[= cōnfirmāvit].

Mercātōrēs quī in Asiā ＿＿＿＿＿＿ magnōs ＿＿＿＿ faciunt. Asia enim prōvincia tam ＿＿＿＿＿ [= opulenta] est ut ＿＿＿＿＿ agrōrum et varietāte ＿＿＿＿＿ [= frūgum] aliīs prōvinciīs ＿＿＿＿＿. Multae mercēs ex Asiā ＿＿＿＿＿＿. Equitēs Rōmānī quī vectīgālia exercent ＿＿＿＿＿ appellantur. Hieme mare nōn est ＿＿＿＿＿ ad nāvigandum. ＿＿＿＿＿ reī mīlitāris imperātōrī necessāria est. Nēmō tam ＿＿＿＿＿ est ut locum ＿＿＿＿＿ [= sacrum] polluat.

Synōnyma: lābēs et ＿＿＿＿＿; clēmentia et ＿＿＿＿＿; sententia et ＿＿＿＿; querēlla et ＿＿＿＿＿; īnsōns et ＿＿＿＿＿; horribilis et ＿＿＿＿; prōvocāre et ＿＿＿＿＿; arbitrārī et ＿＿＿＿; sānāre et ＿＿＿＿; reminīscī et ＿＿＿＿＿; obsequī et ＿＿＿＿＿; valdē cupere et ＿＿＿＿＿; īrātus fierī et ＿＿＿＿; vetus fierī et ＿＿＿＿.

Contrāria: quaestus et ＿＿＿＿＿; commodum et ＿＿＿＿＿; solitus et ＿＿＿＿＿; grātus et ＿＿＿＿; forte et ＿＿＿＿.

PENSVM C

1. Quae rēs agēbantur in bellō Mithridāticō?

2. Dē quā rē Cicerō prīmum dīcit?

3. Quamobrem Mithridātēs poenam merēbat?

4. Quī imperātōrēs dē Mithridāte iam triumphāverant?

5. Quibus Rōmānī propter sociōs bellum intulērunt?

6. Cūr vectīgālia Asiae māiōra sunt quam cēterārum prōvinciārum?

7. Quī vectīgālia exercent in prōvinciīs Rōmānis?

8. Quid ēgit Lūcullus initiō bellī Mithridāticī?

9. Quās rēs Cicerō silentiō praeterit?

10. Cūr haud difficile est imperātōrem dēligere?

11. Quās rēs in summō imperātōre inesse oportet?

12. Quōmodo Pompēius scientiam reī mīlitāris adeptus erat?

13. Quibus bellīs Pompēius interfuerat?

14. Quid imperātōrēs in prōvinciīs facere cōnsuēvērunt?

15. Cūr Cicerō timidē et pauca dīcit dē fēlicitāte?

# CAPITVLVM LV

## PENSVM A

*Supplenda sunt nōmina fēminīna facta ex adiectīvīs:*

(1) miser > _____; īnsānus > _____; superbus > _____; perfidus > _____; audāx > _____; patiēns > _____; potēns > _____; cōnstāns > _____; dīligēns > _____; concors > _____; [*plūrālia:*] reliquus > _____; dīves > _____; angustus > _____;

(2) trīstis > _____; amīcus > _____; stultus > _____; maestus > _____; saevus > _____; iūstus > _____; avārus > _____; pudīcus > _____; malus > _____;

(3) foedus > _____; dignus > _____; hūmānus > _____; fēlīx > _____; novus > _____; paucī > _____; crūdēlis > _____; gravis > _____; celeber > _____; ūtilis > _____; [-tās] līber > _____;

(4) longus > _____; altus > _____; pulcher > _____; multī > _____; fortis > _____; sōlus > _____; clārus > _____; amplus > _____; firmus > _____ [= firmitās].

## PENSVM B

Tūberō, cum _____ Latīnīs Scīpiōnem ōtiōsum _____ esset, dē rēbus caelestibus cum eō _____ coepit. Laelius, quī tālēs _____ nihil ad vītam hūmānam _____ putābat, 'māiōra _____ [= quaerenda] esse' dixit.

In rēgnō, _____ iūstō, populus _____ lībertātis nōn est. Saepe _____ [= exoritur] ex rēge tyrannus, quī _____ [= ferōcitāte] taeterrimās _____ [= ferās] superat, nec enim eī cum hominibus ūlla iūris _____ [< commūnis] est. Cīvitās _____ est in quā populus dominātur. Oppidum est _____ tēctōrum dēlūbrīs et forīs _____.

Rōmulus Sabīnōs in cīvitātem _____ et sacra eōrum cum Rōmānīs _____; cūriās nōminibus Sabīnārum _____ [= nōmināvit]. Sōle _____ Rōmulus nōn _____ [= appāruit]. Post eius _____ [= mortem] populus novum rēgem _____ nōn dēstitit. Rōmulus deō Mārte _____ [= genitus] erat.

Quī iam adolēvit _____ esse dīcitur. Quī oppidum oppugnat mūrōs arietibus _____ cōnātur. Hieme sōl nōn tam _____ occidit quam aestāte: aestāte sōl _____ occidit quam hieme. Vītam _____ [= aeternam] nēmō mortālis _____ [= adipīscī] potest.

Synōnyma: globus et _____; cūnae et _____; rītus et _____; firmus et _____; pēior et _____; pessimus et _____; explōrāre et _____; probāre et _____; sustinēre et _____; polluere et _____; pūnīre et _____; paulisper et _____.

Contrāria: opācus et _____; permultī et _____; cōnsentīre et _____; illūstrāre et _____; mātūrē et _____; prīdiē et _____.

## PENSVM C

1. Quandō amīcī ad Scīpiōnem convēnērunt?

2. Eratne Scīpiō occupātus eō diē?

3. Quod prōdigium in caelō vīsum erat?

4. Dē quibus rēbus fuit prīma disputātiō?

5. Quōmodo Archimēdēs mōtūs astrōrum dēclārāvit?

6. Cūr Laelius dē rēbus caelestibus disputāre nōluit?

7. Quid tum Laelius Scīpiōnem rogāvit?

8. Quae sunt tria rērum pūblicārum genera?

9. Quod genus Scīpiō optimum esse putābat?

10. Unde incipit Scīpiō dē rē pūblicā Rōmānā disputāns?

11. Quibus rēbus Rōmulus rem pūblicam firmāvit?

12. Quōmodo Numa populum ferōcem mītigāvit?

13. Cuius rēgis vitiō rēs pūblica Rōmāna ā bonā in dēterrimam conversa est?

14. Quem Cicerō tyrannō immānī oppōnit?

# CAPITVLVM LVI

## PENSVM A

(1) *Supplenda sunt verba incohātīva:*

patēre > _____; stupēre > ob_____; lūcēre > il_____; ārdēre > ex_____;
valēre > con_____; pavēre > ex_____; timēre > per_____; horrēre > co_____;
rigēre > ob_____; tremere > con_____; gemere > in_____; fervere > dē_____;
[-a- > -i-] tacēre > con_____.

(2) *Hī versūs dīvidendī sunt in syllabās brevēs et longās notīs appositīs:*

sīve per Syrtēs ite r aestuōsās

xxxxxxxxxxxxxxx

sīve factūrus per inhospitālem

Caucasum vel quae loca fābulōsus lambit Hydaspēs.

## PENSVM B

_____ [= terra], quae in mediō mundī locō _____ manet, VIII sphaerīs cingitur. In sphaerā summā stēllae _____ sunt; eī _____ sunt VII, quārum īnfima est lūnae. Īnfrā lūnam nihil est nisi mortāle et _____. Sphaerārum incitissimā _____ magnus sonitus efficitur, sed aurēs hūmānae tam _____ sunt ut eum audīre nequeant. Item aurēs eōrum quī Catadūpa _____ propter magnitūdinem sonitūs _____.

Terra quīnque _____ redimīta esse vidētur, quōrum duo extrēmī nive et _____ obrigēscunt, medius sōlis _____ ārdentibus torrētur. Duo sunt _____, alter septentriōnālis, alter _____, cuius incolae Rōmānīs adversī aut _____ stant.

Quī rem horribilem videt _____. _____ est amor deōrum, patriae, parentum. Annus aetātis LVI Scīpiōnī _____ fuit. Dī immortālēs _____ sempiternō fruuntur. Ponte ruptō Horātius Tiberim _____. _____ [8x] septēna sunt LVI. _____[.] est nota minima. Necesse est membrum aegrum cultrō _____. Sagitta ē_____ prōmitur.

Synōnyma: splendor et _____; celsissimus et _____; ruber et _____; siccus et _____ et _____; solvere et _____; movēre et _____; celerius et _____; quamdiū et _____; īnfrā et _____; ex aliō locō et _____.

Contrāria: ultimus et _____; austrālis et _____; hībernus et _____.

## PENSVM C

1. Quōmodo Masinissa Scīpiōnem Aemiliānum accēpit?

2. Dē quibus rēbus Masinissa et Scīpiō collocūtī sunt?

3. Quem Scīpiō eā nocte in somnīs vīdit?

4. Ubi Scīpiō Āfricānus māior appāruit?

5. Quid nepōtī suō praedīxit?

6. Quid eī nārrāvit dē patriae cōnservātōribus?

7. Quid Scīpiō ab avō suō quaesīvit?

8. Quem vīdit Scīpiō praeter avum suum?

9. Quid Aemilius Paulus fīlium suum monuit?

10. Ex orbe lacteō quanta vidēbātur terra?

11. Quot sphaerae terram cingunt?

12. Quōmodo efficitur cantus sphaerārum?

13. Cūr sphaera caelestis sonum acūtum efficit?

14. Cūr hominēs cantum sphaerārum nōn audiunt?

15. Quārē hominēs in terrīs glōriam aeternam assequī nōn possunt?

# Answer Key

## Pars I: Familia Romana

## CAPITVLVM I

### PENSVM A

Nīlus fluvi*us* est. Nīlus et Rhēnus fluvi*ī* *sunt*. Crēta īnsul*a* *est*. Crēta et Rhodus īnsul*ae* sunt. Brundisium
oppid*um* est. Brundisium et Tūsculum oppid*a* *sunt*.

Rhēnus fluvi*us* magn*us* est. Tiberis est fluvi*us*
parv*us*. Rhēnus et Dānuvius nōn fluvi*ī* parv*ī*, sed fluvi*ī*
magn*ī* sunt. Sardinia īnsul*a* magn*a* est. Melita īnsul*a*
parv*a* est. Sardinia et Sicilia nōn īnsul*ae* parv*ae*, sed
īnsul*ae* magn*ae* sunt. Brundisium nōn oppid*um*
parv*um*, sed oppid*um* magn*um* est. Tūsculum et Delphī
nōn oppid*a* magn*a*, sed oppid*a* parv*a* sunt.

Crēta īnsul*a* Graec*a* est. Lesbos et Chios et Naxus
sunt īnsul*ae* Graec*ae*. In Graeciā mult*ae* īnsul*ae* sunt.
In Galliā sunt mult*ī* fluvi*ī*. In Italiā mult*a* oppid*a* sunt.
In Arabiā sunt pauc*ī* fluvi*ī* et pauc*a* oppid*a*.

A et B litter*ae* Latīn*ae* sunt. C quoque litter*a* Latīn*a*
est. *Multī* et *paucī* vocābul*a* Latīn*a* sunt. *Ubi* quoque
vocābul*um* Latīn*um* est. I et II numer*ī* Rōmān*ī* sunt. III
quoque numer*us* Rōmān*us* est.

### PENSVM B

Sicilia *īnsula* est. Italia īnsula *nōn* est. Rhēnus *fluvius*
est. Brundisium *oppidum* est. Sicilia et Sardinia *īnsulae*
magnae sunt. Melita īnsula *parva* est. Britannia nōn
*īnsula* parva, sed *īnsula* *magna* est. Brundisium nōn
*oppidum parvum*, sed *oppidum* magnum est. Est*ne*
Brundisium in Graeciā? Brundisium *nōn* est in Graeciā,
*sed* in Italiā. *Ubi* est Sparta? Sparta est in Graeciā.
Sparta oppidum *Graecum* est. Delphī *quoque* oppidum
Graecum est. Euboea, Naxus, Lesbos, Chios *īnsulae*
Graecae sunt. In Graeciā sunt *multae* īnsulae.

Quid est III? III *numerus* est. *Quid* est A? A littera est.
A, B, C *litterae* Latīnae sunt. *Num* Γ littera Latīna est? Γ
*nōn* littera *Latīna*, sed littera *Graeca* est. Insula
*vocābulum* Latīnum est.

### PENSVM C

1. Ubi est Rōma? *Rōma in Italiā est*
2. Estne Sparta in Italiā? *Sparta in Italiā nōn est.*
3. Ubi est Italia? *Italia est in Eurōpā.*
4. Ubi sunt Syria et Arabia? *Syria et Arabia in Asiā sunt.*
5. Estne Aegyptus in Asiā? *Aegyptus in Asiā nōn est.*
6. Ubi sunt Sparta et Delphī? *In Graeciā sunt.*
7. Ubi est Brundisium? *Brundisium est in Italiā.*
8. Quid est Brundisium? *Brundisium oppidum est.*
9. Num Crēta oppidum est? *Crēta oppidum nōn est.*
10. Estne Britannia īnsula parva? *Britannia nōn īnsula parva, sed īnsula magna est.*
11. Quid est Tiberis? *Tiberis fluvius est.*
12. Quid est D? *D littera Latīna est.*
13. Num Δ littera Latīna est? *Δ nōn est littera Latīna, sed littera Graeca.*

14. Estne II magnus numerus? *II nōn magnus numerus, sed parvus numerus est.*

## CAPITVLVM II

### PENSVM A

Mārcus fīli*us* Iūliī est. Iūlia fīli*a* Iūliī est. Iūlius est
vir Rōmān*us*. Aemilia fēmin*a* Rōmān*a* est. Iūlius
domin*us*, Aemilia domin*a* est. Mēdus serv*us* Graec*us*
est, Dēlia est ancill*a* Graec*a*. Sparta oppid*um* Graec*um*
est.

Iūlius pater Mārc*ī* est. Mārcus est fīlius Iūli*ī* et
Aemili*ae*. Mēdus servus Iūli*ī* est: Iūlius est dominus
serv*ī*. Iūlius dominus Mēd*ī* et Dāv*ī* est: Iūlius dominus
serv*ōrum* est. Numerus serv*ōrum* magnus est. Dēlia est
ancilla Aemili*ae*: Aemilia domina ancill*ae* est. Aemilia
domina Dēli*ae* et Syr*ae* est: Aemilia domina ancill*ā-
rum* est. In familiā Iūli*ī* est magnus numerus serv*ōrum*
et ancill*ārum*. Aemilia māter Mārc*ī* et Quīnt*ī* et Iūli*ae*
est. Mārcus, Quīntus Iūliaque sunt līberī Iūli*ī* et Aemili*ae*. Numerus līber*ōrum* est trēs. Numerus serv*ōrum*
est centum.

In pāginā prīmā capitul*ī* secund*ī* multa vocābula nova
sunt. Numerus capitul*ōrum* nōn parvus est.

### PENSVM B

Mārcus *puer* Rōmānus est. Iūlius *vir* Rōmānus est.
Aemilia est *fēmina* Rōmāna. Iūlius est *pater* Mārcī et
Quīntī et Iūliae. In *familiā* Iūliī sunt trēs *līberī*: duo
*fīliī* et ūna *fīlia*. *Māter* līberōrum est Aemilia.

*Quis* est Dāvus? Dāvus est *servus* Iūliī. Iūlius
*dominus* Dāvī est. *Quae* est Syra? Syra *ancilla*
Aemiliae est. Aemilia est *domina* Syrae.

Cornēlius: "*Quot* servī sunt in familiā tuā?" Iūlius:
"In familiā *meā* sunt *centum* [C] servī." Cornēlius:
"Familia *tua* magna est!"

'LINGVA LATINA' est titulus *librī* tuī Latīnī.

### PENSVM C

1. Quis est Quīntus? *Quīntus est fīlius Iūliī.*
2. Quī sunt Mēdus et Dāvus? *Mēdus est Dāvus servī Iūliī sunt.*
3. Mārcusne quoque servus Iūliī est? *Mārcus nōn servus, sed fīlius Iūliī est.*
4. Cuius fīlia est Iūlia? *Iūlia est fīlia Iūliī.*
5. Quot līberī sunt in familiā Iūliī? *In familiā Iūliī trēs līberī sunt .*
6. Quot servī in familiā sunt? *Centum servī sunt in familiā.*
7. Num Syra domina est? *Syra domina nōn est, sed ancilla.*
8. Quae est domina ancillārum? *Domina ancillārum est Aemilia.*
9. Estne Cornēlius vir Graecus? *Cornēlius vir Graecus nōn est.*
10. Num *puella* vocābulum masculīnum est? *Puella vocābulum fēminīnum est, nōn masculīnum.*

86

## CAPITVLVM III

### PENSVM A

Cūr Mārc*us* Iūliam pulsat? Mārcus Iūli*am* pulsat, quia Iūli*a* cantat. Iūli*a* plōr*at*, quia Mārcus e*am* pulsat. Iūlia: "Mamma! Mārcus *mē* pulsat." Aemilia puell*am* aud*it* et ven*it*. Māter Quīnt*um* videt et e*um* interrog*at*: "Quis mē voc*at*?" Quīnt*us* respond*et*: "Iūlia *tē* vocat."

Iūlius dorm*it*. Quīntus Iūli*um* voc*at*: "Pater!" Mārcus rīd*et*, quia Iūli*us* nōn venit. Aemilia Mārc*um* verber*at*. Iūlius ven*it*, quia Mārc*us* plōrat. Iūlius Aemili*am* et Mārc*um* et Quīnt*um* et Iūli*am* videt. Iūlius: "Puer quī parv*am* puell*am* pulsat improbus est." Iūlius puer*um* improb*um* verberat. Quem Iūli*us* verberat? Puer qu*em* Iūlius verberat est Mārcus. Mārcus plōr*at*. Puer qu*ī* plōrat laet*us* nōn est. Puella qu*ae* cantat laet*a* est.

### PENSVM B

Puella *cantat*: "Lalla." Puella *quae* cantat est Iūlia. Iūlia *laeta* est. Puer improbus puellam *pulsat*. Puella *plōrat*: "Uhuhū!" Puer *rīdet*: "Hahahae!" Puer *quī* rīdet est Mārcus. Iūlia Aemiliam *vocat*: "Mamma!" Aemilia *venit*, et Quīntum *interrogat*: "Cūr Iūlia plōrat?" Quīntus *respondet*: "Iūlia plōrat, *quia* Mārcus eam pulsat." Aemilia: "Mārcus puer *probus* nōn est, puer *improbus* est! Ubi est pater?" Aemilia Iūlium nōn *videt*. Quīntus: "Pater nōn *hīc* est." Quīntus Iūlium *vocat*: "Pater!" Iūlius Quīntum nōn *audit*. *Cūr* Iūlius Quīntum nōn audit? Iūlius eum nōn audit, quia *dormit*. Mārcus plōrat, *quia* Aemilia eum verberat. Iūlius Mārcum audit; *iam* Iūlius nōn dormit. *Quem* Aemilia verberat? Aemilia Mārcum *verberat*. Puer *quem* Aemilia verberat improbus est. Iūlia laeta nōn est *neque* rīdet.

### PENSVM C

1. Quis Iūliam pulsat? *Mārcus Iūliam pulsat.*
2. Cūr Iūlia plōrat? *Iūlia plōrat quia Mārcus eam pulsat.*
3. Quīntusne quoque Iūliam pulsat? *Quīntus nōn Iūliam pulsat*
4. Quem Quīntus pulsat? *Quīntus Mārcum pulsat.*
5. Cūr Aemilia venit? *Aemilia venit quia Iūlia eam vocat.*
6. Quis Iūlium vocat? *Quīntus Iūlium vocat.*
7. Cūr Iūlius Quīntum nōn audit? *Iūlius eum nōn audit, quia dormit.*
8. Quem audit Iūlius? *Iūlius Mārcum audit.*
9. Cūr Mārcus plōrat? *Mārcus plōrat, quia Aemilia eum verberat.*
10. Rīdetne Iūlia? *Nōn rīdet.*
11. Num *Mārcus* accūsātīvus est? *Mārcus nōn accūsātīvus, sed nōminātīvus est.*
12. Num *Iūliam* nōminātīvus est? *Iūliam nōn nōminātīvus, sed accūsātīvus est.*
13. Quid est *dormit*? *Dormit est verbum.*

## CAPITVLVM IV

### PENSVM A

Mēdus ad*est*. Dāvus ab*est*. Iūlius imper*at*: "Voc*ā* Dāvum, Mēd*e*!" Mēdus Dāvum voc*at*: "Dāv*e*! Ven*ī*!" Dāvus ven*it* neque Iūlium vid*et*. Mēdus: "Salūt*ā* dominum!" Dāvus dominum salūt*at*: "Salv*ē*, domin*e*! Quid est?" Dominus: "Tac*ē*, serv*e*! Nummī meī ubi sunt?" Servus tac*et* neque respond*et*. Iūlius: "Respond*ē*!" Dāvus: "Interrog*ā* Mēdum!" Iūlius Mēdum interrog*at*: "Ubi est pecūnia mea, Mēd*e*?" Mēdus: "Dāvus pecū-niam tuam hab*et*." Iūlius: "Pōn*e* sacculum tuum in mēns*ā*, Dāv*e*!" Dāvus pār*et*: sacculum suum in mēnsā pōn*it*. Dāvus: "Vid*ē*, domin*e*: sacculus meus vacuus est." Iūlius: "Sūm*e* sacculum tuum et discēd*e*, bon*e* serv*e*!" Dāvus sacculum suum sūm*it* et discēd*it*.

### PENSVM B

In sacculō Iūliī *pecūnia* est. Iūlius pecūniam suam *numerat*: "Ūnus, duo, trēs, *quattuor*, *quīnque*, sex, *septem*, *octō*, *novem*, *decem*." In *sacculō* nōn centum, sed *tantum* decem nummī sunt.

Dāvus dominum *salūtat*: "Salvē, domine!" Iūlius *imperat*: "Pōne sacculum tuum in *mēnsā*!" Dāvus sac-culum *suum* in mēnsā *pōnit*. Sacculus Dāvī *vacuus* est, in sacculō *eius* [: Dāvī] *nūlla* pecūnia est. Dāvus sac-culum suum *sūmit* et discēdit.

Iūlius: "Mēde! Venī!" Mēdus nōn venit, quia *is* [: Mē-dus] pecūniam Iūliī *habet*. Iūlius baculum, *quod* in mēnsā est, sūmit et *discēdit*.

Dominus imperat, bonus servus *pāret*.

### PENSVM C

1. Quot nummī sunt in sacculō Iūliī? *In sacculō eius sunt decem nummī.*
2. Adestne Dāvus in scaenā prīmā? *In scaenā prīmā Dāvus nōn adest, sed abest.*
3. Quis Dāvum vocat? *Mēdus Dāvum vocat.*
4. Suntne nummī Iūliī in sacculō Dāvī? *Nummī Iūliī nōn sunt in sacculō Dāvī.*
5. Quid Iūlius pōnit in sacculō Dāvī? *Iūlius ūnum nummum in sacculō Dāvī pōnit.*
6. Quot nummī iam in sacculō Iūliī sunt? *Iam novem nummī sunt in sacculō Iūliī.*
7. Estne vacuus sacculus Mēdī? *Nōn est, in sacculō Mēdī sunt nummī Iūliī.*
8. Cūr Mēdus discēdit? *Mēdus discēdit, quia is pecū-niam Iūliī in sacculō suō habet.*
9. Quem Iūlius vocat? *Iūlius Mēdum vocat.*
10. Cūr Mēdus Iūlium nōn audit? *Mēdus eum nōn audit, quia abest.*

## CAPITVLVM V

### PENSVM A

Iūlius et Aemilia in vīll_ā_ habit_ant_ cum liber_īs_ et serv_īs_.
Dominus mult_ōs_ serv_ōs_ et mult_ās_ ancill_ās_ habet.

Aemilia in peristȳl_ō_ est cum Mārc_ō_ et Quīnt_ō_ et Iūli_ā_.
Iūlia mult_ās_ ros_ās_ in hort_ō_ vid_et_ et ab Aemili_ā_ discēd_it_.
Iam Aemilia puell_am_ nōn vid_et_, neque puerī eam
vid_ent_. Aemilia: "Mārce et Quīnte! Vocā_te_ Iūliam!"
Puerī Iūli_am_ voc_ant_: "Iūlia! Ven_ī_!" et Iūlia puer_ōs_
voc_at_: "Mārce et Quīnte! Ven_īte_!" Iūlia puerōs nōn
aud_it_, sed puerī Iūli_am_ aud_iunt_. Iūlia: "Cūr puerī nōn
ven_iunt_?" Iūlia ex hort_ō_ venit cum v ros_īs_ pulchr_īs_.
Iūlia: "Vid_ē_ ros_ās_ meās, māter! Vid_ēte_, puerī!" Mārcus:
"Rosae pulchrae sunt, puella sine ros_īs_ pulchra nōn
est!" Iūlia cum ūn_ā_ ros_ā_ discēd_it_. Puerī rīd_ent_. Aemilia:
"Tac_ēte_, puerī! Sūm_ite_ ros_ās_ et discēd_ite_!" Puerī ros_ās_
sūm_unt_ et discēd_unt_; in ātri_ō_ aqu_am_ sūm_unt_ ex im-
pluvi_ō_ et ros_ās_ in aqu_ā_ pōn_unt_.

### PENSVM B

Iūlius in magnā _vīllā habitat_. Aemilia cum _eō_ [: Iūliō]
habitat. Iūlius Aemiliam _amat_, quia _ea_ [: Aemilia] bona
et _pulchra_ fēmina est.

Aemilia in peristȳlō est _cum_ līberīs suīs, sed _sine_ virō
suō. Iūlia _ab_ Aemiliā discēdit; iam puella in _hortō_ est.
Iūlia rosās _carpit_ et _ex_ hortō venit cum v _rosīs_. Puella
laeta est: rosae eam _dēlectant_.

Ubi est impluvium? _Id_ [: impluvium] est in _ātriō_. In
impluviō _aqua_ est. In ātriō nūllae _fenestrae_ sunt.

### PENSVM C

1. Num Iūlius sōlus in vīllā habitat? _Iūlius nōn sōlus,_
   _sed cum familiā suā in vīllā habitat._
2. Quot fīliōs et quot fīliās habent Iūlius et Aemilia?
   _Iūlius et Aemilia duōs fīliōs et ūnam fīliam habent._
3. Ubi est impluvium? _Impluvium est in ātriō._
4. Ubi dormiunt servī? _Multī servī in ūnō cubiculō_
   _dormiunt._
5. Adestne Iūlius in peristȳlō cum Aemiliā? _Iūlius_
   _abest._
6. Ubi est Iūlius? _Iūlius in oppidō Tūsculō est._
7. Estne Aemilia sōla in peristȳlō? _Sōla nōn est, līberī_
   _cum eā sunt._
8. Quid agit Iūlia in hortō? _Iūlia rosās carpit et_
   _puerōs vocat._
9. Cūr puerī Iūliam rīdent? _Puerī Iūliam rīdent, quia_
   _improbī sunt. / Quia Iūlia puella pulchra nōn est._

## CAPITVLVM VI

### PENSVM A

Iūlius ab oppid_ō_ Tūsculō ad vīll_am_ su_am_ it. Vīlla eius
prope Tūscul_um_ est. Iūlius in lectīcā est inter Urs_um_ et
Dāv_um_. Dominus ā servīs port_ātur_. Ursus et Dāvus nōn

saccōs port_ant_, sacc_ī_ ā Syrō et Lēandrō port_antur_.
Saccus quem Lēander port_at_ nōn tam parvus est quam
saccus quī ā Syrō port_ātur_.

Mēdus nōn est apud domin_um_, nam servus malus
dominum timu_et_. Dominus ā serv_ō_ mal_ō_ tim_ētur_.
Dominus serv_um_ mal_um_ vocat neque ab eō aud_ītur_.
Servus mal_us_ ā domin_ō_ voc_ātur_ neque eum aud_it_.

Quō it Mēdus? Rōm_am_ it. Unde venit? Mēdus Tūs-
cul_ō_ venit. Ante Mēd_um_ est Rōma, Tūsculum post e_um_
est. Cornēlius nōn Tūsculō Rōmam, sed Rōm_ā_ Tūscu-
l_um_ it, nam is Tūscul_ī_ habitat. Cornēlius nōn ambulat,
sed equ_ō_ veh_itur_.

Lȳdia, amīca Mēd_ī_, Rōm_ae_ habitat. Iam Mēdus
Rōm_ae_ apud Lȳdi_am_ est. Mēdus amīc_am_ su_am_ salūt_at_
et ab amīc_ā_ suā salūt_ātur_, nam Lȳdia Mēd_um_ am_at_ et
ab eō am_ātur_.

### PENSVM B

Ōstia nōn _procul_ ā Rōmā, sed _prope_ Rōmam est. _Unde_
venit Iūlius? Tūsculō venit et _ad_ vīllam it. Duo servī
eum _portant_. Syrus et Lēander, quī _post_ lectīcam ambulant, duōs _saccōs_ portant. Saccus Syrī nōn _tam_ magnus
est _quam_ saccus quī ā Lēandrō portātur, _itaque_ Syrus
nōn tam _fessus_ est quam Lēander.

Mēdus _apud_ dominum nōn est, nam Mēdus dominum
īrātum _timet_. Mēdus servus _malus_ [= improbus] est;
_itaque_ Mēdus et Iūlius nōn _amīcī_, sed inimīcī sunt. Via
Latīna, quae est _inter_ Rōmam et Capuam, nōn tam
_longa_ est quam _via_ Appia. _Quō_ ambulat Mēdus? Is Rōmam ambulat, _nam_ amīca eius Rōmae habitat. Cornēlius _autem_ [= sed C.] Rōmā Tūsculum _it_. Tūsculum est
ante eum, _post_ eum est Rōma. Cornēlius equō _vehitur_,
is nōn _ambulat_. Iūlius et Cornēlius ad vīllās suās _eunt_.

### PENSVM C

1. Ambulatne Iūlius? _Nōn ambulat, lectīcā vehitur._
2. Quī Iūlium portant? _Dāvus et Ursus Iūlium portant._
3. Quid portant Syrus et Lēander? _Syrus et Lēander_
   _saccōs portant._
4. Unde venit Iūlius et quō it? _Iūlius Tūsculō venit et_
   _ad vīllam suam it._
5. Quō it Mēdus? _Mēdus Rōmam it._
6. Etiamne Cornēlius Tūsculō Rōmam it? _Cornēlius_
   _nōn Tūsculō Rōmam, sed Rōmā Tūsculum it._
7. Ubi habitat Cornēlius? _Cornēlius Tūsculī habitat._
8. Cūr Mēdus laetus est? _Mēdus laetus est, quia_
   _Rōmae amīcam habet._
9. Quae est Lȳdia? _Lȳdia est amīca Mēdī._
10. Quid habet Mēdus in sacculō suō? _In sacculō suō_
    _Mēdus nummōs dominī habet._
11. Suntne amīcī Iūlius et Mēdus? _Iūlius et Mēdus nōn_
    _amīcī, sed inimīcī sunt._
12. Num _portat_ verbum passīvum est? _Portat nōn est_
    _verbum passīvum, sed āctīvum._

## CAPITVLVM VII

### PENSVM A

Iūlius Mārc_ō_, fīli_ō_ su_ō_, mālum dat. Iūlius Mārc_ō_ et Quīnt_ō_, fīli_īs_ su_īs_, māla dat. Iūlius etiam serv_īs_ su_īs_, Syr_ō_ et Lēandr_ō_, māla dat.

C_ui_ Aemilia ōsculum dat? Aemilia vir_ō_ su_ō_ Iūli_ō_ ōsculum dat. Iūlius Aemili_ae_ ōsculum dat. Iūlius Iūli_ae_, fīli_ae_ su_ae_, mālum dat, neque sōlum Iūliae, sed etiam Syr_ae_ et Dēli_ae_, ancill_īs_ su_īs_. Iūlia māl_ō_ su_ō_ ōsculum dat!

### PENSVM B

Iūlius ad vīllam _advenit_. Ōstiārius ōstium _aperit_ et post eum _claudit_.

Saccī nōn vacuī, sed _plēnī_ sunt. Iūlius: "Vidēte, puerī: _Hic_ saccus plēnus _mālōrum_ est. Ecce mālum tuum, Mārce." Iūlius Mārcō mālum _dat_. Iūlius fīliīs nōn _sōlum_ māla, sed etiam pira dat. Iam puerī _et_ māla _et_ pira habent, sed servī _neque_ māla _neque_ pira habent. Dominus servōs ad _sē_ vocat et _iīs_ quoque māla et _pira_ dat.

Aemilia ad Iūlium _adit_ et eī _ōsculum_ dat. Iūlia abest. Puerī nōn ambulant, sed _currunt_ in hortum. _Illīc_ [: in hortō] Iūlia nōn est, ea in cubiculō suō est. Iūlia nōn rīdet, sed _lacrimat_: in _oculīs_ eius sunt _lacrimae_. Dēlia: "In ātriō pater tuus tē _exspectat_, Iūlia." Iūlia _ē_ [= ex] cubiculō _exit_, ad Iūlium currit et _eī_ [: Iūliō] ōsculum dat. Iūlia rosam ante Iūlium _tenet_. Iūlia: "Nōnne _haec_ rosa _fōrmōsa_ [= pulchra] est?"

### PENSVM C

1. Quem puerī exspectant? _Puerī Iūlium esxpectant._
2. Venitne Iūlius Rōmā? _Iūlius nōn Rōmā, sed Tūsculō venit._
3. Quis ōstium aperit et claudit? _Ōstiārius ōstium aperit et claudit._
4. Quid inest in saccīs? _In saccīs māla et pira insunt._
5. Cui Iūlius mālum prīmum dat? _Iūlius Mārcō mālum prīmum dat._
6. Cui Aemilia ōsculum dat? _Aemilia virō suō ōsculum dat._
7. Estne Iūlia in hortō? _Iūlia nōn in hortō, sed in cubiculō suō est._
8. Quō it Dēlia? _Dēlia in cubiculum Iūliae it._
9. Estne Iūlia sōla in cubiculō suō? _Iūlia nōn sōla est illīc, Syra apud eam est._
10. Rīdetne Iūlia? _Iūlia nōn rīdet, sed lacrimat._
11. Quō Iūlia currit? _Iūlia in ātrium currit._
12. Quid Iūlius dat fīliae suae? _Iūlius fīliae suae mālum et pirum dat._

## CAPITVLVM VIII

### PENSVM A

Qu_is_ est Albīnus? Est tabernārius qu_ī_ ōrnāmenta vēndit. Qu_ae_ ōrnāmenta? Ōrnāmenta qu_ae_ Albīnus vēndit sunt gemmae et margarītae. Qu_id_ emit Mēdus? Ōrnāmentum emit. Qu_od_ ōrnāmentum? Ōrnāmentum qu_od_ Mēdus emit est ānulus c_uius_ pretium est HS C. Digitus in qu_ō_ ānulus pōnitur est digitus quārtus.

H_ic_ servus Mēdus, ill_e_ Dāvus est. Lȳdia h_unc_ servum amat, nōn ill_um_. Lȳdia amīca h_uius_ servī est, nōn ill_īus_. Lȳdia h_uic_ servō ōsculum dat, nōn ill_ī_. Lȳdia ab h_ōc_ servō amātur, nōn ab ill_ō_.

H_oc_ oppidum est Tūsculum, ill_ud_ est Brundisium. Cornēlius in h_ōc_ oppidō habitat, nōn in ill_ō_. Viae h_uius_ oppidī parvae sunt.

### PENSVM B

Gemmae et margarītae _ōrnāmenta_ pulchra sunt. Aemilia multa ōrnāmenta ā Iūliō _accipit_. Aemilia _margarītās_ in collō et ānulum in _digitō_ habet. Multae fēminae ante tabernam Albīnī _cōnsistunt_ et ōrnāmenta eius aspiciunt. Virī ōrnāmenta _emunt_ et fēminīs dant. _Ānulus_ gemmātus centum sēstertiīs _cōnstat_. _Pretium_ ānulī est centum sēstertiī, sed Mēdus _nōnāgintā_ [XC] tantum habet. Albīnus: "Nōnāgintā nōn _satis_ est!" Mēdus: "Accipe nōnāgintā sēstertiōs _aut_ nūllōs!" Ānulus ad digitum medium nōn _convenit_: digitus medius _nimis_ magnus est. Sed ānulus convenit ad digitum _quārtum_ [IV], quī nōn _tantus_ est quantus digitus _medius_. Lȳdia laeta digitum suum _aspicit_ et cum Mēdō ā tabernā _abit_. Lȳdia Mēdō viam _mōnstrat_.

### PENSVM C

1. Quid Albīnus vēndit? _Albīnus ōrnāmenta vēndit._
2. Ā quō Aemilia ōrnāmenta accipit? _Aemilia ōrnāmenta accipit ā virō suō._
3. Ambulatne Mēdus cum dominō suō? _Mēdus nōn cum dominō suō, sed cum amīcā suā ambulat._
4. Ubi Mēdus et Lȳdia cōnsistunt? _Mēdus et Lȳdia ante tabernam Albīnī cōnsistunt._
5. Cūr Mēdus margarītās nōn emit? _Quia Lȳdia multās margarītās habet._
6. Cūr Lȳdia nūllum ānulum habet? _Nūllum ānulum habet, quia pecūniōsa nōn est,_
7. Estne vacuus sacculus Mēdī? _Vacuus nōn est, in sacculō eius sunt nōnāgintā sēstertiī._
8. Quot sēstertiīs cōnstat ānulus gemmātus? _Ānulus gemmātus cōnstat centum sēstertiīs._
9. Ad quem digitum ānulus convenit? _Ānulus ad digitum quārtum convenit._

# CAPITVLVM IX

## PENSVM A

In Italiā sunt multī pāstōr_ēs_. Numerus pāstōr_um_ magnus est. Pāstor Iūliī ūnum can_em_ et multās ov_ēs_ habet. Pastor est dominus can_is_ et ov_ium_. Can_is_ et ov_ēs_ pāstōr_em_ amant. Cibus ov_ium_ est herba, cibus pāstōr_is_ est pān_is_. Pāstor pān_em_ ēst.

In coll_e_ ūna arbor est. Pāstor cum can_e_ et ov_ibus_ ad arbor_em_ it. Iam pāstor in umbrā arbor_is_ iacet. Arbor pāstōr_ī_ et can_ī_ et ov_ibus_ umbram dat, sed ov_is_ nigra in sōl_e_ iacet. Nūllae nūb_ēs_ ante sōl_em_ sunt. In silvā multae arbor_ēs_ sunt, sub arbor_ibus_ umbra est. Ov_is_ nigra ā pāstōr_e_ cēterīsque ov_ibus_ discēdit. Canis ov_em_ videt.

## PENSVM B

Pāstor et centum _ovēs_ in _campō_ sunt. Pāstor ovibus aquam et _cibum_ dat. Cibus ovium est _herba_, cibus pāstōris est _pānis_. Pāstor pānem _ēst_. Ovēs herbam _edunt_ et aquam _bibunt_ ē _rīvō_.

Sōl _lūcet_, nūlla _nūbēs_ in caelō _suprā_ hunc campum vidētur. In colle ūna _arbor_ est, in _silvā_ multae arborēs sunt. _Sub_ arboribus umbra est. Pāstor ovēs suās ad arborem _dūcit_. _Dum_ pāstor in _umbrā_ arboris iacet, ovis nigra cēterās ovēs _relinquit_ et silvam _petit_. In terrā sunt _vestīgia_ lupī; lupus _ipse_ nōn procul abest. Lupus in silvā cibum _quaerit_, dum pāstor et _canis_ ovem quaerunt.

## PENSVM C

1. Num pāstor sōlus in campō est? _Pāstor nōn sōlus est, canis et ovēs apud eum sunt._
2. Quot ovēs habet pāstor? _Pāstor centum ovēs habet._
3. Ā quō canis cibum accipit? _Canis cibum accipit ā pāstōre._
4. Suntne montēs prope pāstōrem? _Montēs nōn prope pāstōrem, sed procul ā pāstōre sunt._
5. Ubi sunt vallēs? _Vallēs sunt inter montēs._
6. Quid est collis? _Collis est parvus mōns._
7. Quō it pāstor? _Pāstor ad arborem it._
8. Cūr pāstor umbram petit? _Umbram petit, quia sōl lūcet._
9. Quō it ovis nigra? _Ovis nigra in silvam it._
10. Quid ovis in terrā videt? _Ovis vestīgia lupī videt in terrā._
11. Cūr lupus ovem nigram nōn ēst? _Quia canis accurrit et lupum petit._

# CAPITVLVM X

## PENSVM A

Av_ēs_ in āer_e_ volant. Pisc_ēs_ in aquā natant. Iūlia neque vol_āre_ neque nat_āre_ potest. Homō duōs ped_ēs_ habet, itaque homō ambul_āre_ potest. Homō mortuus sē mov_ēre_ nōn potest. Spīr_āre_ necesse est hominī, nam sine animā nēmō vīv_ere_ potest. Cum homō spīrat, anima in pulmōn_ēs_ intrat et ex pulmōn_ibus_ exit. Homō quī spīrat mortuus es_se_ nōn potest. Homin_ēs_ deōs vid_ēre_ nōn possunt. Deī ab homin_ibus_ vid_ērī_ nōn possunt. Nēmō piscēs numer_āre_ potest. Piscēs numer_ārī_ nōn possunt. Sine pecūniā cibus em_ī_ nōn potest.

Puerī Iūliam can_ere_ audiunt. Mārcus Quīntum ad terram cad_ere_ videt. Iūlius Mārcum clām_āre_ audit. Puerī saccum ā Iūliō in mēnsā pōn_ī_ et aper_īrī_ vident.

## PENSVM B

Leō et aquila _bēstiae_ sunt. Virī et fēminae _hominēs_ sunt. Mercurius nōn homō, sed _deus_ est. In aquā sunt _piscēs_. In āere sunt _avēs_. Quid agunt piscēs et avēs? Piscēs in aquā _natant_, avēs in āere _volant_. Avis duās _ālās_ habet, itaque avis volāre _potest_. Avis quae volat ālās _movet_. Cum homō ambulat, _pedēs_ moventur. Cum homō _spīrat_, anima in _pulmōnēs_ intrat. Homō quī spīrat _vīvus_ est, quī nōn spīrat _mortuus_ est. Nam sine animā _nēmō_ vīvere potest. Spīrāre hominī _necesse_ est.

Iūlia _canit_ [= cantat]. Iūlia _vōcem_ pulchram habet. Puerī _nīdōs_ quaerunt. Nīdī sunt inter _rāmōs_ et folia arborum. In nīdīs avium sunt _ōva_ aut pullī. Avēs nōn pullōs vīvōs, sed ōva _pariunt_. Quīntus in arborem _ascendit_ et IV _pullōs_ videt in nīdō. Rāmus quī nīdum _sustinet_ tenuis est. Rāmus tenuis puerum _crassum_ sustinēre nōn potest: Quīntus ad terram _cadit_. Mārcus eum cadere videt et _perterritus_ est.

## PENSVM C

1. Num Neptūnus homō est? _Nōn homō, sed deus est Neptūnus._
2. Quis est Mercurius? _Mercurius est deus mercātōrum et nūntius deōrum_
3. Quid agunt mercātōrēs? _Mercātōrēs emunt et vēndunt._
4. Num necesse est margarītās habēre? _Id necesse nōn est._
5. Quid est ōceanus Atlanticus? _Ōceanus est magnum mare._
6. Cūr aquila ā parvīs avibus timētur? _Quia aquila parvās avēs capere vult._
7. Ubi sunt nīdī avium? _In arboribus sunt._
8. Quid est in nīdīs? _In nīdīs sunt ōva aut pullī._
9. Quae bēstiae ōva pariunt? _Avēs ōva pariunt._
10. Quid agunt puerī in hortō? _Puerī nīdōs quaerunt._
11. Cūr rāmus Quīntum sustinēre nōn potest? _Quia Quīntus puer crassus est._

## CAPITVLVM XI

### PENSVM A

Membra corpor*is* hūmānī sunt duo bracchia et duo crūr*a*. In corpor*e* hūmānō ūn*um* caput est, nōn duo capit*a*. In capit*e* sunt duae aur*ēs* et ūn*um* ōs. In ōr*e* sunt dent*ēs*. In pector*e* ūn*um* cor et duo pulmōn*ēs* sunt.

Medicus Quīnt*um* super lectum iac*ēre* videt; medicus puer*um* dorm*īre* videt. Medicus: "Quīnt*us* dorm*it*." Medicus 'Quīnt*um* dorm*īre*' dīcit. Medicus puer*um* linguam ostend*ere* iubet, et 'lingu*am* eius rubr*am* es*se*' dīcit. Puer dīcit 'ped*em* et caput dol*ēre*.' Medicus Aemili*am* pōculum ten*ēre* iubet. Syra Quīnt*um* spīr*āre* nōn aud*it*, itaque Syra e*um* mortu*um* es*se* putat. Sed Quīntus vīv*it*. Māter fīli*um* vīv*ere* gaudet. Necesse est puer*um* aegr*um* dorm*īre*.

### PENSVM B

*Corpus* humānum habet quattuor *membra:* duo *bracchia* et duo *crūra*. In bracchiīs duae *manūs* sunt, in crūribus duo *pedēs*. Super collum est *caput*. In capite sunt duo oculī, duae *aurēs*, ūnus nāsus, ūnum *ōs*. In ōre sunt dentēs et *lingua*. Sub collō est *pectus*. In pectore sunt pulmōnēs et *cor*. In corde et in vēnīs *sanguis* est. Sanguis per *vēnās* ad cor *fluit*.

Aemilia apud lectum Quīntī *sedet*, Syra apud lectum *stat*. Quīntus nōn *sānus*, sed aeger est. Syrus medicum ex oppidō *arcessit*. Medicus digitum ad pedem puerī *appōnit:* medicus pedem eius *tangit*. Quīntus, quī digitum medicī in pede *sentit:* "Ei! Pēs *dolet!*"

### PENSVM C

1. Quae sunt membra corporis hūmānī? *Sunt bracchia et crūra.*
2. Ubi est cerebrum? *Cerebrum est post frontem.*
3. Quid est in pectore? *In pectore sunt pulmōnēs et cor.*
4. Ubi est venter? *Venter est īnfrā pulmōnēs.*
5. Cūr Quīntus cibum sūmere nōn potest? *Quia aeger est.*
6. Estne Quīntus sōlus in cubiculō suō? *Sōlus nōn est, nam Aemilia et Syra apud eum sunt.*
7. Unde medicus arcessitur? *Medicus Tūsculō arcessitur.*
8. Quid videt medicus in ōre Quīntī? *Medicus dentem nigrum in ōre Quīntī videt.*
9. Quid Quīntus in bracchiō sentit? *Quīntus cultrum medicī sentit.*
10. Cūr Syra Quīntum mortuum esse putat? *Quia eum spīrāre nōn audit.*

## CAPITVLVM XII

### PENSVM A

Pīlum ē man*ū* iacitur, sagitta ex arc*ū*. In exercit*ibus* Rōmānīs multī Gallī mīlitant, quī arc*ūs* ferunt. Equi-tāt*us* sine met*ū* impet*um* in hostēs facit, neque hostēs impet*um* equitāt*ūs* sustinēre possunt. Mīlle pass*ūs* sunt quīnque mīlia pedum. Via Latīna CL [150: centum quīnquāgintā] mīlia pass*uum* longa est.

Rāmus tenu*is* puerum crass*um* sustinēre nōn potest, nam puer crass*us* grav*is* est. Ūnum mālum grav*e* nōn est, nec duo māla grav*ia* sunt, sed saccus plēn*us* mālōrum grav*is* est. Lēander saccum magn*um* et grav*em* portat. In saccō grav*ī* sunt māla. Servī saccōs grav*ēs* portant. In saccīs grav*ibus* sunt māla et pira.

Saccus Lēandrī grav*ior* est quam Syrī, nam māla grav*iōra* sunt quam pira. Via Appia long*ior* est quam via Latīna. Via Appia et via Aurēlia long*iōrēs* sunt quam via Latīna. Quīntus crass*ior* est quam Mārcus. Lēander saccum grav*iōrem* quam Syrus portat; in saccō grav*iōre* māla sunt.

Hoc pīlum long*ius* et grav*ius* est quam illud. Haec pīla long*iōra* et grav*iōra* sunt quam illa.

### PENSVM B

Mārcus *frāter* Quīntī est. Quīntus ūnum frātrem et ūnam *sorōrem* habet. 'Iūlia' *nōmen* sorōris est. Frāter Aemiliae est *avunculus* līberōrum. Quīntus: "Ubi est avunculus noster?" Iūlius: "Avunculus *vester* est in Germāniā."

Prōvincia est *pars* imperiī Rōmānī. Rhēnus Germāni-am ab imperiō Rōmānō *dīvidit;* Rhēnus *fīnis* imperiī est. In Germāniā multī *mīlitēs* Rōmānī sunt, quī contrā Germānōs *pugnant;* Germānī enim *hostēs* Rōmānōrum sunt. Mīlitēs Rōmānī scūta et *gladiōs* et pīla *ferunt*. Mīlitēs in *castrīs* habitant. Circum castra est *fossa* et *vāllum*, quod X pedēs *altum* est. Mīlitēs patriam ab hostibus *dēfendunt*.

### PENSVM C

1. Num *Mārcus* cognōmen est? *Mārcus nōn cognōmen, sed praenōmen est.*
2. Quot frātrēs habet Aemilia? *Ūnum frātrem habet.*
3. Quid agit Aemilius in Germāniā? *Aemilius in Germāniā mīlitat.*
4. Quae arma pedes Rōmānus fert? *Pedes Rōmānus scūtum et gladium et pīlum fert.*
5. Quam longum est pīlum Aemiliī? *Pīlum eius sex pedēs longum est.*
6. Ubi habitant mīlitēs Rōmānī? *Mīlitēs in castrīs habitant.*
7. Quī sunt Germānī et Gallī? *Germānī et Gallī sunt quī Germāniam et Galliam incolunt.*
8. Estne Germānia prōvincia Rōmāna? *Nōn est.*
9. Quod flūmen Germāniam ā Galliā dīvidit? *Flūmen Rhēnus Germāniam ā Galliā dīvidit.*
10. Cūr hostēs castra expugnāre nōn possunt? *Quia Rōmānī castra bene dēfendunt.*
11. Num mīles fortis ab hoste fugit? *Mīles fortis nōn fugit, sed impetum in hostēs facit.*
12. Cūr hasta procul iacī nōn potest? *Quia nimis gravis est.*

# CAPITVLVM XIII

## PENSVM A

Hōrae di*ēī* sunt XII. Hōra sexta di*em* dīvidit in duās partēs: ante merīdi*em* et post merīdi*em*. Sex hōrae sunt dīmidia pars di*ēī*. Mēnsis Iūnius XXX di*ēs* habet: numerus di*ērum* est XXX. Novus annus incipit ab eō di*ē* quī dīcitur kalendae Iānuāriae.

Iūlius mēnsis annī calid*issimus* est; Iānuārius est mēnsis annī frīgid*issimus*. Mēnsis annī brev*issimus* est Februārius. Padus est flūmen Italiae long*issimum* et lāt*issimum*. Sōl stēlla clār*issima* est.

## PENSVM B

Iānuārius *mēnsis* prīmus est. December est mēnsis *duodecimus* ac *postrēmus*. Tempore antīquō September mēnsis septimus *erat*, nam *tunc* [= illō tempore] mēnsis prīmus erat Mārtius. Nunc September mēnsis *nōnus* est. Diēs est tempus ā *māne* ad *vesperum*. Māne est *initium* diēī, vesper *fīnis* diēī est et initium *noctis*. Diēs in XII *hōrās* dīviditur. Nocte *lūna* et *stēllae* lūcent, neque eae tam *clārae* sunt quam sōl. Sōl lūnam *lūce* suā *illūstrat*. Ea lūnae pars quae sōle nōn illūstrātur *obscūra* est.

Vēr et *autumnus*, aestās et *hiems* sunt quattuor *tempora* annī. *Aestās* ā mēnse Iūniō *incipit*. Hieme nōn sōlum *imber*, sed etiam *nix* dē nūbibus cadit: montēs et campī nive *operiuntur*. Aqua nōn tam *frīgida* est quam nix.

## PENSVM C

1. Quot sunt mēnsēs annī? *Mēnsēs annī sunt duodecim.*
2. Ā quō Iānuārius nōmen habet? *Ā deō Iānō.*
3. Quam longus est mēnsis Aprīlis? *Aprīlis trīgintā diēs longus est.*
4. Ā quō mēnsis Iūlius nōmen habet? *Mēnsis Iūlius nōminātur ā Iūliō Caesare.*
5. Cūr mēnsis decimus Octōber nōminātur? *Quia tempore antīquō mēnsis octāvus erat.*
6. Cūr lūna nōn tam clāra est quam sōl? *Quod lūna suam lūcem nōn habet, sed sōle illūstrātur.*
7. Quī diēs annī brevissimus est? *Diēs annī brevissimus est a. d. VIII kal. Iān.*
8. Quī diēs aequinoctia dīcuntur? *A. d. VIII kal. Apr. et a. d. VIII kal. Oct.*
9. Quod tempus annī calidissimum est? *Aestās est tempus annī calidissimum.*
10. Quandō nix dē nūbibus cadit? *Hieme nix dē nūbibus cadit.*
11. Quid est imber? *Imber est aqua quae dē nūbibus cadit.*
12. Ā quō diē incipit novus annus? *Novus annus incipit ā kalendīs Iānuāriīs.*

# CAPITVLVM XIV

## PENSVM A

Puer dorm*iēns* nihil audit. Dāvus puerum dorm*ientem* excitat: in aurem puerī dorm*ientis* clāmat: "Mārce!" Mārcus oculōs aper*iēns* servum apud lectum st*antem* videt. Servus puerō frīg*entī* vestīmenta dat. Parentēs fīlium intr*antem* salūtant et ā fīliō intr*ante* salūtantur. Fīlius discēd*ēns* "Valē!" inquit.

Corpus val*ēns* nōn dolet. Medicus caput dol*ēns* sānāre nōn potest. Piscēs sunt animālia nat*antia*.

## PENSVM B

Puerī in lectīs *cubant* [= iacent]. *Alter* puer dormit, alter *vigilat*; alter *valet*, alter aegrōtat. *Uter* puer aegrōtat, Mārcusne *an* Quīntus? Quīntus aegrōtat.

Servus puerum dormientem *excitat* et eī aquam *affert*. Mārcus ē lectō *surgit* et prīmum manūs *lavat, deinde* faciem. Puer vestīmenta ā servō *poscit*, et prīmum tunicam *induit*, deinde *togam*. Iam puer *nūdus* nōn est. Virō *togātō* [= togam gerentī] bracchium *dextrum* nūdum est. Dāvus Mārcum sēcum venīre iubet: "Venī *mēcum!*"

Mārcus Mēdum, quī cum eō īre *solet*, nōn videt. Mēdus librōs et cēterās *rēs* Mārcī portāre solet, Mārcus ipse *nihil* portāre solet *praeter* mālum. "Hodiē" *inquit* Iūlius "Mēdus *tēcum* īre nōn potest." Mārcus sōlus abit librum et *tabulam* et stilum *sēcum* ferēns.

## PENSVM C

1. Quīntusne bene dormit? *Quīntus dormīre nōn potest.*
2. Uter puer aegrōtat? *Quīntus aegrōtat.*
3. Estne clausa fenestra Mārcī? *Fenestra eius aperta est.*
4. Uter ē duōbus puerīs gallum canentem audit? *Quīntus, quī vigilat, gallum canentem audit.*
5. Quōmodo servus Mārcum excitat? *Dāvus in aurem puerī dormientis clāmat: "Māne est!"*
6. Tōtumne corpus lavat Mārcus? *Nōn tōtum corpus, sed tantum manūs et caput lavat.*
7. Cūr Mārcus frīget? *Quod nūdus est.*
8. Quid Mārcus ā servō poscit? *Vestīmenta sua poscit.*
9. Utrum bracchium togā operītur? *Bracchium sinistrum togā operītur.*
10. Utrā manū mīles scūtum gerit? *Mīles scūtum gerit manū sinistrā.*
11. Quās rēs Mārcus sēcum fert? *Mārcus librum, tabulam stilumque sēcum fert.*

## CAPITVLVM XV

### PENSVM A

Mārcus ad lūdum ven*it* nec iānuam puls*at*. Magister:
"Cūr tū iānuam nōn puls*ās*, cum ad lūdum ven*īs?*"
Mārcus: "Ego iānuam nōn puls*ō*, cum ad lūdum ven*iō*,
quod nec Sextus nec Titus id facit. Audīte, Sexte et
Tite: vōs iānuam nōn puls*ātis!*" Sextus et Titus: "Nōs iānuam puls*āmus*, cum ad lūdum
ven*īmus!*" Magister: "Tacēte! Aperīte librōs!" Titus:
"Ego librum nōn hab*eō*." Magister: "Cūr librum nōn
hab*ēs*, Tite?" Titus: "Librum nōn hab*eō*, quod Mārcus
meum librum hab*et!*" Mārcus: "Sed vōs meās rēs
hab*ētis!*" Titus et Sextus: "Nōs rēs tuās nōn hab*ēmus!*"

Magister discipulōs dormīre vidēns exclāmat: "Ō
puerī! Dorm*ītis!* Ego recit*ō*, vōs nōn aud*ītis!*" Mārcus:
"Ego tē recitāre aud*iō*. Nōn dorm*iō*." Titus et Sextus:
"Nec nōs dorm*īmus*. Tē recitāre aud*īmus*. Bene recit*ās*,
magister." Magister: "Ego bene recit*ō*, at vōs male recit*ātis!* Malī discipulī es*tis!*" Discipulī: "Vērum nōn
dīc*is*, magister. Bonī discipulī s*umus:* in lūdō nec
clām*āmus* nec rīd*ēmus*, et tē aud*īmus!*"

### PENSVM B

Māne puerī in *lūdum* eunt. Puerī quī in lūdum eunt
*discipulī* sunt. Quī lūdum habet *magister* est. Mārcus
magistrum metuit, nam Diodōrus magister *sevērus* est
quī puerōs improbōs *virgā* verberat.

Intrat magister. Sextus dē *sellā* surgit. Cēterī discipulī
*nōndum* adsunt. Magister *exclāmat:* "Ō, discipulōs improbōs!" Sextus: "Num ego improbus *sum?*" Magister:
"*Tū* discipulus improbus nōn es, *at* [= sed] cēterī discipulī improbī sunt!"

Post Sextum venit Titus, *tum* [= deinde] Mārcus.
Mārcus *iānuam* [= ōstium] nōn pulsat, *antequam*
lūdum intrat, nec magistrum salūtat. Magister: "Discipulus improbus *es*, Mārce! *Statim* ad mē venī!"
Magister *tergum* Mārcī verberat. Tergum est *posterior*
pars corporis. Magister puerum verberāre *dēsinit*.
Mārcus ad sellam suam *redit* neque *cōnsīdit*. Magister:
"*Quid* [= cūr] nōn cōnsīdis?" Mārcus: "Sedēre nōn
*possum*, quod pars tergī *inferior* mihi dolet!"

### PENSVM C

1. Quō puerī māne eunt? *In lūdum eunt.*
2. Quis est Diodōrus? *Magister est.*
3. Cūr puerī magistrum metuunt? *Quia sevērus est.*
4. Quis discipulus prīmus ad lūdum advenit? *Sextus prīmus advenit.*
5. Quid facit Titus antequam lūdum intrat? *Iānuam pulsat.*
6. Cūr Titus librum suum nōn habet? *Quod Mārcus librum eius habet.*
7. Quis est discipulus improbissimus? *Mārcus disci-pulus improbissimus est.*
8. Cūr Quīntus in lūdum īre nōn potest? *Quia aegrōtat.*
9. Cūr magister recitāre dēsinit? *Quia discipulī dormiunt.*

10. Tūne magister/magistra an discipulus/discipula es? *Ego nōn magister/-tra, sed discipulus/-a sum.*
11. Num tū iānuam pulsās antequam cubiculum tuum intrās? *Iānuam meam nōn pulsō antequam intrō.*

## CAPITVLVM XVI

### PENSVM A

Nautae, quī Neptūnum ver*entur*, tempestātem oppe-
r*iuntur*. Mēdus et Lȳdia ex Italiā proficīsc*untur*. Lȳdia
Mēdum in puppim ascendentem sequ*itur*. Dum nauta
loqu*itur*, Mēdus occidentem intu*ētur*, unde nūbēs ātrae
or*iuntur*. Simul tempestās or*itur*. Mercātor trīstis mercēs suās in mare lāb*ī* videt; nēmō eum cōnsōl*ārī* potest.
Quī ab amīcīs proficīsc*itur* laet*ārī* nōn potest.

### PENSVM B

Brundisium est oppidum *maritimum* (in *ōrā* maritimā
situm) quod magnum *portum* habet. Portus est *locus*
quō *nāvēs* ad terram adīre possunt.

Cum nūllus *ventus* flat, mare *tranquillum* est. *Tempestās* est magnus ventus quī mare *turbat* et altōs *flūctūs* facit. Gubernātor est *nauta* quī in *puppī* nāvis sedēns nāvem *gubernat*. Partēs caelī sunt *oriēns* et *occidēns*, *septentriōnēs* et merīdiēs. Oriēns est ea caelī pars
unde sōl *oritur*, occidēns est ea pars quō sōl *occidit*.

Mēdus et Lȳdia nāvem *cōnscendunt* atque ex Italiā
*proficīscuntur*. Ventus *secundus* est, nāvis plēnīs *vēlīs*
ex portū *ēgreditur* [= exit]; sed in altō marī tempestās
*oritur:* magnus ventus *flāre* incipit, tōtum mare turbidum *fit*. Nautae aquam ē nāve *hauriunt* et *mercēs* in
mare iaciunt. Mēdus Neptūnum *invocat:* "Ō Neptūne!
*Servā* mē!" Nāvis flūctibus *iactātur* nec *vērō* [= sed
nōn] mergitur.

### PENSVM C

1. Quae nāvēs Rōmam adīre possunt? *Parvae tantum nāvēs Rōmam adīre possunt.*
2. Quid est 'ōstium' flūminis? *Est locus quō flūmen in mare īnfluit.*
3. Num Tiberis in mare Superum īnfluit? *Tiberis nōn in mare Superum, sed in mare Inferum īnfluit.*
4. Quandō nāvēs ē portū ēgrediuntur? *Ventō secundō nāvēs ē portū ēgrediuntur.*
5. Ubi sedet gubernātor et quid agit? *Gubernātor in puppī sedēns nāvem gubernat.*
6. Quae sunt quattuor partēs caelī? *Sunt oriēns et occidēns, merīdiēs et septentriōnēs.*
7. Quās rēs Mēdus et Lȳdia sēcum ferunt? *Omnēs rēs suās sēcum ferunt.*
8. Quō Mēdus cum amīcā suā īre vult? *In Graeciam.*
9. Cūr trīstis est Lȳdia? *Quod amīcās suās relinquit.*
10. Quem deum invocant nautae? *Deum Neptūnum.*
11. Cūr mercēs in mare iaciuntur? *Quod nāvis nimis gravis est.*
12. Num nāvis eōrum mergitur? *Nāvis servātur, nōn mergitur.*

93

## CAPITVLVM XVII

### PENSVM A

Mārcus ā magistrō nōn laud_ātur_, sed reprehend_itur_. Mārcus: "Cūr ego semper reprehend_or_, numquam laud_or_? Titus et Sextus semper laud_antur_, numquam reprehend_untur_." Magister: "Tū nōn laud_āris_, sed reprehend_eris_, quia prāvē respondēs." Mārcus: "Sed ego semper interrog_or_!" Sextus: "Tū nōn semper interrog_āris_; nōs saepe interrog_āmur_ nec prāvē respondē-mus: itaque ā magistrō laud_āmur_, nōn reprehend_imur_." Mārcus: "At facile est id quod vōs interrog_āminī_: ita-que rēctē respondētis ac laud_āminī_!" Titus: "Nōs ma-gistrum ver_ēmur_. Nōnne tū eum ver_ēris_?" Mārcus: "Ego magistrum nōn ver_eor_. Cūr vōs eum ver_ēminī_?"

### PENSVM B

Discipulus est puer quī _discit_. Vir quī puerōs _docet_ magister est. Magister est vir _doctus_ quī multās rēs _scit_ quās puerī _nesciunt_. Sextus nec stultus nec piger, sed _prūdēns_ atque _industrius_ est. Magister interrogat, dis-cipulus quī respondēre potest manum _tollit_. Nōn _opor-tet_ respondēre antequam magister interrogat. Magister: "_Dīc_ numerōs ā decem _ūsque_ ad centum!" _Quisque_ puer manum tollit, primum Sextus, deinde Titus, _postrēmō_ Mārcus. Sextus numerōs dīcit: "XI, XII, XIII, XIV, XV, XVI, XVII, XVIII, XIX, XX, XXX, XL, L, LX, LXX, LXXX, XC, C." Sextus bonus discipulus est, quī semper _rēctē_ respondet; itaque magister eum _laudat_. Mārcus, quī semper _prāvē_ respondet, ā magistrō _reprehenditur_: "_Numquam_ rēctē respondēs, Mārce! Cūr nōn _cōgitās_ antequam respon-dēs?" Mārcus: "Cūr Titum nōn interrogās? Is nōn tam _saepe_ interrogātur quam ego." Magister: "Iam eum interrogō: quot sunt XXI et LXVIII?" Titus: "LXXXVII? an LXXXVIII?" Titus nōn _certus_, sed _incertus_ est ac magistrō _respōnsum_ incertum dat. Sextus vērō rēctē respondet, _quamquam_ difficile est id quod interrogātur. Quod Mārcus interrogātur nōn difficile, sed _facile_ est.

Ūnus _dēnārius_ est IV sēstertiī, ūnus sēstertius IV _assēs_.

### PENSVM C

1. Quid puerī discunt in lūdō? _Puerī litterās et nume-rōs discunt_.
2. Cūr Sextus ā magistrō laudātur? _Quia semper rēctē respondet_.
3. Cūr Mārcus reprehenditur? _Quia prāvē respondet_.
4. Estne facile id quod Titus interrogātur? _Nōn facile, sed difficile est_.
5. Cūr Titus nōn statim respondet? _Quia XLVIII nume-rus difficilis est_.
6. Uter rēctē respondet, Titusne an Sextus? _Sextus est discipulus quī rectē respondet_.
7. Quot sunt ūndētrīgintā et novem? _Sunt duodē-quadrāgintā_.
8. Trēs sēstertiī quot sunt assēs? _Trēs sēstertiī sunt duodecim assēs_.
9. Quot dēnāriī sunt octōgintā sēstertiī? _Octōgintā sēstertiī sunt vīgintī dēnāriī_.

10. Num facilēs sunt numerī Rōmānī? _Nōn facilēs, sed difficilēs sunt numerī Rōmānī_.
11. Tūne ā magistrō tuō laudāris? _Ā magistrō laudor_.

## CAPITVLVM XVIII

### PENSVM A

Sextus rēctē respondet, Mārcus prāvē respondet et sevērē reprehenditur. Nēmō rēct_ius_ aut pulchr_ius_ scrībit quam Sextus; is rēctissimē et pulcherrimē scrībit. Lūna plēna clārē lūcet, sed sōl clār_ius_ lūcet quam lūna et cēterae stēllae; sōl clārissimē lūcet.

Hostēs nōn tam fort_iter_ pugnant quam Rōmānī. Mīli-tēs nostrī fort_ius_ pugnant quam hostēs. Nostrī fortis-simē pugnant. Mārcus nimis lev_iter_ scrībit. Magister brev_iter_ scrībit 'Mārcum improbum esse'.

### PENSVM B

Ex XXIII litterīs Latīnīs VI _vōcālēs_ sunt: A E I O V Y; cē-terae sunt _cōnsonantēs_. Cōnsonāns semper cum vōcālī _iungitur_. K, Y, Z litterae _rārae_ sunt in _linguā_ Latīnā, in linguā Graecā _frequentēs_. Vocābula ōstium et iānua _eandem_ rem significant; _lingua_ duās rēs _variās_ signi-ficat. Magister librōs Latīnōs et Graecōs _legere_ potest.

Discipulī hanc _sententiam_ in tabulīs suīs _scrībunt_: _Homō oculōs et nāsum habet_. Magister tabulam _cuius-que_ puerī aspicit, et Sextī et Titī et Mārcī. In tabulā Mārcī IV litterae _dēsunt_. Magister litterās quae dēsunt _addit_; _ita_ [= eō modō] magister menda Mārcī _corrigit_. Tum Mārcus scrībit _sīc_ [= hōc modō]: HOMO HOCVLOS... Magister: "Ō Mārce! Hīc nōn _deest_, immō _superest_ littera H!" Mārcus stilum vertēns H litteram _dēlet_. Tum magister calamum et _chartam_ sūmit et epistulam ad patrem Mārcī scrībit.

Cēra est _māteria_ mollis. Ferrum est māteria _dūra_.

### PENSVM C

1. Quot sunt litterae Latīnae? _Sunt vīgintī trēs_.
2. Estne D vōcālis an cōnsonāns? _D cōnsonāns est_.
3. Quot syllabās habet vocābulum _apis_? _Hoc vocā-bulum duās syllabās habet_.
4. Quōmodo parvus discipulus legit? _Parvus discipu-lus quamque syllabam cuiusque vocābulī legit_.
5. Quis discipulus rēctissimē scrībit? _Sextus est disci-pulus quī rēctissimē scrībit_.
6. Quālēs sunt litterae quās Titus scrībit? _Litterae Titī tam foedae sunt quam Mārcī_.
7. Quālis discipulus est Mārcus? _Est discipulus piger_.
8. Cūr Mārcus nōn HOMO, sed OMO scrībit? _Quia semper 'omō' dīcit_.
9. Quotiēs Mārcus litteram H scrībit? _Deciēs_.
10. Stilōne in tabulā scrībit magister? _Magister calamō in chartā scrībit_.
11. Quid magister scrībit? _Epistulam ad patrem Mārcī_.
12. Estne facilis grammatica Latīna? _Difficilis est_.
13. Tūne rēctius scrībis quam Mārcus? _Certē rēctius scrībō quam ille!_

## CAPITVLVM XIX

### PENSVM A

Ante X annōs Iūlius apud parentēs suōs habit_ābat_ nec uxōrem hab_ēbat_. Iūlius et Aemilia Rōmae habit_ābant_. Iūlius Aemiliam am_ābat_ nec ab eā am_ābātur_. Ea numquam Iūlium salūt_ābat_ cum eum vid_ēbat_, quamquam ipsa ab eō salūt_ābātur_. Aemilia epistulās Iūliī nōn le_gēbat_ nec dōna eius accipi_ēbat_, sed omnia remitt_ēbat_.

Iūlius: "Tunc ego tē am_ābam_ nec ā tē am_ābar_, nam tū alium virum am_ābās_ nec ab eō am_ābāris_. Ego miser er_am_ et tū misera er_ās_. Tunc apud parentēs nostrōs habit_ābāmus_. Tū et parentēs tuī in parvā domō habit_ābātis_. Vōs ā mē salūt_ābāminī_, quamquam pauperēs er_ātis_."

### PENSVM B

Iūlius, quī _marītus_ Aemiliae est, _uxōrem_ suam nec _ullam_ aliam fēminam amat. Quīntus _minor_ quam Mārcus et _māior_ quam Iūlia est.

_Tēctum_ peristȳlī XVI altīs _columnīs_ sustinētur. Inter columnās III _signa_ stant. Iūnō, _coniūnx_ [= uxor] Iovis, _dea_ mātrōnārum est. Nēmō deōrum _pēior_ marītus est quam Iuppiter. Inter omnēs deōs Iuppiter _pessimus_ marītus est.

Ante X annōs Aemilia nōn mātrōna, sed _virgō_ erat. Tunc Iūlius _adulēscēns_ XXII annōrum erat. Pater Iūliī vir _dīves_ [= pecūniōsus] erat. Quī nōn dīves, sed _pauper_ est, in parvā _domō_ habitat. Rōmae multī hominēs habitant, _plūrēs_ quam in ūllā aliā urbe. Rōma est urbs _māxima_ imperiī Rōmānī.

### PENSVM C

1. Quae est coniūnx Iovis? _Iūnō coniūnx est Iovis._
2. Num Iuppiter bonus marītus est? _Immō malus marītus est Iuppiter._
3. Cuius fīlius est Cupīdō? _Est fīlius Veneris et Mārtis._
4. Estne Quīntus māior quam Mārcus? _Quīntus minor est quam Mārcus._
5. Ubi parentēs Iūliī habitābant? _Parentēs Iūliī Rōmae habitābant._
6. Cūr Iūlius tunc miser erat? _Quia Aemiliam amābat neque ab eā amābātur._
7. Cūr Aemilia Iūlium nōn amābat? _Quia alium virum amābat._
8. Num Iūlius Aemiliam propter pecūniam amābat? _Nōn ita, nam Aemilia virgō pauper erat._
9. Cūr Aemilia nunc beāta est? _Quia bonum marītum habet._
10. Hodiēne Aemilia minus pulchra est quam tunc? _Aemilia hodiē tam pulchra est quam tunc erat._

## CAPITVLVM XX

### PENSVM A

Mox novus īnfāns in cūnīs Aemiliae er_it_. Aemilia rūrsus īnfantem hab_ēbit_. Tum quattuor līberī in familiā er_unt_. Iūlius et Aemilia quattuor līberōs hab_ēbunt_. Aemilia īnfantem suum am_ābit_. Iūlius et Aemilia

īnfantem suum aequē am_ābunt_. Annō post īnfāns prīma verba disc_et_ et prīmōs gradūs faci_et_. Īnfāns ambulāns ā parentibus laud_ābitur_.

Aemilia: "Ego īnfantem meum bene cūr_ābō_: semper apud eum man_ēbō_, numquam ab eō discēd_am_." Iūlius: "Certē bona māter er_is_, Aemilia: īnfantem tuum ipsa cūr_ābis_ nec eum apud nūtrīcem relinqu_ēs_." Aemilia: "Etiam nocte apud īnfantem er_ō_, semper cum eō dorm_iam_. Nōs et īnfāns in eōdem cubiculō dorm_iēmus_." Iūlius: "Nōn dormiēmus, sed vigil_ābimus_! Nam certē ab īnfante vāgiente excit_ābimur_!" Aemilia: "Ego excit_ābor_, tū bene dorm_iēs_ nec excit_āberis_!"

### PENSVM B

Parvulus puer quī in _cūnīs_ iacet _īnfāns_ appellātur. Īnfāns quī cibō _caret_ magnā vōce _vāgit_. Nōn pānis, sed _lac_ cibus īnfantium est. Nūtrīx est _mulier_ [= fēmina] quae nōn suum, sed _aliēnum_ īnfantem _alit_. Multae mātrēs īnfantēs suōs ipsae alere _nōlunt_.

Marītus et uxor iam nōn dē tempore praeteritō _colloquuntur_, sed dē tempore _futūrō_. Aemilia: "Cūr tū fīlium habēre _vīs_, Iūlī? Ego alteram fīliam habēre _volō_, plūrēs quam duōs fīliōs _nōlō_ [= nōn volō]. Vōs virī fīliōs tantum _vultis_! Fīliōs _magis_ dīligitis quam fīliās!" Iūlius _silet_ [= tacet]. Aemilia īrāta _gradum_ adversus ōstium facit, sed Iūlius: "_Manē_ hīc apud mē!" inquit, "_Nōlī_ discēdere!" Aemilia manet ac loquī _pergit_: "Bona māter apud īnfantem suum manēre _dēbet_, hoc mātris _officium_ est. Nēmō enim īnfantem melius _cūrāre_ potest quam māter ipsa."

### PENSVM C

1. Ubi parvulus īnfāns cubat? _In cūnīs cubat īnfāns._
2. Quid facit īnfāns quī cibō caret? _Īnfāns quī cibō caret magnā vōce vāgit._
3. Quid est cibus īnfantium parvulōrum? _Parvulī īnfantēs lacte vīvunt._
4. Num omnēs īnfantēs ā mātribus suīs aluntur? _Multae mātrēs īnfantēs suōs alere nōlunt._
5. Quae sunt prīma verba īnfantis? _Prīma verba īnfantis sunt 'mamma' et 'tata.'_
6. Quandō Aemilia novum īnfantem habēbit? _Post paucōs mēnsēs._
7. Cūr Aemilia ā marītō suō discēdere vult? _Quia Iūlius dīcit 'sē in aliō cubiculō dormīre velle.'_
8. Cūr Iūlius in aliō cubiculō dormīre vult? _Quia ab īnfante vāgiente excitārī nōn vult._
9. Quid Aemilia officium mātris esse dīcit? _Dīcit 'officium mātris esse īnfantem suum cūrāre et alere.'_
10. Cūr Syra et Iūlia in hortō nōn manent? _Quia caelum nūbibus ātrīs operītur._
11. Cūr Iūlia sorōrem habēre nōn vult? _Quia parentēs novam fīliam magis amābunt quam Iūliam._

## CAPITVLVM XXI

### PENSVM A

Mārcus ūmidus est, quod per imbrem ambul*āvit*, ac sordidus, quod humī iac*uit*. Discipulī ūmidī sunt, quod per imbrem ambul*āvērunt*, ac sordidī, quod humī iac*uērunt*.

Mārcus: "Ā Sextō puls*ātus* sum." Iūlius: "Nōnne tū Sextum puls*āvistī?*" Mārcus: "Prīmum Sextus mē puls*āvit*, tum ego illum puls*āvī*. Ego et Titus Sextum puls*āvimus*." Iūlius: "Quid? Vōs duo ūnum puls*āvistis?* Et cūr sordida est vestis tua? Humīne iac*uistī?*" Mārcus: "Humī iac*uī:* Sextus mē ten*uit*."

Aemilia: "Quid magister vōs doc*uit* hodiē?" Mārcus: "Magister aliquid recit*āvit*, sed ego initium tantum aud*īvī*." Aemilia: "Cūr nōn omnia aud*īvistī?*" Iūlius: "Mārcus in lūdō dorm*īvit!*" Aemilia: "Audīsne? Pater dīcit 'tē in lūdō dorm*īvisse*'. Tūne vērē dorm*īvistī?*" Mārcus: "Certē dorm*īvī*, māter. Omnēs dorm*īvimus!* Sed paulō post magister laud*āvit* litterās meās." Mārcus mātrī litterās quās Sextus scrīp*sit* ostendit. Aemilia: "Tūne ipse hoc scrīp*sistī?*" Mārcus: "Ipse scrīp*sī*. Cēterī puerī prāvē scrīp*sērunt*."

### PENSVM B

Hodiē māne Mārcus *mundus* erat, vestīmenta eius tam *candida* erant quam nix. Nunc nōn modo *vestis* [= vestīmenta] eius, sed etiam faciēs et manūs et *genua* sordida sunt, atque *cruor* [= sanguis] eī dē nāsō fluit. Nam Sextus, quī tam *validus* est quam bōs, Mārcum pulsāvit sine *causā* (ut ait Mārcus). Mārcus, quī *humī* iacuit, tam sordidus est quam *porcus*. Difficile est eum *cognōscere*.

In cubiculō suō Mārcus lavātur et vestem *mūtat*. *Interim* [= dum haec aguntur] Aemilia ātrium intrat et vestīgia puerī *cōnspicit*. Aemilia: "Quid hoc est? *Aliquis* pedibus sordidīs in *solō* mundō ambulāvit!" Mārcus, *postquam* vestem mūtāvit, in ātrium redit. Puer mātrī *tabellam* [= parvam tabulam] Sextī ostendit et 'sē ipsum eās litterās *scrīpsisse*' dīcit. Id quod Mārcus dīcit nōn vērum, sed *falsum* est; Mārcus *mentītur*, sed Aemilia fīliō suō *crēdit*. Iūlius vērō dē verbīs eius *dubitat*; Mārcus patrem suum *fallere* nōn potest.

### PENSVM C

1. Cūr Mārcus rediēns ūmidus et sordidus est? *Quia per imbrem ambulāvit et humī iacuit.*
2. Ā quō pulsātus est? *Ā Sextō pulsātus est.*
3. Cūr Mārcus sōlus Sextum vincere nōn potest? *Quia Sextus validior est.*
4. Quōmodo Mārcus sē excūsāre cōnātur? *Dīcit 'sē et Titum cum puerō māiōre pugnāvisse.'*
5. Quid agit Mārcus in cubiculō suō? *Vestem mūtat.*
6. Quid Aemilia in solō cōnspicit? *Vestīgia Mārcī.*
7. Quid tum Iūlius dīcit uxōrī? *Iūlius 'porcum intrāvisse' dīcit.*
8. Quid Mārcus parentibus suīs ostendit? *Mārcus parentibus suīs tabellam ostendit.*
9. Quis litterās quae in eā tabulā sunt scrīpsit? *Sextus eās litterās scrīpsit.*
10. Cūr Iūlius fīlium suum nōn laudat? *Iūlius fīliō suō nōn crēdit.*

## CAPITVLVM XXII

### PENSVM A

Hōrā nōnā erus ambulā*tum* īre solet. Tabellāriī nōn mittuntur pecūniam postulā*tum*. Hostēs castra expugnā*tum* veniunt. Multī barbarī Rōmam veniunt habitā*tum*.

Syra: "Verba medicī difficilia sunt audī*tū*." Ea rēs est fac*tū* facilis. Nōmen barbarum difficile dic*tū* est.

Verba: terrēre, *terru*isse, *territ*um; claudere, *claus*isse, *claus*um; dīcere, *dīx*isse, *dict*um; solvere, *solv*isse, *solūt*um; rumpere, *rūp*isse, *rupt*um; aperīre, *aperu*isse, *apert*um; vincīre, *vīnx*isse, *vīnct*um; pellere, *pepul*isse, *puls*um; scindere, *scid*isse, *sciss*um; venīre, *vēn*isse; posse, *potu*isse.

### PENSVM B

Iānua cōnstat ē duābus *foribus*, quae in *cardinibus* vertuntur. Ōstiārius vel *iānitor* dīcitur servus quī hominēs in vīllam *admittit*. Canis eius prope tam *ferōx* quam lupus est; itaque necesse est eum catēnā *ferreā* [< ferrum] *vincīre*. Ānulus Lȳdiae nōn ex ferrō, sed ex *aurō* factus est. Servus quī epistulās fert *tabellārius* dīcitur, nam *anteā* epistulae in tabellīs scrībēbantur.

Tabellārius *extrā* iānuam stat. Iānitor, quī intrā iānuam sedet, tabellārium dē cane ferōcī *monet:* "Cavē! Canis tē *mordēbit!*" In solō intrā *līmen* scrīptum est 'Cavē canem' īnfrā *imāginem* canis. "Nec haec *imāgō* nec canis vērus mē *terret*" inquit tabellārius, ac propius ad canem *accēdit*. Canis catēnam *rumpit* et vestem eius dentibus *prehendit*. Tabellārius neque *prōcēdere* neque *recēdere* audet. Iānitor: "*Quīn* prōcēdis? Ego tē intrāre *sinō!*" Sīc iānitor hominem territum *dērīdet*. Ille alterum gradum facit, sed canis eum ex ōstiō *pellit*. Tlēpolemus tōtō corpore *tremēns* ex ōstiō *cēdit*. *Tandem* [= postrēmō] iānitor canem vincit.

### PENSVM C

1. Quid est iānitōris officium? *Iānitōris officium est vīllam cūstōdīre.*
2. Cūr necesse est canem eius vincīre? *Quia canis ferōx est.*
3. Ex quā māteriā cōnstat iānua? *Iānua ē lignō cōnstat.*
4. Vulcānus quis est? *Vulcānus est deus fabrōrum.*
5. Quid in solō intrā līmen vidētur? *Intrā līmen vidētur imāgō canis.*
6. Quid tabellārius sēcum fert? *Tabellārius epistulās fert.*
7. Unde venit Tlēpolemus et quem quaerit? *Tūsculō venit et Iūlium, patrem Mārcī, quaerit.*
8. Quōmodo iānitor ē somnō excitātur? *Cane lātrante excitātur iānitor.*
9. Quid agit Iūlius post merīdiem? *Post merīdiem Iūlius dormītum it.*

10. Cūr canis saliēns catēnā nōn retinētur? *Quia catēna rumpitur.*
11. Quid facit iānitor antequam tabellārius intrat? *Canem vincit.*


# CAPITVLVM XXIII

## PENSVM A

Mārcus: "Posthāc bonus puer fu*tūrus* sum et vōbīs pāri*tūrus* sum." Mārcus prōmittit 'sē bonum puerum fu*tūrum* esse et sē parentibus pāri*tūrum* esse.' Aemilia putat Mārcum ā Iūliō verberā*tum* īrī, sed Iūlius 'sē epistulam scrīp*tūrum* esse' dīcit.

Verba: dūcere, *dūx*isse, *duct*um; legere, *lēg*isse, *lēct*um; mittere, *mīs*isse, *miss*um; inclūdere, in*clūs*isse, in*clūs*um; facere, *fēc*isse, *fact*um; ferre, *tul*isse, *lāt*um; afferre, at*tul*isse, al*lāt*um; trādere, trā*did*isse, trā*dit*um; perdere, per*did*isse; ostendere, *ostend*isse; fugere, *fūg*isse.

## PENSVM B

Iānitor dominō epistulam *trādit* [= dat]. Iūlius *signum* rumpit; iam signum *integrum* nōn est. Mārcus *pallidus* et tremēns *vultum* patris legentis aspicit. Epistula magistrī omnem rem *plānam* facit. Iūlius: "Sextī est haec tabula; num hoc *negāre* audēs?" Puer nihil negat, sed omnia *fatētur*. Iūlius: "Indignum est *factum* tuum. Nōnne tē *pudet* factī tuī?" Mārcus, quī paulō ante *ob* timōrem pallēbat, iam *rubet* ob *pudōrem*. Mārcus: "*Posthāc* semper bonus puer erō, hoc vōbīs *prōmittō!*"

Hodiē Mēdus Mārcum ad lūdum *comitārī* nōn potuit, nam *herī* domō fūgit; itaque Mārcus sine *comite* ambulāvit. Magister pecūniam quam Iūlius eī *dēbet* postulat. Iūlius: "Magistrō pecūniam *solvere* nōlō, neque enim is mercēdem *meret*. Pecūniam meam *perdere* nōlō."

## PENSVM C

1. Ā quō epistula missa est? *Ā magistrō Diodōrō.*
2. Quōmodo Iūlius epistulam aperit? *Signum rumpit.*
3. Quid magister scrīpsit dē Mārcō? *Magister 'Mārcum discipulum improbum esse' scrīpsit.*
4. Cuius nōmen in tabulā īnscrīptum est? *Nōmen Sextī īnscrīptum est in tabulā.*
5. Quam ob rem rubet Mārcus? *Mārcus rubet ob pudōrem: quia eum pudet factī sui.*
6. Negatne Mārcus sē malum discipulum fuisse? *Puer 'sē malum puerum fuisse' fatētur.*
7. Quid Mārcus parentibus prōmittit? *Prōmittit 'sē posthāc bonum puerum futūrum esse.'*
8. Quō Dāvus puerum dūcit? *Dāvus eum in cubiculum eius dūcit.*
9. Quārē Iūlius surgit? *Epistulam scrīptūrus est.*
10. Quid Iūlius magistrō respondēbit? *Respondēbit 'sē mercēdem solvere nōlle.'*
11. Cūr mercēdem solvere nōn vult? *Quia magister mercēdem nōn meruit.*


# CAPITVLVM XXIV

## PENSVM A

Mārcus rediēns sordidus erat quod humī iac*uerat* et cruentus quod Sextus eum puls*āverat*. Puerī in viā pugn*āverant*. Tergum Mārcō dolēbat quod magister eum verber*āverat*. Mārcus ā magistrō verber*ātus erat* quod in lūdō dorm*īverat* nec magistrum recitantem aud*īverat*. Mārcus: "Magister mē verberāvit quod in lūdō dorm*īveram* nec eum recitantem aud*īveram*, sed mē laudāvit quod bene comput*āveram* et scrīps*eram*."

Verba: lavāre, *lāv*isse, *laut*um; vidēre, *vīd*isse, *vīs*um; mordēre, *momord*isse, *mors*um; dare, *ded*isse, *dat*um; reprehendere, re*prehend*isse, re*prehēns*um; frangere, *frēg*isse, *frāct*um; cognōscere, *cognōv*isse, *cognit*um; nōscere, *nōv*isse; lūdere, *lūs*isse; cadere, *cecid*isse; īre, *i*isse; cupere, *cupīv*isse; velle, *volu*isse; loquī, *locūt*um esse; fatērī, *fass*um esse.

## PENSVM B

Puer *aegrōtus* [= aeger] dormīre nōn potest sīve in *latere* dextrō iacet sīve in *laevō* [= sinistrō]. Itaque surgere cōnātur, sed in lectō *recumbit*, nam pēs *dēnuō* [= rūrsus] dolēre incipit. Mārcus clāmat et forem valdē *percutit* [= pulsat], ita puer inclūsus forem *frangere* cōnātur. Quīntus clāmōrem et *strepitum* audit et Syram vocat; quae *continuō* accurrit. Puer dīcit 'pedem *sibi* dolēre': "Pēs mihi dolet, ob *dolōrem* dormīre nōn possum. Fortasse *os* crūris frāctum est." Syra: "Nōlī *flēre!*" Quīntus: "Nōn fleō, *etsī* [= quamquam] dolōrem gravem *patior*."

## PENSVM C

1. Cūr Quīntus mīrātur pedēs suōs aspiciēns? *Quia pēs dexter māior est quam pēs sinister.*
2. Quam ob rem pēs eius aegrōtat? *Quia dē arbore cecidit.*
3. Estne frāctum os crūris? *Os eius integrum est.*
4. Quārē Mārcus forem frangere cōnātur? *Ita Mārcus ē cubiculō exīre cōnātur.*
5. Quid Syra Quīntō nārrat dē Mārcō? *Syra nārrat 'Quīntum in cubiculō inclūsum esse.'*
6. Cūr Mārcus rediēns cruentus erat? *Quia ā Sextō pulsātus erat.*
7. Quārē Mēdus ē vīllā fūgit? *Quod amīcam suam vidēre cupīvit.*
8. Quid Syra dē cane iānitōris putat? *Syra canem lupō ferōciōrem esse putat.*
9. Cūr canis Quīntum dīligit? *Quia puer canī multa ossa dedit et saepe cum eō lūsit.*
10. Cūr Iūlius Mārcum nōn verberāvit? *Quia Mārcus iam bis verberātus erat ā magistrō.*

## CAPITVLVM XXV

### PENSVM A

Mēdus (ad Lȳdiam): "In Graeciam ībō. Comit*āre* mē! Proficīsc*ere* mēcum! Hoc mihi pollic*ēre!* Oblīvīsc*ere* Rōmae! Ōscul*āre* mē!"

Mēdus (ad nautās): "Iam proficīsc*iminī*, nautae! Ventus secundus est: intu*ēminī* caelum! Laet*āminī!*"

Verba: trahere, *trāx*isse, *tract*um; petere, *petīv*isse, *petīt*um; quaerere, *quaesīv*isse, *quaesīt*um; occīdere, *occīd*isse, *occīs*um; relinquere, *relīqu*isse, re*līct*um; interficere, inter*fēc*isse, inter*fect*um; cōnstituere, cōn*stitu*isse, cōn*stitūt*um; dēserere, *dēseru*isse, *dēsert*um; cōnspicere, cōn*spex*isse, cōn*spect*um; incipere, *coep*isse, *coept*um; reddere, red*did*isse, red*dit*um; reperīre, *repper*isse, *repert*um; iubēre, *iuss*isse, *iuss*um; gerere, *gess*isse, *gest*um; iacere, *iēc*isse, *iact*um; regere, *rēx*isse, *rēct*um; cōnscendere, cōn*scend*isse; accēdere, ac*cess*isse; proficīscī, pro*fect*um esse; sequī, *secūt*um esse; oblīvīscī, ob*līt*um esse.

### PENSVM B

Quīntus *fābulam* dē lupō et *agnō* audīre nōn vult nec fābulam dē Achille, quī Hectorem *interfēcit* et corpus eius mortuum post *currum* suum circum *moenia* [= mūrōs] Trōiae *trāxit*.

Labyrinthus est magnum *aedificium* unde nēmō exīre potest, etsī iānua *patet*. Thēseus, quī patrem Mīnōtaurī, *taurum* album, iam necāverat, Mīnōtaurum ipsum quoque *necāre* [= interficere] *cōnstituit*. Antequam Thēseus, ad pugnam *parātus*, labyrinthum intrāvit, Ariadna, fīlia *rēgis*, eī *fīlum* longum dedit. Ita Ariadna Thēseō *auxilium* tulit, nam ille fīlum sequēns *exitum* labyrinthī repperit. Post *necem* Mīnōtaurī Thēseus cum Ariadnā Naxum nāvigāvit atque *ibi* [= illīc] eam *dēseruit* [= relīquit]. Ariadna ab altō *saxō* prōspiciēbat, sed *brevī* [= mox] nāvis Thēseī ē *cōnspectū* eius abiit. Puella misera in *lītus* dēscendit, ubi *hūc* et *illūc* currēns capillum scindēbat, ut faciunt eae quae *maerent*. Thēseus post *mortem* patris multōs annōs Athēnās *rēxit*.

### PENSVM C

1. Quid fēcit Achillēs? *Achillēs Hectorem interfēcit.*
2. Quid fēcit Rōmulus? *Rōmulus prīmōs mūrōs Rōmānōs aedificāvit.*
3. Quālem fābulam Quīntus audīre cupit? *Fābulam dē mōnstrō ferōcī audīre cupit.*
4. Ubi habitābat Mīnōtaurus? *In magnō labyrinthō.*
5. Quid est labyrinthus? *Labyrinthus est aedificium unde difficile est exīre.*
6. Quid Mīnōtaurus edēbat? *Hominēs edēbat.*
7. Cūr tot Athēniēnsēs ad eum mittēbantur? *Quia fīlius Mīnōis ab Athēniēnsibus necātus erat.*
8. Quis Athēniēnsēs ā Mīnōtaurō servāvit? *Thēseus Mīnōtaurum occīdit et cīvēs suōs servāvit.*
9. Quōmodo Thēseus exitum labyrinthī repperit? *Theseus fīlum Ariadnae secūtus est.*
10. Sōlusne Thēseus ē Crētā profectus est? *Thēseus nōn sōlus, sed cum Ariadnā profectus est.*
11. Ubi Thēseus Ariadnam relīquit? *Naxī eam relīquit.*
12. Ā quō mare Aegaeum nōmen habet? *Ā rēge Aegeō.*

## CAPITVLVM XXVI

### PENSVM A

Nāvēs necessāriae sunt ad nāvig*andum*. Iūlia dēlectātur in hortō ambul*andō* et flōrēs carp*endō*. Mēdus cōnsilium fugi*endī* excōgitāvit; Lȳdia eum iūvit in fugi*endō*. Paulum satis est ad beātē vīv*endum*.

Verba: iungere, *iūnx*isse, *iūnct*um; fīgere, *fīx*isse, *fīx*um; mergere, *mers*isse, *mers*um; ūrere, *uss*isse, *ust*um; movēre, *mōv*isse, *mōt*um; capere, *cēp*isse, *capt*um; invenīre, in*vēn*isse, in*vent*um; cōnsīdere, cōn*sēd*isse; iuvāre, *iūv*isse; accidere, *accid*isse.

### PENSVM B

Daedalus exitum labyrinthī *invenīre* [= reperīre] nōn poterat nec *quisquam* [= ūllus homō] eum in fugiendō *iuvāre* poterat. Quoniam igitur aliae viae clausae erant, vir *audāx* [= audēns] per āera *effugere* cōnstituit. Cōnsilium patris fīlium dēlectāvit. Tum Daedalus ālās cōnfēcit ex *pennīs* quās cērā iūnxit et in lacertīs *fīxit*. Postquam hoc *opus* perfēcit, Daedalus fīlium suum *artem* volandī docuit: "*Imitāre* mē! Movē ālās *sūrsum deorsum* hōc modō! Ars volandī *haud* [= nōn] difficilis est. Sed antequam hinc *ēvolāmus*, hoc tē moneō: nōlī volāre in *īnfimō* āere prope mare nec in *summō* āere prope sōlem. Iam sequere mē! *Carcerem* nostrum relinquimus, *līberī* sumus!"

Īcarus in summum caelum ascendēns nōn sōlum Graeciam, *vērum* [= sed] etiam Asiam ac *paene* tōtum *orbem* terrārum dēspiciēbat. Tum vērō id quod pater timuerat *accidit* [= factum est]: *ignis* sōlis propinquī cēram *mollīvit* atque pennās *ussit*.

Ecce fābula mīrābilis dē puerō *temerāriō* quī *lībertātem* quaerēns mortem invēnit.

### PENSVM C

1. Quis Daedalum in labyrinthum inclūdī iussit? *Rēx Mīnōs eum inclūdī iussit.*
2. Quōmodo Daedalus effugere cōnstituit? *Daedalus per āera effugere cōnstituit.*
3. Cūr hominēs volāre nōn possunt? *Quia ālīs carent.*
4. Ex quibus rēbus Daedalus ālās cōnfēcit? *Ex pennīs et cērā ālās cōnfēcit.*
5. Cūr ālae Īcarum sustinēre nōn poterant? *Quia ālās hūc illūc mōvit, nōn sūrsum deorsum.*
6. Quid pater et fīlius volantēs vīdērunt? *Multās īnsulās Graecās vīdērunt.*
7. Estne Peloponnēsus magna īnsula? *Nōn īnsula, sed paenīnsula est Peloponnēsus.*
8. Quārē Īcarus in summum caelum ascendit? *Īcarus sōlem prope aspicere cupīvit.*
9. Quid tum puerō accidit? *In mare cecidit.*
10. Ubi corpus puerī inventum est? *In īnsulā Īcariā.*
11. Num haec fābula dēlectandī causā modo nārrātur? *Fābula dē Īcarō etiam monendī causā nārrātur.*

## CAPITVLVM XXVII

### PENSVM A

Iūlius colōnō imperat ut mercēdem solv*at*. Ille dominum ōrat ut patientiam habe*at:* "Nōlī postulāre ut tantam pecūniam statim solv*am*!" Dominus colōnō imperat ut tace*at* et surg*at*, tum "Prīmum cūrā" inquit "ut uxor et līberī tuī vale*ant*, tum vērō cūrā ut agrōs bene col*ās* et mercēdem solv*ās*!" Dominus colōnōs monet ut labōr*ent* nēve quiēsc*ant*: "Moneō vōs ut labōr*ētis* nēve quiēsc*ātis*."

Māter fīliam monet ut cauta s*it:* "Moneō tē ut cauta s*īs*!" Fābula nōs monet nē temerāriī s*īmus*.

Verba: spargere, *spars*isse, *spars*um; rapere, *rapu*isse, *rapt*um; neglegere, *neglēx*isse, *neglēct*um; dēsinere, *dēsi*isse; quiēscere, *quiē*visse; crēscere, *crē*visse; poscere, *poposc*isse; prōdesse, *prōfu*isse.

### PENSVM B

Mēnse Augustō *frūmentum* metitur, deinde *agrī* arantur et novum frūmentum *seritur*. Agricola quī *arat* post arātrum ambulat duōs bovēs *prae* [= ante] sē agēns; arātrum est *instrūmentum* quō agrī arantur. Agricola quī serit nūllō īnstrūmentō *ūtitur* et sēmen manū *spargit*. Quī *metit* falce ūtitur. Agricola est vir cuius *negōtium* est agrōs *colere*. Ex Aegyptō, quae terra *fertilis* est, magna *cōpia* frūmentī in Italiam *invehitur*.

Frūgēs vīneārum sunt *ūvae* ex quibus *vīnum* efficitur. *Calor* sōlis vīneīs *prōdest*, frīgus [↔ calor] vīneīs *nocet*.

Iūlius in *praediō* suō Albānō nōn labōrat, sed *quiēscit*. *Rūs* quiētum et *amoenum* [= pulchrum] eum dēlectat. Colōnus aliēnōs agrōs *prō* dominō absentī colit.

Pāstor est vir quī pecus *pāscit* et cūrat. *Cūra* pecoris magnum negōtium est, nōn *ōtium*, ut pigrī pāstōrēs *exīstimant* [= cēnsent]. Pāstōrēs nōn tam industriē *labōrant* quam agricolae. Pāstōris officium est cūrāre *nē* ovēs aberrent *nēve* [= et nē] ā lupō rapiantur.

### PENSVM C

1. Quid est negōtium agricolae? *Negōtium agricolae est agrōs colere.*
2. Quandō frūmentum metitur? *Mēnse Augustō metitur.*
3. Num arātor ipse arātrum trahit? *Nōn arātor ipse, sed bovēs arātrum trahunt.*
4. Quid est pābulum pecoris? *Pābulum pecoris est herba.*
5. Unde frūmentum in Italiam invehitur? *Ex Āfricā invehitur frūmentum.*
6. Quae regiō Āfricae fertilissima est? *Aegyptus est regiō Āfricae fertilissima.*
7. Cūr necesse est agrōs rigāre? *Quia solum nimis siccum est.*
8. Quae sunt frūgēs vīneārum? *Frūgēs vīneārum sunt ūvae.*
9. Num Iūlius ipse in agrīs labōrat? *Iūliō necesse nōn est in agrīs labōrāre.*
10. Omnēsne colōnī mercēdem solvērunt? *Ūnus colōnus mercēdem nōndum solvit.*
11. Quot sēstertiōs colōnus Iūliō dēbet? *Octingentōs.*
12. Num uxor colōnī officium suum neglegit? *Uxor eius officium suum nōn neglegit; gravida est.*
13. Quid est officium pāstōris? *Officium eius est ovēs pāscere.*
14. Estne Iūlius dominus inhūmānus? *Iūlius dominus sevērus est, nec vērō inhūmānus.*

## CAPITVLVM XXVIII

### PENSVM A

Servus dominum ōrābat nē sē verberā*ret*, sed dominus imperāvit ut tacē*ret* et surg*eret*, tum aliīs servīs imperāvit ut eum prehend*erent* et tenē*rent*.

Mēdus ā dominō fūgit, ut amīcam suam vidē*ret* et semper cum eā es*set*. Mēdus: "Ā dominō fūgī, ut amīcam meam vidē*rem* et semper cum eā es*sem*."

Mīnōs imperāvit ut Daedalus et Īcarus in labyrinthum inclūd*erentur*. Īcarus: "Quis imperāvit ut nōs inclūd*erēmur*?" Daedalus: "Mīnōs imperāvit ut ego inclūd*erer* et ut tū mēcum inclūd*erēris*."

Verba: dīvidere, *dīvīs*isse, *dīvīs*um; ēicere, *ēiēc*isse, *ēiect*um; prōmere, *prōmps*isse, *prōmpt*um; vīvere, *vīx*isse; discere, *didic*isse; persuādēre, per*suās*isse; surgere, *surrēx*isse.

### PENSVM B

Lȳdia Rōmae vīvere *māvult* quam in Graeciā, sed Mēdus multīs prōmissīs eī *persuāsit* ut sēcum proficīscerētur. In Italiā Mēdus dominō sevērō *serviēbat*.

Nāvis nōndum extrā *perīculum* est. Multa perīcula nautīs *impendent*. *Praedōnēs* maritimī nāvēs persequuntur; nūllum mare *tūtum* est ā praedōnibus.

Hominēs mortālēs nāscuntur et *moriuntur*, diī vērō *immortālēs* sunt. Nūllus deus Rōmānus hominem mortuum ab Īnferīs *suscitāre* [= excitāre] potest, nē Iuppiter quidem tantam *potestātem* habet, etsī ille deus māximus *habētur* [= exīstimātur]. Trēs diī ūniversum *mundum* inter sē dīvīsērunt.

Chrīstus in oppidō Bethlehem *nātus* est. Ille verbīs sōlīs efficiēbat ut hominēs *caecī* vidērent, *surdī* audīrent, *mūtī* loquerentur, *claudī* ambulārent.

### PENSVM C

1. Fretum Siculum quid est? *Est fretum angustum, quod Siciliam ab Italiā disiungit.*
2. Ubi nātus est Chrīstus? *In oppidō Bethlehem.*
3. Quid Iaīrus Chrīstum rogāvit? *Chrīstum rogāvit, ut fīliam suam mortuam suscitāret.*
4. Quae perīcula nautīs impendent? *Tempestātēs, saxa, praedōnēs sunt perīcula quae nautīs impendent.*
5. Cūr nautae praedōnēs maritimōs metuunt? *Praedōnēs nāvēs persequuntur, ut mercēs et pecūniam rapiant.*
6. Quālī dominō Mēdus in Italiā serviēbat? *Mēdus dominō sevērō serviēbat.*
7. Quārē Mēdus ā dominō suō fūgit? *Quia in patriam suam revertī cupīvit cum amīcā suā.*
8. Num Lȳdia laetō animō Rōmā profecta est? *Lȳdia trīstī animō profecta est, quia amīcās suas relīquit.*

9. Quōmodo Mēdus eī persuāsit ut sēcum venīret? _Mēdus eī dōnō pulcherrimō persuāsit._

10. Cūr Mēdus nescit quid respondeat? _Quia pecūniā dominī suī ānulum ēmit._

11. Quem Mēdus accēdere videt? _Mercātōrem videt._

12. Tūne in Graeciā vīvere māvīs quam in patriā tuā? _Mālō in patriā meā vīvere._

## CAPITVLVM XXIX

### PENSVM A

Magister puerōs monet _ut_ pulchrē scrīb_ant_. Sextus tam pulchrē scrībit _ut_ magister eum laud_et_. Magister ipse calamum sūmit, _ut_ litterās scrīb_at_.

Daedalus ālās cōnfēcit _ut_ ē labyrinthō ēvol_āret_. Īcarus tam altē volāvit _ut_ sōlī appropinqu_āret_, quamquam pater eum monuerat _nē_ temerārius es_set_.

Herī Quīntus arborem ascendit, _ut_ nīdum quaer_eret_, etsī pater eum monuerat _ut_ cautus es_set_. Medicus Quīntō imperāvit _ut_ oculōs claud_eret_, _nē_ cultrum medicī vid_ēret_. Quīntus tam pallidus erat _ut_ Syra eum mortuum esse put_āret_.

Sōl ita lūcēbat _ut_ pāstor umbram pet_eret_, _nē_ in sōle ambul_āret_.

Tantus atque tālis deus est Iuppiter _ut_ Optimus Māximus appell_ētur_.

Verba: vehere, _vēx_isse, _vect_um; pōnere, _posu_isse, _posit_um; āmittere, ā_mīs_isse, ā_miss_um; allicere, _allex_isse, _allect_um; ēripere, _ēripu_isse, _ērept_um; secāre, _secu_isse, _sect_um; suādēre, _suās_isse; dēsilīre, dē_silu_isse; canere, _cecin_isse; crēdere, _crēdid_isse; cōnfitērī, cōn_fess_um esse; lābī, _lāps_um esse.

### PENSVM B

Orpheus, fidicen _nōbilis_, tam pulchrē canēbat ut ferae _appropinquārent_ [= prope venīrent] ac fluviī cōnsisterent. Etiam ad _Īnferōs_ dēscendit, ut _inde_ [= illinc] uxōrem suam _redūceret_. Nēmō tam _ignārus_ est ut Orpheum ignōret.

Arīōn quoque omnibus _nōtus_ est. Cum ille magnās _dīvitiās_ sēcum in nāve habēret, nautae pauperēs hominī dīvitī _invidēbant_ eumque necāre cōnstituērunt. Arīōn, cum _vītam_ suam in perīculō esse sentīret, pecūniam nautīs _dōnāvit_ [= dedit] eōsque ōrāvit ut sibi _parcerent_. Precibus _permōtī_ nautae eī permīsērunt ut ante mortem _carmen_ caneret. Hōc factō Arīōn in mare _dēsiluit_; sed delphīnus eum in _dorsō_ sedentem ad lītus vēxit. Ita ille servātus est, cum iam salūtem _dēspērāret_. Nautae, cum Arīōnem _appārēre_ [= in cōnspectum venīre] vidērent, _prōtinus_ [= statim] _maleficium_ suum cōnfessī sunt.

### PENSVM C

1. Quōmodo mercātōrēs lucrum faciunt? _Lucrum faciunt mercēs emendō et māiōre pretiō vēndendō._

2. Cūr mercātor Rōmānus trīstis est? _Quia mercēs eius ēiectae sunt._

3. Quārē mercēs ēiectae sunt? _Mercēs ēiectae sunt, nē nāvis mergerētur._

4. Quid mercātor deōs precātur? _Deōs precātur ut mercēs sibi reddant._

5. Quārē ad Īnferōs dēscendit Orpheus? _Ut uxōrem suam inde redūceret._

6. Num nautae Arīōnem gladiīs interfēcērunt? _Nōn ita, sed imperāvērunt ut in mare dēsilīret._

7. Quōmodo Arīōn servātus est? _Delphīnus eum ad lītus vēxit._

8. Quid nōs monet haec fābula? _Fābula nōs monet nē umquam salūtem dēspērēmus._

9. Cūr Polycratēs ānulum suum abiēcit? _Quia sē nimis fēlīcem existimābat._

10. Ubi ānulus eius inventus est? _In ventre piscis._

## CAPITVLVM XXX

### PENSVM A

Syra: "Iam dormī, Quīnte! Cum bene dormī_veris_, valēbis." Quīntus: "Nōn dormiam antequam tū mihi fābulam nārrā_veris_. Cum fābulam audī_verō_, bene dormiam. Cum bene dormī_verō_, brevī sānus erō, nisi medicus mē necā_verit_!"

Patria salva erit sī mīlitēs nostrī fortiter pugnā_verint_. Dux: "Nisi vōs fortiter pugnā_veritis_, mīlitēs, hostēs castra nostra expugnābunt." Mīlitēs: "Num quid nōbīs dabitur, sī fortiter pugnā_verimus_?"

Verba: induere, _indu_isse, _indūt_um; ēligere, _ēlēg_isse, _ēlēct_um; coquere, _cox_isse, _coct_um; sternere, _strāv_isse, _strāt_um; fundere, _fūd_isse, _fūs_um; miscēre, _miscu_isse, _mixt_um; exhaurīre, ex_haus_isse, ex_haust_um; revertī, re_vert_isse/re_vers_um esse.

### PENSVM B

Iūlius Cornēlium et Orontem, amīcōs et _hospitēs_ suōs, cum uxōribus ad _cēnam_ vocāvit. Cum hospitēs veniunt, Iūlius in _balneō_ lavātur. Aemilia eōs _salvēre_ iubet [= salūtat] et marītum suum tardum excūsat. Cornēlius ad vīllam suam reversus ōtiō _fruitur_. Orontēs, quī ex longō _itinere_ revertit, vītam rūsticam nōn _iūcundam_, sed _molestam_ esse cēnset. Hospitēs in ātriō exspectant, dum cibus _coquitur_. Servus quī in _culīnā_ cibum coquit, _cocus_ appellātur. In _triclīniō_ sunt trēs lectī: lectus summus, medius, _īmus_; in singulīs lectīs _singulī_ aut _bīnī_ aut ternī _convīvae_ accubant. Rōmānī in lectīs cubantēs _cēnant_.

Tandem puer 'cēnam parātam esse' _nūntiat_. In mēnsā sunt _vāsa_ et pōcula ex _argentō_ facta. Cibus omnibus _placet_, māximē autem _carō_ laudātur. _Ministrī_ [= servī] vīnum in pōcula _fundunt_. Orontēs vīnum merum _pōtat_ [= bibit], cēterī convīvae aquam vīnō _miscent_.

Sine cibō homō _diū_ vīvere potest, sine aquā _paulisper_ tantum. _Famēs_ mala rēs est, sed multō pēior est _sitis_. Ex malīs minimum _ēligere_ oportet.

### PENSVM C

1. Quī sunt Cornēlius et Orontēs? _Amīcī et hospitēs Iūliī sunt._

2. Ubi est Iūlius cum hospitēs adveniunt? _In balneō._

3. Quid est balneum? _Est locus ubi corpus lavātur._

4. Nōnne iūcunda est vīta rūstica? *Certē vīta rūstica iūcunda est.*
5. Quid est cocī negōtium? *Cocī negōtium est cibum coquere.*
6. Num Rōmānī in sellīs sedentēs cēnant? *Rōmānī nōn in sellīs sedentēs, sed in lectīs cubantēs cēnant.*
7. Quot lectī sunt in triclīniō? *Trēs lectī: summus, medius, imus.*
8. Quot convīvae in singulīs lectīs accubant? *In singulīs lectīs singulī aut bīnī aut ternī convīvae accubant.*
9. Ex quā māteriā pōcula et vāsa facta sunt? *Ex argentō.*
10. Tūne vīnum aquā calidā mixtum bibis? *Vīnum merum bibere soleō.*

## CAPITVLVM XXXI

### PENSVM A

In hīs exemplīs syllabae quae dēsunt add*endae* sunt:
Mercēs ad diem solv*enda* est. Quī fūrtum fēcit pūni*endus* est. Quidquid dux imperāvit mīlitibus faci*endum* est. Quid magis opt*andum* est quam vīta beāta? Ē malīs minimum ēlig*endum* est. In perīculīs dēspēr*andum* nōn est. Pater dīcit 'fīlium pūni*endum* esse, nōn laud*andum*.'
Verba: tangere, *tetig*isse, *tāct*um; accipere, ac*cēp*isse, ac*cept*um; auferre, *abstul*isse, *ablāt*um; statuere, *statu*isse, *statūt*um; bibere, *bib*isse; audēre, *aus*um esse.
In exemplīs quae sequuntur vocābula add*enda* sunt.

### PENSVM B

Herī Mēdus ā dominō *aufūgit* aliquantum pecūniae sēcum *auferēns*. Mēdus dominum suum nōn amat, sed *ōdit*. Iūlius, quī eum Rōmae *latēre* [= occultārī] putat, magnum *praemium* dabit eī quī eum invēnerit *priusquam* [= antequam] Italiam relīquerit. Iūlius dīcit 'mulierēs nimis *clēmentēs* esse ac facile virīs nēquissimīs *ignōscere*.' *Quidquid* dominus imperāvit servō faciendum est. Solō, vir *sapiēns*, Athēniēnsibus *lēgēs* optimās scrīpsit. Patrem suum necāre *scelus* inhūmānum est. Iūlius nōndum *senex* est ut Nestor, sed adhūc *iuvenis* ut Paris ille quī Helenam ā marītō *abdūxit*. "*Quisquis* amat valeat!" cantat Orontēs, quī *ēbrius* est quod *nimium* [= nimis multum] vīnī pōtāvit.

### PENSVM C

1. Quis fuit Midās? *Midās fuit rēx avārus, quī aurī cupidus erat.*
2. Quamobrem Midās fame et sitī cruciābātur? *Quia quidquid tetigerat in aurum mūtābātur.*
3. Cūr Iūlius illam fābulam audīre nōn vult? *Iūlius illam fābulam nōvit.*
4. Ubi Cornēlius servum Iūliī vīdit? *In viā Latīnā eum vīdit.*
5. Quantum pecūniae Mēdus sēcum abstulit? *Nōnāgintā sēstertiōs abstulit.*

6. Estne Mēdus adhūc Rōmae? *Mēdus Rōmam iam relīquit.*
7. Quid faciet Iūlius sī Mēdum invēnerit? *Iūlius eum sevērē pūniet.*
8. Quōmodo hominēs ā maleficiīs dēterrentur? *Poenīs sevērīs.*
9. Quam fēminam Paris abdūxit? *Paris Helenam, fēminam pulcherrimam, abdūxisse nārrātur.*
10. Quī hominēs ad bēstiās mittuntur? *Hominēs scelestī ad bēstiās mittuntur.*
11. Cūr Orontēs pedibus stāre nōn potest? *Orontēs sub mēnsam lābitur, quia ēbrius est.*

## CAPITVLVM XXXII

### PENSVM A

Dominus dubitat num pāstor ovēs bene cūrāv*erit*. Dominus: "Dīc mihi, pāstor, utrum in campō dormīv*eris* an vigilāv*eris*." Pāstor: "Mīror cūr mē interrogēs utrum dormīv*erim* an vigilāv*erim*. Semper officium meum faciō." Dominus: "Ergō dīc mihi cūr herī ovis ē grege aberrāv*erit* ac paene ā lupō capta *sit*." Pāstor mīrātur unde dominus hoc audīv*erit*.
Iūlius servōs interrogat num Mēdum vīd*erint*. Servī: "Nescīmus quō fūg*erit*, ut tibi dīximus. Cūr nōs interrogās num eum vīd*erimus*?" Iūlius: "Id interrogō, quia dubitō vērumne dīx*eritis*!"
Verba: vincere, *vīc*isse, *vict*um; agere, *ēg*isse, *āct*um; flectere, *flex*isse, *flex*um; offerre, ob*tul*isse, ob*lāt*um; redimere, red*ēm*isse, red*ēmpt*um; tollere, *sustul*isse, *sublāt*um; adesse, *affu*isse.

### PENSVM B

Priusquam Pompēius, dux *ēgregius* [= optimus], *classī* Rōmānae praepositus est, *cūncta* [= omnia] maria *referta* erant praedōnibus, quī Rōmānōs ita *contemnēbant* ut etiam portūs Italiae oppugnārent. Tanta erat *vīs* praedōnum ut nēmō iīs *resistere* posset. Nēmō sine metū mortis aut *servitūtis* nāvigābat. *Aliquot* [= complūrēs] īnsulae ab *incolīs* relinquēbantur. Rōmae frūmentum tam *cārum* erat ut multī pauperēs fame (= *inopiā* cibī) perīrent.
Pīrātae, quī *aliquandō* [= aliquō tempore] Caesarem cēperant, XX talenta *seu* [= sīve] D mīlia sēstertium ab eō postulāvērunt, sed Caesar, vir *superbus*, L talenta iīs *obtulit*. Tantō pretiō Caesar *redēmptus* est.
Omnēs amīcī prō beneficiīs *grātiās* agunt, sed paucī posteā *grātiam* referre volunt. Vēra *amīcitia* rāra est. Difficile est beneficiōrum *meminisse*. Fortēs fortūna *adiuvat*.

### PENSVM C

1. Cūr Pompēius classī Rōmānae praepositus est? *Quia dux ēgregius erat.*
2. Cūr amīcī nostrī ab alterā nāve fugiunt? *Eam nāvem praedōnum esse putant.*
3. Utrum ventus secundus an adversus est? *Ventus secundus est.*

4. Quantum gubernātor pīrātīs offerre potest? _Decem_
_mīlia sēstertium._

5. Num ipse tantum pecūniae possidet? _Quod ipse nōn_
_possidet amīcī prō eō solvent._

6. Quandō vērus amīcus cognōscitur? _In rēbus adver-_
_sīs cognōscitur vērus amīcus._

7. Quōmodo Mēdus servus factus est? _Cum pecūniam_
_mūtuam reddere nōn posset, servus factus est._

8. Cūr Mēdus adhūc nihil nārrāvit dē eā rē? _Nē quis_
_eum glōriōsum exīstimāret._

9. Suntne praedōnēs quī eōs persequuntur? _Nōn prae-_
_dōnēs, sed nāvēs longae Rōmānae sunt._

10. Cūr Mēdus etiamnunc perterritus est? _Mēdus timet_
_nē ā mīlitibus capiātur._

11. Quō nāvēs longae cursum flectunt? _Nāvēs longae_
_ad orientem cursum flectunt._

## CAPITVLVM XXXIII

### PENSVM A

Magister epistulam ad Iūlium scrīpsit, cum Mārcus in
lūdō dormīv_isset_ nec magistrō pāru_isset_. Sī Mārcus
bonus discipulus fu_isset_, magister eum laudāv_isset_ nec
epistulam scrīps_isset_.

Mārcus: "Herī in cubiculō inclūsus sum, cum pater
epistulam tuam lē_gisset_. Nisi tū eam epistulam scrīp-
s_issēs_, ā patre laudātus es_sem_." Magister: "Epistulam
scrīpsī cum in lūdō dormīv_issēs_ nec mihi pāru_issēs_. Sī
industrius fu_issēs_, tē laudāv_issem_ nec epistulam scrīp-
s_issem_." Mārcus: "Etiam sī industrius fu_issem_ et tibi
pāru_issem_, mē nōn laudāv_issēs_!"

Clēmēns es_tō_, domine! Patientiam habē_tō_! Servōs
probōs laudā_tō_, sed improbōs pūnī_tō_!

Industriī es_tōte_, servī! Cum dominus loquitur, tacē-
_tōte_ et audī_tōte_! Semper officium faci_tōte_!

Verba: īnstruere, īn_strūx_isse, īn_strūct_um; cōgere,
co_ēg_isse, co_āct_um; caedere, _cecīd_isse, _caes_um;
convertere, con_vert_isse, con_vers_um; percutere,
per_cuss_isse, per_cuss_um; intellegere, _intellēx_isse,
_intellēct_um; prōcurrere, prō_curr_isse; dēsistere,
dē_stit_isse; prōgredī, prō_gress_um esse.

### PENSVM B

Ūna _legiō_ cōnstat ex V vel VI mīlibus hominum, quī in
X _cohortēs_ dīviduntur. Exercitus prōcēdēns _agmen_ dīcitur. Exercitus ad _proelium_ [= pugnam] īnstrūctus _aciēs_
appellātur. Post victōriam dux ā mīlitibus '_imperātor_'
nōminātur. Sī mīlitēs fortiter pugnāvērunt, _virtūs_ eōrum
ab imperātōre laudātur. Officium mīlitis est sanguinem
_effundere_ prō patriā.

Aemilius, quī in capitulō XII _commemorātus_ est, ūnā
cum Valeriō, adulēscente eiusdem _aetātis_, in Germāniā
_stipendia_ meruit. Tabellārius pūblicus XV _ferē_ [= cir-
citer] diēbus Rōmā in Germāniam _properāre_ [= celeriter īre] potest. Difficile est Alpēs _trānsīre_. Mīlitēs
Rōmānī _citrā_ Dānuvium sunt, hostēs sunt _ultrā_
Dānuvium.

### PENSVM C

1. Quae arma gerunt auxilia? _Arma leviōra, ut arcūs_
_sagittāsque, gerunt._

2. Quid est signum legiōnis? _Signum legiōnis est_
_aquila argentea._

3. Quōmodo mīlitēs in aciem īnstruuntur? _In trēs_
_ōrdinēs īnstruuntur._

4. Ad quod studium pater Aemilium hortābātur? _Pater_
_eum ad studium litterārum hortābātur._

5. Quō Aemilius adulēscēns missus est? _In Germā-_
_niam ad exercitum missus est._

6. Cūr Aemilius epistulās legēns permovētur? _Quia_
_patriam et amīcōs suōs dēsīderat._

7. Quamobrem ipse paucās epistulās scrīpsit? _Quia_
_paulum eī ōtium fuit ad epistulās scrībendās._

8. Quī nūntius nocte in castra allātus est? _'Magnum_
_numerum hostium ad castra prōgredī'._

9. Cūr hostēs castra Rōmāna nōn expugnāvērunt?
_Quia Rōmānī castra sua bene dēfendērunt._

10. Num Tibullus vītam mīlitārem laudat? _Tibullus_
_vītam mīlitārem ōderat._

## CAPITVLVM XXXIV

### PENSVM A

Hī versūs in syllabās brevēs et longās et in pedēs
dīvidendī sunt notīs appositīs:

Scrībere mē quereris, Vēlōx, epigrammata longa.
— ∪∪|—∪∪|——|— ∪∪|— ∪∪|— ∪

Ipse nihil scrībis: tū breviōra facis!
—∪∪|——|—‖— ∪∪|—∪∪|—

Dās numquam, semper prōmittis, Galla, rogantī.
— —|— —|——|— — —|— ∪ ∪|—

Sī semper fallis, iam rogō, Galla, negā!
— —|— —|—‖— ∪ ∪|— ∪ ∪|—

Quem recitās meus est, ō Fīdentīne, libellus.
— ∪∪|— ∪ ∪|—∪∪|—∪∪|——

Sed male cum recitās, incipit esse tuus!
— ∪∪|— ∪∪|—‖—∪∪|— ∪ ∪|—

Bella's, nōvimu s et puella, vērum'st,
— —|—∪ ∪|— ∪|—∪|——

et dīves, quis enim potest negāre?
——|— ∪ ∪|— ∪|—∪|—∪

Sed cum tē nimium, Fabulla, laudās,
— —|—∪ ∪|— ∪|—∪|——

nec dīves neque bella nec puella's!
——|— ∪ ∪|—∪|— ∪|——

### PENSVM B

Dum gladiātōrēs _certant_ [= pugnant], _spectātōrēs_ dēlectātī manibus _plaudunt_. Fēminīs nōn _libet_ gladiātōrēs
spectāre.

Ovidius in _circō_ sedēns ōrābat ut vinceret ille cui
amīca eius _favēbat_. Hoc nārrātur in _prīncipiō_ [= initiō]
carminis. Cum poēta _fātum_ [= fortūnam] Priamī canere

vellet, puella in *gremiō* eius sēdit eīque mīlle *bāsia* dedit. Ovidius *ingenium* mulierum bene nōverat.

Lucernīs *accēnsīs*, Iūlius recitat carmen *bellum* [= pulchrum] dē *passere* Lesbiae mortuō: "*Lūgēte*, ō Venerēs...!" Versibus *ultimīs* [= postrēmīs] dēmōnstrātur *ratiō* [= causa] dolōris. Catullus Lesbiam uxōrem *dūcere* cupiēbat, at illa Catullō *nūbere* nōluit. *Mēns* poētae inter amōrem et *odium* dīvidēbātur.

## PENSVM C

1. Quid Rōmānī in amphitheātrō spectant? *Cursūs equōrum spectant.*
2. Quid Fabia in theātrō spectāvit? *Fabia cōmoediam Plautī spectāvit.*
3. Quis fuit Ovidius? *Ovidius fuit poēta Rōmānus.*
4. Quārē Ovidius in circum vēnerat? *Vēnerat, ut cum amīcā suā sedēret.*
5. Quae carmina recitat Iūlius? *Iūlius carmina Catullī recitat.*
6. Cūr ocellī Lesbiae turgidī rubēbant? *Puella lūgēbat quod passer eius mortuus erat.*
7. Cūr poēta Lesbiam et amābat et ōderat? *Quia Lesbia īnfīda erat.*
8. Num sacculus Catullī plēnus erat nummōrum? *Sacculus eius vacuus erat – sīve plēnus arāneārum!*
9. Quid scrīpsit Mārtiālis? *Epigrammata scrīpsit.*
10. Cūr librōs suōs nōn mīsit Pontiliānō? *Nē Pontiliānus suōs librōs mitteret Mārtiālī!*
11. Tūne Cinnam bonum poētam fuisse putās? *Putō eum malum poētam fuisse.*
12. Cūr Laecāniae dentēs niveī erant? *Quia dentēs eius ēmptī erant.*
13. Ex quibus syllabīs cōnstat pēs dactylus? *Dactylus cōnstat ex syllabā longā et duābus brevibus.*
14. Ex quibus pedibus cōnstat hexameter? *Ex quīnque dactylīs et ūnō spondēō.*

## CAPITVLVM XXXV

### PENSVM A

Dēclīnā haec vocābula:

[1] *āla*, nōmen fēminīnum I dēclīnātiōnis:
Singulāris: nōm. *haec āla*, acc. *hanc ālam*, gen. *huius ālae*, dat. *huic ālae*, abl. *hāc ālā*. Plūrālis: nōm. *hae ālae*, acc. *hās ālās*, gen. *hārum ālārum*, dat. *hīs ālīs*, abl. *hīs ālīs*.

[2] *pēs*, nōmen masculīnum III dēclīnātiōnis:
Singulāris: nōm. *hic pēs*, acc. *hunc pedem*, gen. *huius pedis*, dat. *huic pedī*, abl. *hōc pede*. Plūrālis: nōm. *hī pedēs*, acc. *hōs pedēs*, gen. *hōrum pedum*, dat. *hīs pedibus*, abl. *hīs pedibus*.

[3] *ōrāre*, verbum āctīvum I coniugātiōnis (pers. I sing.):
Indicātīvus: praes. *ōrō*, imperf. *ōrābam*, fut. *ōrābō*, perf. *ōrāvī*, plūsquamperf. *ōrāveram*, fut. perf. *ōrāverō*.

Coniūnctīvus: praes. *ōrem*, imperf. *ōrārem*, perf. *ōrāverim*, plūsquamperf. *ōrāvissem*.

[4] *dīcere*, verbum āctīvum III coniugātiōnis (pers. I sing.):
Indicātīvus: praes. *dīcō*, imperf. *dīcēbam*, fut. *dīcam*, perf. *dīxī*, plūsquamperf. *dīxeram*, fut. perf. *dīxerō*.
Coniūnctīvus: praes. *dīcam*, imperf. *dīcerem*, perf. *dīxerim*, plūsquamperf. *dīxissem*.

Verba: laedere, *laes*isse, *laes*um; plaudere, *plaus*isse, *plaus*um; parere, *peper*isse, *part*um; retinēre, *retinu*isse, *retent*um; accendere, *accend*isse, *accēns*um; dēmere, *dēmps*isse, *dēmpt*um; adicere, adi*ēc*isse, adi*ect*um; sedēre, *sēd*isse; nūbere, *nūps*isse; sapere, *sapīv*isse.

### PENSVM B

Nōmen est pars *ōrātiōnis* quae corpus aut rem significat. Aemilia et Iūlia nōmina *propria* sunt, *māter* et *fīlia* sunt nōmina *appellātīva*. *Cāsūs* nōminum sunt nōminātīvus, genetīvus, cēt. Gradūs *comparātiōnis* sunt trēs: *positīvus*, comparātīvus, superlātīvus. Adiectīva quae comparantur *quālitātem* aut quantitātem significant. *Amāre* est verbum prīmae *coniugātiōnis*. Interiectiō mentis *affectum*, ut laetitiam vel dolōrem, significat. *Īra* est affectus eius quī īrātus est. Frātrēs geminī tam *similēs* sunt quam ōva.

Synōnyma (vocābula quae idem ferē significant): plānum facere et *explānāre*, fortasse et *forsitan*, ideō et *proptereā*, citrā et *cis*, ecce et *ēn*.

Contrāria (vocābula quae rēs contrāriās significant): commūnis et *proprius*, addere et *dēmere*.

### PENSVM C

1. Quae sunt partēs ōrātiōnis? *Nōmen, prōnōmen, verbum, adverbium, (participium), coniūnctiō, praepositiō, interiectiō.*
2. Estne *discipulus* nōmen proprium? *Nōmen appellātīvum est.*
3. Cāsūs nōminum quī sunt? *Nōminātīvus, accūsātīvus, genetīvus, datīvus, ablātīvus, vocātīvus.*
4. Quī sunt gradūs comparātiōnis? *Positīvus, comparātīvus, superlātīvus.*
5. Prōnōmen quid est? *Pars ōrātiōnis quae prō nōmine pōnitur.*
6. Quot sunt coniugātiōnēs verbōrum? *Sunt quattuor.*
7. Num *intus* et *forīs* adverbia temporis sunt? *Nōn adverbia temporis, sed locī sunt.*
8. Cui cāsuī iungitur *inter* praepositiō? *Inter casuī accūsātīvō iungitur.*
9. Quae praepositiōnēs ablātīvō iunguntur? *Praepositiōnēs ab/ā, cum, dē, ex/ē, prae, prō, sine, cōram.*
10. Quibus cāsibus iungitur *in* praepositiō? *Ablātīvō aut accūsātīvō.*
11. Interiectiō quid significat? *Interiectiō significat mntis affectum.*

# Answer Key

# Pars II: Roma Aeterna

| LINGVA LATINA PER SE ILLVSTRATA |
| PARS II: ROMA AETERNA |

## CAPITVLVM XXXVI

### PENSVM A

*Dē cāsū genetīvō*

Urbs Rōma, quae caput orb*is* terr*ārum* vocātur, in rīpā Tiber*is* flūmin*is* sita est XVI mīlia pass*uum* ā marī. In Capitōliō est magnus numerus templ*ōrum*, qu*ōrum* clārissimum est templum Iovis Optim*ī* Māxim*ī*. In cellā h*uius* templ*ī* simulācrum de*ī* sedent*is* positum est. Vesta est dea foc*ī* ac r*ērum* domestic*ārum*, in c*uius* aede nūllum de*ae* simulācrum inest. Ātrium Vest*ae* est domus virgin*um* Vestāl*ium*. Rēgia est domus pontific*is* māxim*ī*, summ*ī* sacerdōt*is* popul*ī* Rōmān*ī*.

C. Octāviānus adulēscēns XIX ann*ōrum* dux exercit*ūs* fuit; postquam necem Caesar*is* ultus est, monumentum victōri*ae* su*ae* aedificāvit: templum Mārt*is* Ultōr*is*. Colossus est statua Sōl*is* Rhod*ī* locāta; eōdem nōmine vocābātur statua Nerōn*is* quae Rōm*ae* in vestibulō dom*ūs* aure*ae* stābat. In hortīs ill*ius* tyrann*ī* erat multitūdō omn*ium* gener*um* pecud*um* ac fer*ārum*.

Titus, fīlius Vespasiān*ī* prīncip*is*, post expugnātiōnem Hierosolym*ōrum*, urb*is* Iūdaeōrum nōbilissim*ae*, triumphāvit. In templō Pāc*is* servantur rēs sacraeIūdae*ōrum*, in iīs tubae et candēlābrum magn*ī* preti*ī*. Iūdaeī eās rēs magn*ī* aestimant, etiam plūr*is* quam Rōmānī. Novus imperātor triumph*ī* cupidus est. Domitiānus, quī mult*ōrum* sceler*um* accūsābātur, prae metū mort*is* dormīre nōn poterat. Māximum Hadriān*ī* opus est templum Vener*is* et Rōm*ae* sīve Urb*is* Aetern*ae*.

Rōmulus rēx bell*ī* studiōsus erat, neque eum pudēbat cas*ae* su*ae* pauper*is*.

### PENSVM B

Cum rēx Tarquinius Rōmā *expulsus* esset, duo *cōnsulēs* populō Rōmānō *praefectī* [= praepositī] sunt. Cōnsul Rōmānus *aedem* [= templum] Iovis *sacrāvit*. Domitiānus illam aedem *incendiō* [= igne] absūmptam *restituit* [= refēcit]. Tēctum aurō *splendet*, columnae ē *marmore* factae sunt. In templō Iūnōnis Monētae, quod *locātum* [= positum] est in summā *Arce*, nummī efficiuntur ex aurō et argentō et *aere*. Arx *firmīs* [= validīs] mūrīs mūnītur. In aede Vestae, quae fōrmam *rotundam* habet, ignis aeternus *ārdet* quī numquam *exstinguitur*. In campō Mārtiō est *āra* Pācis, ubi sacerdōtēs et Vestālēs anniversārium *sacrificium* faciunt. Augustus templum Mārtis *Ultōris* aedificāvit postquam necem Caesaris *ultus* est. Hadriānus *pontem* Aelium in Tiberī fēcit. Titus Iūdaeōs *superāvit* [= vīcit] et rēs sacrās, ut *tubās* argenteās et *candēlābrum* aureum, iīs *adēmit*. In summā *Sacrā* viā *senātus* populusque Rōmānus Dīvō Titō arcum *dēdicāvit* [= cōnsecrāvit].

*Porticus* est ōrdō columnārum tēctus. Mausōlēum dīcitur *amplum* [= magnum] *monumentum* in quō ossa servantur. Aqua Appia est aquae *ductus* veterrimus, quī

in urbem *inductus* est ab Appiō Claudiō. *Cūria* est aedificium quō senātus convenit. *Casa* est parva domus pauper; *rēgia* domus rēgis est. *Pecudēs* sunt bēstiae quibus agricola ūtitur.

Locus *celeber* est quō multī conveniunt. Is cui mēns sāna nōn est *īnsānus* esse dīcitur. Aedificium quod stāre nōn potest *collābitur*. Cicerō est *ōrātor* Rōmānus *praeclārus* [= clārissimus].

Synōnyma: imāgō et *simulācrum*; māter et *genetrīx*; dīvus et *dīvīnus*; clārus et *illūstris*; internus et *interior*; superesse et *restāre*; operīre et *tegere*; prōicere et *praecipitāre*; sacrāre et *cōnsecrāre*; aedificāre et *exstruere*; accidere et *ēvenīre*; ūrere et *cremāre*; accendere et *incendere*; deō prōmittere et *vovēre*; glōriōsē dīcere et *glōriārī*; intrāre et *inīre*; eōdem locō et *ibidem*.

Contrāria: puppis et *prōra*; discordia et *concordia*; plēbēiī et *patriciī*; bona valētūdō et *morbus*; exstruere et *dēstruere*; dare et *adimere*.

### PENSVM C

1. Num hominēs pauperēs in Palātiō habitant? *Immō vērō dīvitissimī hominēs in Palātiō habitant*.
2. Quis templum Iovis Capitōlīnī aedificāvit? *Hoc templum aedificāvit L. Tarquinius Superbus.*
3. Templumne Iovis ā rēge dēdicātum est? *Nōn ā rēge, sed ā cōnsule Rōmānō dēdicātum est.*
4. Quid facit imperātor post triumphum? *Post triumphum imperātor Capitōlium ascendit.*
5. Quid significat ignis Vestae? *Ignis Vestae significat Rōmam urbem aeternam esse.*
6. Quid est negōtium sacerdōtum? *Sacerdōtum negōtium est rēs dīvīnās cūrāre.*
7. Quot senātōrēs in senātū Rōmānō sunt? *Sescentī senātōrēs sunt in senātū Rōmānō.*
8. Quis fuit M. Tullius Cicerō? *Cicerō fuit ōrātor Rōmānus illūstrissimus.*
9. Ubi C. Iūlius Caesar necātus est? *Caesar in cūriā Pompēiā ad pedēs statuae Pompēiī necātus est.*
10. Cūr Caesar Dīvus Iūlius appellātur? *'Dīvus' appellātur quia post mortem in deōrum numerō habētur.*
11. Ubi templum Dīvī Iūliī aedificātum est? *Aedificātum est eō locō ubi corpus Caesaris cremātum erat.*
12. Quārē Augustus Mārtem 'Ultōrem' appellābat? *Quia Mārtem necem Caesaris ultum esse putābat.*
13. Quandō Augustus Iānum clausit? *Iānum clausit postqiam M. Antōnium vīcit et ubīque pācem fēcit.*
14. Quamobrem Nerō urbem incendisse putābātur? *Quia vetera aedificia contemnēbat et pulchritūdine flammārum dēlectātus est.*
15. Cūr domus Nerōnis 'aurea' vocābātur? *Quia aurō splendēbat.*
16. Quid aedificātum est in locō domūs aureae? *Ibi thermae Titī et Trāiānī aedificātae sunt.*
17. Quam gentem Titus in oriente superāvit? *Titus Iūdaeōs vīcit.*
18. Ubi mausōlēum Hadriānī situm est? *Mausōlēum Hadriānī trāns Tiberim situm est.*

106

# CAPITVLVM XXXVII

## PENSVM A

*De cāsū datīvō*

Aedēs Castoris sacrāta est di_is_ Castor_ī_ et Pollūc_ī_, Iovis fīli_īs_ gemin_īs_, quī saepius Rōmān_īs_ auxili_ō_ vēnērunt. Octāviānus de_ō_ Mārt_ī_ templum vōvit.

Rēx Faunus Euandr_ō_, Mercuriī fīli_ō_, arva dedit. Rēg_ī_ Latīn_ō_ ūna fīlia erat, Lāvīnia, iam mātūra vir_ī_. Lāvīni_ae_ nōn licuit rēg_ī_ Turn_ō_ nūbere.

Trōiānī equum ligneum Minerv_ae_, de_ae_ Trōiān_īs_ benign_ae_, sacrātum esse putābant, sed sacerdōs, c_uī_ nōmen erat Lāocoōn, i_īs_ suāsit nē Graec_īs_ cōnfīderent. Cassandra fātum Trōiae cīv_ibus_ su_īs_ praedīxit, nec vērō Trōiānī e_ī_ crēdidērunt, sed somn_ō_ sē dedērunt.

Aenēās iuven_ibus_ Trōiān_īs_ suāsit ut host_ibus_ Graec_īs_ resisterent: "Ūna salūs vict_īs_: nūllam spērāre salūtem!" Graecī, qu_ibus_ diī favēre vidēbantur, nēmin_ī_ parcēbant.

Venus fīli_ō_ sē ostendit et e_ī_ imperāvit, ut patr_ī_ et uxōr_ī_ et fīli_ō_ auxilium ferret. Ille mātr_ī_ su_ae_ pāruit, neque quisquam e_ī_ redeunt_ī_ nocuit. Anchīsēs urb_ī_ capt_ae_ superesse nōluit, sed Aenēās "Sī _tibi_ certum est" inquit "Trōi_ae_ peritūr_ae_ tē addere, patet iānua mort_ī_. Date m_ihi_ arma! Reddite mē Dana_īs_!" Tandem patr_ī_ su_ō_ sen_ī_, c_uī_ vīrēs deerant ad fugiendum, persuāsit ut ex urbe portārētur, nec id onus fīli_ō_ grave fuit. Aenēās fugiēns nōn _sibi_, sed patr_ī_ ac fīli_ō_ timēbat. Umbra Creūsae vir_ō_ mīrant_ī_ occurrit et "Nōn _tibi_ licet" inquit "mē tēcum dūcere. Diū nāvigandum est _tibi_, sed in Hesperiā nova patria _tibi_ et soci_īs_ tu_īs_ parāta est."

## PENSVM B

Rēx Faunus _quondam_ [= ōlim] Euandrō, quī _profugus_ [= fugiēns] in Italiam vēnerat, _arva_ colenda dedit. Post Faunum Latīnus _rēgnum_ accēpit; cuius fīlius in prīmā _iuventūte_ mortuus est. Latīnō rēgnante pāx _diūturna_ [< diū] fuit.

Graecī nōn vī, sed _dolō_ Trōiam intrāvērunt: equum ligneum _fabricāvērunt_ [= cōnfēcērunt] et armātīs complēvērunt. Trōiānī, quī Graecōs in patriam suam _āvectōs_ esse putābant, castra dēserta _īnspiciēbant_ et _mōlem_ equī mīrābantur. Lāocoōn equum ligneum, ut dōnum _suspectum_, hastā laesit, sed hasta in fīrmō _rōbore_ [= lignō] stetit nec ad mīlitēs _occultōs_ [= latentēs] _penetrāvit_. Dum Lāocoōn taurum _immolat_, duo _anguēs_ eum _corripiunt_ [= celeriter rapiunt] et corpus eius _amplectuntur_ [= complectuntur], neque ille sē _explicāre_ potest. Trōiānī, novō _pavōre_ perturbātī, _conclāmant_ [= simul clāmant] 'equum dōnum esse Minervae, deae Trōiān_īs_ _benignae_.' Equus in urbem trahitur _fūnibus_, dum templa velut _fēstō_ diē _fronde_ [= foliīs] ōrnantur. Equō _patefactō_ [= apertō] Graecī per fūnem _dēmissum_ ad terram lābuntur. Aenēās in somnō Hectorem _saucium_ [= vulnerātum] vīdit, quī sordidam _barbam_ et _crīnēs_ [= capillōs] cruentōs gerēbat et Aenēae suāsit ut ex urbe _flagrantī_ [= ārdentī] fugeret. Hōc _somniō_ perturbātus Aenēās _āmēns_ [= sine mente] arma capit et iuvenēs ad pugnam _incitat_. Iī _strictīs_ gladiīs per hostēs _vādunt_ [= eunt]. Cassandra, quae fātum _praedīcere_ poterat, crīnibus _passīs_ ā templō trahēbātur oculōs ad caelum _ērigēns_ [= tollēns], nam _tenerae_ manūs _vinculīs_ tenēbantur. Trōiānī hanc _speciem_ ferre nōn poterant et _undique_ [= ex omnibus partibus] in mediōs hostēs _ruēbant_ [= sē praecipitābant]. Ad _aedēs_ [= domum] Priamī ācerrimē pugnābātur. Trōiānī altās _turrēs_ et _culmina_ domōrum dēstruēbant et laterēs _trabēs_que in hostēs _coniciēbant_ [= iaciēbant]. Frāctīs cardinibus forēs _concidunt_ [= collābuntur]. Rēx Priamus manibus _īnfirmīs_ [= invalidīs] arma capit, sed Hecuba "Iam nōn tēlīs _egēmus_" inquit, "sed auxiliō deōrum. Hūc tandem _concēde!_" Cum Polītēs cōram patre _trucīdātus_ [= obtruncātus] esset, Priamus _tēlum_ [= pīlum] in Pyrrhum coniēcit, quod _nēquīquam_ [= frūstrā] in _clipeō_ eius _haesit_. Pyrrhus _comam_ [= capillum] rēgis prehendēns ēnsem in latere eius _dēfīxit_. Hoc vidēns Aenēās _horrōre_ perfūsus est. Anchīsēs fīlium et _nepōtem_ in fugā comitārī _recūsāvit_ [= nōluit]. Tum _lūmen_ [= lūx] in capite Iūlī appāruit atque simul cum hōc _prōdigiō_ māximus _fragor_ [= strepitus] caelestis audītus est. Aenēās patrem ex urbe portāvit nec hoc _onus_ fīliō grave fuit.

In convīviō _famulī_ [= servī] cum dominīs nōn _discumbunt_ [= accumbunt]. In manū senis gladius _inūtilis_ est. Quī invocat deōs _caelestēs_ [< caelum], manūs ad caelum _tendit_ [= extendit]. Caelō serēnō nōn _tonat_ [= tonitrus fit]. Manibus cruentīs _sacra_ tangere _fās_ nōn est. Nihil ēvenit sine _nūmine_ [= voluntāte] deōrum. Quae lūget ululāre aut _gemere_ solet; ululātū et _gemitū_ [< gemere] significātur _lūctus_.

Synōnyma: fīlius et _nātus_; scelestus et _scelerātus_; summus et _suprēmus_; timidus et _pavidus_; fertilis et _ūber_; splendēre et _fulgēre_; exstinguere et _restinguere_; ubi et _quā_.

Contrāria: dextra et _laeva_; servīre et _dominārī_.

## PENSVM C

1. Aborīginēs quī fuērunt? _Aborīginēs prīmī Italiae incolae fuērunt._
2. Quis fuit Latīnus? _Latīnus fuit rēx Latiī antīquus._
3. Quōmodo Graecī in urbem Trōiam penetrāvērunt? _In equō ligneō in urbem penetrāvērunt._
4. Quid fēcit Lāocoōn et quid eī accidit? _Hastam in equum ligneum mīsit et anguibus necātus est._
5. Cuius fīlius erat Aenēās? _Aenēās erat fīlius Anchīsae et Veneris._
6. Quid Aenēās in somnō vīdit? _Hectorem vīdit._
7. Ubi rēx Priamus interfectus est? _Rēx ante āram interfectus est._
8. Cūr Aenēae redeuntī nēmō nocuit? _Quia māter Venus eum tuēbātur._
9. Num Anchīsēs statim fīlium comitātus est? _Anchīsēs prīmō ex patriā fugere recūsāvit._
10. Cum quibus Aenēās ex urbe aufūgit? _Aenēās cum patre et fīliō et uxōre aufūgit._
11. Quārē Creūsa marītum sequī nōn potuit? _Quia Aenēās ē nōtā viā aberrāvit._

12. Quid Aenēās in urbem reversus vīdit? *Vīdit urbem ā Graecīs captam et incēnsam.*

13. Quid Creūsa Aenēae abeuntī prōmīsit? *Creūsa eī rēgnum et novam coniugem prōmīsit.*

14. Quō sociī Aenēae convēnērunt? *Extrā urbem ad tumulum templumque Cereris.*

## CAPITVLVM XXXVIII

### PENSVM A

*Dē cāsū ablātīvō*

Graecī, cum Trōiam vī capere nōn possent, dolō ūsī sunt: equum ligneum mīlit*ibus* armāt*īs* complēvērunt et in lītor*e* relīquērunt. Mult*īs* spectant*ibus* Lāocoōn omn*ibus* vīr*ibus* equum hastā percussit. Paulō post duo anguēs rēctā viā eum petunt. Part*e* mūrōrum dēstrūctā equus host*ibus* plēnus magnō labōr*e* in urbem trahitur fūn*ibus*. Velut fēstō di*ē* templa frond*e* ōrnantur. Equō patefactō mīlitēs exeunt; occīs*īs* urbis cūstōd*ibus* sociōs suōs recipiunt in urbem quae dēfēnsōr*ibus* carēbat. Interim Trōiānī sine cūrā dormiēbant, in i*īs* Aenēās, Anchīsā et Vener*e* deā nātus. Ille clāmōr*e* et strepitū ē somnō excitātus est.

Cum Priamus gladiō cingerētur, Hecuba, quae virō prūdentior erat, "Iam nōn tēl*īs* egēmus" inquit, "sed auxiliō deōrum!" Dūcent*e* Vener*e* Aenēās salvus domum rediit eādem viā quā domō exierat. Anchīsēs locō sē movēre nōluit et "Ipse" inquit "meā manū moriar. Nōlīte meā causā hīc morārī!"

Prīmā aestāt*e* Trōiānī duc*e* Aenēā ex Asiā profectī sunt. In mediō mar*ī* Aegaeō est īnsula nōmin*e* Dēlos, quae Trōiānōs tūtō portū recēpit. Dēlō relictā in Crētam vēnērunt. Ibi Trōiānī foedā pestilentiā afficiēbantur et agrī sōl*e* flagrant*ī* torrēbantur.

Aedēs Iovis Capitōlīnī multō magnificentior est cēter*īs* omn*ibus*; ea summō deō digna est. In templum Iovis Statōris senātus eō di*ē* convēnit quō Cicerō, ōrātiōn*e* clārissimā habitā, Catilīnam Rōmā expulit. Pāc*e* terrā marīque factā Iānus clauditur.

Polycratēs tantā fēlīcitāt*e* et tantā glōriā erat ut dī eī invidērent.

### PENSVM B

In Crētā Trōiānī foedā *pestilentiā* afficiēbantur atque agrī sōle *torrēbantur*. Penātēs *noctū* [= nocte] vīsī sunt ante lectum Aenēae *adstāre*, quī Trōiānīs et *posterīs* eōrum novam terram prōmīsērunt. Ergō ex īnsulā *excēdere* cōnstituērunt et rūrsus in altum *prōvectī* sunt. Ibi *nimbus repentīnus* [= subitus] sōlem occultāvit ita ut diem noctemque *discernere* nōn possent ac nāvēs trēs diēs *totidem*que noctēs caecae errārent, *quoad* in īnsulās Strophadēs *dēlātae* sunt.

In Epīrō Aenēās fāmam *incrēdibilem* [= vix crēdendam] audīvit: Helenum parte Epīrī *potītum* esse et Andromachēn, *viduam* Hectoris, uxōrem dūxisse. Andromachē in *lūcō* [= silvā sacrā] dīs Mānibus *sacrificābat.*

Helenus laetus Trōiānōs *agnōvit* [= recognōvit] eōsque ad convīvium *invītāvit* [= vocāvit].

Charybdis nāvēs in *gurgitem* [= vorāginem] mergit, et Scylla *īnfōrmis* [↔ fōrmōsa] nāvēs in *scopulōs* perīculōsōs trahit. *Praestat* [= melius est] tōtam Siciliam *circumīre* quam illa mōnstra *experīrī*.

*Ut* [= ut prīmum] Italia in cōnspectum vēnit, Anchīsēs *pateram* vīnō implēvit et deōs maris *potentēs* [= potestātem habentēs] invocāvit. Trōiānī in terrā Graecōrum *morārī* [< mora] nōlēbant.

Ex Aetnā *fūmus* flammaeque surgunt atque saxa *lapidēs*que *ēmittuntur*. In ōrā Cyclōpum vir Graecus accessit cum *flētū* [= lacrimīs] precibusque: "Hinc in quās*cumque* terrās abdūcite mē!" Anchīsēs virō *supplicī* [= ōrantī] manum dedit. Mōnstrum horrendum erat Polyphēmus, quī in *antrō* obscūrō habitābat et carne hūmānā *vescēbātur*. Cum ille accēderet, Trōiānī fūnēs nāvium *incīdērunt* [= secuērunt] et *citō* [= celeriter] aufūgērunt. Polyphēmus clāmōrem *horribilem* [< horrēre] sustulit, quō penitus resonuit mōns *cavus*.

In Siciliā Aenēās ossa *genitōris* [= patris] suī *sepelīvit*. Tum ex Siciliā atque ā *sepulcrō* patris *dīgressus* est [= discessit].

Fōrma litterae C est līnea *curva*. Onus grave magnum *pondus* habet. *Unda* est parvus flūctus. Chāonia est pars Epīrī *extrēma*. *Iuvencus* est bōs iuvenis. Saxa flūctibus pulsāta fragōrem *ēdunt*.

Synōnyma: (summum) mare et *aequor*; avis et *volucris*; turgidus et *tumidus*; pavidus et *trepidus*; (urbem) cōnstituere et *condere*; relinquere et *linquere*; arbitrārī et *rērī*; tam valdē et *adeō*; scīlicet et *nimīrum*; ego (ipse) et *egomet*.

Contrāria: occāsus et *ortus*; (nāvem) dēdūcere et *subdūcere*; propinquus et *longinquus*; noctū et *interdiū*.

### PENSVM C

1. Quid Trōiānī profugī sub monte Īdā fēcērunt? *Classem vīgintī nāvium aedificāvērunt.*

2. Quōmodo rēx Thrāciae aurō Priamī potītus est? *Fīlium Priamī aurum ferentem interfēcit.*

3. Quid deus Apollō Trōiānīs pollicitus est? *Apollō iīs novam terram pollicitus est.*

4. Cūr Trōiānī in Crētā manēre nōn potuērunt? *Quia pestilentia orta est et sōl flagrāns agrōs torrēbat.*

5. Cūr Palinūrus rēctum cursum tenēre nōn potuit? *Quia āter nimbus sōlem et stēllās occultāvit.*

6. Quae īnsulae in marī Iōniō sitae sunt? *In marī Iōniō sitae sunt īnsulae Strophadēs.*

7. Quid fēcit Aenēās in īnsulā Leucadiā? *Clipeum ad forēs templī fīxit et versum īnscrīpsit.*

8. Ubi Aenēās Andromachēn invēnit? *In lūcō extrā Būthrōtum oppidum.*

9. Quid Andromachē Aenēae nārrāvit? *Nārrāvit 'sē ā Pyrrhō abductam esse et Helenō nūpsisse'.*

10. Cūr Aenēās per fretum Siculum nāvigāre nōluit? *Quia duo mōnstra, Scyllam et Charybdim, timēbat.*

108

11. Quid Andromachē Ascaniō dōnāvit? *Vestem pretiōsam quam suīs manibus cōnfēcerat.*
12. Cūr Trōiānī Italiam relīquērunt? *Quod illa terra ā Graecīs incolēbātur.*
13. Quid accidit in ōrā Cyclōpum? *Vir Graecus iīs occurrit, quī ex antrō Polyphēmī effūgerat.*
14. Num Polyphēmus Trōiānōs fugientēs vīdit? *Polyphēmus eōs vidēre nōn poterat, quia caecus erat.*
15. Ubi pater Anchīsēs sepultus est? *In Siciliā in monte Eryce.*

# CAPITVLVM XXXIX

## PENSVM A

*Dē cāsū accūsātīvō*

Trōiānī mult*ōs* iam ann*ōs* per omn*ia* mar*ia* errābant. Neptūnus, ut class*em* disiect*am* vīdit, flūct*ūs* sēdāvit, nūb*ēs* collēct*ās* dispulit sōl*em*que redūxit. Aenēās Itali*am* nov*am* patri*am* quaerēns in Āfric*am* dēlātus est. Venus fīli*um* su*um* certiōr*em* fēcit 'soci*ōs* salv*ōs* esse class*em*que in tūt*um* loc*um* āct*am*.' Aenē*am* paenitēbat Creūs*am* uxōr*em* Trōiae relīquisse. Aenēās: "Heu m*ē* miser*um*! Numquam dom*um* redībō!" Venus Cupīdin*em* prō Ascaniō ad Dīdōn*em* īre iussit. Ille, ubi Aenē*am* complexus est, rēgīn*am* petīvit; quae puer*um* ōsculāta est et in gremi*um* accēpit.

Multae viae Rōm*am* ferunt. Circus Māximus trecent*ōs* pass*ūs* longus est. Pompēius Iūli*am*, fīli*am* Iūliī Caesaris, uxōr*em* dūxit. Senātus C. Octāviān*um* 'Augustu*m*' nōmināvit. Augustus urb*em* Rōm*am* in XIV regiōn*ēs* dīvīsit. Nerva ann*um* tantum et IV mēns*ēs* imperāvit. Nerō, qu*em* populus tyrann*um* appellābat, dom*um* aure*am* aedificāvit. Rōmul*um* rēg*em* nōn pudēbat in casā habitāre. Rōmānī Brūt*um* cōnsul*em* fēcērunt.

Graecī Rōmān*ōs* litter*ās* et art*em* poētic*am* docuērunt.

## PENSVM B

Iūnō īrāta erat ob *iūdicium* Paridis, quī Venerem deam pulcherrimam esse *iūdicāverat* [= cēnsuerat]; eius reī *memor* [= reminīscēns] Trōiānōs ab Italiā *arcēbat* [= prohibēbat]. Tempestās classem Aenēae *disiēcit*, sed Neptūnus, cum vidēret *pontum* [= mare] *procellīs* [= ventīs rapidīs] turbārī, mōtōs flūctūs *sēdāvit* et nūbēs *dispulit*. In lītore Aenēās septem *cervōs* occīdit; hanc *praedam* sociīs dēspērantibus dīvīsit, dum ipse laetō vultū spem *simulat*. Posterō diē, dum nova loca *explōrat*, Venus eī *obviam* iit arcum sagittāsque *gestāns* [= gerēns] Diānae deae *similis*, quae in silvīs *vēnārī* solet.

Pygmaliōn, rēx *impius* [↔ pius] et avārus, cum Sychaeum *clam* [= occultē] necāvisset, scelus diū *cēlāvit* et Dīdōnem viduam falsā spē *ēlūsit*. Sed eī in somnīs appāruit vir mortuus, quī pectus vulnerātum *nūdāvit* [< nūdus] et rēgis *thēsaurōs* occultōs mōnstrāvit. Dīdō nāvēs aurō *onerāvit* [<onus] et in Āfricam fūgit, nec posteā eam *paenitēbat* ex patriā fūgisse.

Dēspiciēns ex colle quī Karthaginī *imminet* Aenēās vīdit cīvēs quī magnā *industriā* [< industrius] novārum aedium *fundāmenta* locābant. Dīdō rēgīna magnā *catervā* comitāta *incessit* [= prōcessit] et in altō *soliō* cōnsēdit. Quae cum Aenēam cōram aspiceret, prīmum *obstupuit*, tum sīc *ōrsa* est [= loquī coepit]: "Tūne ille Aenēās quem Anchīsēs et Venus *genuērunt*?"

In rēgiā convīvium *apparātur* [= parātur]: *torī* [= lectī] Tyriā *purpurā* sternuntur, ministrī mēnsās *dapibus* onerant. Lucernae dē tēctō *pendent* et multae *facēs* ārdent. Aenēās omnibus *intentīs* [= attentīs] nārrābat dē *īnsiidīs* [= dolō] Graecōrum et dē *errōribus* [< errāre] suīs. Postquam *fūnus* patrī factum memorāvit, *conticuit* andem atque *quiētī* sē dedit.

Karthāginiēnsēs, hominēs *bellicōsī* [= bellī studiōsī], saepe cum Rōmānīs *bellāvērunt* [< bella gessērunt]. Tridēns est *scēptrum* Neptūnī. *Hostia* est bēstia quae immolātur, ut *sūs* [= porcus], ovis, taurus. Nūbēs quae terram operit *nebula* dīcitur. Trōiānī, sī in Italiam īre nōn possunt, in Siciliam *saltem* īre cupiunt.

Synōnyma: gurges et *vertex*; saxum et *rūpēs*; pulchritūdō et *decor*; glōria et *honōs*; Notus et *Auster*; stēlla et *sīdus*; frequēns et *crēber*; nesciēns et *īnscius*; fēlīx et *fortūnātus*; pulsāre et *impellere* et *ferīre*; circumagere et *volvere*; natāre et *nāre*; ambulāre et *gradī*; accūsāre et *incūsāre*; subīre et *succēdere*; ascendere et *scandere*; auxilium ferre et *succurrere*; dēlēre et *abolēre*; cōnārī et *temptāre*.

Contrāria: altum et *vadum*; Auster et *Aquilō*; acūtus et *obtūnsus*; spargere et *colligere*; abdūcere et *addūcere*; dispellere et *compellere*; subitō et *paulātim*.

## PENSVM C

1. Ubi sita est Karthāgō? *In ōrā Āfricae sita est.*
2. Quae est Iūnō? *Iūnō est Iovis coniūnx, dea mātrōnārum.*
3. Cūr Iūnō Trōiānōs ōderat? *Ob iūdicium Paridis.*
4. Quid est Aeolī officium? *Aeolī officium est ventōs in vinculīs tenēre.*
5. Quid fēcit Neptūnus cum mare turbārī sentīret? *Flūctūs sēdāvit, nūbēs dispulit sōlemque redūxit.*
6. Quō Trōiānī tempestāte dēlātī sunt? *Ad ōram Āfricae dēlātī sunt.*
7. Quid Aenēās sociīs suīs partītus est? *Aenēās sociīs suīs septem cervōs, quōs occīderat, partītus est.*
8. Quōmodo sociī vīrēs restituērunt? *Cibō et vīnō vīrēs restituērunt.*
9. Quae dea in silvā Aenēae obviam iit? *Venus Aenēae fīliō suō obviam iit.*
10. Cūr Aenēās mātrem suam prīmō nōn agnōvit? *Quia Venus vestem et arma virginis vēnantis gerēbat.*
11. Quid Venus fīliō suō nārrāvit? *Venus eī dē Dīdōne rēgīnā nārrāvit.*
12. Quid vīdit Aenēās ex colle dēspiciēns? *Aenēās vīdit Tyriōs novam urbem exstruentēs.*
13. Cūr nēmō Aenēam Karthāginem intrantem vīdit? *Quod Venus eum nebulā circumfūderat.*

14. Quae imāginēs in novō templō pictae erant? *Imāginēs bellī Trōiānī.*

15. Quid Ilioncus ā Dīdōne petīvit? *Ilioneus ā Dīdōne petīvit nē Trōiānōs ab ōrā Āfricae arcēret.*

16. Num urbs Trōia Dīdōnī ignōta erat? *Dīdō urbem Trōiam bene nōverat.*

17. Quōmodo Dīdō Aenēam et sociōs eius recēpit? *Aenēam benignē recēpit et convīvium eī apparāvit.*

18. Quod cōnsilium Venus excōgitāvit? *Ut Cupīdō prō fīliō Aenēae venīret et rēginam amōre incenderet.*

19. Quid Cupīdō effēcit in gremiō Dīdōnis sedēns? *Memoriam Sychaeī abolēvit et animum rēgīnae vīvō amōre incendit.*

20. Quid Dīdō Aenēam hortāta est? *Dīdō eum hortāta est ut sibi dē errōribus suīs nārrāret.*


## CAPITVLVM XL

### PENSVM A

*Dē cāsū vocātīvō*

Aemilia: "Ō Iūl*ī*, m*ī* optim*e* marīt*e*!"

  Mārtiālis:

"Semper pauper eris, sī pauper es, Aemiliān*e*!"

  Catullus:

"Cēnābis bene, m*ī* Fabull*e*, apud mē."

  Hector: "Heu, fuge, nāt*e* deā!"

  Hecuba: "Ō miserrim*e* coniūnx!"

  Anchīsēs: "Fuge, m*ī* fīl*ī*!"

  Aenēās: "Venī mēcum, Achāt*ē*, m*ī* amīc*e*!" Achātēs: "Quid nunc sentīs, Aenē*ā*?"

  Dīdō: "Perfid*e* hospes!" "Dabis, improb*e*, poenās!"

  Cōnsul (in senātū): "Quid cēnsēs, Mārc*e* Tull*ī*? et tū, Lūc*ī* Cornēl*ī*?"

  Spectātōr*ēs*, plaudite!


### PENSVM B

Dīdō: "*Velim* [= utinam] prius Iuppiter mē *fulmine* percutiat quam virī amōrī *succumbō* [↔ resistō]!" Anna: "Ō soror mea *dīlēcta* [= cāra]! Etiamne *placitō* [= grātō] amōrī repugnābis?" Ita animum sorōris amōre *īnflammat* [= incendit]. Templa adeunt ut ā dīs *veniam* petant, nec vērō sacrificia mulierem *furentem* [= āmentem] iuvant. Poenīs et Trōiānīs vēnantibus, tonāre incipit; *īnsequitur* [= sequitur] imber *grandine* mixtus, et Dīdō et Aenēās in eandem *spēluncam* dēveniunt. *Extemplō* [= statim] Fāma nārrat 'eōs in māximō *luxū* vīvere turpī *cupīdine* [= cupīditāte] captōs!'

  Mercurius Iovis *mandāta* [= imperia] ad Aenēam dēfert: "Quid *struis* [= parās]? Nōlī hīc morārī! Italiam pete!" Haec locūtus deus ex oculīs eius *ēvānuit*. Aenēās imperiō dīvīnō *attonitus* [= stupefactus] *obmūtuit*, tum Trōiānōs prīncipēs *advocāvit* iīsque *mandāvit* [= imperāvit] ut classem clam ōrnārent.

  At rēgīna, quae dolum *praesentit*, Aenēam appellat: "Spērāsne, *perfide* hospes, tē tantum *nefās* [↔ fās] *dissimulāre* posse et *hībernō* tempore [= hieme] clam hinc *dēcēdere* [= excēdere]?" Per *cōnūbium* [= coniugium] nostrum tē ōrō: *miserēre* meī!" Ita supplex *implōrat*. Aenēās: "Numquam tē uxōrem dūxī aut *coniugium* tibi prōmīsī. Dēsine *querēllis* tuīs et mē et tē incendere! Nōn meā *sponte* Italiam petō." Dīdō dicta eius nōn *refellit*, sed medium sermōnem *abrumpit* et virum *cūnctantem* [= dubiē morantem] relinquit. *Famulae* [= ancillae] eam collāpsam *suscipiunt*.

  Iam rēgīna morī cupit: *taedet* eam vītae. Annam ōrat ut *rogum* ērigat et super rogum arma et *exuviās* [= vestīmenta] et *effigiem* [=imāginem] Aenēae impōnat. Dīdō, cum classem abīre vidēret, Furiās *ultrīcēs* [< ulcīscī] invocāvit. Tum rogum cōnscendit, torō *incubuit* atque ēnsem ē *vāgīnā* ēdūxit.

  Officium Rōmānōrum est "parcere *subiectīs* et *dēbellāre* superbōs."

  Synōnyma: pallium et *amictus;* stēlla et *astrum;* āra et *altāria;* lectus et *cubīle;* pīlum et *iaculum;* virtūs et *fortitūdō;* vigilāns et *vigil;* moriēns et *moribundus;* praecipitāns et *praeceps;* recipere et *excipere;* āmēns esse et *furere;* perficere et *exsequī* et *peragere;* properāre et *festīnāre;* ēlūdere et *illūdere.*


### PENSVM C

1. Quid Dīdō Annae sorōrī fassa est? *Dīdō sorōrī amōrem suum fassa est.*

2. Cūr Dīdō amōrī repugnābat? *Quia certum eī erat nūllī virō nūbere post mortem Sychaeī.*

3. Quid Anna sorōrī suae suāsit? *Anna eī suāsit, ut sē cum Aenēā coniungeret.*

4. Quid fāma nārrābat dē Dīdōne et Aenēā? *Fāma nārrābat 'eōs in luxū vīvere turpī cupīdine captōs.'*

5. Quis Aenēam ex Āfricā excēdere iussit? *Iuppiter hoc iussit per nūntium suum Mercurium.*

6. Cūr Aenēās classem clam ōrnāvit? *Quia īram Dīdōnis timēbat.*

7. Quōmodo Dīdō cōnsilium Aenēae cognōvit? *Fāma eī nārrāvit 'classem armārī et cursum parārī.'*

8. Quid Anēās rēgīnae implōrantī respondit? *Respondit 'deōs sē Italiam petere iussisse.'*

9. Num Dīdō dicta eius refellit? *Dīdō sermōnem abrūpit et ab oculīs eius aufūgit.*

10. Quid Dīdō Annam facere iussit? *Eam iussit rogum ērigere.*

11. Quae rēs super rogum impositae sunt? *Super rogum imposita sunt arma et exuviae Aenēae et lectus iugālis.*

12. Quae fuērunt precēs Dīdōnis extrēmae? *Precāta est ut Aenēās bellō ex fīnibus suīs pellerētur et ante diem caderet īnsepultus.*

13. Quid vīdit Aenēās ē nāve respiciēns? *Vīdit moenia Karthāginis flammīs lūcēre.*

14. Cūr plēraeque fēminae in Siciliā relictae sunt? *Quia nāvēs incenderant.*

15. Quō Sibylla Aenēam dūxit? *Sibylla Aenēam ad Īnferōs dūxit.*

# CAPITVLVM XLI

## PENSVM A

*Dē generibus verbōrum*

Verte hās sententiās in genus alterum, āctīvum aut passīvum:

[Pater fīlium laudat:] Fīlius ā patre laud*ātur*.

[Tyrannus ferōx ab omnibus metuitur:] Omnēs *tyrannum ferōcem metuunt*.

[Alta moenia urbem Trōiam cingēbant:] *Urbs Trōia altīs moenibus cingēbātur*.

[Trōia ā Graecīs capta et incēnsa est:] *Graecī Trōiam cēpērunt et incendērunt*.

[Graecī equum ligneum fabricāvērunt:] *Equus ligneus ā Graecīs fabricātus est*.

[Cum pars moenium ā Trōiānīs dēstrūcta esset, equus ille in urbem tractus est:] *Cum Trōiānī partem moenium dēstrūxissent, equum illum in urbem trāxērunt*.

[Terribile incendium urbem absūmpsit:] *Urbs terribilī incendiō absūmpta est*.

[Creūsa ā marītō quaerēbātur nec inventa est:] *Marītus Creūsam quaerēbat nec invēnit*.

[Karthāginiēnsēs Aenēam cernere nōn poterant, quod nūbēs eum cēlābat:] *Aenēās ā Karthāginiēnsibus cernī nōn poterat, quod nūbe cēlābātur*.

[Puerī ā Faustulō inventī et domum lātī sunt:] *Faustulus puerōs invēnit et domum tulit*.

[Geminī praedam pāstōribus dīvidēbant:] *Praeda pāstōribus dīvidēbātur ā geminīs*.

[Fluvium Tiberim ōlim Albulam vocābant:] *Fluvius Tiberis ōlim Albula vocābātur*.

[Arx ab hostibus numquam expugnābitur:] *Hostēs numquam Arcem expugnābunt*.

[Magister tē laudat, mē reprehendit:] *Ego ā magistrō laudor, tū reprehenderis*.

## PENSVM B

Post *adventum* Aenēae rēx Latīnus, cum *cōpiās* suās in aciem ēdūxisset, inter *prīmōrēs* [= prīncipēs] prōcessit ducemque advenārum ad colloquium *ēvocāvit*. Ut nōmen Aenēae audīvit, *nōbilitātem* virī gentisque admīrātus Trōiānōs in *societātem* [< socius] recēpit et Aenēae fīliam suam in *mātrimōnium* dedit. Rēx Turnus, cui Lāvīnia *spōnsa* fuerat, Aenēae Latīnōque bellum *intulit*. Proeliō victus Turnus rēbus suīs *diffīdēns* [↔ cōnfīdēns] ad Etrūscōs cōnfūgit. Post proelium Latīnīs *prosperum* Aenēās *nusquam* [= nūllō locō] appāruit. Cum Ascanius nōndum ad *pūberem* aetātem pervēnisset, Lāvīnia inter *pueritiam* eius rēgnāvit, nec Etrūscī nec ūllī aliī *fīnitimī* inter rēgnum *muliebre* [< mulier] bellum facere ausī sunt.

Rēx Proca Numitōrem et Amūlium *prōcreāvit* [= genuit] atque Numitōrī rēgnum *vetustum* [= vetus] *lēgāvit* [= relīquit]. Amūlius frātrem pepulit, frātris fīliam Vestālem lēgit: ita eī perpetuā *virginitāte* spem *partūs* [< parere] adēmit. At Vestālis, vī *compressa*, geminōs peperit, quī *iussū* rēgis expositī sunt; sed pāstor *vāgītum* puerīlem audīvit et puerōs invēnit cum *lupā*, quae tam *mītis* fuit ut eōs lacte suō *nūtrīret* et linguā *lamberet*. Ita ā *crūdēlitāte* [< crūdēlis] rēgis puerī servātī sunt.

Rōmulus et Remus, ut prīmum *adolēvērunt*, per *saltūs* vēnābantur et in *latrōnēs* praedam ferentēs impetūs faciēbant. Latrōnēs Remum captum Numitōrī *dēdidērunt* [= trādidērunt], quī cum eum in *cūstōdiā* habēret, nepōtem suum esse *suspicābātur* [= crēdere incipiēbat]. Amūliō occīsō Numitor, *conciliō* advocātō, mala *facinora* [= maleficia] frātris ostendit et 'sē caedis *auctōrem* esse' dīxit.

Remus, cum in Aventīnō *auspicārētur*, sex *vulturēs* vīdit; hōc *auspiciō* nūntiātō, *duplex* numerus [: XII] Rōmulō sē ostendit; is igitur urbem condidit, quae ā nōmine *conditōris* 'Rōma' appellāta est. Remus vērō, cum hoc *molestē* ferret, novōs mūrōs *trānsiluit* et ā Rōmulō *interēmptus* [= interfectus] est.

Cācus *clāvā* Herculis *ictus* [= percussus] occidit, cum bovēs in spēluncam *abdidisset* [= cēlāvisset]. Bove *eximiā* [= ēgregiā] immolātā *sacrum* [= sacrificium] Herculī factum est *rītū* Graecō.

Ōceanus mare *immēnsum* [= sine fīne] est. Facile est mūnera *praebendō* [= offerendō] animōs populī sibi *conciliāre*. Ante proelium imperātor auspiciīs deōs *cōnsulit*. Difficile est inter geminōs *discrīmen* facere. Quī *sitit* bibere cupit.

Synōnyma: līberī et *stirps*; vīrēs et *vigor*; pecus māius et *armentum*; pater patris et *avus*; frāter patris et *patruus*; piger et *sēgnis*; ūmidus et *ūdus*; turbāre et *cōnfundere*; auxilium ferre et *opem* ferre; trepidus esse et *trepidāre*.

Contrāria: muliebris et *virīlis*; āmittere et *adipīscī*; cōnfīdere et *diffīdere*; cōnsōlārī et *grātulārī*; ubīque et *nusquam*; vērē et *falsō*.

## PENSVM C

1. Unde Aenēās in Italiam vēnit? *Aenēās Trōiā vēnit*.
2. Num Aenēās rēgem Latīnum proeliō vīcit? *Latīnus amīcitiam et societātem cum Aenēā fēcit*.
3. Cūr Turnus Aenēae Latīnōque bellum intulit? *Quia Latīnus Aenēae in mātrimōnium dederat fīliam suam Lāvīniam, quae Turnō spōnsa fuerat*.
4. Cūr neuter exercitus laetus ex proeliō abiit? *Quia alter exercitus victus est, alter ducem suum āmīsit*.
5. Quōmodo Aenēās animōs Aborīginum sibi conciliāvit? *Utramque gentem 'Latīnōs' appellāvit*.
6. Quō rēx Turnus victus cōnfūgit? *Ad Etrūscōs*.
7. Quam urbem condidit Ascanius? *Ascanius novam urbem condidit, quae Alba Longa appellāta est*.
8. Quod cognōmen rēgibus Albānīs fuit? *Omnibus rēgibus Albānīs cognōmen fuit Silvius*.
9. Quōmodo Amūlius rēgnō Albānō potītus est? *Numitōrem rēgem, frātrem suum, expulit*.
10. Quem Rēa Silvia patrem geminōrum esse dīxit? *'Deum Mārtem patrem esse' nārrāvit*.
11. Quōmodo gemellī expositī servātī sunt? *Pāstor rēgius eōs invēnit et domum tulit*.

111

12. Cūr Numitor Remum nepōtem suum esse sus-spicābātur? *Quia geminōs esse frātrēs audīverat.*

13. Quid Rōmulus et Remus fēcērunt cum sē nepōtēs rēgis esse cognōvissent? *Amūlium necāvērunt.*

14. Ubi Rōmulus urbem condidit? *In monte Palātīnō.*

15. Cūr frātrem suum occīdit? *Quia Remus mūrōs eius trānsiluerat.*

16. Quōmodo Herculēs bovēs abditās repperit? *Herculēs bovēs in spēluncā Cācī mūgīre audīvit.*

17. Quō rītū Rōmulus sacra Herculī fēcit? *Rītū Graecō.*


## CAPITVLVM XLII

### PENSVM A

*Dē modīs verbōrum*

Magister discipulōs tac*ēre* et aud*īre* iubet: "Tac*ēte*, discipulī, et aud*īte!*" Mārcus nōn tac*et* nec aud*it;* magister eum monet ut tac*eat* et aud*iat:* "Tac*ē*, Mārce, et aud*ī!* Quot sunt bis sēna (2×6)?" Magister interrog*at* quot s*int* bis sēna, ac Mārcō imperat ut surg*at* et respond*eat:* "Surg*e* et respond*ē*, Mārce, sed cav*ē* nē prāvē respond*eās!*" Mārcus nōn surg*it* nec respond*et*. Magister: "Aud*ī*, Mārce: iubeō tē surg*ere* et respond*ēre*." Mārcus: "Nesciō quid respond*eam*." Magister iubet eum digitīs comput*āre:* "Digitīs comput*ā!* Cūrā ut rēctē comput*ēs!*" Mārcus: "Interrog*ā* aliōs! Nōlī semper mē interrog*āre!*" Mārcus magistrum monet ut aliōs interrog*et*.

Cicerō cōnsul Catilīnam ex urbe ēgred*ī* et proficīsc*ī* iussit: "Ēgred*ere* ex urbe! Patent portae: proficīsc*ere!*" Cōnsul ōrātiōne suā effēcit ut Catilīna ex urbe ēgred*erētur* et in Etrūriam proficīsc*erētur*.

Latīnus ab Aenēā quaesīvit 'quis es*set* et quid quae-r*eret*': "Tū quis *es* et quid quaer*is?*" Ille respondit 'sē es*se* Aenēam Trōiānum novamque sēdem quaer*ere*': "Ego *sum* Aenēās Trōiānus; novam sēdem quaer*ō*."

### PENSVM B

Rōmulus rēx XII *lictōrēs* sūmpsit, quī *īnsignia* imperiī, *fascēs* et *secūrēs*, gererent, et C senātōrēs *creāvit* [= lēgit]. Gentēs *vīcīnae* [= fīnitimae] Rōmānōs *spernēbant* [= contemnēbant] nec *lēgātiōnem* Rōmānam benignē audīvērunt. Id Rōmulus aegrē passus est, sed *indignātiōnem* suam dissimulāns fīnitimōs ad *lūdicrum* [=lūdōs] vocāvit. In mediō *plausū* [< plaudere] iuvenēs Rōmānī *clāmitantēs* [= clāmantēs] *exsiliunt* virginibusque manūs *iniciunt*, ut nārrat Ovidius in 'Arte *amātōriā*.' Parentēs virginum terrōre *perculsī* [=percussī] *profugiunt* [=aufugiunt]. Rōmulus *blandīs* verbīs animōs virginum *mītigāre* cōnābātur, sed parentēs cīvēs suōs contrā Rōmānōs *concitābant*. Dum aliī *occāsiōnem* [= tempus idōneum] exspectant, Caenīnēnsēs in fīnēs Rōmānōrum *invādunt*, sed Rōmulus *cōnfestim* [=statim] eōs *fugat* [= in fugam vertit] et ipse rēgem eōrum occīdit et *spoliat;* *spolia* rēgis in Capitōliō ad *quercum* sacram dēposuit et fīnēs templō Iovis *dēsignāvit*. Mulierēs ōrābant ut parentibus licēret Rōmam *migrāre;* quod facile *impetrāvērunt*.

Tarpēia nōn *impūne* [= sine poenā] arcem hostibus *prōdidit*. Rōmulus Iovem ōrāvit ut fugam Rōmānōrum *sisteret*. Tum mulierēs sē inter aciēs intulērunt patrēs virōsque ōrantēs 'nē sanguine *nefandō* [= īnfandō] sē *respergerent!*' Movet rēs *cum* multitūdinem *tum* ducēs [= et m. et d.]. Sabīnī *generīs* [= virīs fīliārum] et Rōmānī *socerīs* suīs dextrās dant ac ducēs ad *foedus* faciendum *prōdeunt* [= prōcēdunt]. Ūnam *cīvitātem* ex duābus faciunt et rēgnum *cōnsociant;* nōn modo commūne, sed etiam *concors* rēgnum eōrum fuit. Rōmulus rēx trēs *centuriās* equitum *cōnscrīpsit*. Ita equitātū Rōmānō auctō cum fīnitimīs, quī agrōs Rōmānōs *vāstābant* [= populābantur], *dīmicāvit* [= pugnāvit] eōsque vīcit. Haec ā Rōmulō domī *mīlitiae*que gesta sunt. Cum *cōntiōnem* mīlitum habēret, subitō *coortā* [= ortā] procellā *sublīmis* [= ad caelum] raptus est. Proculus Iūlius affirmāvit 'Rōmulum dē caelō *dēlāpsum* sibi *obvium* fuisse.'

Post breve *interrēgnum* populus Numam, quamquam *peregrīnus* erat, rēgem creāvit et patrēs auctōrēs factī sunt: ergō nōn *plēbs* [= populus], sed patrēs *dēcrēvērunt* quis Rōmae rēgnāret. Tum *augur*, capite *vēlātō* et *lituum* (id est baculum *aduncum*) tenēns, Iovem precātus est *utī* [= ut] signa certa *dēclārāret;* ita Numa *auspicātō* [= auspiciīs missīs] rēx *dēclārātus* est. Numa rēs *ūtilēs* [< ūtī] īnstituit: annum in XII mēnsēs *discrīpsit* et diēs *fāstōs* et *nefāstōs* fēcit; *flāminem* Diālem creāvit ac Vestālēs, Vestae sacerdōtēs *assiduās* [= semper praesentēs], quās virginitāte *sānctās* fēcit; nec quae*libet* virgō Vestālis fierī poterat, sed nōbilissimae tantum. Cum igitur fīnitimī nefās putārent cīvitātem sānctam *violāre*, pāx per multōs annōs *conservāta* est.

Iānus clausus pācem esse *indicat*. Quī *admodum* [= valdē] maeret crīnēs et vestem *laniat* [= scindit] et ocellōs lacrimīs *corrumpit*. Prō pecūniā mūtuā *pignus* dandum est. *Nocturnō* [< nox] tempore nauta sīdera in caelō *notat* [= animadvertit].

Synōnyma: honōs et *decus;* templum et aedēs et *fānum;* rēs mīrābilis et *mīrāculum;* rūsticus et *agrestis;* tardus et *lentus;* fēlīx et *faustus;* grātus et *acceptus;* iterum facere et *iterāre;* taedēre et *pigēre;* validus fierī et *convalēscere;* oppugnāre et *adorīrī;* aliquantum temporis et *aliquamdiū;* dēnuō et dē *integrō*.

Contrāria: victōria et *clādēs;* aequus et *inīquus;* bellicōsus et *imbellis;* internus et *externus;* concurrere et *discurrere;* ērumpere et *irrumpere;* āvertere et *advertere;* recumbere et *prōcumbere*.

### PENSVM C

1. Quae sunt īnsignia imperiī? *Īnsignia imperiī sunt fascēs et secūrēs.*

2. Quōmodo Rōmulus cīvitātem auxit? *Multōs fīnitimōs in urbem recēpit.*

3. Cūr novus populus uxōribus carēbat? *Quia virīs Rōmānīs cōnūbium nōn erat cum fīnitimīs.*

4. Quārē Rōmulus fīnitimōs ad lūdōs vocāvit? *Ut iuvenēs Rōmānī virginēs raperent.*

5. Quō rēx victor spolia opīma tulit? *In Capitōlium.*

6. Quōmodo Sabīnī arcem Rōmānam cēpērunt? *Virgō Tarpēia arcem Sabīnīs prōdidit.*

7. Quārē scūta sua in puellam coniēcērunt? *Quia puella postulāverat 'id quod in sinistrīs manibus habērent.'*

8. Quid fēcit Rōmulus cum Rōmānī fugerent? *Iovem ōrāvit ut fugam Rōmānōrum sisteret.*

9. Quam ob rem pāx facta est cum Sabīnīs? *Quia Sabīnae inter exercitūs pugnantēs sē intulērunt.*

10. Cūr Rōmulus Vēiōs expugnāre nōn potuit? *Quod urbs firmīs mūrīs atque sitū ipsō mūnīta erat.*

11. Quid accidit cum rēx cōntiōnem mīlitum habēret? *Tempestās cum tonitrū coorta est.*

12. Num mīlitēs rēgem in caelum rapī vīdērunt? *Rēgem nōn vīdērunt, nam dēnsō nimbō operiēbātur.*

13. Quid Proculus Iūlius nārrāvit? *Nārrāvit 'Rōmulum dē caelō lāpsum sibi obvium fuisse.'*

14. Quōmodo novus rēx creātus est? *Populus Rōmānus rēgem creāvit et patrēs auctōrēs factī sunt.*

15. Uter rēx ferōcior fuit, Rōmulusne an Numa? *Ex prīmīs duōbus rēgibus Rōmulus ferōcior fuit.*

16. Quōmodo Numa populum bellicōsum temperāvit? *Numa et pāce et deōrum metū populum temperāvit.*

# CAPITVLVM XLIII

## PENSVM A

*Dē adiectīvīs*

Italiae incolae prīm*ī* agricolae industri*ī* fuērunt. Ill*ud* tempus beāt*um* 'aetās aure*a*' dīcitur. Dum Latīnus in pāce diūturn*ā* rēgnat, Trōia, urbs opulent*a*, ab exercitū Graec*ō* capta est. Graecī audāc*ēs* ingent*em* equum ligne*um* mīlitibus armāt*īs* complēvērunt. Lāocoōn dē summ*ā* arce dēcurrēns cīvēs su*ōs* monuit nē hostibus Graec*īs* cōnfīderent, atque omn*ibus* vīribus hastam ingent*em* in latus equī dūr*um* mīsit, sed illa in firm*ō* rōbore stetit nec in partem interiōr*em* ad mīlitēs occult*ōs* penetrāvit. Brev*ī* tempore duo anguēs māxim*ī* per mare tranquill*um* ad lītus propinqu*um* natāvērunt et corpus eius medi*um* amplexī sunt. Priamus mult*ārum* gentium rēx superb*us* fuit.

Prīm*ā* lūce Dīdō sorōrī su*ae* "Quāl*is* hospes" inquit "domum nostr*am* intrāvit, quam nōbil*is*, quam fort*is*! Agnōscō veter*is* vestīgia flammae!"

Rōmulus ante diem ūndecim*um* kalendās Māi*ās* in colle Palātīn*ō* nov*am* urbem condidit. Gentēs fīnitim*ae* cīvēs Rōmān*ōs* spernēbant. Cum iuvenēs Rōmān*ī* virginēs Sabīn*ās* rapuissent, magn*um* et ācr*e* certāmen ortum est.

Senātus Rōmān*us* cōnstat ex sescent*īs* senātōribus, quī summ*am* potestātem in rē pūblic*ā* habent. Pontifex māxim*us* est summ*us* sacerdōs quī cēter*īs* omn*ibus* sacerdōtibus Rōmān*īs* praefectus est.

Templum Iovis Optim*ī* Māxim*ī* magnificent*ius* est quam cētera omn*ia* templa Rōmān*a*; ex omn*ibus* templīs Rōmān*īs* id magnificent*issimum* est.

Nūll*a* fēmina mortāl*is* pulchr*ior* fuit quam Helena; ea pulcher*rima* fuit omn*ium* fēminārum mortāl*ium*.

## PENSVM B

Tullus, rēx *indole* [= ingeniō] ferōx, Numae *dissimilis* fuit. Cum Albānī Rōmānōs rēs *repetentēs* dīmisissent, Tullus iīs bellum *indīxit.* Cupīdō imperiī duōs populōs *cognātōs* [= ab eōdem ortōs] ad arma *stimulābat* [= incitābat]. Etrūscī ambōs exercitūs spectābant, ut pugnā fessōs *aggrederentur* [= oppugnārent].

Cum duo Rōmānī *exspīrantēs* [= morientēs] concidissent, ūnus ferrō *intāctus* fuit; is aliquantum *spatiī* aufūgit ac trēs Albānōs magnīs *intervāllīs* sequentēs occīdit. Cum soror Horātiī *spōnsum* suum mortuum *identidem* [= iterum iterumque] appellāret cum *complōrātiōne* [= lāmentātiōne], Horātius eam verbīs *increpuit* et gladiō *trānsfīxit*! Itaque accūsātus est, et duumvirī, quī tantum *crīmen* neglegere nōn potuērunt, eum *condemnāvērunt;* sed Horātius ad populum *prōvocāvit.* In eō iūdiciō pater eius 'fīliam iūre caesam esse' *prōclāmāvit;* tum populus Horātium *absolvit,* neque enim *līberātōrem* [< līberāre] urbis verberātum et arbore īnfēlīcī *suspēnsum* vidēre voluit.

Tullus simul cum hostibus et cum *prōditiōne* [< prōdere] et *perfidiā* [< perfidus] sociōrum dīmicāvit, nam *iniussū* [↔ iussū] eius Albānī ex proeliō abiērunt. Hostibus victīs, rēx Mettium poenā *atrōcī* [= crūdēlī] affēcit: corpus eius ad duās quadrīgās *ligātum* [= vīnctum] in *dīversās* [= contrāriās] partēs *distractum* est. Deinde Alba *dīruta* [= dēstrūcta] est et Albānī Rōmam *trāductī* sunt. Ita Rōma *ruīnīs* [< ruere] Albae crēvit, numerus cīvium *duplicātus* [< duplex] est et X equitum *turmae* exercituī Rōmānō additae sunt.

Bellum *cīvīle* est quod inter cīvēs geritur. Duumvirī sunt *iūdicēs* sevērissimī. Quī sine *culpā* est ā iūdice absolvitur. *Centuriō* dīcitur quī centuriae praefectus est.

Synōnyma: servitūs et *servitium;* pallium mīlitis et *palūdāmentum;* fūnis et *restis;* plēbs et *vulgus;* cīvēs et *populārēs;* metus deōrum et *religiō;* flēns et *flēbilis;* miserandus et *miserābilis;* senex fierī et *senēscere;* oppōnere et *obicere;* ōrnāre et *decorāre;* cingere et *saepīre;* laniāre et *lacerāre;* errāre et *vagārī;* lūx fit et *illūcēscit;* ab utrāque parte et *utrimque;* nūllō modō et *nēquāquam;* paulātim et *sēnsim;* ubīque et *passim;* esset et *foret.*

Contrāria: pulchritūdō et *foeditās;* libēns et *invītus;* fōrmōsus et *dēfōrmis;* placēre et *displicēre;* clam et *palam.*

## PENSVM C

1. Quis fuit avus Tullī Hostīliī? *Avus eius fuit Hostius Hostīlius, quī dux Rōmānōrum fuit bellō Sabīnō.*

2. Quamobrem Tullus Albānīs bellum indīxit? *Quia Albānī ex agrō Rōmānō praedās ēgerant.*

3. Ubi Albānī castra collocāvērunt? *Iūxtā viam Appiam haud plūs quīnque mīlia passuum ab urbe.*

4. Num Rōmānī et Albānī aciē pugnāvērunt? *Nōn ita, nam trigeminī Rōmānī et Albānī, utrīque prō suā patriā, pugnāvērunt.*

5. Quōmodo Horātius sōlus trēs Albānōs vīcit? *Fugiendō pugnam dīvīsit, nam Albānī vulnerātī variīs intervāllīs eum secūtī sunt.*

6. Quid tum factum est ante portam Capēnam? *Horātius sorōrem suam, quae spōnsum suum Albānum lūgēbat, gladiō trānsfīxit!*

7. Horātiusne condemnātus ac pūnītus est? *Ā duumvirīs condemnātus est, sed populus eum absolvit.*

8. Quid est 'pōmērium'? *Est spatium intrā et extrā moenia quod neque habitārī neque arārī fās erat.*

9. Quōmodo Mettius sociōs suōs Rōmānōs prōdidit? *Exercitum suum ex proeliō abdūxit, ut cum victōribus sē iungeret.*

10. Quid fēcit Tullus postquam hostēs fūdit? *Mettium sevērissimē pūnīvit.*

11. Quōmodo duplicātus est cīvium numerus? *Albā dirutā cīvēs Albānī Rōmam trāductī sunt.*

12. Quamdiū Alba Longa stetit? *Quadringentōs annōs.*

13. Quid Tullus Hostīlius aedificāvit? *Tullus Hostīlius cūriam Hostīliam aedificāvit:*

14. Quandō Tullus deōs colere coepit? *Postquam ipse pestilentiā affectus est.*

15. Quōmodo ille rēx periit? *Tullus fulmine ictus cum domō suā flagrāvit.*

## CAPITVLVM XLIV

### PENSVM A

*Dē adverbiīs*

Tullus lēgātōs Albānōs bland*ē* ac benign*ē* recēpit. Rēx Albānus lēgātīs Rōmānīs superb*ē* ac ferō*citer* respondit. Horātiī et Cūriātiī nōn timid*ē*, sed fort*iter* pugnāvērunt. Duo Horātiī cit*ō* (celer*iter*) occīsī sunt, trēs Cūriātiī vulnerātī, duo magis aut min*us* grav*iter*, tertius lev*iter*. Subit*ō* Horātius, quī fēlī*citer* incolumis erat, fugere coepit. Albānī nōn aequ*ē* vēlō*citer* sequī potuērunt: quī levissim*ē* vulnerātus erat, vēlōcissim*ē* currēbat et continu*ō* occīsus est, cum long*ē* abesset ā cēterīs; quī gravissim*ē* vulnerātus erat, postrēm*ō* occīsus est. Cert*ē* Horātius fort*ius* ac prūdent*ius* pugnāvit quam cēterī: is omnium fortissim*ē* ac prūdentissim*ē* pugnāvit; sed postquam ita glōriōs*ē* patriam servāvit, sorōrem suam, quae Cūriātium flēbil*iter* nōmināverat, crūdēl*iter* interfēcit!

Posteā Tullus ēgregi*ē* cum hostibus pugnāvit, etsī Albānī sociōs Rōmānōs turp*iter* (foed*ē*) dēseruerant. Tullus ducem Albānum sevēr*ē* atque atrō*citer* pūnīvit. Nēmō Rōmānus hostem sevēr*ius* aut atrō*cius* pūnīvit quam Tullus.

Numa iūst*ē* et prūdent*er* rēgnāvit deōsque dīligent*er* coluit. Rōmulus et Tatius commūn*iter* rēgnāvērunt, nec Rōmulus mortem Tatiī molest*ē* (aegr*ē*) tulit.

Malus discipulus, quī mal*ē* ac prāv*ē* scrībit, rār*ō* laudātur; bonus discipulus, quī ben*e* ac rēct*ē* scrībit

nōn sōlum Graec*ē*, sed etiam Latīn*ē*, frequent*er* laudātur.

### PENSVM B

Ancus iūs *fētiāle* scrīpsit quō bellum indīcitur. Latīnīs bellum indictum est, postquam lēgātus deōs *testātus* est populum Latīnum adversus populum Rōmānum *dēlīquisse* [= male fēcisse] et plērīque senātōrēs *cōnsēnsērunt* [= in eandem sententiam iērunt]. Latīnīs victīs, Ancus ingentem praedam Rōmam *revēxit;* nec vērō Medulliam expugnāre potuit propter firmās *mūnītiōnēs* [< mūnīre]. Iāniculō adiectō urbem *amplificāvit* [= ampliōrem fēcit].

Patre mortuō, Lucumō, vir *strēnuus* [= impiger], omnium bonōrum *hērēs* factus est. Cum Etrūscī eum spernerent ut *exsule* ortum, uxor Tanaquīl, quae virum *honōrātum* [= decorātum] vidēre cupīvit, eī persuāsit ut Rōmam *commigrāret* cum omnibus *bonīs* [= fortūnīs] suīs. Aquila eī *pilleum* abstulit et *dīvīnitus* [= dīvīnē] in capite reposuit. Hoc *augurium* Tanaquīl, quae rērum caelestium *perīta* erat, laeta accēpit. Rōmae L.Tarquinius, quem dīvitiae *cōnspicuum* faciēbant, cīvēs sibi conciliābat *cōmiter* [= benignē] invītandō.

Equitātū auctō rēx Tarquinius cum Sabīnīs *cōnflīxit.* Eō proeliō *praecipua* fuit glōria equitum, quī ab lateribus *incurrērunt* ac Sabīnōs fūdērunt. Haec *fermē* [= ferē] est fōrmula *dēditiōnis:* "Dēditisne vōs, urbem, agrōs, *terminōs, dēlūbra* [= fāna], dīvīna hūmānaque omnia in populī Rōmānī *diciōnem?*" "Dēdimus."

Servius Tullius, quī *servā* [= ancillā] nātus esse dīcitur, magnā cūrā *ērudiēbātur* [= docēbātur]. In vestibulō rēgiae duo pāstōrēs *rixam* simulant; vocātī ad rēgem alter rem ex *compositō* ōrditur, alter secūrim in caput rēgis *dēicit.* Rēgīna, *arbitrīs* [= testibus] ēiectīs, Servium *properē* [= celeriter] *accīvit* [= arcessīvit]. Populō nūntiat 'rēgem nōn mortuum, sed *sōpītum* esse subitō *ictū;* interim Servium rēgis officiīs *fūnctūrum* esse.' Ita cēlātā morte opēs Serviī *fīrmāvit* [< firmus]. Servius rēx populum ex *cēnsū* [< cēnsēre] in V classēs *distribuit* [= discrīpsit]; singulae classēs ex *iūniōribus* et *seniōribus* cōnstant. Quamquam Servius magnō *cōnsēnsū* [< cōnsentīre] populī rēx *lēgitimus* [< lēx] dēclārātus erat, L. Tarquinius rēgnum *affectāre* nōn dēstitit; Tullia, quācum *nūptiīs* [< nūbere] iūnctus erat, eum *īnstīgābat* [= incitābat]. Postrēmō senātum per *praecōnem* in Cūriam coēgit ibique turpissimīs *contumēliīs* Serviō *maledīcere* orsus est. Huic ōrātiōnī Servius *intervēnit* cum *fautōribus* [< favēre] suīs, sed Tarquinius eum *arripuit* atque per gradūs *dēiēcit!* Tullia currum suum per corpus patris *sanguinulentum* [= cruentum] ēgisse fertur, neque id ā cēterō scelere *abhorret.*

Māne hominēs ē somnō *expergīscuntur.* Senēs māiōrēs *nātū* sunt quam iuvenēs. Mōtus membrōrum vinculīs *impedītur. Captīvus* est mīles captus. Discordia cīvīlis *sēditiō* dīcitur. Hominēs ferās *domāre* nōn possunt. Quī sōlus esse vult, locum *secrētum* petit. Caput ārdēns glōriam futūram *portendere* putābātur. Fabius

114

Pictor est rērum gestārum *scriptor* antīquus. Servius cum prīmōribus Latīnōrum *hospitiīs* [< hospes] iūnctus erat. *Carpentum* est *vehiculum* [= currus] quod duās *rotās* habet ; bēstia quae currum vehit *iūmentum* dīcitur.

Synōnyma: uxor fīliī et *nurus;* dolus malus et *fraus;* īnsānia et *furor;* clam factus et *clandestīnus;* idōneus et *aptus;* illūstris et *inclutus;* rēgius et *rēgālis;* acerbus et *amārus;* ēlūdere et *frūstrārī;* quōmodo et quō *pactō.*

Contrāria: vetustās et *novitās;* iuventūs et *senectūs;* ēgredī et *ingredī;* pūblicē et *prīvātim.*

## PENSVM C

1. Quōmodo fētiālis bellum indīcēbat? *Fētiālis hastam sanguineam in fīnēs hostium ēmittēbat.*
2. Quārē carcerem aedificāre necesse fuit? *Ut hominēs ā sceleribus dēterrērentur.*
3. Cūr Lucumō domī honōrem adipīscī nōn poterat? *Quia pregrīnus erat.*
4. Quī rēgēs peregrīnī Rōmae rēgnāvērunt? *Tatius et Numa et Tarquinius.*
5. Quot equitēs tum in exercitū Rōmānō erant? *Nōngentī tantum, sed Tarquinius numerum duplicāvit.*
6. Quibus condiciōnibus pāx cum Sabīnīs facta est? *Collātia Sabīnīs adēmpta est.*
7. Quāle prōdigium in rēgiā vīsum est? *Caput puerī dormientis ārsisse fertur.*
8. Quid caput Serviī ārdēns portendere putābātur? *Id eum rēgem futūrum esse portendere putābātur.*
9. Quōmodo rēx Tarquinius occīsus est? *Alter ex duōbus pāstōribus secūrim in caput rēgis dēiēcit.*
10. Quārē Tanaquīl mortem rēgis cēlāvit? *Tanaquīl mortem rēgis cēlāvit, ut opēs Serviī firmāret.*
11. Quōs collēs Servius urbī Rōmae adiēcit? *Servius Quirīnālem Vīminālemque urbī adiēcit.*
12. Quālēs erant fīliae Serviī? *Altera mītis, altera ferōx.*
13. Quōmodo Servius rēgnō pulsus est? *Tarquinius Servium ē Cūriā ēiēcit.*

## CAPITVLVM XLV

### PENSVM A

*Dē prōnōminibus*

Qu*is* fuit rēx ill*e* ferōx qu*ī* Rōmā exāctus est? Tarquinius fuit, qu*em* Rōmānī 'Superbum' appellāvērunt. Is enim e*ōs* cīvēs qu*ōs* timēbat aut qu*ōrum* dīvitiās cupiēbat necāvit. Ill*ō* tempore nēm*ō* Rōmae tūtus erat. Cum Lucrētia, uxor c*uius*dam Collātīnī, ā fīliō ill*ius* rēgis stuprāta esset, Brūtus, c*uius* frāter ab e*ōdem* rēge necātus erat, h*ōc* modō iūrāvit: "Per h*unc* sanguinem iūrō: m*ē* quācumque vī possim L. Tarquinium exsecūtūrum nec ill*um* nec ali*um* qu*em*quam rēgnāre Rōmae passūrum!" Tum rēgem ips*um* et līberōs e*ius* exēgit.

Ōrāculum ill*ud* Delphicum, c*ui* ips*e* deus Apollō praeest, clārius est quam ull*um* ali*ud* ōrāculum neque rēx Tarquinius ull*ī* ali*ī* ōrāculō crēdēbat.

Sextus qu*en*dam nūntium ad rēgem mīsit, nec vērō rēx h*uic* nūntiō cōnfīdēbat. Sextus ab e*ō* quaesīvit:

"Qu*id* rēx t*ibi* respondit cum t*ē* recēpisset?" Nūntius: "In hortum exiit m*ē* sequente nec qu*id*quam m*ihi* respondit." Nūntius dīxit 'rēgem n*ihil* *sibi* respondisse.'

Rōmulō mortuō patrēs inter s*ē* certābant qu*is* e*ōrum* Rōmae rēgnāret. Omnibus placēbat aliqu*od* caput cīvitātis esse, nec vērō qu*is*quam alter*ī* concēdere volēbat. E*ō* tempore Numa Curibus habitābat; e*um* populus Rōmānus rēgem creāvit, ac patrēs, cum nēmin*em* ill*ī* virō praeferre audērent, e*ī* rēgnum trādidērunt. Tum augur h*aec* verba locūtus est: "Iuppiter pater, sī est fās h*unc* Numam Pompilium, c*uius* eg*o* caput teneō, rēgem Rōmae esse, utī t*ū* signa certa dēclārēs inter e*ōs* fīnēs qu*ōs* fēcī!"

### PENSVM B

Tarquinius Superbus prīmōrēs suspectōs et *invīsōs* [↔ dīlēctōs] occīdit aut in *exsilium* ēgit; ita senātōrum numerō *imminūtō* [= minūtō], senātus *expers* potestātis [= sine potestāte] erat, et rēx ipse per sē rem pūblicam *administrābat.*

Cum Turnus *minās* in rēgem Rōmānum iactāvisset, rēx allātō falsō crīmine virum *insontem* [= sine culpā] oppressit: gladiōs multōs ad eum *convehī* [= cōnferrī] iussit, quibus inventīs *manifēsta* [↔ dubia] rēs vīsa est.

Rēx praedam largiendō animōs cīvium *lēnīre* [= mītigāre] studēbat, quī sē *opificēs* [= operāriōs] prō *bellātōribus* factōs esse *indignābantur* [= indignum putābant]; sed cum Ardeam vī capere nōn posset, urbem *obsidēre* coepit. Ibi cum dē uxōribus *mentiō* facta esset, Collātīnus dīxit 'Lucrētiam suam *castissimam* esse'; iuvenēs Rōmam properāvērunt, ubi uxōrēs suās in *epulīs* [= cēnā] et luxū tempus *terentēs* invēnērunt; Lucrētia vērō nocte *sērā* inter ancillās labōrābat. Postquam Sextus Tarquinius Lucrētiam *stuprāvit* [= violāvit], Brūtus per sanguinem Lucrētiae *iūrāvit* 'sē rēgem cum coniuge et *prōle* [= stirpe] Rōmā *exāctūrum* esse.' Ōrātiōne habitā dē vī ac *libīdine* Sex.Tarquiniī, dē *stuprō* Lucrētiae nefandō, dē *saevitiā* [< saevus] rēgis nōn *tolerandā* [= ferendā] ac dē plēbis *miseriīs* [< miser], Brūtus haud *difficulter* [↔ facile] Rōmānīs persuāsit ut imperium rēgī *abrogārent.*

Hostis *insolēns* [= audāx et superbus] semper parātus est ad *rebellandum* [= bellum renovandum]. Cohors cōnstat ex III *manipulīs.* *Ōrāculum* est locus ubi fātum dīvīnitus praedīcitur *sortibus.* Vir *honestus* [< honor] nōn *peccat* [= dēlinquit].

Synōnyma: potentia et *auctōritās;* iuventūs et *iuventa;* pudīcitia et *castitās;* culpa et *noxa;* peccātum et *dēlictum;* fūnus et *exsequiae;* iactūra et *damnum;* fīdus et *fidēlis;* vacuus et *inānis;* tuērī et *prōtegere;* interrogāre et *sciscitārī;* cōgitāre et *dēlīberāre;* trucīdāre et *iugulāre;* properāre et *mātūrāre;* fluere et *mānāre;* premere et *urgēre;* cōnsentīre cum aliquō et *assentīre* alicui; in eundem locum et *eōdem;* profectō et *enimvērō;* ūllō loco et *usquam;* apud et *penes;* suā sponte et *ultrō.*

Contrāria: stultitia et _prūdentia;_ decus et _dēdecus;_ amīcitia et _simultās;_ coāctus et _voluntārius;_ pudīcus et _impudīcus._

PENSVM C

1. Cūr ultimus rēx 'Superbus' appellābātur? _Quia socerum sepelīrī vetuit et prīmōrēs patrum interfēcit._
2. Quid Tarquinius Latīnīs indīxit? _Iīs indīxit ut prīmā lūce ad lūcum Ferentīnae convenīrent._
3. Num Latīnī rēgem patienter exspectābant? _Immō Latīnī rēgem impatienter exspectābant._
4. Quōmodo Tarquinius Turnum suspectum fēcit? _In hospitium Turnī multōs gladiōs īnferrī iussit._
5. Quārē Sextus Tarquinius Gabiōs trānsfūgit? _Ut ā Gabīnīs dux bellī factus cīvitātem Rōmānīs dēderet._
6. Quid Tarquinius nūntiō fīliī respondit? _Nihil verbīs respondit, sed summa papāverum capita dēcussit!_
7. Quōmodo Gabiī rēgī Rōmānō trāditī sunt? _Prīmōribus cīvitātis interfectīs, Gabiī sine pugnā trāditī sunt._
8. Quod portentum in rēgiā vīsum est? _Anguis ex columnā ligneā ēlāpsus est._
9. Quōs Tarquinius Delphōs ad ōrāculum mīsit? _Rēx fīliōs Titum et Arruntem cum Brūtō Delphōs mīsit._
10. Quārē Brūtus stultitiam simulābat? _Stultitiam simulāvit, nē ā Tarquiniō interficerētur._
11. Cūr Brūtus terram ōsculātus est? _Ita ōrāculō pāruit, nam terra 'māter' est omnium mortālium!_
12. Quam ob rem Tarquinius Ardeam oppugnāvit? _Rēx dīvitiās cīvitātis cupiēbat._
13. Aerāriumne plēnum erat pecūniae? _Aerārium exhaustum erat magnificentiā pūblicōrum operum._
14. Quōmodo iuvenēs rēgiī in castrīs tempus terēbant? _Iuvenēs rēgiī convīviīs ōtium terēbant._
15. Quō iuvenēs rēgiī ex castrīs profectī sunt? _Rōmam profectī sunt et inde Collātiam._
16. Quōmodo uxōrēs eōrum tempus terēbant? _Nurūs rēgiae in luxū et convīviīs tempus terēbant, Collātīnī uxor lānae dēdita erat._
17. Quae fuit uxor castissima? _Lucrētia, uxor Collātīnī._
18. Cūr Lucrētia se ipsa interfēcit? _Quia stuprum passa erat._
19. Quid Brūtus per sanguinem Lucrētiae iūrāvit? _Iūrāvit 'sē rēgem Rōmā exāctūrum esse.'_
20. Quī prīmī cōnsulēs fuērunt? _L. Iūnius Brūtus et L. Tarquinius Collātīnus._

**CAPITVLVM XLVI**

PENSVM A

_Dē numerīs_

Līvius scrīpsit _centum quadrāgintā duōs_ [CXLII] librōs 'Ab urbe conditā', quōrum _trīgintā quīnque_ [XXXV] tantum cōnservātī sunt, _centum et septem_ [CVII] periērunt.

Tarquinius, _septimus_ [VII] rēx Rōmānus, ā Brūtō expulsus est annō ab urbe conditā _ducentēsimō quadrāgēsimō quārtō_ [CCXLIV], et prō _ūnō_ [I] rēge _duo_ [II] cōnsulēs creātī sunt. Ex eō tempore quotannīs _bīnī_ [II...] cōnsulēs creābantur.

Annō ab urbe conditā _quadringentēsimō nōnāgēsimō_ [CCCCXC] bellum Pūnicum _prīmum_ [I] ortum est. Annō _vīcēsimō tertiō_ [XXIII] eius bellī Poenī proeliō nāvālī dēvictī sunt: _sexāgintā trēs_ [LXIII] nāvēs eōrum captae sunt, _centum vīgintī quīnque_ [CXXV] dēmersae, _trīgintā duo_ [XXXII] mīlia hostium capta, _trēdecim_ [XIII] mīlia occīsa; ex classe Rōmānā _duodecim_ [XII] nāvēs dēmersae. Pugnātum est ante diem _sextum_ [VI] īdūs Mārtiās, id est diē _decimō_ [X] mēnsis Mārtiī.

Legiōnēs Rōmānae in _dēnās_ [X...] cohortēs dīviduntur, cohortēs in _ternōs_ [III...] manipulōs, manipulī in _bīnās_ [II...] centuriās. In _singulīs_ [I...] legiōnibus sunt _quaterna_ [IV...] vel _quīna_ [V..] mīlia hominum, quibus _sēnī_ [VI...] tribūnī mīlitum praefectī sunt.

_Bis_ bīna [2×2] sunt _quattuor. Ter sēna_ [3×6] sunt _duodēvīgintī. Quater quīna_ [4×5] sunt _vīgintī. Quīnquiēs dēna_ [5×10] sunt _quīnquāgintā._

PENSVM B

Tarquinius Collātīnus, L. Brūtī _collēga,_ cum omnī _patrimōniō_ suō Rōmā migrāvit. Brūtus et Arrūns _invicem_ sē occīdērunt. Coriolānus ad quīntum _mīliārium_ ab urbe prōcessit, sed mātris et uxōris flētū superātus _retrō_ sē recēpit. Cincinnātus, quī agrum IV _iūgerum_ possidēbat, ab arātrō dictātor factus est (_dictātūra_ est dignitās māior quam _cōnsulātus_); ergō _sūdōre_ dētersō togam _praetextam_ accēpit. M. Valeriō adversus Gallum prōcēdentī _corvus_ super bracchium sēdit atque oculōs Gallī ālīs et _unguibus_ verberāvit. Ap. Claudius _cēnsor_ [< cēnsēre] viam Appiam strāvit. Samnītēs Rōmānōs victōs sub _iugum_ mīsērunt.

Pyrrhus captīvōs Rōmānōs _honōrificē_ [= magnō honōre] _tractāvit,_ sed senātus eōs _īnfāmēs_ habērī iussit. Fabricius medicum, quī sē Pyrrhum _venēnō_ occīsūrum prōmīserat, _repudiāvit_ [= dīmīsit]; rēx cum hoc _comperisset_ [= cognōvisset], _honestātem_ [< honestus] Fabriciī valdē admīrātus est.

Cōnsulēs Rōmānī Poenōs proeliō _nāvālī_ vīcērunt, sed cum _victrīcī_ classe redeuntēs _naufragium_ passī sunt; nec tamen animī Rōmānōrum hāc _calamitāte_ īnfrāctī sunt. Bellō Pūnicō _trānsāctō_ [= perāctō], rēx Hierō ducenta mīlia _modiōrum_ trīticī populō Rōmānō _praestitit_ [= praebuit].

_Tīrō_ est novus mīles. Pānis albus ex _trīticō_ efficitur.

Synōnyma: III annī et _triennium;_ IV annī et _quadriennium;_ ferōx et _trux;_ immēnsus et _īnfīnītus;_ magnus et _grandis;_ cōnspicuus et _īnsignis;_ senēscere et _cōnsenēscere;_ ulcīscī et _vindicāre;_ pārēre et _obsequī;_ condemnāre et _damnāre;_ fallere et _dēcipere._

Contrāria: prōgredī et _regredī;_ cessāre et _persevērāre._

PENSVM C

1. Quid ēgit Tarquinius Rōmā expulsus? _Bellum intulit Rōmae, ut in rēgnum restituerētur._
2. Quōmodo periit L. Brūtus? _Brūtus et Arrūns in proeliō invicem sē interfēcērunt._

116

3. Quid trecentīs Fabiīs accidit? *Omnēs praeter ūnum in proeliō interfectī sunt.*

4. Ubi senātōrēs Cincinnātum invēnērunt? *Cincinnātum arantem invēnērunt et dictātōrem fēcērunt.*

5. Cūr decemvirīs potestās sublāta est? *Quia ūnus ex iīs fīliam Vergīniī stuprāre cōnātus erat.*

6. Tōtamne urbem Rōmam Gallī occupāvērunt? *Gallī urbem Rōmam praeter Capitōlium occupāvērunt.*

7. Quōmodo Mānlius 'Torquātī' cognōmen accēpit? *Mānlius torquem Gallō occīsō adēmptum collō suō imposuit.*

8. Quid Ap. Claudius Caecus cēnsor fēcit? *Ap. Claudius cēnsor aquam Appiam indūxit et viam Appiam strāvit.*

9. Ā quibus Rōmānī sub iugum missī sunt? *Rōmānī ā Samnītibus victī sub iugum missī sunt.*

10. Cūr Pyrrhus Rōmānōs admīrābātur? *Quia mīlitēs Rōmānōs mortuōs cum adversō vulnere et trucī vultū iacēre vīdit.*

11. Quid medicus Pyrrhī prōmīsit? *Medicus Fabriciō prōmīsit 'sē Pyrrhum venēnō occīsūrum esse.'*

12. Quid ēgit Rēgulus postquam Rōmam missus est? *Rōmānīs suāsit nē pācem cum Poenīs facerent.*

13. Ubi Carthāginiēnsēs dēvictī sunt? *Proeliō nāvālī ad Aegātēs īnsulās dēvictī sunt.*

14. Quandō Iānus iterum clausus est? *Pāce factā T. Mānliō Torquātō C. Atīliō Bulbō cōnsulibus.*

15. Quis spolia opīma tertia cēpit? *M. Claudius Mārcellus cum rēgem Gallōrum suā manū occīdisset.*

# CAPITVLVM XLVII

## PENSVM A

*Dē modīs verbōrum et participiīs*

Porsenna, rēx Etrūscōrum, cum Iāniculum *cēpisset* [capere], virtūte Horātiī Coclitis *prohibitus* [prohibēre] est nē Tiberim *trānsīret* [trānsīre]. Quī, cum aliīs *imperāvisset* [imperāre] ut pontem *rescinderent* [rescindere], ipse prō ponte *stāns* [stāre] sōlus Etrūscōs *sustinuit* [sustinēre], et ponte *ruptō* [rumpere] in flūmen sē *mīsit* [mittere] ut ad suōs *natāret* [natāre]. Ob hoc factum statua eī in Comitiō *posita* [pōnere] est.

Cum Porsenna rēx urbem *obsidēret* [obsidēre], C. Mūcius senātum *adiit* [adīre] et patribus *pollicitus* [pollicērī] est 'sē rēgem *occīsūrum* [occīdere] esse'. Cum ad hostēs *trānsfūgisset* [trānsfugere] et in castra rēgis *intrāvisset* [intrāre], ut prōmissum *solveret* [solvere], alium virum prō rēge *occīdit* [occīdere]. Ā cūstōdibus *apprehēnsus* [apprehendere] et ad rēgem *tractus* [trahere] dextram ignī *impositam* [impōnere] *exussit* [exūrere]; ita manum *pūnīvit* [pūnīre] quae (: cum) in caede *peccāvisset* [peccāre]. Hāc virī cōnstantiā rēx ita *permōtus* [permovēre] est ut Mūcium *līberāret* [līberāre] et lēgātōs Rōmam *mitteret* [mittere] quī (: ut) pācem *compōnerent* [compōnere]. Patrēs Mūciō virtūtis causā trāns Tiberim agrum *dedērunt* [dare].

## PENSVM B

In hōc *commentāriō* A. Gellius collēgit ea quae *excerpsit* ex librīs *annālibus* [= chronicīs] dē temporibus quibus *flōruērunt* Graecī Rōmānīque illūstrēs.

Ad annum *ducentēsimum sexāgēsimum* [= CCLX] a.u. c. Aeschylus Athēnīs *tragoediās* scrībere coepit et *celebrātus* [= nōbilitātus] est; eōdem tempore Coriolānus, ā tribūnīs plēbis *vexātus* [= male tractātus], ad Volscōs ā Rōmānīs *dēscīvit*. M. Mānlius Gallōs in *obsidiōne* [< obsidēre] Capitōliī obrēpentēs *dēpulit*, sed posteā rēgnum affectāvisse *convictus* est.

Alexander in Asiam *trānsgressus* est [= trānsiit] et *plērāque* [= māiōre] parte Orientis subāctā mortem *obiit*.

Cēnsōrēs ad nōmen P. Cornēliī Rūfīnī *notam* apposuērunt et causam *subscrīpsērunt* 'quod argentī factī X pondō *librās* habēret'. Annō *quīngentēsimō ūndēvīcēsimō* [DXIX] a.u.c. Sp. Carvilius Rūga prīmus Rōmae *dīvortium* cum uxōre fēcit. Lūcīlius aliōs poētās *obtrectāvit* in *poēmatīs* suīs.

Anus, postquam trēs librōs *exussit* [= deussit], rēgem *percontāta* est 'num reliquōs eōdem pretiō *mercārī* [= emere] vellet?' Rēx, quī prīmō 'anum *dēlirāre* [= furere]' dīxerat, iam *cōnstantiam* [< cōnstāns] et *cōnfīdentiam* [< cōnfīdēns] eius admīrābātur.

'Mehercule' est *iūs iūrandum* per Herculem.

Synōnyma: diūturnus et *diūtinus;* vēndere et *vēnundare;* certē et sine *dubiō.*

Contrāria: cōmicus et *tragicus;* fertilis et *sterilis;* sapere et *dēsipere;* cautē et *temere.*

## PENSVM C

1. Ā quō incipit A. Gellius? *Incipit ā Solōne.*

2. Cūr nōn ab Homērō incipit? *Quia Homērus multīs annīs ante Rōmam conditam vīxisse cōnstat.*

3. Quandō Solō lēgēs Athēniēnsibus scrīpsit? *Solō lēgēs scrīpsit Tarquiniō Prīscō Rōmae rēgnante.*

4. Quid Tarquiniō Superbō rēgnante factum est Athēnīs? *Eō tempore Harmodius et Aristogītōn Hipparchum tyrannum occīdērunt.*

5. Quō duce Persae ad Marathōnem victī sunt? *Persae Miltiade duce victī sunt ad Marathōnem.*

6. Ubi Athēniēnsēs classem Persārum vīcērunt? *Classis Persārum ad īnsulam Salamīna victa est.*

7. Quot tabulās lēgum decemvirī scrīpsērunt? *Decemvirī duodecim tabulās lēgem scrīpsērunt.*

8. Quōmodo Sōcratēs mortem obiit? *Sōcratēs capitis damnātus venēnum bibere coāctus est.*

9. Cūr M. Mānlius capitis damnātus est? *Quia rēgnum affectāvisse convictus erat.*

10. Platō et Aristotelēs quī fuērunt? *Platō et Aristotelēs philosophī Graecī fuērunt.*

11. Quō Alexander trānsgressus est et quid ēgit? *Trānsgressus in Asiam magnam Orientis partem subēgit.*

12. Cūr P. Cornēlius Rūfīnus senātū mōtus est? *Quod cēnae grātiā decem pondō librās argentī habēbat.*

13. Quid scrīpsit Menander? *Cōmoediās scrīpsit.*

14. Quis Rōmae prīmus dīvortium fēcit et quārē? _Carvilius Rūga dīvortium fēcit cum uxor sterilis esset._
15. Plautus quis fuit et quandō flōruit? _Plautus poēta cōmicus fuit quī bellō Pūnicō secundō flōruit._

## CAPITVLVM XLVIII

### PENSVM A

_Supplenda sunt themata quae dēsunt:_

tegere _tēx_isse _tēct_um; cingere _cīnx_isse _cīnct_um; cōnflīgere cōn_flīx_isse cōn_flīct_um; exstinguere ex_stīnx_isse ex_stīnct_um; stringere _strīnx_isse _strict_um; pingere _pīnx_isse _pict_um; ērigere ē_rēx_isse ē_rēct_um; augēre _aux_isse _auct_um; dēstruere dē_strūx_isse dē_strūct_um; laedere _laes_isse _laes_um; invādere in_vās_isse in_vās_um; ēlūdere ē_lūs_isse ē_lūs_um; sentīre _sēns_isse _sēns_um; suādēre _suās_isse; excēdere ex_cess_isse; haerēre _haes_isse; haurīre _haus_isse _haust_um; manēre _māns_isse; opprimere op_press_isse op_press_um; dētergēre dē_ters_isse dē_ters_um; reficere re_fēc_isse re_fect_um; adicere ad_iēc_isse ad_iect_um; recipere re_cēp_isse re_cept_um; adimere ad_ēm_isse ad_ēmpt_um; gignere _genu_isse _genit_um; accumbere ac_cubu_isse ac_cubit_um; pallēscere _pallu_isse; sonāre _sonu_isse; domāre _domu_isse _domit_um; increpāre in_crepu_isse; cōnscīscere cōn_scīv_isse cōn_scīt_um; inquīrere in_quīsīv_isse in_quīsīt_um; sepelīre _sepelīv_isse _sepult_um; colligere col_lēg_isse col_lēct_um; exigere ex_ēg_isse ex_āct_um; cōgere co_ēg_isse co_āct_um; fundere _fūd_isse _fūs_um; relinquere re_līqu_isse re_lict_um; contingere con_tig_isse con_tāct_um; incendere in_cend_isse in_cēns_um; tribuere _tribu_isse _tribūt_um; concurrere con_curr_isse con_curs_um; pandere _pand_isse _pass_um; comperīre com_per_isse com_pert_um; expellere ex_pul_isse ex_puls_um; resistere re_stit_isse; parere _peper_isse _part_um; fallere _fefell_isse _fals_um; ēdere ē_did_isse ē_dit_um; dēlēre _dēlēv_isse _dēlēt_um; complēre com_plēv_isse com_plēt_um; dēcernere dē_crēv_isse dē_crēt_um; crēscere _crēv_isse; colere _colu_isse _cult_um; cōnsulere cōn_sulu_isse cōn_sult_um; corripere cor_ripu_isse cor_rept_um; torrēre _torru_isse _tōst_um; fungī _fūnct_um; patī _pass_um; ēgredī ē_gress_um; complectī com_plex_um; orīrī _ort_um; experīrī ex_pert_um; ulcīscī _ult_um; adipīscī ad_ept_um; rērī _rat_um.

### PENSVM B

Hannibal puer, cum patrī _blandīrētur_ ut sē dūceret in Hispāniam, iūre iūrandō _adāctus_ est 'sē semper hostem fore Rōmānīs'. Patre mortuō Hannibal _vixdum_ [= vix adhūc] pūbēs in Hispāniam missus est, ut mīlitiae _adsuēsceret_ et in locum patris _succēderet_. Omnium _assēnsū_ [< assentīre] dux dēclārātus prīmum aliās gentēs domuit, tum Saguntum _circumsedēre_ [= obsidēre] coepit. Iam mūrī _arietibus_ feriēbantur, sed _oppidānī_ [= cīvēs oppidī] fortiter _obsistēbant_ hostēsque _submōvērunt_ [= remōvērunt]. Per paucōs diēs obsidiō magis quam _oppugnātiō_ fuit, nec vērō ab _apparātū_ [< apparāre] mūnītiōnum cessāvērunt. Pugnā renovātā, mūrī et turrēs _quassātae_ sunt et cum fragōre ingentī _prōcidē-_

_runt;_ utrimque prōcursum est, Poenōs spēs, Saguntīnōs _dēspērātiō_ incitābat; oppidānīs minuēbātur _exspectātiō_ [< exspectāre] opis, cum tam procul Rōma, _ūnica_ spēs, esset. Audītīs pācis condiciōnibus, prīmōrēs in ignem _sēmet_ [= sē] ipsī praecipitāvērunt; inde cum pavor tōtam urbem _pervāsisset_ ac mūrī sine _statiōnibus_ custōdiīsque _solitīs_ [< solēre] essent, Poenī per ruīnam mūrī impetū factō urbem _mōmentō_ temporis cēpērunt.

Post _excidium_ Saguntī tantus _maeror_ [< maerēre] et metus dē _summā_ rērum Rōmānōs cēpit ut trepidārent magis quam _cōnsultārent_. Māximīs cōpiīs _comparātīs_, bellum Poenīs indictum est. Vēre Hannibal exercitum ex _hībernīs_ ēdūxit atque Alpēs _trānscendit_ [= trānsiit]. Post _trānsitum_ [< trānsīre] _labōriōsum_ [= magnī labōris] Rōmānōs _equestrī_ [< equus] proeliō vīcit. Ad Trasumennum Hannibal, equitibus ad _faucēs_ [= angustiās] locātīs et levī _armātūrā_ post montēs circumductā, Rōmānōs _circumvēnit_ [= circumdedit] antequam aciem īnstruere et arma _expedīre_ possent. Rōmae cum turba _inquīreret_ [= quaereret] 'quae _repēns_ [= repentīna] clādēs allāta esset?' M. Pompōnius _praetor_ "Pugnā magnā" inquit "victī sumus." Duae mātrēs, cum praeter spem fīliōs _sōspitēs_ [= salvōs] vīdissent, gaudiō _exanimātae_ sunt [= exspīrāvērunt]. Fabiō Māximō dictātōrī mandātum est ut praesidia certīs locīs _dispōneret_ et pontēs _rescinderet_. Fabius novīs cōnsulibus suāsit ut proelium _differrent_, quia sciēbat Hannibalem, ducem _callidum_, aliter vincī _nequīre_ [= nōn posse]. Sed ob _impatientiam_ Varrōnis cōnsulis proeliō commissō, Rōmānī _incautē_ [= temere] in medium irruentēs inclūsī et victī sunt. Alter cōnsul, quī prīmō proeliō _fundā_ ictus erat, postrēmō tēlīs _obrutus_ est. _Reliquiae_ [< reliquus] exercitūs Canusium perfūgērunt.

Māgō in senātū Carthāginiēnsī dīxit 'prō victōriīs dīs _grātēs_ [= gratiās] agendās esse et _supplēmentum_ [< supplēre], pecūniam, _commeātum_ Hannibalī mittendum'; sed Hannō eī _contrādīxit_ et Hannibalem _crīminātus_ est [= incūsāvit].

Hannibal revocātus dīxit 'sē _obtrectātiōne_ atque invidiā senātūs Carthāginiēnsis victum esse', et sīc Hannōnem _castīgāvit_ [= reprehendit]: "Nec hāc _dēfōrmitāte_ [= foeditāte] _reditūs_ [< redīre] meī tam P. Scīpiō _exsultābit_ quam Hannō..."

Carthāginiēnsibus dēvictīs _indūtiae_ in trēs mēnsēs datae sunt. Pāx facta est hīs lēgibus: ut _perfugās_ fugitīvōsque et captīvōs redderent; nāvēs longās praeter X _trirēmēs_ trāderent; X mīlia talentum argentī et C _obsidēs_ darent.

Quod senātus dēcrēvit senātūs _cōnsultum_ dīcitur. _Cōnsulāris_ est quī cōnsul fuit, quī praetor fuit _praetōrius_. _Aedīlis_ est magistrātus quī viās, aedēs, lūdōs cūrat. Novī cōnsulēs dē prōvinciīs _sortiuntur_ [< sors]. Eques properāns equō _calcāria subdit_. Difficile est longitūdinem flūminis _mētīrī_.

Synōnyma: hostia et _victima;_ virga et _sārmentum;_ mūnītiō et _mūnīmentum;_ stīpes et _pālus;_ memorandus et _memorābilis;_ dēnsus et _cōnfertus;_ errāns et _vagus;_

lūgubris et _fūnestus;_ tolerandus et _tolerābilis;_ operam
dare et _nītī;_ indūcere et _intrōdūcere;_ ēminēre et _prō-_
_minēre;_ dēfungī et _perfungī;_ cēnāre et _epulārī;_ dēterrēre et _absterrēre;_ explōrāre et _speculārī;_ nēquāquam
et _haudquāquam;_ sine perīculō et _tūtō;_ nec adhūc et
_necdum;_ scīlicet et _vidēlicet;_ num quis et _ecquis;_ aliō
locō et _alibī._

Contrāria: virtūs et _vitium;_ somnus et _vigiliae;_ invītus
et _libēns;_ remōvēre et _prōmovēre;_ sequī et _praecēdere._

PENSVM C

1. Quid Hannibal puer iūrāvit? _Iūrāvit 'sē semper_
_hostem fore populō Rōmānō!'_
2. Cūr Rōmānī Poenīs bellum indīxērunt? _Bellum in-_
_dīxērunt cum Poenī Saguntum expugnāvissent._
3. Quōs montēs Hannibal trānscendit ut in Italiam
pervenīret? _Pȳrēnaeum et Alpēs trānscendit._
4. Quid factum est ad lacum Trasumennum? _Exercitus_
_Rōmānus ab Hannibale victus et C. Flāminius_
_cōnsul occīsus est._
5. Quōmodo Rōmānī nūntium clādis accēpērunt? _Con-_
_cursus populī in forum factus est cum ingentī terrōre._
6. Quōmodo Q. Fabius Māximus Hannibalī resistēbat?
_Fabius Māximus cum Hannibale cōnflīgere nōlēbat._
7. Ubi Paulus et Varrō cum Hannibale cōnflīxērunt?
_Ad Cannās vīcum in Āpūliā._
8. Cūr peditēs Rōmānī, quī Gallōs Hispānōsque impulerant, Āfrīs resistere nōn potuērunt? _Quia Rō-_
_mānī incautē in medium irruentēs ab Āfrīs circum-_
_ventī sunt._
9. Uter cōnsul eō proeliō occīsus est? _L. Aemilius_
_Paulus proeliō Cannēnsī occīsus est._
10. Quot equitēs cōnsulem fugientem secūtī sunt?
_Alterum cōnsulem Venusiam perfugientem quīn-_
_quāgintā ferē equitēs secūtī sunt._
11. Num Hannibal inde exercitum dūxit Rōmam? _Han-_
_nibal nōn statim adversus Rōmam profectus est,_
_prīmum in Campāniam exercitum mōvit._
12. Quis nūntium victōriae Carthāginem tulit? _Māgō,_
_frāter Hannibalis, victōriam nūntiāvit._
13. Quid Māgō ā senātū Carthāginiēnsī petīvit? _Petīvit_
_ut Hannibalī supplēmentum mitterētur._
14. Num omnis senātus Māgōnī assentiēbat? _Ūnus_
_Hannō Māgōnī contrādīxit._
15. Quis prīmum Hannibalem vīcit in Italiā? _Claudius_
_Mārcellus prīmus exercitum Hannibalis in Italiā_
_vīcit ad Nōlam oppidum._
16. Cūr Masinissa Sophonisbae uxōrī venēnum mīsit?
_Masinissa ā Scīpiōne castīgātus est quod Sopho-_
_nisbam, fīliam Hadrubalis, uxōrem dūxisset._
17. Quandō Hannibal ex Italiā revocātus est? _Revocā-_
_tus est postquam Scīpiō Poenōs in Āfricā vīcit._
18. Ā quō Hannibal victus est in Āfricā? _Victus est ā_
_Scīpiōne adiuvante Masinissā._
19. Quid Hannibal in senātū Carthāginiēnsī fassus est?
_Fassus est 'sē bellō victum esse'._

20. Quibus condiciōnibus pāx composita est? _Poenīs_
_pāx data est hīs condiciōnibus: ut nāvēs longās_
_trāderent, decem mīlia talentum solverent, nēve_
_bellum iniussū populī Rōmānī gererent._
21. Quō cognōmine nōbilitātus est Scīpiō? _Scīpiō_
_cognōmine 'Āfricānī' nōbilitātus est._

## CAPITVLVM XLIX

PENSVM A

_Dē praepositiōnibus_

Annō ab urb_e_ condit_ā_ CCLXI, post rēg_ēs_ exāct_ōs_ XVII,
Coriolī oppidum Volscōrum captum est ā Cn. Mārci_ō,_
quī cum mīlit_ibus_ dēlēct_īs_ per patent_ēs_ port_ās_ irrūpit et
propter h_oc_ fact_um_ Coriolānus vocātus est. Ille vērō,
etsī bene prō patri_ā_ pugnāverat, ā cīv_ibus_ in exsili_um_
pulsus ad ips_ōs_ Volsc_ōs_ cōnfūgit eōsque contrā Rō-
mān_ōs_ concitāvit. Exercitum adversus patri_am_ dūxit   et
castra posuit prope Rōm_am_ iūxtā vi_am_ Appi_am._ Lēgātī
ad e_um_ Rōm_ā_ (ex urb_e_ Rōm_ā_) dē pāc_e_ missī sine re-
spōns_ō_ revertērunt. Postrēmō māter et uxor eius, quae
Rōm_ae_ relictae erant, cum duōbus parv_īs_ fīli_īs_ ad castr_a_
vēnērunt. Coriolānus, cum mātrem suam inter uxōr_em_
et fīli_ōs_ stantem cōnspexisset, intrā vāll_um_ eōs recēpit.
Ob amōr_em_ ergā mātr_em_ et coniug_em_ et līber_ōs_ su_ōs_
Coriolānus īram in patri_ā_ oblītus est; nēmō praeter
mulier_ēs_ animum virī frangere potuit.

Contrāria: ex urb_e_ et _in_ urb_em;_ ā vīll_ā_ et _ad_ vīll_am;_
cum equ_ō_ et _sine_ equ_ō;_ ante templ_um_ et _post_ templ_um;_
contrā patri_am_ et _prō_ patri_ā;_ extrā moeni_a_ et _intrā_ moe-
ni_a;_ procul _ab_ oppid_ō_ et _prope_ oppid_um;_ suprā cael_um_ et
_īnfrā_ cael_um;_ citrā fluvi_um_ et _ultrā_ fluvi_um;_ super
terr_am_ et _sub_ terr_ā._

PENSVM B

In librō suō dē _excellentibus_ ducibus Cornēlius Nepōs
dīcit 'populum Rōmānum cēterās _nātiōnēs_ [= gentēs]
fortitūdine _antecēdere.'_

Hannibal, _posteāquam_ [= postquam] expugnāvit Saguntum, cīvitātem _foederātam_ [< foedus], Alpēs, quae
Galliam ab Italiā _sēiungunt,_ trānsiit et identidem cum
Rōmānīs manum _cōnseruit_ eōsque _prōflīgāvit_ [= dēvī-
cit]. Nihilō _sētius/minus_ ā Scīpiōne victus est, cum
patriae _facultātēs_ [= opēs] exhaustae essent. Domī
Hannibal novīs _vectīgālibus_ pecūniam comparāvit,
quae Rōmānīs _pendenda_ [= solvenda] erat. Cum dēposcerētur, in Syriam profūgit, atque bona eius _pūblicāta_
sunt. Inde in Crētam vēnit, ut _cōnsīderāret_ [= reputāret]
quid ageret. Crētēnsibus avārīs sīc _verba_ dedit:
_amphorās_ fictilēs _plumbō_ complēvit, summīs aurō
opertīs, et aurum suum in statuās _aēneās_ [= aereās]
abdidit. Tum ad Prūsiam vēnit, quī _dissidēbat_ [= dis-
sentiēbat] ā rēge Eumene et saepe cum eō _congressus_
erat et marī et terrā; sed _utrobique_ Eumenēs _rōbustior_
[= validior] erat. Hannibal eum dolō vīcit, cum
venēnātās _serpentēs_ in vāsa _fictilia_ abditās in nāvēs
eius coniēcisset. Nec tum sōlum, sed saepe _aliās_
Hannibal _adversāriōs_ [= hostēs] pepulit. Dēnique ā

119

Rōmānīs circumventus venēnum, quod semper sēcum ferre *cōnsuēverat* [= solēbat], sūmpsit, nē *arbitriō* Rōmānōrum perīret.

Senātōrēs 'patrēs *cōnscrīptī*' vocantur. *Hērēditās* est quod hērēdī lēgātur. Īnfāns quī nōndum ambulāre didicit manibus et genibus *rēpit*. Stēllae *innumerābilēs* sunt [= numerārī nōn possunt]. Ovidius est poēta *ēlegāns* et urbānus.

Synōnyma: mors et *obitus;* damnum et *dētrīmentum;* duo diēs et *bīduum;* imperium et *praeceptum;* mōs et *cōnsuētūdō;* magister et *doctor;* antīquus et *prīstinus;* negāre et *īnfitiārī;* egēre et *indigēre;* īnsidiās parāre et *īnsidiārī;* ēvenīre et *ūsū* venīre; adimere et *eximere;* pererrāre et *peragrāre;* forte et *fortuītō;* haud paulum et *nōnnihil.*

Contrāria: fidēs et *suspīciō;* ōtiōsus et *districtus;* fīrmāre et *dēbilitāre.*

## PENSVM C

1. Quam ob rem Hannibal victus est? *Hannibal obtrectātiōne suōrum cīvium victus est.*
2. Quō Hannibal ex patriā profūgit? *In Syriam ad rēgem Antiochum profūgit.*
3. Quā poenā Poenī eum profugum affēcērunt? *Bona eius pūblicāvērunt, domum disiēcērunt et ipsum exsulem iūdicāvērunt.*
4. Quid Hannibal rēgī Antiochō suādēbat? *Rēgī suādēbat ut bellum Rōmānīs faceret.*
5. Num Antiochus cōnsiliīs eius pāruit? *Antiochus Hannibalī nōn pāruit, et ā Rōmānīs victus est.*
6. Quārē Hannibal ē Syriā in Crētam vēnit? *Hannibal verēbātur nē Rōmānīs dēderētur.*
7. Quōmodo pecūniam suam ā Crētēnsibus cōnservāvit? *Amphorās plumbō complēvit summīs aurō opertīs, atque aurum in statuās aēneās abdidit.*
8. Quō Hannibal ē Crētā sē contulit? *Ē Crētā Hannibal in Bīthȳniam ad rēgem Prūsiam profectus est.*
9. Quōcum rēx Prūsiās bellum gerēbat? *Prūsiās cum Eumene, rēge Pergamī, bellum gerēbat.*
10. Quōmodo Hannibal classem Eumenis pepulit? *Serpentēs venēnātās in nāvēs Pergamēnās coniēcit.*
11. Quōmodo Rōmānī Hannibalem in Bīthȳniā reppererunt? *Lēgātus Prūsiae Rōmānīs dīxit 'Hannibalem in Bīthȳniā esse.'*
12. Num Prūsiās Hannibalem Rōmānīs dēdidit? *Rēx recūsāvit hospitem suum Rōmānīs dēdere.*
13. Quāle erat castellum Hannibalis? *Castellum eius sīc aedificātum erat ut in omnibus partibus exitūs habēret.*
14. Quōmodo Hannibal comperit sē ā Rōmānīs petī? *Puer eī nūntiāvit 'omnēs exitūs ā mīlitibus occupātōs esse.'*
15. Num Hannibal vīvus captus est ā Flāminīnō? *Hannibal circumventus venēnum sūmpsit nē ā Rōmānīs caperētur.*
16. Quem Hannibal māximum imperātōrem dūcēbat? *Hannibal Alexandrum, Macedonum rēgem, māximum imperātōrem dūcēbat.*

## CAPITVLVM L

### PENSVM A
*Verte ōrātiōnem rēctam in oblīquam:*

Augustus: "Marmoream relinquō urbem quam latericiam accēpī." Augustus glōriātus est 'Marmoream *sē* relinqu*ere* urbem quam latericiam accēp*isset*'.

Nerō: "Postquam domum mihi aedificāvī, quasi homō tandem habitāre coepī!" Nerō dīxit '*sē*, postquam domum *sibi* aedificāv*isset*, quasi hom*inem* tandem habitāre coep*isse*.'

Horātius pater: "Ego fīliam meam iūre caesam iūdicō, quod hostium mortem lūgēbat." Horātius pater prōclāmāvit '*sē* fīliam *suam* iūre caesam iūdic*āre*, quod hostium mortem lūg*ēret*.'

Tarquinius: "Ego nōn rem novam petō, quia duo iam rēgēs peregrīnī Rōmae rēgnāvērunt." Tarquinius negāvit '*sē* rem novam pet*ere*, quia duo iam rēgēs peregrīnī Rōmae rēgnāv*issent*.'

Tullia: "Nōn mihi dēfuit vir cum quō tacita serviēbam." Tullia dīcēbat 'nōn *sibi* dēfu*isse* vir*um* cum quō tacita serv*īret*.'

Tarpēia: "Mercēdem postulō id quod in sinistrīs manibus habētis." Tarpēia mercēdem ā Sabīnīs postulāverat 'id quod in sinistrīs manibus hab*ērent*.'

Hamilcar: "Tē in castra mēcum dūcam, Hannibal, sī mihi fidem quam postulō dederis." Hamilcar fīliō prōmīsit '*sē* eum in castra *sē*cum duct*ūrum esse*, sī *sibi* fidem quam postul*āret* ded*isset*.'

Macedonēs: "Quodcumque senātus cēnsuerit, id rēx faciet." Macedonēs prōmīsērunt 'quodcumque senātus cēnsu*isset*, id rēg*em* fact*ūrum esse*.'

### PENSVM B
Philippō victō, in v diēs *supplicātiōnēs* dēcrētae sunt. X lēgātī mōre *māiōrum* in Graeciam missī sunt. Isthmiīs praecō in mediam *āream* prōcessit atque 'līberōs esse Graecōs' *prōnūntiāvit*. Aliī aliōs *mīrābundī* [= mīrantēs] intuēbantur, tum plausus ortus est. Flāminīnus in *conventū* [= conciliō] dīxit 'sē exercitum suum ē Graeciā *dēportātūrum* esse'; cūnctī eum '*servātōrem*' 'līberātōrem'que *acclāmāvērunt*. Exercitū in Italiam *trānsportātō* imperātor *trīduum* [= III diēs] triumphāvit. Antiochus, postquam hiemem in convīviīs et vīnum sequentibus *voluptātibus* trādūxit, intrā saltum Thermopylārum, quī Graeciam *dirimit* [= dīvidit], sē recēpit, et castra duplicī vāllō fossāque *permūnīvit*. Aetōlīs imperāvit ut *verticēs* montium *īnsiderent* [= occupārent], nē quās *callēs* Rōmānī invenīrent ad trānsitum. Cōnsul Acīlius castra posuit prope *fontēs* calidārum aquārum;

propter angustiās aciem *artā* fronte īnstrūxit. Eō proeliō Rōmānī recessissent, *nī* [= nisi] Catō, dēiectīs Aetōlīs, *subsidiō* vēnisset. Antiochō victō Acīlius Hēracleam, quae sita est in *rādīcibus* Oetae montis, *contemplātus* est [= īnspexit]. Post oppugnātiōnem XXIV diērum Rōmānī integrōs mūrōs *scālīs* trānscendērunt. L. Scīpiō, cum Antiochum in Asiā vīcisset, *peculātūs* accūsātus est, sed tribūnus plēbis prō eō *intercessit.*

Perseus, quī nōn *contentus* rēgnō suō fīnitimōs oppugnāverat, victus Samothrācam cōnfūgit et omnium animōs ā sē *abaliēnāvit.* Cum Cn. Octāvius Macedonibus *incolumitātem* lībertātemque prōmīsisset, *trānsitiō* [< trānsīre] omnium facta est. Rēx cum tribus *cōnsciīs* fugae ad portum pervēnit nec *lembum* quō ad Cotym veherētur invēnit. Postquam in templō *dēlituit*, sē Rōmānīs dēdidit et in nāvem *praetōriam* impositus est. Cōnsul rēgī praetōrium *introeuntī* [= intrantī] dextram *porrēxit* eumque in *tabernāculum* intrōdūxit. Perseus est *documentum* [= exemplum] *mūtātiōnis* [< mūtāre] sortis hūmānae.

*Mercātus* est locus quō mercātōrēs conveniunt ut *mercātūrās* faciant. Victōria est prosperus bellī *ēventus* [= exitus]. *Ōmen* est signum reī futūrae. Iuppiter est *praeses* [= cūstōs] arcis Capitōlīnae. Tullus, Numae *successor*, rēx fuit ācer et *violentus* [< vīs]. Paulus ex magnā *prōgeniē* [= stirpe] duōs fīliōs in *adoptiōnem* dedit.

Synōnyma: perfuga et *trānsfuga;* fidēs et *fidūcia;* vectīgal et *tribūtum;* thēsaurus et *gaza;* oblītus et *immemor;* valdē cupere et *avēre;* continuum facere et *continuāre;* amplificāre et *ampliāre;* dēmittere et *submittere;* properē et *raptim;* tantum et *tamtummodo;* aliter et *secus;* inter vulgus et *vulgō.*

Contrāria: clāmor et *murmur;* īnsula et *continēns;* nocturnus et *diurnus;* nōbilis et *ignōbilis;* accēdere et *abscēdere;* continuāre et *intermittere;* retrō et *porrō.*

## PENSVM C

1. Quis rēgem Philippum dēvīcit? *T. Quīnctius Flāminīnus Philippum in Thessaliā dēvīcit.*
2. Post victōriam quid Isthmiīs prōnūntiātum est? *'Cīvitātēs Graecās līberās esse' prōnūntiātum est.*
3. Quōmodo Graecī gaudium suum ostendērunt? *Māximō cum clāmōre plausus ortus est.*
4. Quid Flāminīnus in triumphō trānstulit? *In triumphō tēla signaque, aurum argentumque trānstulit.*
5. Quid rēx Antiochus Chalcide ēgit? *Nūptiās celebrāvit et hiemem in convīviīs luxūque trādūxit.*
6. Ubi M'. Acīlius cum Antiochō congressus est? *Ad Thermopylās in mediā Graeciā.*
7. Cūr Aetōlī rēgī subsidiō nōn vēnērunt? *Quia M. Porcius Catō eōs ab iugō Callidromī dēiēcerat.*
8. Quōmodo Rōmānī mūrōs Hēracleae trānscendērunt? *Integrōs mūrōs scālīs trānscendērunt.*
9. Cūr L. Cornēlius Scīpiō 'Asiāticus' nōminātus est? *Ita nōminātus est cum Antiochum in Asiā vīcisset.*

10. Quis successor rēgis Philippī fuit? *Perseus fīlius rēgī Philippō successit.*
11. Ubi et ā quō duce victus est Perseus? *Perseus in Macedoniā ad Pydnam victus est ā L. Aemiliō Paulō.*
12. Quō Perseus victus cōnfūgit? *Perseus in insulam Samothrācam cōnfūgit.*
13. Quōmodo victōria Aemiliī Paulī Rōmam nūntiāta est? *Ā lēgātīs Q. Fabiō, L. Lentulō, Q. Metellō tabellārius praemissus est cum litterīs laureātīs.*
14. Quōmodo populus Rōmānus dīs grātiās ēgit? *Supplicātiōnibus et sacrificiīs populus Rōmānus dīs grātiās ēgit.*
15. Cūr Paulus lēgātōs Rōmānōs sine respōnsō dīmīsit? *Quia lēgātī litterās attulērunt in quibus Perseus sē 'rēgem' appellāvit.*
16. Cūr Perseus Rōmānīs sē dēdidit? *Quia Macedonēs omnēs ad Rōmānōs trānsiērunt.*
17. Quōmodo Paulus Perseum victum recēpit? *Paulus Perseō introeuntī dextram porrēxit eumque in cōnsiliō cōnsidere iussit.*
18. Quid fēcit Paulus ante adventum decem lēgātōrum? *Paulus Graeciam peragrāvit.*
19. Quae mala fortūna fēlīcitātem Paulī turbāvit? *Duo Paulī fīliī mortuī sunt alter quīnque diēbus ante triumphum, alter trīduō post.*
20. Quandō rēgnum Macedoniae māximum fuit? *Alexandrō Magnō regnante.*

## CAPITVLVM LI

### PENSVM A

*Supplenda sunt verba composita:*
ab- + agere > *abigere;* ab- + ferre > *auferre;* ab- + tulisse > *abstulisse;* ad- + currere > *accurrere;* ad- + lātum > *allātum;* ad- + pellere > *appellere;* con- + cadere > *concidere;* con- + loquī > *colloquī;* con- + pōnere > *compōnere;* con- + regere > *corrigere;* con- + orīrī > *coorīrī;* dē- + scandere > *dēscendere;* dē- + salīre > *dēsilīre;* dis- + fluere > *diffluere;* dis- + regere > *dīrigere;* ex- + ferre > *efferre;* ē- + iacere > *ēicere;* in- + ruere > *irruere;* in- + premere > *imprimere;* in- + lātum > *illātum;* ob- + pōnere > *oppōnere;* ob- + caedere > *occīdere;* re- + statuere > *restituere;* per- + facere > *perficere;* prō- + gradī > *prōgredī;* prō- + īre > *prōdīre;* re- + agere > *redigere;* re- + quaerere > *requīrere:* sub- + tenēre > *sustinēre;* trāns- + dare > *trādere.*

*Supplenda sunt verba simplicia:*
accipere < ad- + *capere* contingere < con- + *tangere;* ēdere < ē- + *dare;* prōicere < prō- + *iacere;* colligere < con- + *legere;* inquīrere < in- + *quaerere;* inclūdere < in- + *claudere.*

### PENSVM B

Catō, quamquam aliās prōmptus erat ad *vituperandum*, Scīpiōnem laudāvit. Multī ad Andriscum *coībant* [=

conveniēbant], quī fābulam *finxerat* 'sē esse Perseī fīlium ex *paelice* nātum.' Masinissa in summā *senectū* [= senectūte] mortuus est. Corinthus, urbs *praedīves* [= dīvitissima], dīruta est ā L. Mummiō, virō *abstinentī* [↔ cupidō]. Mancīnus dignitātī populī Rōmānī *lābem* imposuit: pācem fēcit *ignōminiōsam* [= turpem], quam senātus *ratam* esse vetuit. Viriāthus, ex *vēnātōre* [< vēnārī] dux factus, ā *prōditōribus* interfectus est et ā mīlitibus suīs multum *complōrātus*. Scīpiō exercitum *luxuriā* [= luxū] corruptum ad veterem disciplīnam restituit: multa *scorta* ē castrīs ēiēcit et mīlitēs *septēnōs* [VII] *vāllōs* portāre coēgit.

Ti. Gracchus, cum lēgem *agrāriam* [< ager] *prōmulgāvisset* [= tulisset], ab *optimātibus* occīsus est ictus *fragmentīs* subselliī. Scīpiō, dum *triumvirīs* agrō dīvidendō creātīs *adversātur* [= resistit], dēcessit, sed dē morte eius nūlla *quaestiō* ācta est. C. Gracchus, quī ōrātor *ēloquentior* fuit quam frāter, lēgem *frūmentāriam* [< frūmentum] tulit et complūrēs *colōniās* dēdūxit. Post *tribūnātum* [< tribūnus] suum *sēditiōsum* [< sēditiō] is quoque occīsus est. Ti. et C. Gracchus plēbem in lībertātem *vindicāre* cōnātī sunt, sed nōbilitās, quae factiōne magis *pollēbat* [= valēbat], *āctiōnibus* [< agere] eōrum obviam iit.

Fontēs calidārum aquārum corporī *salūbrēs* sunt. Servus quī dēlīquit sub *furcā* verberātur. Quī modum nōn excēdit *moderātus* est; quī paulō contentus est *modestus* esse dīcitur.

Synōnyma: indignātiō et *offēnsa*; nimia cōpia et *abundantia*; terror et *formīdō*; licentia et *lascīvia*; distāns et *remōtus*; peregrīnus et *extrāneus*; patefacere et *dētegere*; passim spargere et *dispergere*; praeferre et *antepōnere*; quīlibet et *quīvīs*.

Contrāria: cōnsēnsus et *dissēnsiō*; rudis et *ērudītus*; salūber et *perniciōsus*; ratus et *irritus*; īnsōns et *noxius*; pūrgāre et *polluere*.

## PENSVM C

1. Quid Gulussa Rōmam nūntiāvit? *Gulussa nūntiāvit 'Carthāgine bellum parārī.'*
2. Quid Catō in senātū suādēbat? *Catō suādēbat ut cōnfestim bellum indīcerētur Carthāginiēnsibus atque ut dēlērētur Carthāgō.*
3. Quid fierī placuit antequam bellum indīcerētur? *Placuit ut Carthāginiēnsēs classem exūrerent et exercitum dīmitterent.*
4. Cūr Carthāginiēnsēs dēditiōne factā rebellāvērunt? *Quia iussī sunt Carthāgine relictā novum oppidum condere.*
5. Quam fābulam fīnxit Andriscus? *Fābulam fīnxit 'sē esse Perseī rēgis fīlium ex paelice nātum.'*
6. Quibus Masinissa rēgnum suum relīquit? *Masinissa tribus fīliīs commūne rēgnum relīquit.*
7. Quamobrem Catō Scīpiōnem laudāvit? *Catō Scīpiōnem ob virtūtem eius in senātū laudāvit.*
8. Quis imperātor Carthāginem expugnāvit? *Scīpiō Aemiliānus Carthāginem expugnāvit atque dēlēvit.*

9. Num uxor Hasdrubalis Rōmānīs sē dēdidit? *Uxor Hasdrubalis ex arce in mediās flammās sē praecipitāvit cum duōbus līberīs.*
10. Cūr Corinthus ā Rōmānīs dīruta est? *Corinthus dīruta est quod ibi lēgātī Rōmānī ab Achaeīs pulsātī erant.*
11. Quid L. Mummius in triumphō tulit? *L. Mummius signa aerea marmoreaque et tabulās pictās in triumphō tulit.*
12. Quis fuit Viriāthus? *Viriāthus fuit dux exercitūs Hispānōrum quī tōtam Lūsitāniam occupāvit et quattuordecim annōs cum Rōmānīs bellum gessit.*
13. Cūr senātus pācem quam Mancīnus cum Numantīnīs fēcerat ratam esse vetuit? *Quia Mancīnus pācem ignōminiōsam fēcerat cum Numantīnīs.*
14. Cūr bellum Numantīnum trahēbātur? *Bellum Numantīnum vitiō ducum trahēbātur.*
15. Quārē Scīpiō iūmenta vēnīre iussit? *Scīpiō omnia iūmenta vēndidit nē mīlitēs suōs exonerārent.*
16. Quid Scīpiō ēgit XIV annō post Carthāginem dēlētam? *Scīpiō Numantiam quoque expugnāvit atque dēlēvit.*
17. Quās lēgēs Ti. Gracchus prōmulgāvit? *Ti. Gracchus lēgēs agrāriās prōmulgāvit.*
18. Num Ti. Gracchus iterum tribūnus creātus est? *Ti. Gracchus ab optimātibus occīsus est cum iterum tribūnus plēbis creārī vellet.*
19. Quandō Scīpiō mortuus inventus est? *Scīpiō māne mortuus in cubiculō inventus est, cum prīdiē C. Gracchō adversātus esset.*
20. Quamobrem suspecta fuit uxor eius? *Suspecta fuit quod soror erat Gracchōrum.*
21. Ā quō C. Gracchus occīsus est? *C. Gracchus ā L. Opīmiō cōnsule occīsus est.*

# CAPITVLVM LII

## PENSVM A

*Supplenda sunt verba facta ex hīs nōminibus:*

(1) numerus > *numerāre*; laus > *laudāre*; cūra > *cūrāre*; verbera > *verberāre*; mīles > *mīlitāre*; arma > *armāre*; nūntius > *nūntiāre*; dōnum > *dōnāre*; labor > *labōrāre*; vulnus > *vulnerāre*; nex > *necāre*; rēgnum > *rēgnāre*; locus > *locāre*; onus > *onerāre*; bellum > *bellāre*; socius > *sociāre*; honōs > *honōrāre*; nota > *notāre*; sacer > *sacrāre*; līber > *līberāre*; probus > *probāre*; nūdus > *nūdāre*; fīrmus > *firmāre*; aequus > *aequāre*; novus > re*novāre*; prāvus > dē*prāvāre*.

(2) comes > *comitārī*; minae > *minārī*; glōria > *glōriārī*; dominus > *dominārī*; mora > *morārī*; testis > *testārī*; praeda > *praedārī*; merx > *mercārī*; crīmen > *crīminārī*; mīrus > *mīrārī*; miser > *miserārī*; indignus > *indignārī*; vagus > *vagārī*.

(3) servus > *servīre*; sitis > *sitīre*; vestis > *vestīre*; cūstōs > *cūstōdīre*; lēnis > *lēnīre*; rudis > *ērudīre*.

(4) sors > *sortīrī*; mēns > *mentīrī*; blandus > *blandīrī*.

## PENSVM B

Micipsa, _tametsī_ [= etsī] nātūram Iugurthae _vehementem_ [= violentam] et _avidam_ [= cupidam] imperiī timēbat, tamen eum _adoptāvit_ et hērēdem fēcit. Rēx moriēns Iugurtham _obtestātus_ est ut amīcōs dīvitiīs _anteferret_ [= praeferret] et frātrēs eius monuit ut Iugurtham colerent atque _observārent_. Micipsā mortuō, _rēgulī_ [= rēgis fīliī] tempus ad _dīvīsiōnem_ pecūniae cōnstituērunt; ibi mīlitēs Iugurthae Hiempsalem locō _abditō_ [= occultō] latentem occīdērunt. Fāma tantī sceleris per Āfricam brevī _dīvulgāta_ est. Adherbal, cum rēgnum suum armīs _tūtārī_ nōn posset, Rōmam contendit et senātum ōrāvit ut sibi _subvenīret_. Iugurtha vērō _largitiōne_ [< largīrī] effēcit ut senātōrēs virtūtem eius laudibus _extollerent_, scelus et _flāgitium_ [= turpe factum] omitterent. Ergō potentiā _frētus_ [= cōnfīdēns] ex _imprōvīsō_ fīnēs Adherbalis invāsit. Is victus Cirtam profūgit, quae virtūte Italicōrum _dēfēnsābātur_ [= dēfendēbātur]; dēditiōne factā, Adherbal _īlicō_ [= statim] necātus est cum Numidīs et _negōtiātōribus_ [= mercātōribus] Rōmānīs.

Calpurnius, rēgis pecūniā _dēprāvātus_ [= corruptus], pācem _flāgitiōsam_ [= ignōminiōsam] cum Iugurthā fēcit. Cum rēx Rōmam _accersītus_ [= arcessītus] esset, ut dēlicta Scaurī aliōrumque patefaceret, _familiārī_ [= amīcō] suō Bomilcarī imperāvit ut _īnsidiātōrēs_ parāret quī Massīvam necārent; ūnus vērō dēprehēnsus _indicium_ profitētur et Bomilcar _reus_ fit. Iugurtha Rōmā ēgressus "Ō, urbem _vēnālem_" inquit "et _mātūrē_ peritūram sī _ēmptōrem_ invēnerit!"

_Adulēscentia_ est aetās inter pueritiam et iuventūtem. Victor ab hostibus victīs _pacīscī_ solet ut obsidēs dentur. Quī _sonitum_ [=sonum] magnum ac molestum facit, _strepere_ dīcitur. Quī multa incipit, rārō _inceptum_ suum _patrāre_ [= perficere] _quit_ [= potest]. Nihil meā _rēfert_ quid aliī dē mē loquantur!

Synōnyma: V annī et _quīnquennium;_ casa et _tugurium;_ inopia et _pēnūria;_ vetus vulnus et _cicātrīx;_ ars et _artificium;_ asperitās et _difficultās;_ explōrātor et _speculātor;_ pulcher et _decōrus;_ modicus et _mediocris;_ fessus et _dēfessus;_ equō vehī et _equitāre;_ explōrāre et _scrūtārī;_ adnītī et _ēnītī;_ cūnctārī et _haesitāre;_ magnā cum cūrā et _accūrātē;_ celerrimē et _ōcissimē;_ nimis et _abundē._

Contrāria: stultitia et _sapientia;_ fortitūdō et _ignāvia;_ validus et _imbēcillus;_ convalēscere et _tābēscere._

## PENSVM C

1. Quōs fīliōs Micipsa genuit? _Micipsa Adherbalem et Hiempsalem genuit._
2. Cūr Micipsa Iugurtham adoptāvit? _Micipsa Iugurtham adoptāvit ob virtūtem eius._
3. Quibus artibus Iugurtha adulēscēns sē exercēbat? _Equitandō, iaculandō, currendō cum aliīs certābat._
4. Quārē Micipsa Iugurtham in Hispāniam mīsit? _Spērābat eum ostentandō virtūtem occāsūrum esse._
5. Quālem Iugurtha sē praebuit bellō Numantīnō? _Iugurtha sē fortissimum praebuit._

6. Quid Micipsa moribundus fīliōs suōs monuit? _Fīliōs monuit ut amīcitiā et concordiā iungerentur._
7. Patre mortuō, dē quibus rēbus rēgulī disseruērunt? _Rēgulī dē administrandō imperiō aliīsque negōtiīs disseruērunt._
8. Quōmodo Hiempsal interfectus est? _Hiempsal in oppidō Thirmidā ā mīlitibus Iugurthae occīsus est et caput eius ad Iugurtham relātum._
9. Quid fēcit Adherbal post necem frātris? _Parābat sē dēfendere, sed victus Rōmam contendit._
10. Quōmodo Iugurtha in grātiam nōbilitātis vēnit? _Mūnera largiendō in grātiam nōbilitātis vēnit._
11. Quid senātus dēcrēvit cum lēgātōs audīvisset? _Senātus dēcrēvit ut decem lēgātī rēgnum inter Iugurtham et Adherbalem dīviderent._
12. Dīvīsō rēgnō Numidiae, quid factum est? _Adherbal ā Iugurthā victus Cirtam profūgit._
13. Quid fēcit Adherbal Cirtae inclūsus? _Adherbal duōs Numidās cum litterīs Rōmam mīsit._
14. Num Iugurtha Cirtam armīs expugnāvit? _Iugurtha Cirtam nōn expugnāvit, sed Adherbal oppidum Iugurthae dēdidit._
15. Quārē Iugurtha Rōmam arcessītus est? _Iugurtha Rōmam arcessītus est, ut eius indiciō patefierent dēlicta eōrum quī pecūniae acceptae accūsābantur._
16. Cūr rēx in cōntiōne interrogātus nōn respondit? _Quia C. Baebius tribūnus plēbis eum tacēre iussit._
17. Quis fuit Massīva et quid eī accidit? _Massīva, Gulussae fīlius, iussū Iugurthae īnsidiīs occīsus est._
18. Cūr Iugurtha Rōmam 'urbem vēnālem' appellāvit? _Quod facile erat Rōmānōs pecūniā corrumpere._
19. Quālis imperātor fuit Q. Caecilius Metellus? _Metellus bonus imperātor fuit, quī disciplīnam exercitūs restituit et Iugurtham duōbus proeliīs fūdit._
20. Cūr Rōmānī nōbilēs C. Marium contemnēbant? _Quia Marius 'homō novus' erat._
21. Quōs novōs mīlitēs Marius cōnscrīpsit? _Marius quōslibet virōs cōnscrīpsit, etiam capite cēnsōs._
22. Quī rēx Iugurtham adiuvābat? _Bocchus, rēx Maurētāniae, quī cum Iugurthā Rōmānīs bellum intulit._
23. Num Bocchus socius fīdus fuit? _Immō īnfīdus fuit, nam proeliō victus amīcitiam cum Rōmānīs petīvit._
24. Quōmodo Iugurtha in potestātem Mariī vēnit? _Sulla et Bocchus Iugurtham ex īnsidiīs cēpērunt et vīnctum Mariō trādidērunt._
25. Utrī Sallustius favēre tibi vidētur, nōbilitātī an plēbī? _Sallustius mihi plēbī favēre vidētur._

## CAPITVLVM LIII

### PENSVM A

_Supplenda sunt nōmina adiectīva:_
(1) fōrma > _fōrmōsus;_ pecūnia > _pecūniōsus;_ perīculum > _perīculōsus;_ glōria > _glōriōsus;_ ōtium > _ōtiōsus;_ iocus > _iocōsus;_ studium > _studiōsus;_ perniciēs > _perniciōsus;_ flāgitium > _flāgitiōsus;_ numerus > _numerōsus;_

(2) mors > *mortālis;* rēx > *rēgālis;* hospes > *hospitālis;* nātūra > *nātūrālis;* triumphus > *triumphālis;* Vesta > *Vestālis;*

(3) cōnsul > *cōnsulāris;* salūs > *salūtāris;* vulgus > *vulgāris;* singulī > *singulāris;*

(4) legiō > *legiōnārius;* frūmentum > *frūmentārius;* necesse > *necessārius;*

(5) puer > *puerīlis;* servus > *servīlis;* cīvis > *cīvīlis;* vir > *virīlis;* iuvenis > *iuvenīlis;*

(6) nauta > *nauticus;* modus > *modicus;* ūnus > *ūnicus;* poēta > *poēticus;* pīrāta > *pīrāticus;* Italia > *Italicus;*

(7) pater > *patrius;* mercātor > *mercātōrius;* gladiātor > *gladiātōrius;* rēx > *rēgius;* uxor > *uxōrius;* praetor > *praetōrius;* noxa > *noxius;* Mārs > *Mārtius;*

(8) ferrum > *ferreus;* argentum > *argenteus;* aes > *aereus;* lignum > *ligneus;* marmor > *marmoreus;* purpur > *purpureus;* lapis > *lapideus;* nix > *niveus;*

(9) gemma > *gemmātus;* arma > *armātus;* aurum > *aurātus;* ferrum > *ferrātus;* āla > *ālātus;* aes > *aerātus;* rōstra > *rōstrātus;* venēnum > *venēnātus;* scelus > *scelerātus;* foedus > *foederātus;* fortūna > *fortūnātus;*

(10) urbs > *urbānus;* Trōia > *Trōiānus;* Tūsculum > *Tūsculānus;* Alba > *Albānus;*

(11) vīcus > *vīcinus;* repēns > *repentīnus;* Tiberis > *Tiberīnus;* Latium > *Latīnus;*

(12) circus > *circēnsis;* Cannae > *Cannēnsis;* Carthāgō > *Carthāginiēnsis.*


## PENSVM B

Annō *sescentēsimō* ūndēquīnquāgēsimō [DCXLIX] a.u.c. Rōmānī ingentī *internicōne* [= strāge] victī sunt ā Cimbrīs et Teutonibus, quōrum cōpia *īnfīnīta* [= sine fīne] erat. Bellum gestum cum sociīs, quī lībertātem sibi *asserere* volēbant, bellum *sociāle* dīcitur. Marius Rōmam ingressus multōs *prōscrīpsit* et domum Sullae *ēvertit.* Spartacus *numerōsum* [< numerus] exercitum *congregāvit* [= collēgit] ac variō *successū* cum Rōmānīs pugnāvit.

Cicerō adulēscēns ōrātōrēs *disertōs* [= ēloquentēs] audiēbat neque ūllus diēs ab *exercitātiōnibus* ōrātōriīs vacuus erat. Cum multārum causārum *patrōnus* fuisset, Rōmā profectus est ut ōrātiōnī *ferventī* [= ārdentī] *moderārētur.* Rhodī sē ad Molōnem *rhētorem* [= magistrum dīcendī] *applicāvit. Bienniō* [= II annīs] post revertit ōrātor mūtātus: nōn ācer et *abundāns* [= redundāns], sed remissus et *lēnis* [= placidus]. Duo ōrātōrēs tum *excellēbant*, Cotta et Hortēnsius. Post *quaestūram* Siciliēnsem *ēloquentia* [= ars ōrātōria] Cicerōnis *perfecta* esse vidēbātur. In *Brūtō* Cicerō nārrat dē *doctrīnā* suā iuvenīlī: sermōnī eius *prōpositum* est ut industriam et *assiduitātem* [< assiduus] eius *perspiciāmus* [= plānē videāmus].

Synōnyma: cōgitātiō et *meditātiō;* laus et *commendātiō;* licentia et *impūnitās;* fōrma et *figūra;* dīves et *locuplēs;* iuvenālis et *iuvenīlis;* accūrātus et *exquīsītus;*

morārī et *commorārī;* exercēre et *exercitāre;* ēlūcubrāre et nocte *ēlabōrāre;* praecipuē et *praesertim.*

Contrāria: vigor et *īnfirmitās* (corporis); remissiō et *contentiō.*


## PENSVM C

1. Quid ēgit Marius post bellum Iugurthīnum? *Post bellum Iugurthīnum Marius cōnsul bellum gessit contrā Cimbrōs et Teutonēs.*
2. Unde Cimbrī et Teutonēs vēnērunt? *Cimbrī et Teutonēs ex Germāniā et Galliā vēnērunt.*
3. Quī imperātōrēs dē Cimbrīs triumphāvērunt? *Q. Lutātius Catulus et C. Marius dē Cimbrīs triumphāvērunt.*
4. Quamdiū bellum sociāle prōtractum est? *Bellum sociāle quadriennium prōtractum est.*
5. Quis bellō sociālī fīnem imposuit? *L. Cornēlius Sulla cōnsul bellō sociālī fīnem imposuit.*
6. Quid Mithridātēs Ephesī imperāvit? *Mithridātēs imperāvit ut omnēs cīvēs Rōmānī quī in Asiā essent ūnō diē occiderentur.*
7. Cūr Sulla pācem cum Mithridāte fēcit? *Pācem fēcit ut in Italiam ad bellum cīvīle reverterētur.*
8. Quid Sullā absente factum est Rōmae? *Marius et Cinna Rōmam ingressī senātōrēs nōbilissimōs interfēcērunt et Sullae domum ēvertērunt.*
9. Ubi Sulla Mariānōs vīcit? *Sulla Mariānōs magnō proeliō vīcit ad portam Collīnam.*
10. Quae nova bella exārsērunt cum Sulla rem pūblicam composuisset? *In Hispāniā, In Pamphyliā et Ciliciā, in Macedoniā nova bella exārsērunt.*
11. Quid Nīcomēde mortuō factum est in Asiā? *Mithridātēs pācem rūpit et Bithȳniam invāsit, ubi Cottam vīcit, sed ā Lūcullō victus est.*
12. Unde ortum est bellum servīle? *E lūdō gladiātōriō Capuae bellum servīle ortum est duce Spartacō.*
13. Quās cīvitātēs Lūcullus expugnāvit? *Lūcullus cīvitātēs Sinōpēn et Amīsum in Pontō, Tigrānocertam et Nisibin in Armeniā expugnāvit.*
14. Ad quem Mithridātēs victus cōnfūgit? *Mithridātēs ad Tigrānem, rēgem Armeniae, cōnfūgit.*
15. Cūr Mithridātēs bellum renovāvit? *Bellum renovāvit, cum mīlitēs Rōmānī in Pontō relictī sēditiōnem fēcissent.*
16. Num Lūcullus cum Mithridāte dēbellāvit? *Lūcullus nōn dēbellāvit cum Mithridāte, nam successor eī missus est M'. Acīlius Glabriō.*
17. Quōmodo Metellus cognōmen 'Crēticī' adeptus est? *Hoc cognōmen accēpit cum Crētam insulam expugnāvisset.*
18. Cui bellum pīrāticum mandātum est? *Bellum pīrāticum Cn. Pompēiō mandātum est.*
19. Quis lēgem Mānīliam suāsit? *M. Tullius Cicerō praetor clārissimā ōrātiōne lēgem Mānīliam suāsit.*

20. Quandō nātus est M. Tullius Cicerō? _Cicerō nātus est a. d. III nōn. Iān. Q. Servīliō Caepiōne C. Atīliō Serrānō cōnsulibus._

21. Quibus magistrīs Cicerō adulēscēns operam dabat? _Cicerō adulēscēns Q. Mūciō Scaevolae, M. Antōniō, Q. Hortēnsiō operam dabat._

22. Quandō Cicerō causās agere coepit? _Vīgintī sex annōs nātus Cicerō causās agere coepit._

23. Quārē in Graeciam et Asiam profectus est? _Cicerō in Asiam profectus est ut sē recreāret atque genus dīcendī mūtāret._

24. Ubi Cicerō quaestūram gessit? _Cicerō Lilybaeī in Siciliā quaestor fuit._

# CAPITVLVM LIV

## PENSVM A

_Supplenda sunt nōmina ē verbīs facta:_

(1) nāvigāre > _nāvigātiō;_ oppugnāre > _oppugnātiō;_ mūnīre > _mūnītiō;_ dīvidere > _dīvīsiō;_ exspectāre > _exspectātiō;_ cōgitāre > _cōgitātiō;_ admīrārī > _admīrātiō;_ largīrī > _largītiō;_ meditārī > _meditātiō;_ dēdere > _dēditiō;_ cōnfitērī > _cōnfessiō;_ excurrere > _excursiō;_ colligere > _collēctiō;_ cognōscere > _cognitiō;_

(2) exīre > _exitus;_ dūcere > _ductus;_ cadere > _cāsus;_ rīdēre > _rīsus;_ cōnspicere > _cōnspectus;_ gemere > _gemitus;_ lūgēre > _lūctus;_ flēre > _flētus;_ ūtī > _ūsus;_ discēdere > _discessus;_ parere > _partus;_ vāgīre > _vāgītus;_ apparāre > _apparātus;_ trānsīre > _trānsitus;_ adīre > _aditus;_ redīre > _reditus;_ plaudere > _plausus;_ sentīre > _sēnsus;_ convenīre > _conventus;_

(3) imperāre > _imperium;_ aedificāre > _aedificium;_ studēre > _studium;_ incendere > _incendium;_ sacrificāre > _sacrificium;_ colloquī > _colloquium;_ indicāre > _indicium;_ dēsīderāre > _dēsīderium;_

(4) fīrmāre > _fīrmāmentum;_ supplēre > _supplēmentum;_ vestīre > _vestīmentum;_ mūnīre > _mūnīmentum;_ impedīre > _impedīmentum;_ arguere > _argūmentum;_ (-ē- > -u-) monēre > _monumentum;_ docēre > _documentum;_

(5) dolēre > _dolor;_ pudēre > _pudor;_ terrēre > _terror;_ horrēre > _horror;_ ārdēre > _ārdor;_ pavēre > _pavor;_ vigēre > _vigor;_ favēre > _favor;_ clāmāre > _clāmor;_ maerēre > _maeror;_ splendēre > _splendor;_ furere > _furor;_ calēre > _calor;_ decēre > _decor;_ errāre > _error;_

(6) līberāre > _līberātor_ [= quī līberat]; gubernāre > _gubernātor;_ imperāre > _imperātor;_ condere > _conditor;_ ulcīscī > _ultor;_ cēnsēre > _cēnsor;_ explōrāre > _explōrātor;_ adhortārī > _adhortātor;_ docēre > _doctor;_ servāre > _servātor;_ prōdere > _prōditor;_ emere > _ēmptor;_ succēdere > _successor;_ regere > _rēctor;_ largīrī > _largītor;_ favēre > _fautor;_

(7) mīrārī > _mīrābilis;_ memorāre > _memorābilis;_ terrēre > _terribilis;_ crēdere > in_crēdibilis;_ sānāre > īn_sānābilis;_ numerāre > in_numerābilis;_

(8) frīgēre > _frīgidus;_ calēre > _calidus;_ valēre > _validus;_ pallēre > _pallidus;_ turbāre > _turbidus;_ cupere > _cupidus;_ rapere > _rapidus;_ splendēre > _splendidus;_ pavēre > _pavidus;_ tumēre > _tumidus;_ avēre > _avidus;_

(9) capere > _captīvus;_ vocāre > _vocātīvus;_ dare > _datīvus;_ agere > _āctīvus;_ patī > _passīvus._

## PENSVM B

Cicerō Lūcullō magnam laudem _impertīvit_ [= tribuit]. Is oppida in quibus erant _domicilia_ [=domūs] rēgis et aliās urbēs _permultās_ [=plūrimās] cēpit. Ut Mēdēa in fugā membra frātris _dissipāvisse_ [= dispersisse] dīcitur, sīc Mithridātēs fugiēns dīvitiās quās in suum rēgnum _congesserat_ [= contulerat] relīquit, quārum _collēctiō_ [< colligere] Rōmānōs _tardāvit._ Tigrānēs _misericordiā_ permōtus rēgem _afflīctum_ [= perculsum] ērēxit et perditum _recreāvit_ [= cōnfīrmāvit].

Mercātōrēs quī in Asiā _negōtiantur_ magnōs _quaestūs_ faciunt. Asia enim prōvincia tam _opīma_ [=opulenta] est ut _ūbertāte_ agrōrum et varietāte _frūctuum_ [= frūgum] aliīs prōvinciīs _antecellat._ Multae mercēs ex Asiā _exportantur._ Equitēs Rōmānī quī vectīgālia exercent _pūblicānī_ appellantur. Hieme mare nōn est _tempestīvum_ ad nāvigandum. _Scientia_ reī mīlitāris imperātōrī necessāria est. Nēmō tam _impudēns_ est ut locum _religiōsum_ [= sacrum] polluat.

Synōnyma: lābēs et _macula;_ clēmentia et _mānsuētūdō;_ sententia et _opīniō;_ querēlla et _querimōnia;_ īnsōns et _innocēns;_ horribilis et _taeter;_ prōvocāre et _lacessere;_ arbitrārī et _opīnārī;_ sānāre et _medērī;_ reminīscī et _recordārī;_ obsequī et _obsecundāre/obtemperāre;_ valdē cupere et _concupīscere;_ īrātus fierī et _īrāscī;_ vetus fierī et _inveterāscere._

Contrāria: quaestus et _sūmptus;_ commodum et _incommodum;_ solitus et _īnsolitus;_ grātus et _ingrātus;_ forte et _cōnsultō._

## PENSVM C

1. Quae rēs agēbantur in bellō Mithridāticō? _In bellō Mithridāticō agēbantur haec: populī Rōmānī glōria; salūs sociōrum; vectīgālia; bona multōrum cīvium._

2. Dē quā rē Cicerō prīmum dīcit? _Cicerō prīmum dīcit dē genere bellī._

3. Quamobrem Mithridātēs poenam merēbat? _Quia multōs cīvēs Rōmānōs necandōs cūrāverat._

4. Quī imperātōrēs dē Mithridāte iam triumphāverant? _Sulla et Mūrēna dē Mithridāte triumphāverant._

5. Quibus Rōmānī propter sociōs bellum intulērunt? _Rōmānī Antiochō, Philippō, Aetōlīs, Poenīs propter sociōs bellum intulērunt._

6. Cūr vectīgālia Asiae māiōra sunt quam cēterārum prōvinciārum? _Quia Asia prōvincia fertilissima et dīvitissima est._

7. Quī vectīgālia exercent in prōvinciīs Rōmānis? *Iī qui vectīgālia exercent 'pūblicāni' appellantur.*

8. Quid ēgit Lūcullus initiō bellī Mithridāticī? *Lūcullus magnās hostium cōpiās multīs proeliīs dēlēvit et multās urbēs cēpit et rēgem fugāvit.*

9. Quās rēs Cicerō silentiō praeteriit? *Cicerō silentiō praeteriit calamitātem Rōmānōrum: quod Mithridātēs bellum renovāvit et exercitum Rōmānum vīcit.*

10. Cūr haud difficile est imperātōrem dēligere? *Quia Cn. Pompēius omnēs virtūte superat.*

11. Quās rēs in summō imperātōre inesse oportet? *In summō imperātōre hās rēs inesse oportet: scientiam reī mīlitāris, virtūtem, auctōritātem, fēlicitātem.*

12. Quōmodo Pompēius scientiam reī mīlitāris adeptus erat? *Pompēius ā prīmā adulēscentiā magnīs exercitibus imperāvit.*

13. Quibus bellīs Pompēius interfuerat? *Pompēius bellō cīvīlī, Āfricānō, Hispāniēnsī, servīlī, pīrāticō interfuerat.*

14. Quid imperātōrēs in prōvinciīs facere cōnsuēvērunt? *Imperātōrēs avārī sociīs Rōmānōrum māximās calamitātēs afferre solent.*

15. Cūr Cicerō timidē et pauca dīcit dē fēlicitāte? *Quia eam praestāre dē sē ipsō nēmō potest.*

## CAPITVLVM LV

### PENSVM A

*Supplenda sunt nōmina fēminīna facta ex adiectīvīs:*
(1) miser > *miseria;* īnsānus > *īnsānia;* superbus > *superbia;* perfidus > *perfidia;* audāx > *audācia;* patiēns > *patientia;* potēns > *potentia;* cōnstāns > *cōnstantia;* dīligēns > *dīligentia;* concors > *concordia;* [plūrālia:] reliquus > *reliquiae;* dīves > *dīvitiae;* angustus > *angustiae;*
(2) trīstis > *trīstitia;* amīcus > *amīcitia;* stultus > *stultitia;* maestus > *maestitia;* saevus > *saevitia;* iūstus > *iūstitia;* avārus > *avāritia;* pudīcus > *pudīcitia;* malus > *malitia;*
(3) foedus > *foedittās;* dignus > *dignitās;* hūmānus > *hūmānitās;* fēlīx > *fēlicitās;* novus > *novitās;* paucī > *paucitās;* crūdēlis > *crūdēlitās;* gravis > *gravitās;* celeber > *celebritās;* ūtilis > *ūtilitās;* [-tās] līber > *lībertās;*
(4) longus > *longitūdō;* altus > *altitūdō;* pulcher > *pulchritūdō;* multī > *multitūdō;* fortis > *fortitūdō;* sōlus > *sōlitūdō;* clārus > *clāritūdō;* amplus > *amplitūdō;* firmus > *firmitūdō* [= firmitās].

### PENSVM B

Tūberō, cum *fēriīs* Latīnīs Scīpiōnem ōtiōsum *nactus* esset, dē rēbus caelestibus cum eō *disputāre* coepit. Laelius, quī tālēs *disputātiōnēs* nihil ad vītam hūmānam *attinēre* putābat, 'maiōra *conquīrenda* [= quaerenda] esse' dīxit.

In rēgnō, *quamvīs* iūstō, populus *particeps* lībertātis nōn est. Saepe *exsistit* [= exoritur] ex rēge tyrannus, quī *immānitāte* [= ferōcitāte] taeterrimās *bēluās* [= ferās] superat, nec enim eī cum hominibus ūlla iūris *commūniō* [< commūnis] est. Cīvitās *populāris* est in quā populus dominātur. Oppidum est *coniūnctiō* tēctōrum dēlūbrīs et forīs *distīncta.*

Rōmulus Sabīnōs in cīvitātem *ascīvit* et sacra eōrum cum Rōmānīs *commūnicāvit;* cūriās nōminibus Sabīnārum *nūncupāvit* [= nōmināvit]. Sōle *obscūrātō* Rōmulus nōn *compāruit* [= appāruit]. Post eius *excessum/ interitum* [= mortem] populus novum rēgem *flāgitāre* nōn dēstitit. Rōmulus deō Mārte *generātus* [= genitus] erat.

Quī iam adolēvit *adultus* esse dīcitur. Quī oppidum oppugnat mūrōs arietibus *labefactāre* cōnātur. Hieme sōl nōn tam *sērō* occidit quam aestāte: aestāte sōl *sērius* occidit quam hieme. Vītam *sempiternam* [= aeternam] nēmō mortālis *assequī* [= adipīscī] potest.

Synōnyma: globus et *sphaera;* cūnae et *cūnābula;* rītus et *caerimōnia;* firmus et *stabilis;* pēior et *dēterior;* pessimus et *dēterrimus;* explōrāre et *investīgāre;* probāre et *approbāre;* sustinēre et *fulcīre;* polluere et *maculāre;* pūnīre et *multāre;* paulisper et *parumper.*

Contrāria: opācus et *aprīcus;* permultī et *perpaucī;* cōnsentīre et *dissentīre;* mātūrē et *sērō;* prīdiē et *postrīdiē.*

### PENSVM C

1. Quandō amīcī ad Scīpiōnem convēnērunt? *Fēriīs Latīnīs C. Tuditānō M'. Aquīliō cōnsulibus amīcī Cicerōnis ad eum convēnērunt.*

2. Eratne Scīpiō occupātus eō diē? *Eō diē Scīpiō ōtiōsus erat et in hortīs esse cōnstituerat.*

3. Quod prōdigium in caelō vīsum erat? *Multī dīcēbant 'sē duōs sōlēs vīdisse.'*

4. Dē quibus rēbus fuit prīma disputātiō? *Prīma disputātiō fuit dē rēbus caelestibus.*

5. Quōmodo Archimēdēs mōtūs astrōrum dēclārāvit? *In globō aēneō.*

6. Cūr Laelius dē rēbus caelestibus disputāre nōluit? *Laelius eius modī disputātiōnēs inūtilēs cēnsēbat.*

7. Quid tum Laelius Scīpiōnem rogāvit? *Scīpiōnem rogāvit ut explicāret quem optimum esse statum cīvitātis existimāret.*

8. Quae sunt tria rērum pūblicārum genera? *Rēgnum et cīvitās optimātium et cīvitās populāris.*

9. Quod genus Scīpiō optimum esse putābat? *Scīpiō nūllum hōrum trium perfectum esse existimābat, sed genus reī pūblicae ex hīs tribus mixtum optimum esse putābat.*

10. Unde incipit Scīpiō dē rē pūblicā Rōmānā disputāns? *Scīpiō ā Rōmulō, prīmō rēge Rōmānōrum, incipit.*

11. Quibus rēbus Rōmulus rem pūblicam firmāvit? *Rōmulus auspiciīs et senātū rem pūblicam firmāvit.*

12. Quōmodo Numa populum ferōcem mītigāvit? *Religiōne atque clēmentiā Numa populum ferōcem mītigāvit.*
13. Cuius rēgis vitiō rēs pūblica Rōmāna ā bonā in dēterrimam conversa est? *Vitiō rēgis Tarquiniī Superbī genus reī pūblicae ex bonō in dēterrimum conversum est.*
14. Quem Cicerō tyrannō immānī oppōnit? *Cicerō tyrannō oppōnit bonum et sapientem rēctōrem cīvitātis.*

## CAPITVLVM LVI

### PENSVM A
(1) *Supplenda sunt verba incohātīva:*
patēre > *patēscere;* stupēre > ob*stupēscere;* lūcēre > il*lūcēscere;* ārdēre > ex*ārdēscere;* valēre > con*valēscere;* pavēre > ex*pavēscere;* timēre > per*timēscere;* horrēre > co*horrēscere;* rigēre > ob*rigēscere;* tremere > con*tremēscere;* gemere > in*gemēscere;* fervere > dē*fervēscere;* [-a- > -i-] tacēre > con*ticēscesere.*

(2) *Hī versūs dīvidendī sunt in syllabās brevēs et longās notīs appositīs:*

sīve per Syrtēs iter aestuōsās
— ∪| — — | — ∪∪| — ∪| — —
sīve factūrus per inhospitālem
— ∪|— —| — ∪ ∪| — ∪| — —
Caucasum vel quae loca fābulōsus
— ∪| — — | — ∪∪|— ∪|— —
lambit Hydaspēs.
— ∪ ∪| — —

### PENSVM B
*Tellūs* [= terra], quae in mediō mundī locō *immōbilis* manet, VIII sphaerīs cingitur. In sphaerā summā stēllae *īnfīxae* sunt; eī *subiectae* sunt VII, quārum īnfima est lūnae. Īnfrā lūnam nihil est nisi mortāle et *cadūcum*. Sphaerārum incitissimā *conversiōne* magnus sonitus efficitur, sed aurēs hūmānae tam *hebetēs* sunt ut eum audīre nequeant. Item aurēs eōrum quī Catadūpa *accolunt* propter magnitūdinem sonitūs *obsurduērunt*.

Terra quīnque *cingulīs* redimīta esse vidētur, quōrum duo extrēmī nive et *pruīnā* obrigēscunt, medius sōlis *radiīs* ārdentibus torrētur. Duo sunt *habitābilēs*, alter septentriōnālis, alter *austrālis*, cuius incolae Rōmānīs adversī aut *trānsversī* stant.

Quī rem horribilem videt *cohorrēscit*. *Pietās* est amor deōrum, patriae, parentum. Annus aetātis LVI Scīpiōnī *fātālis* fuit. Dī immortālēs *aevō* sempiternō fruuntur. Ponte ruptō Horātius Tiberim *trānatāvit*. *Octiēs* [8×] septēna sunt LVI. *Pūnctum* [·] est nota minima. Necesse est membrum aegrum cultrō *amputāre*. Sagitta ē *pharetrā* prōmitur.

Synōnyma: splendor et *fulgor;* celsissimus et *excelsus;* ruber et *rutilus;* siccus et *torridus* et *āridus;* solvere et *laxāre;* movēre et *ciēre;* celerius et *ōcius;* quamdiū et *quoūsque;* īnfrā et *subter;* ex aliō locō et *aliunde*.

Contrāria: ultimus et *citimus;* austrālis et *septentriōnālis;* hībernus et *aestīvus*.

### PENSVM C
1. Quōmodo Masinissa Scīpiōnem Aemiliānum accēpit? *Masinissa Scīpiōnem complexus est eumque rēgiō apparātū accēpit.*
2. Dē quibus rēbus Masinissa et Scīpiō collocūtī sunt? *Masinissa et Scīpiō dē Scīpiōne Āfricānō māiōre collocūtī sunt.*
3. Quem Scīpiō eā nocte in somnīs vīdit? *Scīpiō avum suum Scīpiōnem Āfricānum in somnīs vīdit.*
4. Ubi Scīpiō Āfricānus māior appāruit? *Ille appāruit inter stēllās in excelsō et clārō quōdam locō.*
5. Quid nepōtī suō praedīxit? *Āfricānus nepōtī suō praedīxit 'eum Karthāginem et Numantiam expugnātūrum esse.'*
6. Quid eī nārrāvit dē patriae cōnservātōribus? *Nārrāvit 'iīs omnibus certum locum in caelō dēfīnitum esse ubi beātī vītā sempiternā fruerentur.'*
7. Quid Scīpiō ab avō suō quaesīvit? *Scīpiō ab avō suō quaesīvit 'vīveretne ipse et aliī quōs nōs exstīnctōs arbitrārēmur.'*
8. Quem vīdit Scīpiō praeter avum suum? *Patrem suum L. Aemilium Paulum vīdit.*
9. Quid Aemilius Paulus fīlium suum monuit? *Pater fīlium monuit ut iūstitiam et pietātem coleret.*
10. Ex orbe lacteō quanta vidēbātur terra? *Terra tam parva Scīpiōnī vidēbātur ut eum imperiī Rōmānī paenitēret.*
11. Quot sphaerae terram cingunt? *Terra octō sphaerīs cingitur.*
12. Quōmodo efficitur cantus sphaerārum? *Conversiōne sphaerārum efficitur cantus.*
13. Cūr sphaera caelestis sonum acūtum efficit? *Quia conversiō illius sphaerae concitātissima est.*
14. Cūr hominēs cantum sphaerārum nōn audiunt? *Aurēs hominum propter magnitūdinem sonitūs obsurduērunt.*
15. Quārē hominēs in terrīs glōriam aeternam assequī nōn possunt? *Propter ēluviōnēs exustiōnēsque terrārum.*

127

# Exercitia Latina Solvta

# Pars I: Familia Romana

## CAPITVLVM I

**Exercitium 1**
1. est
2. est
3. sunt
4. est
5. est
6. est
7. sunt
8. est
9. sunt

**Exercitium 2**
1. in, quoque
2. et
3. -ne, nōn
4. ubi
5. sed
6. nōn, sed
7. fluvius

**Exercitium 4**
1. īnsula, īnsulae
2. fluvius, fluviī
3. oppidum, oppida
4. magna
5. magnus
6. magnum
7. oppidum magnum, oppidum parvum
8. īnsula magna, īnsula parva
9. fluvius magnus, fluvius parvus
10. magnī
11. magnae
12. magna

**Exercitium 5**
1. īnsulae
2. fluviī sunt
3. oppida sunt
4. īnsula
5. fluvius est
6. oppidum est

**Exercitium 6**
1. Rōmānum
2. Graecum
3. num
4. quid
5. paucī
6. prōvincia
7. multae
8. imperium

**Exercitium 8**
1. numerus. numerī Rōmānī
2. vocābulum, vocābula Latīna
3. littera, litterae Graecae
4. Latīnae, littera Latīna
5. vocābula, vocābulum Latīnum
6. ūnus, duo, trēs, numerus
7. sex, trēs syllabae, prīma, secunda, tertia
8. mīlle

**Exercitium 10**
1. Italia
2. Italiā

3. Italia, Graecia, Eurōpā
4. Graeciā, Italiā
5. imperium Rōmānum
6. imperiō Rōmānō
7. prōvincia
8. prōvinciā
9. vocābulum
10. vocābulō
11. capitulum
12. capitulō prīmō

**Exercitium 11**
1. plūrālis
2. singulāris
3. sing., plūr.
4. *fluviī*
5. *īnsula*
6. *oppida*
7. *numerus*
8. *litterae*
9. *vocābulum*
10. *īnsulae magnae*
11. *oppidum magnum*
12. *numerī Rōmānī*
13. *littera Graeca*
14. *vocābula Latīna*
15. *exemplum*

## CAPITVLVM II

**Exercitium 1**
1. puella
2. fēmina
3. puer
4. puerī
5. virī, vir
6. fēminae, fēmina

**Exercitium 2**
1. māter
2. fīliī
3. līberī
4. fīlia
5. fīlius
6. Mārcī
7. Quīntī
8. Iūliae
9. Mārcī, Quīntī
10. Iūliae
11. Iūliī, Aemiliae
12. Mārcī, Quīntī, Iūliae
13. Mārcī, Quīntī, Iūliae

**Exercitium 3**
1. quis
2. quis
3. quae
4. quae
5. quī
6. quid
7. quid

**Exercitium 4**
1. litterae numerīque
2. Mārcus Quīntusque
3. puerī puellaeque
4. fēminae et puerī

5. servī et ancillae
6. ūna filia et duo fīliī

**Exercitium 5**
1. servus
2. ancilla
3. dominus, domina
4. servī
5. ancillae
6. servī
7. servōrum
8. ancillae
9. ancillārum
10. līberī
11. servōrum, līberōrum

**Exercitium 7**
1. multōrum servōrum
2. servōrum
3. multārum ancillārum
4. servōrum, ancillārum
5. servōrum, ancillārum
6. līberōrum
7. līberōrum
8. īnsulārum
9. fluviōrum
10. oppidōrum

**Exercitium 8**
1. magnus numerus īnsulārum
2. parvus numerus fluviōrum
3. magnus numerus oppidōrum
4. parvus numerus līberōrum
5. multa vocābula
6. multae litterae
7. pauca exempla

**Exercitium 9**
1. quot, centum
2. duo
3. duae
4. duo
5. quot, trēs
6. duae, ūna
7. ūnus, duo
8. tria
9. trēs, duo, ūnus
10. tria, duo, ūnum
11. trēs, duae, ūna
12. quot, mīlle

**Exercitium 10**
1. tuus
2. meus
3. tua
4. mea
5. tuae
6. meae
7. tuī
8. meī
9. tuā
10. meā, meōrum, mea
11. tuōrum

**Exercitium 11**
1. ecce, librī, antīquus, novus
2. librōrum
3. titulus librī

4. pāginae, capitula, cētera
5. capitulōrum
6. capitulum
7. capitulī
8. multa vocābula
9. vocābulōrum
10. vocābulum, capitulī prīmī
11. vocābulī

## Exercitium 12
1. fēminīnum, neutrum
2. masculīnum
3. masculīna, vocābulum masculīnum
4. fēminīna, vocābulum fēminīnum
5. neutra, vocābulum neutrum
6. *Rōmānus*
7. *fēmina Rōmāna*
8. *imperium Rōmānum*

## Exercitium 13
1. genetīvus
2. gen.
3. gen.
4. gen. plūr.
5. gen. sing.
6. gen. plūr.
7. gen. sing.
8. gen. plūr.
9. *servī, servōrum*
10. *ancillae, ancillārum*
11. *capitulī, capitulōrum*

# CAPITVLVM III

## Exercitium 1
1. scaenā, persōnae
2. cantat, laeta
3. īrātus
4. pulsat
5. iam, plōrat
6. rīdet
7. videt
8. vocat
9. venit

## Exercitium 2
1. Iūliam
2. Quīntum, Mārcum
3. puellam
4. Mārcum, Quīntum
5. Aemiliam
6. Aemiliam
7. Iūliam
8. mē

## Exercitium 3
1. cantat, pulsat
2. cantat, plōrat
3. videt, vocat
4. venit, interrogat
5. respondet, dormit
6. vocat
7. dormit, audit
8. rīdet, venit
9. verberat

## Exercitium 4
1. interrogat
2. respondet, tē
3. interrogat, cūr
4. respondet, quia, eam
5. improbus
6. hīc, hīc
7. eum, audit
8. dormit
9. neque
10. verberat
11. audit, dormit
12. probus

## Exercitium 5
1. ... quia Iūlia cantat
2. ... quia Mārcus eam pulsat
3. ... quia Iūlia plōrat
4. ... quia parva puella est
5. ... quia Iūlia eam vocat
6. ... quia dormit
7. ... quia puer improbus est
8. ... quia māter eum verberat
9. ... quia Marcum audit

## Exercitium 6
1. Mārcus, Iūliam, Iūlia
2. Iūlia, eam
3. Aemiliam, Aemilia
4. Aemilia, Quīntum, eum, mē
5. Quīntus, Iūlia, tē
6. Aemilia, Iūlium
7. Quīntus, Iūlium
8. Iūlius, Quīntum
9. Aemilia, Mārcum
10. Mārcus, Aemilia, eum
11. Iūlius, Mārcum
12. Aemiliam, Mārcum, Quīntum, Iūliam
13. Mārcus, improbus
14. Mārcus, parvam puellam
15. Iūlius, īrātus, puerum improbum
16. Iūlia, puella proba

## Exercitium 7
1. quae
2. quī
3. quae
4. quī
5. quam
6. quem
7. quae
8. quam
9. quae
10. quem
11. quī
12. quem
13. quem
14. quī
15. quem

## Exercitium 9
1. quis
2. quis
3. quem
4. quis
5. quem

6. quis
7. quem
8. quem

## Exercitium 10
1. accūsātīvus
2. nōminātīvus
3. nōm., acc.
4. acc., nōm.
5. *Mārcum*
6. *Aemiliam*
7. *Iūlius*
8. *Iūlia*
9. *puerum improbum*
10. *parvam puellam*

# CAPITVLVM IV

## Exercitium 1
1. ūnus
2. duo
3. trēs
4. quattuor
5. quīnque
6. sex
7. septem
8. octō
9. novem
10. decem

## Exercitium 2
1. quattuor
2. trēs et trēs sunt sex
3. quattuor et quattuor sunt octō
4. quīnque et quīnque sunt decem
5. duo et trēs sunt quīnque
6. trēs et quattuor sunt septem
7. quattuor et quīnque sunt novem

## Exercitium 3
1. pecūnia
2. habet
3. eius, nummī
4. numerat
5. tantum
6. rūrsus
7. sacculō, tantum
8. suum, abest
9. adest
10. adsunt, absunt
11. salūtat
12. salve
13. tacet

## Exercitium 5
1. eius
2. suam
3. eius
4. eius
5. suum
6. suum
7. suum
8. eius, eius
9. suō
10. eius
11. suum
12. suam, suō

## Exercitium 6
1. Dāve
2. Mēde
3. Dāve
4. domine
5. serve
6. Dāve
7. domine
8. bone serve
9. Mēde, improbe serve

## Exercitium 7
1. nūllum
2. accūsat
3. ecce, mēnsā
4. vacuus
5. bonus
6. pōnit
7. sūmit, discēdit
8. baculum
9. quod
10. is

## Exercitium 8
1. vocā
2. vocat, venī, venit
3. salūtā, salūtat
4. tacē, audī, tacet, audit
5. respondē, respondet
6. pōne, pōnit
7. vidē, videt
8. sūme, discēde, sūmit, discēdit

## Exercitium 10
1. vocātīvus
2. voc.
3. *Dāve*
4. *domine*
5. *Mēdus*
6. *serve*
7. *Mārce*
8. *Quīntus*
9. *-e*

## Exercitium 11
1. imperātīvus
2. indicātīvus
3. imp.
4. imp., ind.
5. *vocā*
6. *vidē*
7. *pōnit*
8. *venit*
9. *audī*
10. *sūme*
11. *-ā*
12. *-ē*
13. *-it*
14. *-it*

## CAPITVLVM V

## Exerctium 1
1. serv*us*, serv*um*
2. serv*ī*, serv*ōs*
3. ancill*a*, ancill*am*
4. ancill*ae*, ancill*ās*

## (Exercitium 1 cont.)
5. Mārc*us*, Quīntus, fīli*ī*
6. ūn*um* fīl*ium*, fīli*ōs*
7. fīl*ia*
8. fīli*ās*, ūn*am* fīliam
9. numm*ōs* su*ōs*, numm*ī*
10. ūn*um* numm*um*
11. ūn*us* numm*us*
12. ūn*um* numm*um*, mult*ōs* numm*ōs*
13 bacul*um*, bacul*um*
14. nūll*um* verb*um*
15. mult*ae* ros*ae*, multa līli*a*
16. mult*ās* ros*ās*, multa līli*a*

## Exercitium 2
1. vīllā
2. hortō
3. cum, habitat
4. rosae, līlia
5. pulcher
6. foedus
7. pulchra, nāsum
8. amat, ea
9. sōlus
10. ōstia
11. fenestrae
12. ātriō, aqua
13. peristȳlō
14. cubiculō, etiam

## Exercitium 3
1. habit*at*
2. habit*ant*
3. hab*et*
4. hab*ent*
5. am*at*, am*at*
6. am*ant*
7. salūt*ant*, salūtat
8. imper*at*, pār*ent*
9. cant*at*, cant*ant*, rīd*ent*
10. dorm*it*
11. dorm*iunt*

## Exercitium 4
1. magnā vīllā, Aemiliā, līberīs, servīs
2. Mārcō, Quīntō, Iūliā, vīllā
3. magnō, hortō
4. hortō
5. multīs rosīs
6. Italiā, magnīs hortīs
7. hortīs
8. vīllīs
9. magnō ātriō
10. ātriō, impluviō
11. Aemiliā, magnō cubiculō
12. parvīs cubiculīs

## Exercitium 6
1. eius
2. eōrum
3. eum
4. eōs
5. eius
6. eārum
7. eam
8. eās
9. ea, eā
10. is, eō

## (Exercitium 6 cont.)
11. eae
12. eius, eā
13. iī
14. eōrum, iīs, ea, iīs
15. eō
16. id, eō
17. eā
18. eōrum
19. ea

## Exercitium 7
1. discēd*it*, discēd*unt*
2. voc*āte*
3. voc*ant*, ven*ī*
4. aud*it*, ven*it*
5. vocat, ven*īte*
6. aud*iunt*, discēd*unt*
7. carp*e*, carp*it*, ven*it*
8. vid*ē*, vid*ēte*
9. vid*ent*
10. aud*īte*
11. vid*et*
12. plōr*at*, rīd*et*, tac*ē*
13. tac*et*, rīd*ent*
14. tac*ēte*, tac*ent*
15. sūm*e*, pōn*e*
16. ag*it*, sūm*it*, discēd*it*
17. discēd*ite*, ag*ite*, sūm*ite*, pōn*ite*
18. sūm*unt*, discēd*unt*, pōn*unt*
19. ven*īte*, ven*iunt*
20. ag*unt*, ag*e*, discēd*e*, interrogā

## Exercitium 8
1. in peristȳlō, cum līberīs, sine virō suō
2. in hortō, ab Aemiliā
3. cum Aemiliā, ab eā
4. ex hortō, cum rosīs
5. cum ūnā rosā, ab iīs
6. in vīllā, cum impluviō
7. in ātriō, ex impluviō, in aquā
8. in oppidō, cum servīs, sine Aemiliā

## Exercitium 9
1. accūsātīvus, acc.
2. acc. plūr.
3. sing.
4. acc.
5. acc. sing., acc. plūr.
6. acc., nōm., acc.
7. sing.
8. nōm., acc. plūr.
9. *servum*
10. *servōs*
11. *ancillam*
12. *ancillās*
13. *cubiculum*
14. *cubicula*

## Exercitium 10
1. ablātīvus
2. abl., abl. plūr.
3. sing., abl. plūr.
4. abl. sing., abl. plūr.
5. *servō*
6. *servīs*
7. *ancillā*

8. *ancillīs*
9. *cubiculō*
10. *cubiculīs*

## Exercitium 11
1. imperātīvus plūrālis
2. singulāris, indicātīvus
3. imp. sing., imp. plūr.
4. ind. sing., ind. plūr.
5. *tacē, age, audī*
6. *cantāte, tacēte, agite, audīte*
7. *tacet, agit, audit*
8. *cantant, tacent, agunt, audiunt*

## CAPITVLVM VI

### Exercitium 1
1. via, inter
2. prope, procul
3. ad
4. it
5. ante, post
6. eunt
7. ambulant, lectīcā
8. portant
9. saccōs, umerīs
10. unde
11. quō
12. vehunt
13. nam, apud
14. itaque
15. timet
16. malus, autem
17. amīcus
18. inimīcī
19. longa
20. mūrō, duodecim portae
21. circum, tam, quam

### Exercitium 3
1. ā, ab
2. ab, ā
3. ab, ā
4. ā, ab
5. ab, ā
6. ab, ā

### Exercitium 4
1. Rōmam, Brundisium
2. oppida, oppida
3. oppidum Tūsculum
4. oppidum, vīllam
5. oppidō Tūsculō, vīllam suam
6. lectīcā, duōs servōs
7. dominum, eum
8. dominum, dominō
9. vīllā, virō suō Iūliō
10. Aemiliam, eā
11. hortō, Aemiliam, rosīs
12. litterās

### Exercitium 5
1. quī
2. quōs
3. quem
4. quī
5. quem

6. quī
7. quōs
8. quī
9. quōs
10. quōs

### Exercitium 6
1. Rōmam, Rōmae
2. Rōmā
3. Tūsculum, Tūsculī
4. Tūsculō
5. Tūsculō Rōmam
6. Rōmā Tūsculum
7. Rōmae
8. Tūsculī

### Exercitium 7
1. ambulat, portātur
2. amat, amātur
3. amant, amantur
4. timent, timentur
5. videt, vidētur
6. pulsat, pulsātur
7. vocat, audītur
8. vocant, audiuntur
9. vehit, vehitur
10. vehuntur, ambulant
11. dēlectantur
12. pōnit, numerat
13. pōnuntur, numerantur

### Exercitium 8
1. ab ancillā salūtātur
2. dominum salūtant
3. servī ā dominō interrogantur
4. Mēdus Dāvum accūsat
5. sacculus in mēnsā pōnitur ā Dāvō
6. Mēdus Iūlium timet
7. Mēdus ā Iūliō vocātur
8. puerī Iūliam vocant
9. puerī ā Iūliā nōn audiuntur
10. Iūlia puerōs vocat
11. dominus īrātus ā servīs improbīs timētur
12. dominus īrātus servōs improbōs verberat

### Exercitium 9
1. equō
2. lectīcā
3. verbīs
4. baculō
5. umerīs
6. lectīcā
7. viā Latīnā

### Exercitium 10
1. equō
2. ubi
3. fessī
4. amīca
5. pulsat, intrā
6. per

### Exercitium 12
1. passīvum
2. āctīvum
3. āct., pass.

4. pass.
5. āct., pass.
6. *vocat, timet, vehit, audit; vocant, timent, vehunt, audiunt*
7. *vocātur, timētur, vehitur, audītur; vocantur, timentur, vehuntur, audiuntur*

## CAPITVLVM VII

### Exercitium 1
1. exspectat
2. tenet
3. lacrimat, oculīs, lacrimae
4. speculum, sē
5. aperit
6. claudit
7. immō, fōrmōsus
8. vertit
9. tergē, es

### Exercitium 3
1. eam
2. sē, sē
3. sē
4. eam, sē
5. sē, eam
6. sē, eam
7. sē
8. eum
9. sē, eum

### Exercitium 4
1. cubiculō suō
2. cubiculum
3. hortum, hortō
4. vīllā
5. vīllam, ātriō
6. ātrium

### Exercitium 6
1. sōlum, etiam
2. et, et
3. sed etiam
4. et, et, neque, neque
5. neque, neque
6. nōn sōlum
7. et, et
8. sed etiam
9. et, et, neque, neque
10. neque, neque

### Exercitium 7
1. Mārcō, filiō
2. fīliīs
3. eī
4. Syrō, servō suō
5. iīs
6. Syrō, Lēandrō, servīs suīs
7. eī
8. Iūliō, virō suō
9. Aemiliae, Iūliae, fīliae suae
10. mālō suō
11. eī
12. Dēliae, ancillae suae
13. iīs
14. Dēliae, Syrae, ancillīs suīs

15. servō
16. cui, cui
17. cui, cui

**Exercitium 8**
1. hic
2. haec
3. hoc
4. quae, haec
5. quod, hoc
6. quī, hic

**Exercitium 9**
1. advenit, salvēte
2. ōstiāriō
3. māla, pira
4. plēnī
5. inest, īnsunt
6. dat
7. adit, ōsculum
8. illīc
9. ē, exit, exeunt
10. currit
11. nōnne

**Exercitium 11**
1. datīvus, dat.
2. sing.
3. dat., dat. plūr.
4. *servō*
5. *servīs*
6. *ancillae*
7. *ancillīs*
8. *oppidō*
9. *oppidīs*
10. *eī*
11. *iīs*

# CAPITVLVM VIII

**Exercitium 1**
1. tabernā, gemmae, margarītae, ōrnāmenta
2. vēndit
3. aliī
4. quī, tabernārius
5. cōnsistunt
6. emunt
7. quae, aspiciunt, abeunt
8. accipit
9. ānulum, collō
10. ōrnant
11. digitus
12. pecūniōsus

**Exercitium 3**
1. nummum accipit ā Iūliō
2. Iūlius Aemiliae ānulum dat
3. fēminae ōrnāmenta accipiunt ā virīs
4. dominus servō mālum dat
5. Lȳdia rosam accipit ā Mēdō
6. dominus servīs nummōs dat

**Exercitium 4**
1. advenit, adveniunt
2. exit
3. adit
4. abit, abeunt
5. exeunt
6. adeunt, abeunt
7. inest, īnsunt
8. adsunt, absunt
9. adest, abest

**Exercitium 5**
1. num
2. nōnne
3. nōnne
4. nōnne
5. num
6. nōnne
7. num
8. num
9. nōnne

**Exercitium 6**
1. clāmat
2. illam
3. mōnstrat
4. quam, illa
5. ostendit
6. cōnstat, gemmātus
7. pretium, sēstertiī, octōgintā
8. tanta, convenit

**Exercitium 8**
1. aspice, aspicit
2. aspiciunt
3. aspicite
4. aspice, aspicit
5. accipe, accipit
6. accipite, accipiunt

**Exercitium 9**
1. quanta, nōnāgintā
2. satis
3. nimis, aut
4. mediō, quārtō
5. tantus, quantus
6. vīgintī

**Exercitium 10**
1. nummīs
2. sēstertiīs
3. sēstertiīs
4. quantō pretiō
5. sēstertiīs
6. sēstertiīs
7. magnō pretiō

**Exercitium 12**
1. quis, quī/quis, quī
2. cuius, cuius, eius
3. quem, quem, eum
4. cui, cui, eī
5. quō, quō, eō
6. quī, quī, iī
7. quōrum, quōrum, eōrum
8. quōs, quōs, eōs
9. quibus, quibus, iīs
10. quibus, quibus, iīs

**Exercitium 13**
1. quae, quae, ea
2. cuius, cuius, eius
3. quam, quam, eam
4. cui, cui, eī
5. quā, quā, eā
6. quae, quae, eae
7. quārum, quārum, eārum
8. quās, quās, eās
9. quibus, quibus, iīs
10. quibus, quibus, iīs

**Exercitium 14**
1. quid, quod, quod, id
2. quid, quod, quod, id
3. cuius, cuius, eius
4. cui, cui, eī
5. quō, quō, eō
6. quae, quae, ea
7. quae, quae, ea
8. quōrum, quōrum, eōrum
9. quibus, quibus, iīs
10. quibus, quibus, iīs

**Exercitium 15**
1. hic, ille
2. hunc, illum
3. hic, hōc, ille, illō
4. huius, illīus
5. hōc, illō
6. huic, illī
7. haec, illa
8. hanc, illam
9. hāc, illā
10. huius, illīus
11. huic, illī
12. hoc, illud
13. huius, illīus
14. hōc, illō
15. illa, illōs, illās, illī, illae
16. haec, hōs, hās, hī, hae
17. hōrum, hārum
18. hīs, illīs

# CAPITVLVM IX

**Exercitium 1**
1. cane, ovibus
2. canem, ovēs
3. canis, ovium
4. canī, ovibus
5. canis, ovēs, pāstōre
6. pāstōris
7. pāstōrī
8. pāstōrem, pāstōrēs
9. pāstōrum
10. pāstōribus
11. pāstōrēs
12. pāstōribus

**Exercitium 2**
1. campō, cane, ovibus
2. nigra, albae
3. pāstor, cibum
4. herba, edunt, bibunt, rīvō
5. pānis, ēst
6. montēs, vallēs
7. collis, arbor
8. silvā
9. lupī
10. sōl, caelō

11. suprā
12. terrā
13. lūcet, nūbēs
14. sub, umbra
15. petit
16. dūcit
17. iacent

## Exercitium 4
1. bon<u>us</u>
2. bon<u>um</u>
3. bon<u>ī</u>
4. bon<u>ō</u>
5. bon<u>ō</u>
6. bon<u>ī</u>, su<u>īs</u>
7. mult<u>ōs</u>
8. mult<u>ōrum</u>
9. su<u>īs</u>
10. su<u>īs</u>
11. mult<u>ae</u>, alb<u>ae</u>, ūn<u>a</u>, nigr<u>a</u>
12. mult<u>ās</u>, alb<u>ās</u>, ūn<u>am</u>, nigr<u>am</u>
13. alb<u>ārum</u>, nigr<u>ae</u>
14. alb<u>īs</u>, nigr<u>ae</u>
15. mult<u>īs</u>, alb<u>īs</u>, ūn<u>ā</u>, nigr<u>ā</u>

## Exercitium 5
1. nūb<u>ēs</u>
2. nūll<u>a</u> nūb<u>ēs</u>
3. nūll<u>am</u>
4. coll<u>is</u> parv<u>us</u>, magn<u>ā</u> arbor<u>e</u>
5. coll<u>is</u>, parv<u>us</u>
6. magn<u>ī</u> mont<u>ēs</u>
7. parv<u>ō</u> coll<u>e</u>, ūn<u>a</u>
8. mult<u>ae</u> arbor<u>ēs</u>
9. ov<u>ēs</u> su<u>ās</u>, parv<u>um</u> coll<u>em</u>
10. fess<u>us</u>, ov<u>ibus</u> su<u>īs</u>, magn<u>ae</u> arbor<u>is</u>
11. pāstōr<u>ī</u> fess<u>ō</u>, ov<u>ibus</u> fess<u>īs</u>

## Exercitium 6
1. dominum suum relinquit
2. ā dominīs suīs nōn abeunt
3. tabernam relinquunt
4. Aemiliam et puerōs relinquit
5. ā pāstōre suō abit
6. pāstōrem nōn relinquit
7. ab ovibus albīs abit
8. ovem et canem relinquit

## Exercitium 7
1. dum
2. lātrat
3. relinquit
4. errat
5. vestīgia, ipse
6. quaerit
7. reperit
8. ululat, bālat
9. dum
10. ut
11. dentēs
12. accurrit, petit
13. clāmōrem
14. impōnit

## Exercitium 9
| 1. | -a | -ae |
| --- | --- | --- |
| 2. | -am | -ās |
| 3. | -ae | -ārum |
| 4. | -ae | -īs |
| 5. | -ā | -īs |

6. nōm.
7. abl.
8. gen., dat., nōm.
9. acc. sing.
10. gen. plūr.
11. acc. plūr.
12. dat., abl. plūr.

## Exercitium 10
| 1. | -us | -ī | -um | -a |
| --- | --- | --- | --- | --- |
| 2. | -um | -ōs | -um | -a |
| 3. | -ī | -ōrum | -ī | -ōrum |
| 4. | -ō | -īs | -ō | -īs |
| 5. | -ō | -īs | -ō | -īs |

6. -e
7. voc.
8. gen., nōm.
9. dat., abl.
10. dat., abl.
11. gen. plūr.
12. acc. plūr.
13. acc. sing.
14. nōm. sing.
15. nōm., acc.
16. gen.
17. nōm., acc. sing.

## Exercitium 11
| 1. | - | -ēs | -is | -ēs |
| --- | --- | --- | --- | --- |
| 2. | -em | -ēs | -em | -ēs |
| 3. | -is | -um | -is | -ium |
| 4. | -ī | -ibus | -ī | -ibus |
| 5. | -e | -ibus | -e | -ibus |

6. nōm.
7. abl. sing.
8. acc. sing.
9. nōm., acc.
10. dat. sing.
11. dat., abl.
12. gen. sing.
13. nōm., gen.
14. gen. plūr.

## CAPITVLVM X

### Exercitium 1
1. bēstiae
2. hominēs
3. fera, leō
4. ferae
5. piscēs, natant
6. avēs, volant
7. aquila, capit
8. movet, caudam
9. pedēs
10. cum
11. āere, ālae
12. potest
13. quod
14. possunt

15. facit
16. asinus
17. deus, nūntius
18. mercātor

### Exercitium 3
1. leōn<u>ēs</u>
2. leō<u>num</u>
3. hom<u>inēs</u>
4. hom<u>inum</u>
5. hom<u>inis</u>, leōn<u>is</u>
6. leōn<u>em</u>, homin<u>em</u>
7. hom<u>ine</u>, hom<u>ō</u>, leōn<u>e</u>
8. leōn<u>ēs</u>, homin<u>ibus</u>, homin<u>ēs</u>, leōn<u>ibus</u>

### Exercitium 4
1. vol<u>āre</u>, nat<u>āre</u>
2. ambul<u>āre</u>, curr<u>ere</u>
3. aud<u>īre</u>, vid<u>ēre</u>
4. numer<u>āre</u>
5. mov<u>ēre</u>
6. spīr<u>āre</u>
7. vīv<u>ere</u>
8. dūc<u>ere</u>
9. hab<u>ēre</u>
10. fac<u>ere</u>

### Exercitium 5
1. port<u>āre</u>
2. port<u>ārī</u>
3. vid<u>ēre</u>, aud<u>īre</u>
4. vid<u>ērī</u>, aud<u>īrī</u>
5. numer<u>āre</u>, numer<u>ārī</u>
6. em<u>ere</u>
7. em<u>ī</u>
8. veh<u>ere</u>
9. veh<u>ī</u>
10. aper<u>īre</u>, claud<u>ere</u>
11. aper<u>īrī</u>, claud<u>ī</u>

### Exercitium 6
1. flūmen
2. mare
3. vīvunt
4. spīrat, pulmōnēs
5. anima
6. vīvus, mortuus
7. nēmō
8. necesse
9. animālia
10. nīdōs
11. rāmōs, folia
12. ōva
13. pariunt, pullī
14. parit
15. volunt

### Exercitium 7
1. magn<u>um</u> flūm<u>en</u>
2. magn<u>a</u> flūm<u>ina</u>
3. flūm<u>ine</u>
4. flūm<u>inis</u>
5. flūm<u>ina</u>, flūm<u>inī</u>
6. magn<u>um</u> mar<u>e</u>
7. mult<u>a</u> mar<u>ia</u>
8. mar<u>ibus</u>

9. flūminibus
10. marium, flūminum
11. animālia, marī
12. quod
13. animālium
14. parva animālia, animālibus

## Exercitium 8
1. vult, lūdere
2. canere
3. vōcem, vōx
4. perterritae, enim
5. occultant
6. ascendit, audet
7. crassus, sustinētur
8. tenuis
9. cadit
10. ergō, esse
11. lectō

## Exercitium 9
1. Iūliam, canere
2. Iūliam, pulsārī
3. Iūliam, plōrāre, Mārcum, rīdēre
4. Aemiliam, venīre
5. Aemiliam, īrātam, esse
6. pullōs, mortuōs, esse
7. Dāvum, interrogārī, accūsārī
8. Mēdum, vocārī, eum, venīre

## Exercitium 11
1. īnfīnītīvus
2. īnf.
3. *intrāre*
4. *tacēre*
5. *discēdere*
6. *venīre*
7. īnf.
8. īnf. passīvī
9. *vocāre, vocārī*
10. *vidēre, vidērī*
11. *pōnere, pōnī*
12. *audīre, audīrī*

## CAPITVLVM XI

### Exercitium 1
1. corpore, ūnum, crūra
2. corpus hūmānum, crūra
3. crūribus
4. corpore, ūnum, capita
5. capite, ūnum, ōra
6. capita, ōra, corpora

### Exercitium 2
1. corpore, membra, bracchia, crūra
2. manus
3. capite, aurēs, ōs
4. labra, lingua
5. rubra
6. frōns, īnfrā, genae
7. super,
8. capillus
9. bene
10. male
11. pectus, cor
12. sanguis, color

---

13. vēnās, fluit
14. venter
15. iecur, viscera
16. sānus, aeger
17. medicus, sānat
18. sedet
19. stat
20. pōculō, atque

## Exercitium 4
1. pulchra, pulcher
2. nigra
3. niger
4. aeger, aegra
5. aegrō, rubrum
6. nigrum
7. niger, aeger
8. ruber, niger

## Exercitium 5
1. aperī, ostende, puerum, aperīre, ostendere
2. cōnsiste, aspice, Mēdum, cōnsistere, aspicere
3. currite, puerōs, currere
4. curre, Mārcum, currere
5. aperīte, ancillās, aperīre
6. claude, dormī, Quīntum, claudere, dormīre
7. tergē, Iūliam, tergēre, esse

## Exercitium 6
1.-2. dormit, puerum, dormīre
3.-4. lingua, rubra, linguam, rubram, esse
5. dolet, pedem, dolēre
6. dolet, pedem, dolēre
7.-8. clāmant, rīdent, servōs, clāmāre, rīdēre
9.-10. sacculus, vacuus, sacculum, vacuum, esse

## Exercitium 8
1. canit, eam, canere
2. Quīntus, mortuus, Quīntum, mortuum
3. medicum, stultum, esse
4. Quīntus, claudit, dormit, Quīntum, claudere, eum, dormīre
5. Mēdum, habēre
6. pretium, magnum, esse
7. ānulum, gemmātum, pulchrum, esse
8. nāsum, foedum, esse
9. via, longa, viam, longam, esse
10. deum, Neptūnum, vīvere, Mercurium, volāre

## Exercitium 9
1. arcessit
2. revenit
3. aegrōtat
4. spectat
5. tangit
6. sentit
7. dolet, dīcit
8. cultrum
9. appōnit

---

10. dē, horrent, palpitat
11. quiētus, nec, putat
12. gaudet
13. dēterget
14. noster, modo

## Exercitium 10
1. medicum, abesse
2. Mēdum, venīre
3. Dāvum, servum, probum, esse
4. Mēdum, habēre
5. Iūlium, adesse
6. ovem, nigram, vīvere

## Exercitium 12
1. -  -a  -e -ia
2. -  -a  -e -ia
3. -is -um  -is -ium
4. -ī -ibus  -ī -ibus
5. -e -ibus  -ī -ibus
6. nōm., acc.
7. abl. sing.
8. dat. sing.
9. dat., abl.
10. gen. sing.
11. gen. plūr.
12. nōm., acc.
13. dat., abl.

## Exercitium 13
1. accūsātīvus, īnfīnītīvus
2. accūsātīvus, īnfīnītīvō
3. *vidēre, audīre, sentīre, dīcere, putāre, gaudēre, necesse*
4. *iubet*
5. *putat*
6. *audit, videt*
7. *dīcit*
8. *sentit*
9. *gaudet*
10. *necesse*

## CAPITVLVM XII

### Exercitium 1
1. Iūliō trēs līberī sunt
2. Aemilia ūnum frātrem habet
3. Dāvō multī amīcī sunt
4. Homō improbus paucōs habet amīcōs
5. Hominī duo oculī et duae aurēs sunt
6. Corpus hūmānum quattuor membra habet
7. Hominibus ālae nōn sunt
8. Mercurius ālās in pedibus habet
9. Virō Rōmānō tria nōmina sunt
10. Rōmānī multōs deōs habent

### Exercitium 2
1. pater, māter, frāter
2. patrem, mātrem, frātrem
3. frātrēs, frātrēs
4. frātrum
5. mātrī, frātribus
6. mātre, frātribus
7. patrī, pater

8. pat<u>rem</u>, pat<u>re</u>
9. frāt<u>er</u>, pat<u>ris</u>, māt<u>ris</u>
10. mā<u>tribus</u>, pa<u>tribus</u>

## Exercitium 3
1. soror
2. frātrēs
3. nōmen, avunculus
4. praenōmen, praenōmina
5. cognōmen
6. trīstis
7. vester
8. mīles, gladium, fert
9. scūtum, pīlum, arma
10. armātus

## Exercitium 5
1. mī<u>les</u>
2. mī<u>lite</u>
3. mī<u>litis</u>
4. mī<u>litēs</u>, ped<u>itēs</u>, equ<u>itēs</u>
5. mī<u>litum</u>, ped<u>itum</u>, equ<u>itum</u>
6. equ<u>es</u>, mī<u>les</u>, ped<u>es</u>
7. ped<u>itis</u>, equ<u>itis</u>
8. ped<u>ite</u>, equ<u>ite</u>

## Exercitium 6
1. long<u>us</u>, lev<u>is</u>, brev<u>is</u>
2. brev<u>is</u>, grav<u>is</u>, long<u>a</u>
3. magn<u>us</u>, grav<u>is</u>, parv<u>us</u>, lev<u>is</u>
4. crass<u>us</u>, tenu<u>is</u>
5. laet<u>a</u>, trīst<u>is</u>
6. brev<u>is</u>, long<u>us</u>
7. long<u>a</u>, tenu<u>is</u>
8. brev<u>is</u>, crass<u>a</u>

## Exercitium 7
1. via Appia longior est quam via Latīna
2. Iūlius pecūniōsior est quam Cornēlius
3. Aemilia fōrmōsior est quam Syra
4. Mārcus levior est quam Quīntus
5. saccus Lēandrī gravior est quam Syrī
6. capillus Mārcī brevior est quam Iūliae
7. Dāvus probior est quam Mēdus
8. digitus medius longior et crassior est quam digitus quārtus

## Exercitium 8
1. vocābul<u>ī</u>
2. corpor<u>is</u> hūmān<u>ī</u>
3. bracch<u>iī</u>, crūr<u>is</u>
4. vīll<u>ae</u> Rōmān<u>ae</u>
5. nōmin<u>is</u> Rōmān<u>ī</u>
6. Āfric<u>ae</u>
7. Eurōp<u>ae</u>

## Exercitium 9
1. serv<u>ō</u>, domin<u>ō</u> su<u>ō</u>
2. ancill<u>ae</u>, domin<u>ae</u> su<u>ae</u>
3. Mēd<u>ō</u>, e<u>ī</u>
4. sorōr<u>ī</u> su<u>ae</u>, frātr<u>ī</u> su<u>ō</u>
5. mīli<u>tibus</u>, duc<u>ī</u> su<u>ō</u>
6. Gall<u>īs</u>, Rōmān<u>īs</u>
7. c<u>ui</u>, c<u>ui</u>

## Exercitium 10
1. exerci<u>tus</u>
2. exerci<u>tū</u>
3. exerci<u>tūs</u>, exerci<u>tum</u>
4. exerci<u>tuī</u>
5. exerci<u>tūs</u>, exerci<u>tūs</u>
6. exerci<u>tibus</u>
7. exerci<u>tibus</u>
8. exerci<u>tuum</u>

## Exercitium 11
1. pugnant
2. pugnīs
3. eques
4. pedes
5. fertur, gravis, brevis
6. levis
7. ferre
8. barbarī, ac, incolunt
9. pars
10. dīvidit
11. fīnis
12. patria
13. contrā, hostēs, bellum
14. metuunt
15. dux
16. exercitū, mīlitant, arcūs, sagittās

## Exercitium 13
1. fort<u>īs</u>, brev<u>em</u>, lev<u>em</u>
2. fort<u>ī</u>, Rōmān<u>ō</u>, brev<u>is</u>, lev<u>is</u>
3. Rōmān<u>us</u>, brev<u>ī</u>, lev<u>ī</u>
4. fort<u>ēs</u>, brev<u>ēs</u>, lev<u>ēs</u>
5. fort<u>ibus</u>, Rōmān<u>īs</u>, brev<u>ēs</u>, lev<u>ēs</u>
6. Rōmān<u>ī</u>, brevi<u>bus</u>, levi<u>bus</u>
7. magn<u>a</u>, grav<u>is</u>
8. magn<u>am</u>, grav<u>em</u>
9. magn<u>ā</u>, grav<u>ī</u>
10. magn<u>ae</u>, grav<u>is</u>
11. mult<u>ās</u>, grav<u>ēs</u>
12. grav<u>ium</u>
13. long<u>um</u>, breve, brev<u>ī</u>
14. long<u>a</u>, brev<u>ia</u>

## Exercitium 14
1. long<u>ior</u>, lāt<u>ior</u>
2. long<u>iōrēs</u>, lāt<u>iōrēs</u>
3. lev<u>ior</u>
4. lev<u>iōrem</u>
5. lev<u>iōre</u>
6. brev<u>ius</u>
7. long<u>iōra</u>
8. brev<u>iōribus</u>, lev<u>iōribus</u>
9. fort<u>iōrēs</u>, fort<u>iōrī</u>
10. fort<u>ior</u>, forti<u>ōribus</u>
11. fōrmōs<u>iōrem</u>, fōrmōs<u>iōris</u>
12. pulchr<u>iōrem</u>
13. pulchr<u>ius</u>

## Exercitium 15
1. castrīs
2. fossa
3. altum, mīlia, passuum
4. dīvidit, lāta
5. oppugnant, vāllum
6. expugnāre, dēfendunt
7. iacere

8. equitātus, impetum
9. fugiunt
10. fortis, metū
11. altum

## Exercitium 17
1. *man<u>us</u>*    *man<u>ūs</u>*
2. *man<u>um</u>*   *man<u>ūs</u>*
3. *man<u>ūs</u>*    *man<u>uum</u>*
4. *man<u>uī</u>*    *man<u>ibus</u>*
5. *man<u>ū</u>*    *man<u>ibus</u>*
6. dat., abl.
7. abl.
8. dat. sing.
9. acc. sing.
10. nōm. sing.
11. gen., nōm., acc.
12. gen. plūr.

## Exercitium 18
1. adiectīvum
2. -*us* -*a* -*um* -*ī*   -*ae*   -*a*
3. -*um* -*am* -*um* -*ōs*   -*ās*   -*a*
4. -*ī*   -*ae* -*ī*   -*ōrum* -*ārum* -*ōrum*
5. -*ō*   -*ae* -*ō*   -*īs*    -*īs*    -*īs*
6. -*ō*   -*ā*   -*ō*   -*īs*    -*īs*    -*īs*
7. -*e*
8. nōm. sing., acc. sing., acc., gen., nōm., voc. sing.
9. nōm., acc., acc. plūr., gen., dat., plūr., abl. sing., gen.
10. nōm., acc., nōm., acc.
11. gen., dat., abl., gen. plūr.
12. dat., abl.

## Exercitium 19
1. tertiae
2. -*is*   -*e*   -*ēs*   -*ia*
3. -*em* -*e*   -*ēs*   -*ia*
4. -*is*   -*is*   -*ium* -*ium*
5. -*ī*    -*ī*    -*ibus* -*ibus*
6. -*ī*    -*ī*    -*ibus* -*ibus*
7. nōm., gen., acc. sing., nōm., acc.
8. nōm., acc., nōm., acc., gen.
9. dat., abl.
10. dat., abl.
11. gen. plūr.

## Exercitium 20
1. comparātivus
2. -    -    -*ēs*   -*a*
3. -*em* -    -*ēs*   -*a*
4. -*is*   -*is*   -*um*   -*um*
5. -*ī*    -*ī*    -*ibus* -*ibus*
6. -*e*    -*e*    -*ibus* -*ibus*
7. nōm., acc. sing., nōm., acc.
8. nōm., acc., nōm., acc.
9. abl.
10. dat. sing.
11. dat., abl.
12. gen. sing.
13. gen. plūr.

# CAPITVLVM XIII

## Exercitium 1
1. Iānuārius, prīmus
2. Februārius, secundus
3. Mārtius, tertius
4. Aprīlis, quārtus
5. Māius, quīntus
6. Iūnius, sextus
7. Iūlius, septimus
8. Augustus, octāvus
9. September, nōnus
10. Octōber, decimus
11. November, ūndecimus
12. December, duodecimus

## Exercitium 2
1. annus
2. mēnsis
3. postrēmus
4. trecentī, sexāgintā, diēs
5. saeculum, ducentī
6. vel, tempus
7. nōminātur
8. faciēs
9. erat
10. tunc
11. nunc, igitur
12. duodētrīgintā, ūndētrīgintā
13. ūndecim
14. trīgintā, item
15. dīmidia
16. māne
17. vesperum
18. nox
19. initium, fīnis
20. hōrās
21. merīdiēs, aequās

## Exercitium 4
1. annōs
2. ducentōs annōs
3. annōs
4. multās hōrās
5. mēnsēs
6. diēs, noctēs
7. paucās hōrās

## Exercitium 5
1. brevior, brevissimus
2. clārior, clārissima
3. longius, lātius, longissimum, lātissimum
4. fortiōrēs, fortissimī
5. longius, longissimum
6. breviōra, brevissima
7. altior, altissimus
8. fōrmōsissima, probissima

## Exercitium 6
1. diēs
2. diem
3. diēī
4. diēī
5. diē
6. diēs
7. diēs, diērum
8. diēbus
9. diēbus

## Exercitium 7
1. lūna, stēllae
2. lūx, clāra
3. illūstrat
4. tōta, obscūra
5. exigua
6. fōrma
7. kalendae, nōnae, īdūs
8. aequinoctia, atque
9. aestās, hiems
10. vēr, autumnus, incipit
11. frīgidum, calidum
12. urbem
13. imber, nix
14. lacūs, operiuntur
15. glaciem

## Exercitium 9
1. erat
2. est, erat
3. erat, est
4. erant, sunt
5. erat

## Exercitium 10
1. aestāte, hieme
2. mēnse Mārtiō, mēnse Septembrī
3. hōrā sextā, merīdiē
4. nocte
5. diē, octāvō
6. vēre
7. eō tempore

## Exercitium 12
1. *diēs    diēs*
2. *diem    diēs*
3. *diēī    diērum*
4. *diēī    diēbus*
5. *diē    diēbus*
6. abl.
7. dat., abl.
8. gen., dat.
9. acc. sing.
10. gen. plūr.
11. nōm., nōm., acc.

## Exercitium 13
1. comparātīvus, superlātīvus
2. *-us    -a    -um*
3. *-ior    -ior    -ius*
4. *-issimus  -issima  -issimum*
5. *-is    -is    -e*
6. *-ior    -ior    -ius*
7. *-issimus  -issima  -issimum*

# CAPITVLVM XIV

## Exercitium 1
1. alter, alter
2. uter, uter
3. uterque, neuter
4. altera, altera
5. utra
6. utraque, neutra
7. alterum, alterum
8. utrum
9. utrumque, neutrum

## Exercitium 2
1. cubat
2. an
3. vigilat
4. valet
5. apertam
6. clausa
7. gallum
8. quōmodo, hodiē
9. habet, mihi

## Exercitium 4
1. plōrāns, plōrantēs
2. rīdēns, rīdentēs
3. palpitāns, palpitantia
4. currēns, currentēs
5. dormiēns, dormientēs
6. errāns, errantēs
7. lātrāns, lātrantēs
8. volāns, volantia
9. lūcēns, lūcentēs

## Exercitium 5
1. adhūc
2. excitat
3. surgit, afferre
4. affert, lavat
5. sordidae, pūrae
6. deinde
7. mergere
8. māne
9. solet
10. inquit, tibi
11. frīget, nūdum
12. vestīmenta
13. poscit, tunicam, togam, vestī
14. prīmum, induit

## Exercitium 7
1. canēns, rīdēns, dormiente
2. dormiēns, canentem, rīdentem, clāmantem
3. clāmāns, dormientem
4. dormiēns, canente, rīdente, clāmante
5. canentis, rīdentis, clāmantis
6. canentēs, rīdentēs, dormientibus
7. dormientēs, canentēs, rīdentēs, clāmantēs
8. clāmantēs, dormientēs
9. dormientēs, canentibus, rīdentibus, clāmantibus
10. canentium, rīdentium, clāmantium
11. valentī, aegrōtantī
12. imperantī, imperantibus
13. dolēns, dolēns
14. aegrōtāns, dolentia
15. volantia, volāns

## Exercitium 8
1. gerunt
2. dextrā, sinistrā
3. togātus
4. calceōs
5. sē-, -cum
6. parentēs
7. multum, nihil
8. tabulam, stilum

9. tē-
10. rēs
11. praeter
12. valē

## Exercitium 9
1. rēs
2. rem
3. reī
4. reī
5. rē
6. rēs
7. rēs
8. rērum
9. rēbus

## Exercitium 11
1. participium
2. participia
3. *volāns*
4. *sedēns*
5. *dūcere*
6. *venīre*
7. *facere; capere, iacere, fugere, parere, accipere, aspicere*
8. -āns   -āns   -antēs  -antia
9. -antem -āns   -antēs  -antia
10. -antis -antis -antium -antium
11. -antī  -antī  -antibus -antibus
12. -ante/ī -ante/ī -antibus -antibus
13. -ēns   -ēns   -entēs  -entia
14. -entem -ēns   -entēs  -entia
15. -entis -entis -entium -entium
16. -entī  -entī  -entibus -entibus
17. -ente/ī -ente/ī -entibus -entibus
18. nōm., acc. sing., nōm., acc.
19. nōm., acc., nōm., acc.
20. abl. sing.
21. dat., abl., dat., abl. plūr.
22. gen. sing., gen.

## CAPITVLVM XV

## Exercitium 1
1. sum, es
2. ego, sum, es
3. sum, is, est, ego, sum
4. habet, ea, est
5. habēs
6. habeō
7. habēs
8. habeō, sum, tū, habēs, es

## Exercitium 2
1. magister, discipulus
2. virgā, pūnīre
3. sevērus
4. lūdum
5. cōnsīdere, cōnsīde
6. tum, sellā
7. tacitus
8. at, nōndum
9. exclāmat
10. iānuam, antequam
11. statim

## Exercitium 4
1. portat, portat
2. portant
3. portās, portō
4. portātis, portāmus
5. canit, canunt, rīdent, audiunt, putant
6. rīdētis, audītis, putātis
7. rīdēmus, audīmus, putāmus
8. rideō, audiō
9. audīs, rīdet, audit
10. putō, canis
11. canō, canitis
12. canimus

## Exercitium 5
1. vōs
2. vērum, nōs
3. quod
4. tergum
5. posterior
6. convenit
7. dēsinit, redit
8. quid, īnferior
9. domī
10. sē
11. sī
12. reddere
13. nisi

## Exercitium 7
1. sunt
2. iī, sunt
3. sumus, estis
4. nōs, sumus, vōs, estis
5. sumus, est
6. is, est
7. is, potest
8. possunt
9. sumus
10. sumus, possumus
11. potestis
12. possumus, es
13. sum, est
14. est, potes
15. sum, possum
16. tū, es, sumus
17. sum, estis, ego, sum, vōs, estis

## Exercitium 8
1. recitāre
2. omnēs
3. lectulīs
4. priōrem
5. nōs
6. vōs, vōs
7. licet

## Exercitium 10
1. persōna
2. persōna secunda
3. persōna tertia
4. prīma, persōna prīma
5. persōna, singulāris, pers. III. plūr.
6. tertia singulāris, pers. III. plūr.
7.  -ō -āmus -eō -ēmus -iō -īmus
8.  -ās -ātis -ēs -ētis  -īs -ītis
9.  -at -ant  -et -ent   -it -iunt

10. -ō -imus -iō -imus sum sumus
11. -is -itis  -is -itis  es estis
12. -it -unt  -it -iunt  est sunt

## CAPITVLVM XVI

## Exercitium 1
1. interest
2. situm, Superum, sīve, appellātur
3. Īnferum
4. paulum
5. nāvēs
6. maritimum, portum
7. ōrā
8. locus, īnfluit
9. mercēs
10. ventus, tranquillum
11. flat, turbidum
12. tempestās
13. turbat, flūctūs, implēre
14. mergitur
15. nautae, nāvigāre
16. opperītur
17. secundus
18. ēgrediuntur
19. vēla

## Exercitium 3
1. ventō secundō
2. plēnīs vēlīs
3. marī tranquillō, marī turbidō
4. fenestrā apertā, fenestrā clausā
5. oculīs clausīs
6. pedibus nūdīs
7. manibus sordidīs
8. Titō incertō
9. patre vīvō
10. lūnā plēnā

## Exercitium 4
1. opperīrī
2. opperiuntur
3. verētur, proficīscī
4. ēgreditur
5. oritur, orientem, intuentur
6. laetātur, proficīscitur
7. proficīscēns, laetārī, lābuntur
8. complectitur, cōnsōlātur
9. opperītur
10. laetantur
11. sequuntur, sequitur
12. verentur
13. intuērī

## Exercitium 5
1. sōle oriente, multīs hominibus spectantibus
2. magistrō recitante
3. plōrante sorōre
4. sōle lūcente
5. pāstōre dormiente, lātrante cane
6. cēterīs tacentibus, audientibus
7. gallō canente

## Exercitium 6
1. puppis
2. gubernātor, gubernat

139

3. oriēns, oritur
4. occidēns, occidit
5. contrariae
6. merīdiēs
7. septentriōnēs, semper
8. sinistrā, dextrā
9. serēnō, simul
10. cōnscendunt, proficīscuntur
11. sequitur
12. laetātur, verētur
13. intuētur, lābuntur
14. complectitur, cōnsōlātur
15. cernī

## Exercitium 8
1. aquae
2. pecūniae
3. herbae
4. pānis
5. sanguinis
6. temporis

## Exercitium 9
1. multum, paulum
2. multō, paulō
3. paulō
4. multō
5. multō
6. multum
7. paulō
8. multō, paulō

## Exercitium 10
1. loquitur
2. ātrae
3. invocat
4. fulgur, tonitrus
5. fit
6. iactātur, vix
7. haurīre
8. propter
9. servā
10. cōnātur, vērō
11. iterum, fierī

## Exercitium 12
1. passīvum
2. dēpōnēns, dēpōnentia
3. passīvī
4. -ārī, -ērī, -ī, -īrī
5. passīvī
6. -ātur, -ētur, -itur, -ītur; -antur, -entur, -untur, -iuntur
7. āctīvī
8. -āns, -ēns, -ēns, -iēns

## CAPITVLVM XVII

### Exercitium 1
1. trēdecim
2. quattuordecim
3. quīndecim
4. sēdecim
5. septendecim
6. duodēvīgintī
7. ūndēvīgintī
8. duodētrīgintā

9. ūndētrīgintā
10. trīgintā

## Exercitium 2
1. discit
2. docet
3. doctus, scit
4. indoctī, nesciunt
5. piger
6. prūdēns, industrius
7. ūsque
8. quisque, tollit, postrēmō
9. interpellat
10. quemque, quadrāgintā, quīnquāgintā, septuāgintā
11. tot
12. centēsimum, quadringentī, quīn-
gentī, sescentī, septingentī, nōngentī
13. quadrāgintā, quīnquāgintā
14. rēctum
15. respōnsum, prāvum
16. rēctē, prāvē

## Exercitium 4
1. salūtat, videt, salūtātur, vidētur
2. salūtō, videō, salūtor, videor
3. salūtor
4. salūtāris, vidēris, salūtās, vidēs
5. salūtant, vident, salūtantur,
videntur
6. salūtāmus, vidēmus, salūtāmur,
vidēmur
7. salūtātis, vidētis, salūtāminī,
vidēminī

## Exercitium 5
1. vocātur
2. Iūlia ā Syrā quaeritur nec reperī-
tur
3. ā Syrā vocor
4. ā Syrā quaeror nec reperior
5. ā Syrā vocāris
6. ā Syrā quaereris nec reperīris
7. puerī ā Syrā vocantur
8. puerī ā Syrā quaeruntur nec
reperiuntur
9. ā Syrā vocāmur
10. ā Syrā quaerimur nec reperīmur
11. ā Syrā vocāminī
12. ā Syrā quaeriminī nec reperī-
minī

## Exercitium 6
1. laudat, numquam
2. reprehenditur
3. facile
4. quamquam, cōgitat
5. difficile, saepe
6. duodēquadrāgintā, ūndēquadrā-
gintā

## Exercitium 8
1. proficīscitur, opperītur
2. proficīsceris, opperīris
3. proficīscor, opperior
4. proficīscuntur, opperiuntur
5. proficīsciminī, opperīminī

6. proficīscimur, opperīmur
7. laetātur, verētur
8. laetor, vereor, laetāris, verēris
9. laetantur, verentur
10. laetāminī, intuēminī, verēminī
11. lactāmur, verēmur, intuēmur

## Exercitium 9
1. sē ... canere
2. sē ... vēndere
3. sē fessum esse
4. sē fessōs esse
5. sē ... opperīrī
6. sē ... verērī
7. fīlium suum aegrōtāre
8. sē ... suum ... habēre
9. sē laudārī ... suō
10. sē ... suō pārēre
11. sē ... suō proficīscī
12. sē ... suam dēfendere

## Exercitium 10
1. absēns
2. oportet
3. prōmit, assem, dēnārium
4. computat
5. certus, incertus
6. repōnit
7. largus, largītur
8. quārē
9. dēmōnstrāre, partīris

## Exercitium 12
1. prīma
2. secunda
3. tertia
4. -ris, -minī, -or, -mur
5. -or  -āmur  -eor  -ēmur
6. -āris -āminī -ēris -ēminī
7. -ātur -antur -ētur -entur
8. -or  -imur  -ior  -īmur
9. -eris -iminī -īris -īminī
10. -itur -untur -ītur -iuntur
11. prīma
12. secunda
13. tertia
14. -or  -āmur  -eor  -ēmur
15. -āris -āminī -ēris -ēminī
16. -ātur -antur -ētur -entur
17. -or  -imur  -ior  -īmur
18. -eris -iminī -īris -īminī
19. -itur -untur -ītur -iuntur

## CAPITVLVM XVIII

### Exercitium 1
1. eiusdem
2. eundem
3. īdem
4. eīdem
5. eōdem
6. eiusdem
7. eandem
8. eadem
9. eīdem
10. eādem
11. īdem

12. īdem
13. eiusdem
14. eīdem
15. eōdem

## Exercitium 2
1. vōcālēs, cōnsonantēs
2. linguā, frequēns, rāra
3. iungitur
4. coniunguntur, sententiae
5. erus, significant
6. legere
7. intellegit
8. scrībunt, dictat
9. ita
10. sīc
11. variae

## Exercitium 4
1. facere
2. fierī
3. facit
4. fit
5. fīunt
6. faciunt
7. fit

## Exercitium 5
1. quisque
2. quemque
3. cuiusque
4. cuique
5. quamque, cuiusque, quamque, cuiusque
6. quodque, quōque
7. quaeque, quāque
8. cuique

## Exercitium 6
1. piger
2. pigrior
3. pigerrimus
4. pulcher
5. pulchrior
6. pulcherrimum
7. niger
8. nigrior
9. nigerrimus

## Exercitium 7
1. stultus
2. stultē
3. rēctum
4. rēctē
5. pulchrae, foedae (turpēs)
6. pulchrē, foedē (turpiter)
7. Latīnōs, Graecōs
8. Latīnē, Graecē
9. levī, leviter
10. fortēs, fortiter
11. longē
12. aequē
13. certē
14. aequē
15. malās, male
16. bonōs, bene

## Exercitium 9
1. clārē, clārius
2. fortiter, fortius
3. graviter, gravius
4. pulchrē, pulchrius
5. stultē, sevērē, stultius, sevērius
6. foedē, leviter, foedius, levius

## Exercitium 9
1. clārior, clārissima
2. clārius, clārissimē
3. stultior, stultissimus
4. stultius, stultissimē
5. fortiōrēs, fortissimī
6. fortius, fortissimē
7. rēctius, pulchrius, rēctissimē, pulcherrimē
8. turpius, prāvius, turpissimē, prāvissimē

## Exercitium 10
1. comparat
2. quālēs, turpēs
3. tālēs
4. exaudītur
5. menda, dēsunt
6. addit, corrigit
7. cērā, māteria, apēs, bēstiolae
8. dūra, mollis
9. ferrum, efficiuntur
10. premere

## Exercitium 12
1. quotiēs, quīnquiēs, sexiēs, septiēs, octiēs, noviēs, deciēs
2. totiēs
3. quotiēs, semel, semel
4. quotiēs, bis
5. ter
6. quater
7. semel, ter

## Exercitium 13
1. superest
2. dēlet
3. animadvertit
4. epistulās
5. impiger
6. calamō, chartā
7. papȳrus
8. mercēdem
9. imprimit, signat

## Exercitium 15
1. adverbium
2. adiectīva
3. adiectīva, adverbia
4. *rēctē*
5. *fortiter*
6. *longus -a -um*
7. *gravis -e*
8. *pulchrē*

## Exercitium 16
1. comparātīvus, superlātīvus
2. *rēctius, rēctissimē*
3. *levius, levissimē*
4. *pulchrius, pulcherrimē*

# CAPITVLVM XIX
## Exercitium 1
1. melior, optimus
2. pēior, pessimus
3. māior, māxima
4. minor, minima
5. minor, māior, minimus
6. māius, minus
7. plūrēs, plūrimōs

## Exercitium 2
1. uxor, marītus
2. tēctō
3. columnās, signa
4. coniūnx, dea
5. amōris, pulchritūdinis, ūlla, pulchritūdō
6. amantibus
7. mātrōna, virgō, domō
8. adulēscēns
9. vocātur
10. templum
11. magnificae
12. forum, conveniunt

## Exercitium 4
1. duās, ūnam
2. duōs, ūnum
3. ūnus, duo, duae, ūna
4. trēs, duo, ūna
5. trium, duōrum, ūnīus
6. tribus, duābus
7. duōbus
8. tria, ūnum, duo
9. duārum, ūnīus
10. trium, tribus
11. trēs
12. trium, tribus

## Exercitium 5
1. pāret, computat, scrībit, dormit
2. laudātur, reprehenditur
3. erat, habitābat
4. erat, est
5. pārēbat, computābat, scrībēbat, dormiēbat
6. audiēbantur
7. laudābātur, reprehendēbātur
8. dormiunt, computant, scrībunt, pārent
9. reprehenduntur, verberantur
10. erant, habitābant
11. erant, sunt
12. computābant, scrībēbant, pārēbant
13. dormiēbant, clāmābant, rīdēbant
14. audiēbātur
15. timēbant, reprehendēbantur, verberābantur
16. timēbātur, timēbantur

## Exercitium 6
1. dīves
2. pauper, possidēbat
3. tamen, dōna, cotīdiē
4. remittēbat
5. beātus, miser
6. flōrēs, mittere

## Exercitium 8
1. dormiēbat, clāmābat, rīdēbat, agēbat
2. laudābātur, reprehendēbātur, pūniēbātur
3. discēbat, docēbātur
4. erās
5. eram
6. dormiēbās, clāmābās, rīdēbās, agēbās
7. dormiēbam, clāmābam, rīdēbam, agēbam
8. discēbam, docēbar, reprehendēbar, pūniēbar, laudābar
9. reprehendēbāris, pūniēbāris, laudābāris, docēbāris
10. erant, dormiēbant, clāmābant, rīdēbant, agēbant
11. laudābantur, reprehendēbantur, pūniēbantur
12. discēbant, docēbantur
13. erātis
14. erāmus
15. dormiēbātis, clāmābātis, rīdēbātis, agēbātis
16. dormiēbāmus, clāmābāmus, rīdēbāmus, agēbāmus
17. discēbāmus, docēbāmur, reprehendēbāmur, pūniēbāmur, laudābāmur
18. reprehendēbāminī, pūniēbāminī, laudābāminī, docēbāminī

## Exercitium 9
1. Cornēlī
2. Iūlī, mī
3. Aemilī, mī
4. mī fīlī

## Exercitium 10
1. ōsculātur
2. ergā, minuitur, augētur
3. dē
4. dignus
5. minus gracilis
6. plūs, opus

## Exercitium 12
1. praesēns
2. praeteritum
3. -bās, -bātis, -ēbās, -ēbātis; -bam, -bāmus, -ēbam, -ēbāmus
4. -bam -bāmus -bam -bāmus
5. -bās -bātis -bās -bātis
6. -bat -bant -bat -bant
7. -ēbam -ēbāmus -ēbam -ēbāmus
8. -ēbās -ēbātis -ēbās -ēbātis
9. -ēbat -ēbant -ēbat -ēbant
10. *erās, erat, erāmus, erātis, erant*
11. praeteritum
12. -bāris, -bāminī, -ēbāris, -ēbāminī; -bar, -bāmur, -ēbar, -ēbāmur
13. -bar -bāmur -bar -bāmur
14. -bāris -bāminī -bāris -bāminī
15. -bātur -bantur -bātur -bantur
16. -ēbar -ēbāmur -ēbar -ēbāmur
17. -ēbāris -ēbāminī -ēbāris -ēbāminī
18. -ēbātur-ēbantur -ēbātur-ēbantur

## CAPITVLVM XX

## Exercitium 1
1. erat, timēbat, habitābat
2. erit, habitābit, timēbit
3. erant, timēbant, habitābant
4. erunt, habitābunt, timēbunt

## Exercitium 2
1. pugnābit, pārēbit, dormiet, audiet
2. computābit, scrībet
3. reprehendētur, verberābitur, pūniētur
4. pugnābunt, pārēbunt, dormient, audient
5. computābunt, scrībent
6. reprehendentur, verberābuntur, pūnientur

## Exercitium 3
1. fārī, īnfāns
2. cūnīs
3. parvulus, somnus, necessārius
4. caret, vāgit, postulat
5. lacte
6. alere
7. mulier, aliēnum
8. gradūs
9. mox

## Exercitium 5
1. erit, geret
2. pugnābit, timēbit, fugiet
3. reveniet
4. erō, geram, pugnābō, timēbō, fugiam, reveniam
5. eris, gerēs, pugnābis, timēbis, fugiēs, reveniēs
6. erunt, gerent, pugnābunt, timēbunt, fugient, revenient
7. erimus, gerēmus, pugnābimus, timēbimus, fugiēmus, reveniēmus
8. eritis, gerētis, pugnābitis, timēbitis, fugiētis, reveniētis
9. servābit, vehet
10. servābor, vehar
11. servāberis, vehēris, servābuntur
12. servābimur, vehēmur
13. servābiminī, vehēminī

## Exercitium 6
1. colloquuntur, futūrīs
2. profectō
3. fīliolam
4. magis
5. rārō
6. adversus
7. nōlī
8. manet, pergit
9. colloquium, sermō
10. dēbet, officium
11. cūrāre

## Exercitium 8
1. volunt
2. vultis
3. volumus
4. vultis
5. nōlumus
6. volō, nōlō, velle, nōlle
7. vīs, volō
8. vult
9. nōlī
10. nōlīte
11. volunt, nōlunt

## Exercitium 9
1. occurrit
2. ūnā
3. silent, silentium
4. crās, domum, revertētur
5. dīligunt
6. decet
7. ūmidus
10. advehunt

## Exercitium 11
1. praesēns
2. praeteritum
3. futūrum
4. -bis, -bitis, -ēs, -ētis; -bō, -bimus, -am, -ēmus
5. -bō -bimus -bō -bimus
6. -bis -bitis -bō -bitis
7. -bit -bunt -bit -bunt
8. -am -ēmus -am -ēmus
9. -ēs -ētis -ēs -ētis
10. -et -ent -et -ent
11. *eris, erit, erimus, eritis, erunt*
12. futūrum
13. -beris, -biminī, -ēris, -ēminī; -bor, -bimur, -ar, -ēmur
14. -bor -bimur -bor -bimur
15. -beris -biminī -beris -biminī
16. -bitur -buntur -bitur -buntur
17. -ar -ēmur -ar -ēmur
18. -ēris -ēminī -ēris -ēminī
19. -ētur -entur -ētur -entur

## CAPITVLVM XXI

## Exercitium 1
1. verberāvit
2. lacrimāvit
3. lacrimāvērunt
4. ambulāvit
5. iacuit, tenuērunt, tenuit
6. ambulāvērunt, iacuērunt
7. excitāvit
8. excitāvērunt
9. dormīvit
10. dormīvērunt
11. vocāvit, audīvērunt
12. vocāvērunt, audīvit
13. docuit

## Exercitium 2
1. puer ā servō excitātus est
2. Iūlia ā Mārcō pulsāta est
3. ancillae ā dominā vocātae sunt
4. servī ā dominō interrogātī sunt
5. Dāvus ā Mēdō accūsātus est
6. vōx dominī ā Mēdō audīta nōn est
7. litterae Sextī ā magistrō laudātae sunt

142

8. discipulus piger ā magistrō pūnītus est
9. oppidum hostium ā Rōmānīs expugnātum est
10. castra Rōmāna ab hostibus oppugnāta sunt
11. Aemilia verbīs Iūliī dēlectāta est
12. caelum fulgure illūstrātum est
13. Iūlia ā puerīs vocāta est nec eōs audīvit
14. Iūlia puerōs vocāvit nec ab iīs audīta est

## Exercitium 3
1. mundus
2. candida
3. vestis
4. genua, humī
5. humus
6. cognōscit
7. fert, angusta

## Exercitium 5
1. cornū, cornua
2. cornua
3. cornuum
4. cornūs
5. cornū
6. cornibus
7. genū
8. genua, genibus
9. genua, genū, genū
10. genuum

## Exercitium 6
1. vocāvī
2. vocāvistī, audīvī, audīvērunt
3. vocāvit
4. audīvistis
5. audīvimus, vocāvistī
6. vocāvimus
7. vocāvistis, audīvī, audīvit
8. vocāvērunt
9. audīvistī
10. audīvī, vocāvistis
11. pulsāvit, pulsātus est, pulsātī sunt
12. pulsāvimus, pulsātī sumus
13. pulsāvistis, pulsātī estis
14. pulsātus sum
15. pulsātus es
16. pulsāta est
17. pulsāta es
18. pulsāta sum
19. pulsātae sunt
20. pulsātae estis
21. pulsātae sumus

## Exercitium 7
1. cruōrem, cōnspicit
2. causā
3. validus, vincere
4. excūsāre
5. bōs, cornua
6. porcus
7. pugnā
8. nārrāre, indignā
9. pōnit, mūtat
10. interim

11. sordēs
12. aliquis, solō
13. ait
14. ais, āiō
15. ain'

## Exercitium 9
1. Mārcum intrāvisse
2. puerōs, pugnāvisse, iacuisse
3. Iūliam, pulsātam esse
4. sē pāruisse
5. sē laudātum esse
6. Quīntum, vigilāvisse, dormīvisse
7. sē, dormīvisse, excitātum esse
8. sē, excitātam esse
9. discipulōs, laudātōs esse
10. Mārcum, laudātum, pūnītum esse
11. Mārcum, scrīpsisse
12. eās litterās, scrīptās esse
13. Mārcum, puerum improbum, fuisse
14. epistulam suam, scrīptam, signātam esse

## Exercitium 10
1. scrīpsit, pāruī, scrīpsī
2. numerāvit, pāruistī, scrīpsistī, numerāvī, audīvistī, dīxī
3. audīvī, dīxistī, numerāvistī
4. audīvistis
5. audīvimus, numerāvērunt, numerāvimus
6. numerāvistis
7. pāruimus
8. pāruistis, scrīpsistis
9. scrīpsimus
10. pāruērunt, scrīpsērunt
11. pāruit, scrīpsit
12. pāruisse, scrīpsisse, numerāvisse
13. audīvisse, audīvērunt
14. fuistī
15. fuī, fuimus
16. fuistis
17. fuisse, fuit, fuērunt

## Exercitium 11
1. postquam
2. multa, aliquid
3. tabellam
4. inter
5. falsum, mentītur
6. crēdit, dubitat
7. fallere
8. omnia, nōbīs
9. vōbīs

## Exercitium 13
1. praeteritum, praeteritum
2. imperfectum
3. perfectum

## Exercitium 14
1. *vocāvisse, pāruisse, scrīpsisse, audīvisse*
2. *-istī, -it, -imus, -istis, -ērunt*
3. 6. *-ī    -imus*
4. 7. *-istī   -istis*
5. 8. *-it     -ērunt*

9. *vocātum esse, audītum esse*
10. *sum   -ī sumus sum   -ī sumus*
11. *-us es  -ī estis   -us es  -ī estis*
12. *-us est -ī sunt   -us est -ī sunt*
13. *vocātus, audītus, vocāta, audīta, vocātum, audītum*

# CAPITVLVM XXII

## Exercitium 1
1. aureus
2. ligneum
3. ferrea
4. aureī
5. ex/ē ferrō factus
6. ex aurō factum
7. ē/ex lignō factae

## Exercitium 2
1. cōnstat, foribus, cardinibus
2. līmen
3. iānitor, admittit
4. cūstōdit
5. ferōx, vincītur
6. anteā
7. catēna, inter sē
8. aurō
9. pretiī
10. lignō, sīcut
11. tabellārius
12. heus, quīn, quis
13. tandem, rogitat
14. prius, posteā
15. intrā, extrā
16. fabrōrum

## Exercitium 4
1. ambulātum
2. lavātum
3. dormītum
4. salūtātum
5. habitātum
6. oppugnātum
7. postulātum
8. audītū
9. dictū
10. scītū

## Exercitium 5
1. ferre
2. fert
3. ferunt
4. fers
5. ferō, fertis
6. ferimus
7. ferte
8. ferre, fer
9. ferrī, fertur
10. feruntur

## Exercitium 6
1. forīs, fremit
2. mordēre, retinētur
3. monet, cavē
4. resistit
5. solvere
6. imāgō

143

7. accēdere, terret
8. rumpit, prehendit
9. pallium, nūper, scinditur
10. cēdere
11. prōcedere, recēdere
12. sinit
13. dērīdet
14. pellit
15. istum, tremēns
16. arbitrārī
17. removet
18. sine, forās

## Exercitium 8
1. supīnum, supīnum
2. ≈tum, ≈tū
3. īre
4. *facilis*

## Exercitium 9
1. *praesentis, perfectī, thema supīnī*
2. *terrē-, terru-, territ-*
3. *dīc-, dīx-, dict-*
4. *pūnī-, pūnīv-, pūnīt-*

## Exercitium 10
1. *aperuisse, apertum*
2. *clausisse, clausum*
3. *ēmisse, ēmptum*
4. *pepulisse, pulsum*
5. *potuisse*
6. *rūpisse, ruptum*
7. *scidisse, scissum*
8. *solvisse, solūtum*
9. *vīnxisse, vīnctum*
10. *vēnisse*

# CAPITVLVM XXIII

## Exercitium 1
1. scrīpsit, scrīpta
2. mīsit, missus
3. tulit, lāta
4. scidit, scissum
5. rūpit, ruptum
6. lēgit, lēctae
7. dīxit, dictum
8. sūmpsit, sūmpta
9. terruit, territus

## Exercitium 2
1. illinc, trādit
2. -nam, -nam
3. hinc, dīmittit
4. signum
5. integrum
6. dēbeō, continēre
7. fortasse
8. salūtem
9. umquam
10. vultus
11. pallidum
12. pallet, ob

## Exercitium 4
1. neque
2. neque ūllum
3. neque umquam

4. neque ūlla
5. neque
6. neque umquam

## Exercitium 5
1. litterīs
2. plānam
3. plānē
4. laudem
5. āvertit
6. īnscrīptum, superiōre
7. negat, fatētur
8. factum
9. rubet, pudōrem
10. pudet
11. solvere, meret/meruit
12. perdere

## Exercitium 7
1. verberātūrus
2. verberātūrum
3. futūrus
4. futūrum, pulsātūrum
5. factūrum
6. verberātūrus
7. pāritūrī
8. pāritūrōs
9. factūrōs
10. scrīptūrus
11. scrīptūrus
12. scrīptūrum, scrīptūrus
13. futūram
14. habitūram
15. sānātum

## Exercitium 8
1. epistulā trāditā
2. iānitōre dīmissō
3. signō ruptō
4. nōmine ... audītō
5. Mārcō ... ductō, inclūsō
6. litterīs ... lēctīs
7. hōc dictō

## Exercitium 9
1. dīc
2. dūc
3. fac
4. ēs, fer
5. es

## Exercitium 10
1. posthāc, prōmittō
2. prōmissum
3. antehāc
4. verbera
5. inclūdit
6. clāvem
7. comitārī, herī, comite
8. nōlle
9. perdere

## Exercitium 12
1. *futūrī*
2. *amātūrus, monitūrus, lēctūrus, audītūrus*
3. *futūrus*
4. *scrīptūrus sum, scrīptūrus es,*

*scrīptūrus est*
5. īnfīnītīvus
6. *vocātūrum*
7. īnfīnītīvus
8. īnfīnītīvus futūrī
9. *mūtātum īrī*

## Exercitium 13
1. *attulisse, allātum*
2. *dūxisse, ductum*
3. *tulisse, lātum*
4. *fēcisse, factum*
5. *fūgisse*
6. *inclūsisse, inclūsum*
7. *lēgisse, lēctum*
8. *mīsisse, missum*
9. *ostendisse*
10. *perdidisse*
11. *trādidisse, trāditum*

# CAPITVLVM XXIV

## Exercitium 1
1. ego, vōs. vōbīs
2. nōs, tibi, tū
3. vōs, mihi, mē
4. tē, tē
5. mē, sē
6. nos, tibi
7. sē, sē
8. tē
9. mē, mē, mihi
10. sibi
11. vōbīs, vōbīs
12. nōbīs, tē, nōbīs, nōbīs

## Exercitium 2
1. aegrōtus, convertit, latere, laevō
2. continuō, recumbit
3. dēnuō, dolōrem
4. mīrātur, parēs, imparēs
5. sonus, subitā
6. subitō, strepitū
7. percutere
8. valdē
9. frangere, aliter
10. iūxtā
11. os, ossa
12. flēre, etsī, patitur
13. ignōrat
14. intus, nōscere, cupit

## Exercitium 4
1. laetāre
2. cōnsōlārī, loquī, cōnsōlāre, loquere
3. comitārī, comitāre
4. intuērī, intuēre
5. opperīrī, opperīre

## Exercitium 5
1. ambulāverat, iacuerat
2. pugnāverant, iacuerant
3. pulsāverat, pulsātus erat
4. verberātī erant, dormīverant
5. lēgerat, scrīpserat
6. mīserat
7. laudāta erat

8. laudātae erant
9. frāctum ... erat

**Exercitium 6**
1. comitātus est
2. veritus est
3. ōsculātus est, ōsculāta est
4. arbitrāta est
5. cōnsōlātī sunt
6. cōnātus es
7. cōnātum esse, cōnātus sum
8. mentītus est
9. locūtus est
10. mentītum esse, fassus est, mentītus sum, locūtus sum
11. locūtī sumus, mentītī sumus
12. locūtōs esse, mentītōs esse

**Exercitium 7**
1. verberātus erat
2. fuerat, dormīverat, pugnāverat, dīxerat, mentītus erat
3. verberātus eram, pūnītus eram
4. verberātus erās, fuerās, dormīverās, pugnāverās, dīxerās, pūnītus erās
5. fueram, dormīveram, pugnāveram, dīxeram
6. fuerant, dormīverant
7. fuerāmus, dormīverāmus, fuerātis, audīverātis
8. appellātī erant
9. pulsātī erātis
10. appellātī erāmus

**Exercitium 8**
1. digitō mediō
2. monte Vesuviō
3. cēterīs viīs
4. Venere
5. ānulō gemmātō
6. Mārcō
7. lupō
8. nive
9. ōceanō
10. sōle

**Exercitium 9**
1. perfectum, plūsquamperfectum
2. perfectī
3. *~erās, ~erat, ~erāmus, ~erātis, ~erant*
4. *~eram ~erāmus ~eram ~erāmus*
5. *~erās ~erātis ~erās ~erātis*
6. *~erat ~erant ~erat ~erant*
7. *~eram ~erāmus ~eram ~erāmus*
8. *~erās ~erātis ~erās ~erātis*
9. *~erat ~erant ~erat ~erant*
10. *fueram, fuerās, fuerat, fuerāmus, fuerātis, fuerant*
11. plūsquamperfectum
12. themate, imperfectō
13. *≈us eram   ≈ī erāmus*
14. *≈us erās   ≈ī erātis*
15. *≈us erat   ≈ī erant*

**Exercitium 10**
1. *cecidisse*
2. *cognōvisse, cognitum*
3. *cupīvisse*

4. *dedisse, datum*
5. *fassum*
6. *frēgisse, frāctum*
7. *iisse*
8. *lāvisse, lautum/lavātum*
9. *locūtum*
10. *lūsisse*
11. *momordisse, morsum*
12. *nōvisse*
13. *rediisse*
14. *reprehendisse, reprehēnsum*
15. *voluisse*
16. *vīdisse, vīsum*

# CAPITVLVM XXV

**Exercitium 1**
1. agnus, forte
2. trahunt, regere
3. currum
4. moenia, interfēcit
5. aedificāvit, humilēs
6. fābulam
7. mōnstrō, vorat
8. saevum, timidus
9. ōlim, terribile, taurī
10. complūrēs, quotannīs
11. aedificium, patet
12. mīrābilēs

**Exercitium 3**
1. hīc, hinc
2. hinc, hūc
3. illūc, illīc
4. illinc, hūc
5. illinc

**Exercitium 4**
1. rēx
2. expugnātiōnem
3. mortem
4. cupidus
5. glōriae, necāre, cīvēs, cōnstituit
6. parātus
7. fīlum, auxilium
8. brevī, polliceor
9. morā, occīdit
10. exitum

**Exercitium 6**
1. comitāminī, opperīminī
2. pollicēre
3. proficīscere, comitāre
4. intuēminī, proficīsciminī
5. sequere
6. laetāminī, sequiminī, revertiminī
7. verēre, opperīre

**Exercitium 7**
1. necem, solvit
2. dēseruit
3. lītore
4. saxum, prōspiciēns
5. cōnspectū, dēscendit
6. ibi, maerent
7. rēxit
8. nārrātiōnis
9. oblīvīscī

**Exercitium 8**
1. urbem, urbis
2. vocābula Latīna, vocābulōrum Latīnōrum
3. patriam, glōriam, patriae, glōriae
4. mortem, mortis
5. patriae, glōriae, Mīnōtaurum
6. Mīnōtaurī
7. Mārcum, Mārcī

**Exercitium 10**
1. imperātīvus
2. imperātīvus, plūrālis
3. *cōnāre, cōnāminī*
4. *verēre, verēminiī*
5. *loquere, loquiminī*
6. *partīre, partīminī*

**Exercitium 11**
1. *accessisse*
2. *cōnscendisse*
3. *cōnspexisse, cōnspectum*
4. *cōnstituisse, cōnstitūtum*
5. *dēseruisse, dēsertum*
6. *gessisse, gestum*
7. *iēcisse, iactum*
8. *coepisse, coeptum*
9. *interfēcisse, interfectum*
10. *iussisse, iussum*
11. *oblītum*
12. *occīdisse, occīsum*
13. *petīvisse, petītum*
14. *profectum*
15. *quaesīvisse, quaesītum*
16. *reddidisse, redditum*
17. *rēxisse, rēctum*
18. *relīquisse, relictum*
19. *repperisse, repertum*
20. *secūtum*
21. *trāxisse, tractum*

# CAPITVLVM XXVI

**Exercitium 1**
1. celer
2. celeris
3. celer
4. celeris
5. celer
6. celere

**Exercitium 2**
1. persecūtus
2. celeris
3. cōnsequī
4. cōnfēcerat, carcerem
5. haud, cōnsūmpsit
6. vērum, reliquam
7. fugā
8. invenīre, quisquam, iūvit
9. quoniam, audāx, effugere
10. cōnsilium
11. paene

**Exercitium 4**
1. nāvigandum
2. nārrandī, nārrandō

145

3. audiendī, dormiendum
4. scribendum
5. scrībendō, legendō, computandō, discendī
6. scrībendō, scrībendī
7. nāvigandō
8. ambulandō, aspiciendō
9. fugiendī
10. volandī, volandī
11. vīvendum
12. audiendō, imitandō

**Exercitium 5**
1. līber
2. trāns
3. orbem
4. excōgitāverat, ēvolāre
5. opus, ingentēs, pennīs, fīxit
6. quidem, nātūram
7. perfectum, artis, imitārī
8. studiōsus, levāre
9. sūrsum, deorsum, tamquam
10. īnfimō, summō, ignis, mollīre, ūrere, cautus
11. lacertus

**Exercitium 7**
1. persecūtus
2. ōsculātus
3. locūtus
4. secūtus
5. veritus
6. arbitrātus

**Exercitium 8**
1. paenīnsula
2. lībertāte, multitūdinem
3. suspiciēns, orbem, dēspiciēns
4. temerārius
5. accidit, propinquus
6. quatiēns
7. vērum, causā
8. cāsū, māximē
9. revocat
10. videntur
11. vidētur
12. sīn
13. aberrāre

**Exercitium 10**
1. gerundium
2. genetīvus, ablātīvus
3. *vocandum, vocandī, vocandō*
4. *videndum, videndī, videndō*
5. *legendum, legendī, legendō*
6. *audiendum, audiendī, audiendō*

**Exercitium 11**
1. *accidisse*
2. *cēpisse, captum*
3. *cōnsēdisse*
4. *-fēcisse, -fectum*
5. *fīxisse, fīxum*
6. *invēnisse, inventum*
7. *iūnxisse, iūnctum*
8. *iūvisse, iūtum*
9. *mersisse, mersum*
10. *mōvisse, mōtum*

11. *-spexisse, -spectum*
12. *ussisse, ustum*

## CAPITVLVM XXVII

**Exercitium 1**
1. stilō
2. stilō, tabulā
3. gladiō, scūtō, aliīs armīs
4. gladiō, scūtō, aliīs armīs
5. nāve, currū, equō
6. ālīs, pedibus
7. linguā, auribus

**Exercitium 2**
1. amoenus, cingitur
2. frūmentum, agrī
3. negōtium, agricola
4. arat, ūtitur
5. īnstrūmentum
6. arātor, arātrum, prae, agit
7. spargit
8. crēscit, sēminibus
9. metere, mātūrum
10. falx
11. serunt, dēnique, colunt
12. frūgēs, fertilēs
13. pāscuntur
14. pecus
15. parum, cōpia, invehitur
16. -ve
17. regiō
18. rudēs
19. vītēs
20. vīnum, ūvae

**Exercitium 4**
1. cōnsīdant et taceant
2. magister Mārcō imperat ut surgat et respondeat
3. domina ancillae imperat ut intret
4. gubernātor nautīs imperat ut aquam hauriant
5. dominus servīs imperat ut industriē labōrent
6. Iūlius iānitōrī imperat ut vigilet et domum bene cūstōdiat
7. dux mīlitibus imperat ut oppidum hostium oppugnent
8. Iūlius servō imperat ut medicum arcessat
9. medicus Quīntō imperat ut ōs aperiat et linguam ostendat
10. medicus Iūliō imperat ut bracchium puerī teneat
11. Iūlius servīs imperat ut cōnsistant et maneant

**Exercitium 5**
1. praedium
2. labōrant, labōrem, exīstimant
3. suburbānō, quiēscit
4. prae, cēnset
5. urbāna, ōtium
6. circā
7. rūs
8. colōnus, prō

9. quīdam
10. ut, abs
11. nē ... quidem, prōicit, ōrat
12. patiēns
13. rapere
14. precibus, gravidam, trīcēsimum
15. cūra, patientiam
16. neglegit

**Exercitium 7**
1. solvat, solvās
2. solvam
3. pugnent, vincant, pugnētis, vincātis
4. pugnēmus, vincāmus
5. scrībās, veniās, valeās, amēs
6. sim, sītis
7. sīs, sīmus

**Exercitium 8**
1. vocētur, interrogētur (vocārī, interrogārī)
2. prehendātur, teneātur (prehendī, tenērī)
3. prohibeantur
4. ēgrediātur, mittātur
5. videāris, audiāris
6. lavētur, lavēris, proficīscāris
7. laver, proficīscar
8. laventur, lavēminī, proficīscāminī
9. lavēmur, proficīscāmur

**Exercitium 9**
1. rūsticīs
2. calor
3. prōdest, quidquam, nocet, frīgus
4. siccum
5. grex
6. nē, nēve
7. nēquam
8. immātūrum, prohibēre
9. nē
10. inhūmānus

**Exercitium 11**
1. praesēns
2. coniūnctīvus
3. coniūnctīvus praesentis
4. -ēs, -ētis, -ās, -ātis; -em, -ēmus, -am, -āmus
5. -em  -ēmus    -am  -āmus
6. -ēs  -ētis     -ās  -ātis
7. -et  -ent      -at  -ant
8. -am  -āmus     -am  -āmus
9. -ās  -ātis      -ās  -ātis
10. -at  -ant      -at  -ant
11. sīs, sit, sīmus, sītis, sint
12. coniūnctīvus
13. coniūnctīvus praesentis passīvī
14. -ēris, -ēminī, -āris, -āminī; -er, -ēmur, -ar, -āmur
15. -er  -ēmur    -ar  -āmur
16. -ēris -ēminī   -āris -āminī
17. -ētur -entur   -ātur -antur
18. -ar  -āmur    -ar  -āmur
19. -āris -āminī   -āris -āminī
20. -ātur -antur   -ātur -antur

## Exercitium 12
1. *crēvisse*
2. *dēsiisse*
3. *neglēxisse, neglēctum*
4. *poposcisse*
5. *prōfuisse*
6. *quiēvisse*
7. *rapuisse, raptum*
8. *sparsisse, sparsum*

## CAPITVLVM XXVIII

### Exercitium 1
1. trīgintā, trīcēsimō
2. quadrāgintā, quadrāgēsimō
3. quīnquāgintā, quīnquāgēsimō
4. sexāgintā, sexāgēsimō
5. septuāgintā, septuāgēsimō
6. octōgintā, octōgēsimō
7. nōnāgintā, nōnāgēsimō
8. centum, centēsimō
9. ducentīs, ducentēsimō
10. trecentīs, trecentēsimō
11. quadringentīs, quadringentēsimō
12. quīngentīs, quīngentēsimō
13. sescentīs, sescentēsimō
14. septingentīs, septingentēsimō
15. octingentīs, octingentēsimō
16. nōngentīs, nōngentēsimō
17. mīlle, mīllēsimō

### Exercitium 2
1. fretum, disiungit
2. ēicere
3. animus
4. utrum, oboedīre
5. nātus, eō, velut, adōrāvērunt
6. turba
7. ūniversā, fāmam
8. mortālis, immortālis
9. nāscuntur, moriuntur
10. caecus, surdus, mūtus, claudus
11. extendit, libellum, apprehendit
12. dicta, memorat

### Exercitium 4
1. surgeret, ambulāret
2. aperīret, ostenderet
3. pugnārent, timērent
4. mitterentur
5. cavēret, occīderētur
6. opperīrētur
7. inclūderētur
8. esset
9. vidērent, audīrent, loquerentur, essent

### Exercitium 5
1. rogat
2. ēvolvit, prīncipe, suscitāvit
3. per, potestātem
4. mundum
5. habētur
6. rēgnat, Īnferōs, animae, versārī
7. vigiliā, nāviculā
8. cōnstantēs
9. salvum
10. cessāvit

## Exercitium 7
1. essem
2. manērem, venīrem
3. manērēs, venīrēs
4. ascenderētis
5. essēmus, ascenderēmus, ascenderem
6. ascenderēs, essēs, facerēs
7. essētis, servārēminī
8. servārēris, servārer
9. servārēmur

## Exercitium 8
1. ut scrībat
2. ut ... faciant
3. nē ... ambulet
4. nē frīgeant
5. ut ... servāret
6. ut ... ēvolāret
7. nē ... vidēret
8. ut ... sānārentur

## Exercitium 9
1. salvā, perīmus
2. tranquillitās
3. perīcula, impendent
4. praedōnēs
5. tūtum
6. perīculōsum
7. vorāgō
8. vītāre
9. spērat
10. māvult, servīre, eundī
11. mālle, mālō
12. potius, pervenient
13. persuādēre
14. admīrātur
15. attentus
16. pecūlium

## Exercitium 11
1. coniūnctīvus
2. coniūnctīvus imperfectī
3. *-rēs, -ret, -rēmus, -rētis, -rent*
4. *-rem   -rēmus   -rem  -rēmus*
5. *-rēs   -rētis   -rēs  -rētis*
6. *-ret   -rent   -ret   -rent*
7. *-erem -erēmus   -rem  -rēmus*
8. *-erēs -erētis   -rēs  -rētis*
9. *-eret -erent   -ret   -rent*
10. *essēs, esset, essēmus, essētis, essent*
11. coniūnctīvus
12. coniūnctīvus imperfectī passīvī
13. *-rēris, -rētur, -rēmur, -rēminī, -rentur*
14. *-rer   -rēmur   -rer  -rēmur*
15. *-rēris -rēminī   -rēris -rēminī*
16. *-rētur -rentur   -rētur -rentur*
17. *-erer  -erēmur   -rer  -rēmur*
18. *-erēris -erēminī   -rēris -rēminī*
19. *-erētur -erentur   -rētur -rentur*

## Exercitium 12
1. *didicisse*
2. *dīvīsisse. dīvīsum*
3. *ēiēcisse, ēiectum*
4. *mortuum*

5. *nātum*
6. *persuāsisse*
7. *prōmpsisse, prōmptum*
8. *surrēxisse*
9. *vīxisse*

## CAPITVLVM XXIX

### Exercitium 1
1. faciam, alam, vīvāmus
2. respondeam, dīcam, taceam, excūsem
3. respondeat
4. agam, vertam, petam, invocem
5. faciāmus, inveniāmus, petāmus
6. maneam, proficīscar, rīdeam, plōrem, rīdeat, plōret

### Exercitium 2
1. fundō
2. nōnnūllī, dēterrentur
3. remanent
4. aestimāre
5. lucrum, spēs
6. queritur, āmīsī
7. fēlīcēs, nostrum, vītam
8. maestum, frūstrā
9. iactūrā, dīvitiās
10. vestrum, mīrum
11. laetitia, afficit, trīstitia
12. perturbātus, precātur
13. adicitur

### Exercitium 4
1. illūstret
2. discat
3. laudētur
4. crēdat
5. timeant
6. cognōscat
7. accēderent
8. appellārētur
9. remanērent
10. operīrētur

### Exercitium 5
1. nōtus, ignārus
2. nōbilis
3. ignōtus
4. rapidī, cantum
5. parcerent, permittite
6. permōtī, abstinērent
7. dēsiluit, fidēs, celsā, carmen
8. allectus, subiit, dorsō, exposuit
9. inde, prōtinus
10. quasi, fallācem
11. repente, appāruit
12. maleficium, cōnfessī
13. salūte
14. dēspērāre

### Exercitium 7
1. nāvigāret, habēret
2. dormīret
3. vidēret
4. appropinquāret
5. intellegeret

6. amāret
7. habēret, relinqueret
8. iactārētur
9. vidērent
10. esset, metueret
11. habeam

## Exercitium 8
1. plōret
2. sit
3. dolēret
4. dīceret
5. doleat
6. habeat
7. habeās
8. esset
9. scīrent, esset, faceret
10. vīveret

## Exercitium 9
1. fūrem, surripuit
2. fūrtum, dōnāret
3. dētrahit, abiciat
4. fēlīcitās, invidērent
5. pretiōsum, invidiam, sēsē
6. secābat
7. nōnnumquam, fīnītur
8. fortūnam
9. vēlōcem, appropinquāre, suādet
10. rēmīs
11. beneficium

## Exercitium 11
1. *allēxisse, allectum*
2. *āmīsisse, āmissum*
3. *cecinisse*
4. *cōnfessum*
5. *crēdidisse*
6. *dēsiluisse*
7. *ēripuisse, ēreptum*
8. *lāpsum*
9. *posuisse, positum*
10. *secuisse, sectum*
11. *suāsisse*
12. *vēxisse, vectum*

## CAPITVLVM XXX

## Exercitium 1
1. prūdenter
2. dīligenter
3. neglegenter
4. frequenter
5. cōnstanter, patienter

## Exercitium 2
1. cēna, circiter
2. hospitēs, recipiuntur, balneō
3. tardum, diū
4. dēmum, salvēre
5. vīsere
6. fruitur, requiēscit
7. iūcundam, molestam
8. itinere, nūntiāre
9. dīligēns
10. praeest
11. contrahit

## Exercitium 4
1. labōrāvit
2. labōrāverat
3. labōrāverit
4. labōrāvērunt
5. labōrāverant
6. labōrāverint

## Exercitium 5
1. parāverit, exōrnāverint
2. exōrnātum erit
3. ambulāverint
4. pulsātae erunt
5. dormīverit, ambulāverit
6. pugnāverint
7. fuerit, laudātus erit

## Exercitium 6
1. cēnant
2. famem, sitim
3. paulisper
4. equidem, bonum
5. ēligere
6. culīna, coquitur
7. parat, cocus
8. ministrī
9. convīvium, exōrnātur, sternitur
10. triclīniō, īmus
11. convīvae, accubant, singulī, bīnī, ternī
12. prīdem

## Exercitium 8
1. fuerit, computāverit, scrīpserit, dormīverit
2. fueris, dormīveris
3. fuerō, computāverō, scrīpserō, dormīverō
4. computāveris, scrīpseris
5. fuerint, computāverint, scrīpserint, dormīverint
6. fueritis, dormīveritis
7. fuerimus, computāverimus, scrīpserimus
8. computāveritis, scrīpseritis
9. pulsātus eris
10. pulsātus erō
11. pulsātī eritis
12. pulsātī erimus

## Exercitium 9
1. ambulēmus
2. gaudeāmus
3. bibāmus, canāmus
4. exhauriāmus
5. cōnscendāmus, proficīscāmur

## Exercitium 10
1. accumbunt
2. vāsa, argentea, argentō
3. apportant
4. holeribus, carō, genera, appōnuntur
5. acūtō
6. gustāvit, aspergit, sale, placet
7. miscēre, merum, pōtat
8. lībertīnus, līberātus
9. mel

10. acerbum, dulce
11. prōferre, fundere
12. exhausit
13. complentur
14. sānē, sententiam
15. glōriōsus

## Exercitium 12
1. futūrum, perfectum
2. perfectī
3. ~eris, ~erit, ~erimus, ~eritis, ~erint
4. 7. ~erō  ~erimus
5. 8. ~eris  ~eritis
6. 9. ~erit  ~erint
10. *fueris, fuerit, fuerimus, fueritis, fuerint*
11. futūrum, perfectum passīvī
12. themate, futūrō
13. ≈us erō  ≈ī erimus
14. ≈us eris  ≈ī eritis
15. ≈us erit  ≈ī erunt

## Exercitium 13
1. *coxisse, coctum*
2. *ēlēgisse, ēlēctum*
3. *exhausisse, exhaustum*
4. *fūdisse, fūsum*
5. *induisse, indūtum*
6. *miscuisse, mixtum*
7. *revertisse/reversum*
8. *strāvisse, strātum*
9. *ūsum*

## CAPITVLVM XXXI

## Exercitium 1
1. quādam, quīdam
2. quaedam
3. quandam
4. quoddam
5. cuidam, cuidam
6. quendam
7. cuiusdam, quōdam
8. quōdam
9. quīdam, quibusdam
10. quibusdam
11. quāsdam
12. quibusdam
13. quaedam
14. quōrundam, quārundam

## Exercitium 2
1. memoria
2. avārus, optat
3. quidquid
4. mūnus
5. pōtiō
6. impatiēns, asinīnīs
7. aufūgit, aliquantum, abstulit
8. quantum
9. fīdēbat, fīdum, īnfīdōs, fīdē
10. cōnfīdet
11. praesentem
12. quamobrem
13. simul atque
14. īnfēlīx

## Exercitium 4
1. quam
2. quot
3. quanta
4. quantum
5. quot, quot, tot
6. quālis
7. quot, tot

## Exercitium 5
1. latēre
2. praemium, retrāxerit, priusquam
3. fugitīvus, cruce, cruciātur, ideō
4. clēmēns, ignōscit
5. iūstus
6. iniūstus, iniūriam
7. ōdērunt
8. scelus, suppliciō, iūs
9. scelestōs
10. sapiēns, lēgēs, poenam, statuit
11. crūdēlis, cōram
12. vetat
13. nimium
14. iuvenis

## Exercitium 7
1. laudandī, pūniendī
2. interrogandus
3. corrigenda, vertendus
4. dēlendae
5. dīcendum
6. ferendī
7. scrībendae
8. lavandās
9. mittendōs
10. solvendam
11. bibendum, dormiendum
12. tacendum
13. cōnsōlanda
14. sequendum
15. dīcendum, mentiendum

## Exercitium 8
1. iānitōrī
2. servō
3. nōbīs
4. mihi
5. mihi, tibi
6. nōbīs, vōbīs
7. cui
8. cēterīs
9. omnibus

## Exercitium 9
1. dēbilēs, mōs
2. super, rūmor
3. ēducātus
4. abdūxit, namque
5. senex, nōnāgēsimum
6. funditus
7. quisquis
8. ēbrius, nimium
9. fābulātur
10. nūgās
11. vetus
12. quidquid
13. invalidus

## Exercitium 11
1. gerundīvum
2. *laudandus, monendus, legendus, audiendus*
3. scrībenda est

## Exercitium 12
1. *accēpisse, acceptum*
2. *ausum*
3. *abstulisse, ablātum*
4. *bibisse*
5. *statuisse, statūtum*
6. *tetigisse, tāctum*

# CAPITVLVM XXXII

## Exercitium 1
1. cūncta, referta
2. servitūtem
3. incolīs
4. vīs, audācia, contemnerent
5. praepositus, ēgregius, ubīque
6. victōriā, populō, grātus
7. cārum, aliquot, inopiā, vīle
8. victōrem
9. proximum
10. classis, percurrit, mercātōriās, tuētur
11. gentēs
12. commūnia
13. nūbilum, adversus
14. vīribus, rēmigāre

## Exercitium 3
1. ā servīs quaerit
2. ā nautīs quaesīvit
3. ab Aemiliā quaerēbat
4. ā Syrā petit
5. ab amīcā petīvit
6. mē rogās/ōrās

## Exercitium 4
1. verberātus sit, verberātus sīs
2. verberātus sim
3. dīxerit, fuerit, pāruerit
4. fueris, pārueris
5. fuerim, pāruerim
6. dīxeris
7. dīxerim
8. verberātī sint, verberātī sītis
9. verberātī sīmus
10. dīxerint, fuerint, pāruerint
11. fueritis, pārueritis
12. fuerimus, pāruerimus
13. dīxeritis
14. dīxerimus

## Exercitium 5
1. neu
2. ēdūcit, inermis, dissuādet, resistat
3. dōnec
4. intereā, flexīs, voluntās
5. offerre, praefert
6. redimere, grātiam
7. reminīscitur, poēta
8. meminit

9. deest, amīcitia
10. grātiam, agere, referre

## Exercitium 7
1. nē plōrāveris
2. nē clāmāveritis
3. nē timueritis
4. nē ... fēceris
5. nōlīte fugere
6. nōlī ... relinquere

## Exercitium 8
1. aliquandō
2. mūtuam, condiciōne
3. utinam
4. pīrātae, talenta
5. superbus, minātus
6. armāvit
7. dēsistunt
8. nē, amphitheātrō
9. cursum
10. etiamnunc

## Exercitium 9
1. valeat, pereat
2. dent
3. valeant, sint
4. perdat
5. errēs
6. revertar
7. mergātur, prohibeant

## Exercitium 10
1. nē ... aberrent
2. nē ... accidat
3. nē ... occīderētur
4. nē ... appropinquāret
5. nē mergerētur
6. nē ... vītent

## Exercitium 12
1. coniūnctīvus
2. perfectī
3. ~eris, ~erit, ~erimus, ~eritis, ~erint
4. ~erim ~erimus ~erim ~erimus
5. ~eris ~eritis ~eris ~eritis
6. ~erit ~erint ~erit ~erint
7. ~erim ~erimus ~erim ~erimus
8. ~eris ~eritis ~eris ~eritis
9. ~erit ~erint ~erit ~erint
10. fueris, fuerit, fuerimus, fueritis, fuerint
11. coniūnctīvus perfectī
12. themate, coniūnctīvō
13. ≈us sim ≈ī sīmus
14. ≈us sīs ≈ī sītis
15. ≈us sit ≈ī sint

## Exercitium 13
1. *affuisse*
2. *ēgisse, āctum*
3. *flexisse, flexum*
4. *obtulisse, oblātum*
5. *redēmisse, redēmptum*
6. *sustulisse, sublātum*
7. *vīcisse, victum*

# CAPITVLVM XXXIII

## Exercitium 1
1. bīna
2. terna
3. quaterna
4. quīna
5. sēna
6. dēna
7. dēnās
8. quaterna, quīna, sēna
9. singulīs, singulī, bīnī, ternī
10. dēnōs, quīnī
11. bīnae, bīnī

## Exercitium 2
1. legiō, cohortēs
2. adiunguntur, auxilia
3. ōrdine
4. prōgreditur, agmen
5. signum, argentea
6. idōneum, īnstruuntur
7. proelium, aciēs
8. hortātur
9. prōcurrunt, caedunt
10. imperātor
11. circumdantur, mūnīta
12. commemorātur, virtūs
13. nātus, aetātis
14. mīlitārem, studēbat, studium, cōgere
15. stipendia
16. praecipuē, pūblicīs, prīvātīs
17. prīdiē, posterō
18 fatīgātur

## Exercitium 4
1. nārrandum, fābulam nārrandam
2. nārrandī, narrandō, fābulae nārrandae, fābulā nārrandā
3. scrībendum, scrībendās
4. scrībendō, scrībendīs
5. discendum, discendam, discenda
6. legendī, legendōrum
7. cūstōdiendārum
8. cūstōdiendās
9. cūstōdiendīs
10. persequendōs
11. patriae videndae

## Exercitium 5
1. arduī
2. ferē, properāre
3. trānsferre
4. longē, dēsīderat
5. gaudiō, valētūdine
6. effundere
7. citrā, ultrā, amnem, trānsīre
8. tamdiū, quamdiū
9. praestare
10. trīnās, ūnās
11. rīdiculum

## Exercitium 7
1. dormīvisset, scrīpsisset, pāruisset
2. accēpisset, lēgisset, fuisset
3. negāvisset, fuissēs, pāruissēs, scrīpta ... esset

4. audīvissēs, scrīpsissēs, laudātus essēs, accēpissem
5. fuissem, pāruissem, laudātus ... essem, audīvissem, scrīpsissem, accēpissēs
6. dormīvissent, scrīpsissent, pāruissent
7. accēpissent, lēgissent, fuissent
8. negāvissent, fuissētis, pāruissētis, scrīptae ... essent
9. audīvissētis, scrīpsissētis, laudātī essētis, accēpissēmus
10. fuissēmus, pāruissēmus, laudātī ... essēmus, audīvissēmus, scrīpsissēmus, accēpissētis
11. aedificāvisset, necāvisset

## Exercitium 8
1. habērem, habērem, ambulārem
2. scīrem, essem, legerem, scīrem
3. essem
4. fēcissem, vīveret, fēcissem, vīveret
5. essem, essēs, essēmus, īrēmus
6. ascendissem, essem, cubārem, ascendissem, essem

## Exercitium 9
1. ratibus, cōpulātīs, secundum
2. convocātī, excurrere
3. ērūpērunt
4. diūtius, etenim
5. rīpam, ulteriōrem, citeriōre
6. caedem
7. vulnerātus, vulnus
8. plērīque, incolumēs
9. lēgātōs, pācem
10. fore
11. dīram, ēnsēs, horrendōs
12. ōtiōsus

## Exercitium 10
1. estō, pārētō
2. estōte, pārētōte
3. respondētō, dīcitō
4. facitōte
5. venītō
6. nūntiātō
7. scrībitō

## Exercitium 12
1. coniūnctīvus
2. perfectī
3. ~issēs, ~isset, ~issēmus, ~issētis, ~issent
4. 7. ~issem    ~issēmus
5. 8. ~issēs    ~issētis
6. 9. ~isset    ~issent
10. *fuissem, fuissēs, fuisset, fuissēmus, fuissētis, fuissent*
11. coniūnctīvus plūsquamperfectī
12. themate, coniūnctīvō imperfectī
13. ≈us essem    ≈ī essēmus
14. ≈us essēs    ≈ī essētis
15. ≈us esset    ≈ī essent

## Exercitium 13
1. futūrī
2. imperātīvus, imperātīvus futūrī plūrālis
3. praesentis
4. *amātō, amātōte*
5. *monētō, monētōte*
6. *legitō, legitōte*
7. *audītō, audītōte*
8. *estō, estōte*

## Exercitium 14
1. *cecīdisse, caesum*
2. *coēgisse, coāctum*
3. *dēstitisse*
4. *effūdisse, effūsum*
5. *īnstrūxisse, īnstrūctum*
6. *percussisse, percussum*
7. *intellēxisse, intellēctum*
8. *prōcurrisse*
9. *prōgressum*

# CAPITVLVM XXXIV

## Exercitium 1
1. fore, futūrum
2. fore, futūram
3. fore, futūrōs
4. fore
5. fore

## Exercitium 2
1. operam
2. scalpellō, misellō, laesit
3. lūdum, certāmen
4. dummodo, certet
5. gladiātōrēs, spectātōrēs, plaudunt
6. rētia
7. implicāre
8. plērumque, favent, palmam
9. libet, circō, scaenicōs, theātrō
10. aurīga, circēnsibus,
11. lūgent
12. cōmoediam, ācrī, geminōs
13. ingenium, ratiōnem, iuvat

## Exercitium 4
1. nōvisse
2. nōvisse, nōvī
3. nōvit
4. nōverat
5. ōdī
6. ōdisse
7. ōdērunt
8. ōderat
9. meministī
10. meminērunt
11. meminisse

## Exercitium 5
1. poēticae, prīncipium, libenter
2. venustā, gremiō, bāsia
3. fātō
4. tenebrae, accendunt
5. lucernīs, passere, dēliciae
6. bella, dēvorāre
7. ultimī, ocellīs, turgidīs

8. perpetuum, affirmābat, dūcere, nūbere
9. mēns, dubia, odium
10. sēria, arāneārum

**Exercitium 7**
1. multīs servīs, dominō suō
2. dominō sevērō, eī
3. puerō, eī
4. Lȳdiae
5. nautīs, iīs
6. Arionī, eīque, sibi, mihi, mihi
7. castrīs Rōmānīs, castrīs, mīlitibus suīs
8. amīcō, tibi
9. Mēdō, praedōnibus
10. gladiātōribus, quibus
11. litterīs, eī
12. omnibus, omnibus
13. Catullō, amīcae suae

**Exercitium 8**
1. iocōsī, rīsum
2. epigrammata
3. sinū
4. ōscitāre
5. versiculōs
6. nīl
7. nivea
8. anus
9. sapit
10. ērubēscit
11. testibus, prōsiliunt
12. opēs

**Exercitium 10**
1. syllabīs, brevēs
2. vōcālem
3. longa, diphthongum, cōnsonantem
4. *na, mo, sa, bi, ce, re; nō, tē, dī, nec, pos, sum, dī, quā, rē*

5. *im-pli-cu-it-que- su-ōs- cir-cum-me-a- col-la- la-cer-tōs*
6. *quis-qui-s a-mat-va-le-at- pe-re-at- quī- nes-ci-t a-mā-re*
7. *ō-d'e-t a-mō- quā-r'id- fa-ci-am- for-tas-se- re-quī-ris*
8. pedēs
9. *nō-n a-mo, tē- sa-bi-, dī-ce-re; -dī- nec-, pos-sum, quā-rē*
10. dactylus
11. spondēus
12. trochaeus
13. hexameter, spondēī, dactylus, spondēus
14. pentameter
15. hendecasyllabus
16. *nīl mihi| dās vī|vus dī|cis post| fāta da|tūrum*
   *laudat a|mat cant|at nos|trōs mea| Rōma li|bellōs*
   *cui lē|gisse sa|tis nō|n est epi| grammata| centum*
   *nīl il|lī sati|s est ‖ Caedici|āne ma|lī*

**Eercitium 11**
1. *accendisse, accēnsum*
2. *dēlēvisse, dēlētum*
3. *implicuisse, implicitum*
4. *laesisse, laesum*
5. *peperisse, partum*
6. *plausisse*
7. *retinuisse, retentum*
8. *sapiisse*
9. *sēdisse*

**CAPITVLVM XXXV**

**Exercitium 1**
1. ōrātiōnis, coniūnctiō, interiectiō
2. propria, appellātīva
3. sacerdōs
4. quālitātem, comparārī
5. gradūs, positīvus
6. genera
7. cāsūs
8. persōnālia
9. possessīva
10. dēmōnstrātīva
11. relātīvum
12. interrogātīva
13. īnflectere

**Exercitium 2**
1. modī
2. persōna, dēmitur
3. significātiōnem, explānat
4. cōpulātīva, disiūnctīva, causālis
5. praepositiōnēs
6. quandō
7. mentiōnem
8. affectūs, īra, admīrātiō
9. similēs

**Exercitium 3**
1. dēclīnātiōnēs, -ī, -ae, -is, -ūs, -ēī
2. *via viam viae..., annus, annum, annī......*
3. coniugātiōnēs, *-āre, -ēre, -ere, -īre*
4. *laudō laudās lsudat..., claudō claudis claudit......*
5. indēclīnābilēs, *celerius, celerrimē*
6. synōnyma, *forsitan*
7. *dēmpsisse, dēmptum; adiēcisse, adiectum*

# Exercitia Latina Solvta

# Pars II: Roma Aeterna

# CAPITVLVM XXXVI

## Exercitium 1
1. templum Iovis magnō incendiō cōnsūmptum est
2. tēctum templī columnīs pulcherrimīs sustinētur
3. forum signīs deōrum exōrnātur
4. palūs cloācā siccāta est
5. populus nūntiō victōriae dēlectātur
6. Rōmānī clāmōre hostium excitātī sunt
7. exercitus fugā celerī servātus est
8. hominēs scelestī poenā sevērā dēterrentur
9. timōre mortis perturbāmur
10. cantū avium dēlector

## Exercitium 2
1. quadrāta, restat
2. casa, tegitur
3. arx, firmīs
4. praecipitābantur
5. sacrum
6. expulsus, cōnsulēs
7. augustum, sacrātum
8. incendiō, refectum, cōnsecrātum
9. splendet, marmore
10. cellā, simulācrum, sēde
11. triumphō
12. sacrificium
13. locātum, metallīs
14. aes
15. Tabulārium, amplum, servantur
16. palūs
17. subterrāneā, dēducta, siccātum
18. basilicīs
19. Cūria, exstrūctum, senātus
20. senātōribus
21. celeber
22. vīcus
23. vēneunt

## Exercitium 3
1. dīcunt 'Iūlium dominum sevērum esse': Iūlius dominus sevērus esse dīcitur
2. 'Iānum duās faciēs habēre' dīcunt: Iānus duās faciēs habēre dīcitur
3. 'Rōmulum Palātium mūnīvisse' dīcunt/nārrant: Rōmulus Palātium mūnīvisse dīcitur/nārrātur
4. dīcunt 'prīmōs mūrōs Rōmānōs quadrātōs fuisse': prīmī mūrī Rōmānī quadrātī fuisse dīcuntur
5. 'Cinnam versiculōs in mē scrībere' nārrant: versiculōs in mē nārrātur scrībere Cinna
6. dīcunt 'Solōnem virum sapientem et iūstum fuisse': Solō vir sapiēns et iūstus fuisse dīcitur

## Exercitium 4
1. sacer, sacrum
2. Sacra, sacra
3. sacrīs, sacerrimum
4. celeber, celeberrimus
5. celebris, celeberrima
6. celebre

## Exercitium 5
7. ācer
8. ācerrima, ācerrimum
9. ācerrimum

## Exercitium 6
1. in mediō forō
2. medium forum
3. in mediō marī
4. medius diēs
5. mediō diē
6. media nox
7. postrēmus mēnsis, prīma aestās
8. summus mōns
9. in summō monte
10. in īnfimō Capitōliō
11. ad īnfimum Argīlētum
12. in postrēmā cōmoediā
13. in postrēmō librō

## Exercitium 7
1. ōrātōrēs
2. rōstrīs, prōrīs
3. illūstrissimus
4. dēstrūcta
5. focī
6. aede, rotundam, ārdet
7. exstinguitur, aeternam
8. rēgia, pontificis. praefectus
9. dīvīnās
10. Dīvus
11. cremāre
12. restituit
13. aerārium, dēpōnitur
14. discordia, factiōnēs, patriciōs, plēbēiōs
15. concordiā
16. vetustāte, collāpsa, faciem
17. odor
18. dēdicāta
19. porticū, aurāta
20. clīvō, triumphantēs
21. boāriō, pecudēs
22. āra
23. prōmunturium, ēminet

## Exercitium 8
1. diīs, deābus
2. tribus sorōribus, Iūnōne, Cerere, fīliīs, Mārte, Apolline, duābus fīliābus, Venere, Iovis
3. coniūnx
4. Iūnōnis, Cereris
5. geminī
6. domesticārum
7. duābus deābus
8. sapientiae
9. Iuppiter, Iūnō, Vesta, Cerēs, Neptūnus, Mārs, Mercurius, Vulcānus, Apollō, Minerva, Diāna, Venus, Sāturnus

## Exercitium 9
1. interiecta
2. renovātus
3. superāvit
4. genetrīcis
5. statuae
6. ulcīscī, commīsit
7. vōverat, incohāvit

8. monumentum, Ultōris
9. marmorea, lateribus
10. glōriātus, latericiam
11. mausōlēō
12. balneae, thermae
13. ibīdem, exercent
14. ductus, inductus, longitūdinem
15. arcuātī
16. bibliothēcā

## Exercitium 10
1. ... theātrum aedificandum cūrāvit
2. ... Circum Māximum renovandum cūrāvit
3. ... viam Appiam mūniendam cūrāvit
4. ... aedēs collāpsās reficiendās cūrāvit
5. ... novum forum faciendum cūrāvit
6. ... novam domum aedificandam cūrāre
7. ... sacrificia facienda cūrāre

## Exercitium 12
1. flammae
2. absūmeret, iniit
3. īnsānus, incendisse
4. splendidam
5. vestibulō, aerea, collocāta
6. probāvit/probābat, stāgnī
7. dēlēvit, adēmit
8. laurus
9. morbus
10. candēlābrum
11. tubae/tubārum
12. pontem
13. praeclārum
14. orīgine, magnitūdinem

## Exercitium 13
1. annō ducentēsimō vīcēsimō, eōdem tempore
2. īdibus Octōbribus, annō septuāgēsimō, ūnum et quīnquāgintā annōs
3. eō diē quō
4. novem annōs
5. īdibus Mārtiīs quārtō annō
6. ūndēvīgintī annōs
7. annum, quattuor mēnsēs
8. prīmā lūce, diē nocteque, paucās hōrās nocte

## Exercitium 14
1. *Iūnō | Vesta Mi|nerva Ce|rēs Dī|-āna Ve|nus Mārs*

   *Mercuri|us Iovi ꞌNeptū|nus Vul|-cānus Apollō*

2. *Hīc ubi|nunc Rō|ma'st or|bis caput arbor et herbae*

   *et pau|cae pecu|dēs ‖ et casa |rāra fu|it*

3. *Iuppite|r arce su|ā cum |tō tum| spectat i|n orbem*

   *nīl nisi |Rōmā|num ‖ quod tue|ā-tur ha|bet*

154

## Exercitium 16
1. erant
2. valē
3. ferōx
4. ingēns
5. palūs
6. palūdis
7. similis
8. servīlis
9. antīqua
10. Augustus
11. convenit
12. convēnit
13. appārēre
14. trīgintā
15. amīcus
16. pūblicus
17. imperium
18. circumdare
19. interficit
20. interfectus
21. senātor
22. senātōrēs
23. integra
24. celerrimus
25. pontifex
26. mūnītus
27. priusquam
28. iuventūs
29. sacerdōs
30. cōnstituit
31. īnstituere
32. Neptūnus
33. genetrīx
34. theātrum
35. illīus
36. interior
37. triumphus
38. cōnsequī
39. cōnsequitur
40. salūtātus
41. salūtāns
42. intellegit
43. intellēxit
44. referre
45. recipere
46. recipit
47. duodecim
48. ducentī

## Exercitium 17
1. servōs fidōs
2. opera difficilia
3. diēbus longīs
4. bēstiīs ferīs
5. magnae partēs
6. collēs altōs
7. meīs sorōribus
8. mīlitum fortium
9. litterīs Graecīs
10. virīs sapientibus
11. hostēs superbī
12. vōcibus clārīs
13. versibus brevibus
14. nautās Rōmānōs
15. currūs novōs
16. passuum

## Exercitium 18
1. adēmisse, adēmptum
2. auxisse, auctum
3. collāpsum
4. cōnstituisse, cōnstitūtum
5. dēlēvisse, dēlētum
6. dēstrūxisse, dēstrūctum
7. expulisse, expulsum
8. exstīnxisse, exstīnctum
9. exstrūxisse, exstrūctum
10. incendisse, incēnsum
11. operuisse, opertum
12. ortum
13. praefēcisse, praefectum
14. refēcisse, refectum
15. restituisse, restitūtum
16. tēxisse, tēctum
17. ultum
18. vēniisse
19. vōvisse, vōtum

## CAPITVLVM XXXVII

### Exercitium 1
1. iūstitiā, rēgnum
2. fēstī, discumbunt
3. profugō, arva
4. iuventūte
5. diūturna
6. dolō, fabricāvērunt
7. benigna
8. āvectōs, cūrā, mōlem
9. dēcurrēns, suspectum
10. penetrāvit, occultōs, rōbore
11. anguēs, immolat
12. amplectuntur, explicāre
13. corripiunt, tenera
14. clipeum, cōnfugiunt, contingere
15. pavōre, conclāmant
16. īnsānia, fronde
17. penitus, sonāre, īnspicere
18. praedīcēbat/praedīxit
19. suprēmus
20. patefactō, fūnem, dēmissum
21. cūstōdēs
22. māchina
23. scelerāta

### Exercitium 2
1. mercēs ēicī iussit
2. servum improbum pūnīrī iussit
3. Daedalum in l. dūcī iussit
4. novam Cūriam aedificārī iussit
5. Iānum tertium claudī iussit
6. equum in arce locārī iussērunt
7. eum in m. prōicī aut ūrī iussērunt
8. interiōrem equī partem īnspicī iussērunt

### Exercitium 4
1. barbam, crīnēs
2. gemēns, flagrantī
3. nāte, ruit, culmine
4. somniō, āmēns, strīnxit, incitāvit
5. sacra, tēlīs, ēlāpsus
6. dominantur, gemitū
7. moritūrī, vādunt
8. passīs, vinculīs, ērigere
9. speciem, undique, ruēbant
10. aedēs
11. trabēs, coniciēbant
12. ululātū, resonābat/resonat
13. concidunt
14. dēfēnsōrēs, trucīdant
15. īnfirmī, inūtile
16. pavidīs, egēmus, concēde
17. nēquīquam, haesit
18. laevā, comam, dēfīxit
19. quondam
20. turris

### Exercitium 5
1. Latīnō in Italiā rēgnante
2. puerīs puellīsque canentibus
3. Trōiānīs dormientibus
4. hominibus perterritīs clāmantibus
5. Priamō spectante
6. Venere ducente/duce
7. Nerōne imperante
8. multīs plaudentibus

### Exercitium 6
1. rēge Tarquiniō expulsō
2. multīs domibus prīvātīs dēstrūctīs
3. Titō mortuō
4. equō ligneō in lītore collocātō
5. equō hastā percussō
6. rēge Priamō occīsō
7. nocte iam cōnsūmptā
8. Ariadnā Naxī relictā
9. lucernīs accēnsīs
10. ālīs cōnfectīs
11. ēiectīs mercibus

### Exercitium 8
1. *ferentēs*
2. ārdentibus
3. praedīcentī
4. gemēns, flagrantī
5. prōcurrentibus
6. ascendentēs
7. trementem, lābentem
8. abeuntis
9. portāns, dūcēns
10. aberrantem
11. stupentī
12. lacrimantem, volentem
13. effugientem

### Exercitium 9
1. obtruncātum, horrōre, perfūsus
2. recūsāvit, nepōs
3. efferre, īnstaurāta, revīsam, inultī
4. prōdigium, lūmen
5. restinguunt, tonat, fragōre, fulgēns
6. tendit, alloquitur, quā, patriī, nepōtem
7. piō, onus
8. famulōs, tumulum
9. pariter
10. dūdum, commovēbātur, aurā
11. ubi, micantēs, respexit
12. sociōs, repetīvit, quīn
13. cōnferēbant
14. ūberem, rēgiam, vāsta
15. comprehendere

### Exercitium 10
1. moenibus
2. rēgnō
3. domibus
4. arce suā
5. hīs, flammīs
6. dolīs
7. tēlīs, auxiliō
8. locō

### Exercitium 12
1. urbs *f:* urbis *gen sg,* urbe *abl sg,* urbium *gen pl*
2. mōns *m:* montem *acc sg,* montibus *dat/abl pl*
3. annus *m:* annōs *acc pl,* annī *gen sg aut nōm pl*
4. scelus *n:* scelus *nōm/acc sg,* scelerum *gen pl*
5. via *f:* viā *abl sg,* viās *acc pl,* viārum *gen pl*

6. nauta *m:* nautae *gen/dat sg* aut *nōm pl*, nautīs *dat/abl pl*
7. templum *n:* templō *dat/abl sg*; templī *gen sg*, templa *nōm/acc pl*
8. rēx *m:* rēgī *dat sg*, rēge *abl sg*; rēgēs *nōm/acc pl*
9. portus *m:* portūs *gen sg* aut *nōm/acc pl*
10. porta *f:* portās *acc pl*, portīs *dat/abl pl*
11. tempus *n:* temporī *dat sg*, temporibus *dat/abl pl*
12. amīcus *m:* amīcō *dat/abl sg*, amīce *voc sg*
13. rēs *f:* reī *gen/dat sg*, rēs *nōm sg* aut *nōm/acc pl*
14. avis *f:* avī *dat sg*, ave *abl sg*, avēs *nōm/acc pl*
15. carmen *n:* carmine *abl sg*, carmina *nōm/acc pl*
16. manus *f:* manū *abl sg*, manum *acc sg*; manuum *gen pl*
17. collum *n:* collī *gen sg*, colla *nōm/acc pl*, collīs *dat/abl pl*
18. collis *m:* collis *nōm/gen sg*, collī *dat sg*, collēs *nōm/acc pl*

## Exercitium 13

| | | |
|---|---|---|
| 1. mors | 13. aes | 25. rēx |
| 2. pōns | 14. iūs | 26. pontifex |
| 3. flōs | 15. bōs | 27. arx |
| 4. eques | 16. iter | 28. prīnceps |
| 5. portus | 17. senex | 29. virtūs |
| 6. cornū | 18. hiems | 30. palūs |
| 7. pecus | 19. mare | 31. flūmen |
| 8. caput | 20. faciēs | 32. orīgō |
| 9. lectus | 21. opera | 33. līberī |
| 10. tēctum | 22. opus | 34. thermae |
| 11. ager | 23. aedēs | 35. castra |
| 12. theātrum | 24. sēdēs | 36. moenia |

## Exercitium 14

1. attigisse, attāctum
2. complēvisse, complētum
3. contulisse, collātum
4. coniēcisse, coniectum
5. cōnstitisse
6. contigisse, contāctum
7. corripuisse, correptum
8. ēgressum
9. ērēxisse, ērēctum
10. haesisse
11. occidisse
12. pandisse, passum
13. perfūdisse, perfūsum
14. recessisse
15. respexisse
16. revīsisse
17. sonuisse
18. strīnxisse, strictum
19. stetisse
20. suāsisse
21. tonuisse
22. vāsisse

# CAPITVLVM XXXVIII

## Exercitium 1

1. quam multī virī petēbant
2. cui rēx Faunus arva colenda dedit
3. quī eum hortātus est ut fugeret
4. quam speciem cīvēs ferre nōn poterant
5. quod cum coniūnx eius vidēret...
6. cui Pyrrhus "nunc morere!" inquit
7. quae cum ... occidisset...
8. quā rē perturbātus... discessit
9. quod cum diū fēcisset...
10. quōs omnēs sēcum dūxit
11. quō factō patrem certiōrem fēcit

## Exercitium 2

1. pondere, potītus
2. condere
3. citō, prōvectī
4. posterīs
5. subductae, pestilentia
6. adeō, torrēbat
7. noctū, adstāre, sēdem, longinquā, cōnsīderet
8. stupefactus, parentem, certiōrem
9. aequor, nimbus, repentīnus
10. discernere
11. interdiū
12. totidem, quoad, dēlātae
13. curvus, tumidus, volucris, unda, sacrificāre, linquere

## Exercitium 3

1. ūsī sunt
2. ultus est
3. glōriātus est
4. profectī sunt
5. complexī sunt, passus est
6. lāpsī sunt
7. orta est
8. allocūtus est
9. ēgressus est
10. potītus est
11. pollicitus est
12. cōnsōlātī sunt, secūtī sumus

## Exercitium 5

1. Augustus: "urbem marmoream relinquō" Augustus dīxit 'sē urbem marmoream relinquere'
2. Nerō: "quasi homō tandem habitāre coepī" Nerō dīxit 'sē quasi hominem tandem habitāre coepisse'
3. Lāocoōn: "timeō Danaōs..." Lāocoōn dīxit 'sē Danaōs timēre'
4. Aenēās dīxit 'sē patrem suum portātūrum esse, nec sibi grave fore id onus'
5. Aenēās dīxit 'sē filium suum sēcum ductūrum esse'
6. Aenēās interrogāvit 'ubi esset uxor sua? cūr sē nōn sequerētur?'
7. Andromachē Aenēam ōrāvit ut sibi dīceret ubi Hector suus esset
8. Andromachē nārrāvit 'sē et Helenum in Ēpīrum abductōs esse; posteā vērō Helenum Chāoniā potītum esse et sē uxōrem dūxisse'
9. Aenēās ab Helenō quaesīvit 'quae perīcula sibi vītanda essent?'
10. Aenēās ōrat ut dī immortālēs sē et sociōs suōs servent

## Exercitium 6

1. incrēdibile
2. extrēmā, viduam
3. lūcō, Mānēs
4. ut, agnōvit, exterrita, palluit, rēbātur
5. cāsū, invītāvit
6. iuvencōs,
7. antrō, gurgitem
8. praestat, circumīre, experīrī
9. vātēs
10. dīgressī, occāsum
11. aurōra
12. pateram, potentēs
13. morārī

## Exercitium 8

1. omnēs dēspērābant, cum subitō prōdigium vīsum est
2. iam portīs appropinquābant, cum Anchīsēs exclāmat...
3. Aenēās dormiēbat, cum Hector eī appāruit
4. Aenēās diū uxōrem vocāverat, cum imāgō Creūsae eī appāruit
5. Trōiānī iam arva nova colēbant, cum pestilentia eōs afficere coepit
6. iam aurōra rubēbat, cum procul humilēs collēs appāruērunt
7. vix haec dīxerat, cum Polyphēmum vīdērunt

## Exercitium 9

1. horribilis, scopulī, ēdēbant
2. nīmīrum
3. fūmus
4. lapidēs, ēmittēbantur/ēmittuntur
5. occāsum, cōnfectus
6. contulit, flētū
7. supplex, quāscumque
8. terror, īnfandō, vescēbātur
9. egomet
10. acūtam
11. trepidī, īnfōrme
12. incīdērunt, incitāvērunt
13. contremuit, cavus
14. concurrērunt
15. genitor, sepultus
16. sepulcrum

## Exercitium 11

| | | | | | |
|---|---|---|---|---|---|
| 1. hic | haec | hoc | hī | hae | haec |
| 2. hunc | hanc | hoc | hōs | hās | haec |
| 3. huius | huius | huius | hōrum | hārum | hōrum |
| 4. huic | huic | huic | hīs | hīs | hīs |
| 5. hōc | hāc | hōc | hīs | hīs | hīs |

6. hōc modō, hoc prōnōmen
7. huius prōnōminis
8. haec prōnōmina
9. hīs prōnōminibus
10. hōrum prōnōminum
11. huic libellō
12. hic libellus
13. haec pāgina, hōc prōnōmine

14. hōc libellō
15. hunc libellum, haec exercitia

**Exercitium 12**
1. dolet *praes ind,* colet *fut,* ambulet *praes coni*
2. scrībet *fut,* habet *praes ind,* turbet *praes coni*
3. movet *praes ind,* vīvet *fut,* servet *praes coni*
4. gaudet *praes ind,* claudet *fut,* laudet *praes coni*
5. vocet *praes coni,* docet *praes ind,* dūcet *fut*
6. manet *praes ind,* canet *fut,* cēnet *praes coni*
7. amet *praes coni,* timet *praes ind,* sūmet *fut*
8. aget *fut,* neget *praes coni,* auget *praes ind*
9. pāret *praes ind,* ōret *praes coni,* curret *fut*
10. portet *praes coni,* patet *praes ind,* mittet *fut*
11. iaciet *fut,* cruciet *praes coni,* sciet *fut*
12. nūntiet *praes coni,* sentiet *fut,* rapiet *fut*
13. fatētur *praes ind,* ūtētur *fut,* mūtētur *praes coni*
14. fruētur *fut,* tuētur *praes ind,* statuētur *fut*

**Exercitium 13**
1. agnōvisse
2. concurrisse
3. condidisse, conditum
4. contremuisse
5. dīgressum
6. ēdidisse, ēditum
7. extulisse, ēlātum
8. excessisse
9. incīdisse, incīsum
10. līquisse, lictum
11. palluisse
12. prōcessisse
13. restitisse
14. sēnsisse, sēnsum
15. sepelīvisse, sepultum
16. torruisse, tostum

## CAPITVLVM XXXIX
**Exercitium 1**
1. rēgīna, iūdicium, iūdicāverat
2. memor, arcēbat
3. mōlis
4. disiceret
5. impulit, volvunt
6. crēbra
7. rīgent
8. abripiuntur, vadum
9. ferītur, verticem
10. nantēs
11. sēdāvit, dispulit
12. collēgit, sinum
13. tridēns, scēptrum, pontī
14. bellicōsus

**Exercitium 2**
1. pecūniam, cupidus pecūniae
2. patriam, amāns patriae
3. viam, viae ignārus
4. litterās, studiōsus litterārum
5. vīnō, plēnus vīnī
6. marī, maris potēns
7. dī maris et terrae tempestātumque potentēs
8. iūdiciī/iūdicium, iūdiciī memor

**Exercitium 4**
1. paucī vigilant
2. vīta rūstica mihi iūcunda est
3. servus semper adest
4. hiems est tempus frīgidum
5. frīgus vīneīs nocet
6. māne sōl oritur
7. discipulus industrius laudātur
8. nōn omnēs pauperēs miserī sunt
9. agricola in umbrā quiēscit
10. in vallem dēscende!
11. hieme nāvēs subdūcuntur
12. prōra est pars nāvis prior
13. puer versūs intellegit etsī/quamquam difficilēs sunt

**Exercitium 5**
1. cervōs
2. praedam
3. animōs, forsan
4. discrīmina, tendimus, resurgere
5. dūrāte, vōsmet
6. explōrāre
7. comitātus, graditur
8. obviam, gestāns, simulābat, vēnārī
9. aprum
10. quaecumque, fēlīx, ōrīs
11. hostiās
12. honōre
13. clam, cēlāre
14. nūdāvit, patefēcit
15. thēsaurōs, onerāret
16. impium, dēvēnit
17. appulsum
18. decōre, incūsāvit, ēlūdis
19. nebula

**Exercitium 6**
1. fōrmā pulcherrimam
2. mente sānus
3. alterō pede claudus
4. numerō superiōrēs
5. numerō septem
6. nōmine Mīnōtaurus
7. aliās viās longitūdine superat
8. aetāte māior
9. pār pulchritūdine
10. meā sententiā V. et O. ingeniō comparandī nōn sunt

**Exercitium 8**
1. ut... caperet, fugeret
2. ut... dēfenderet
3. ut... arment, praecipitent
4. ut... fugeret
5. nē... perderet
6. ut... proficīscerentur
7. nē... nāvigāret

8. ut... disiceret
9. ut... explōrāret
10. ut... excēderet
11. nē... arceās, ut... faciāmus, ut... liceat
12. nē... posset
13. nē... recūsāret, nē recūsāveris!
14. nē dubitāret, nē dubitāveris!

**Exercitium 9**
1. scandunt, imminet
2. industriam, fundāmenta
3. fortūnātī, lūstrat
4. pictae
5. bellantēs, perfūdit
6. īnstāret
7. incessit, catervā, soliō
8. addūcī
9. Austrō, compulsōs
10. ōrsa, obtūnsa
11. statuō
12. saltem
13. paenitet
14. superbia

**Exercitium 11**
1. sīdera
2. cōram, obstupuit
3. genuērunt, succēdite, succurrere
4. apparāvit
5. torī, pictā, purpurā
6. praemīsit
7. faciē
8. ministrae, dapēs
9. pendēbant, facēs
10. īnscia
11. paulātim, abolēre, temptāvit
12. lībāvit
13. conticuērunt, intentī, ut, īnsidiīs
14. errōrēs, fūnus, quiētī

**Exercitium 12**
1. Tyriī discumbere iubentur
2. Daedalus inclūdī iussus est
3. Catilīna ex urbe ēgredī iubēbātur
4. Gallī arma pōnere iussī sunt

**Exercitium 14**
1. volat *ind,* colat *coni*
2. ēdūcat *coni,* ēducat *ind*
3. sentiat *coni,* nūntiat *ind*
4. nārrat *ind,* currat *coni*
5. cōgat *coni,* rogat *ind*
6. dōnat *ind,* pōnat *coni*
7. emat *coni,* amat *ind*
8. sacrificat *ind,* perficiat *coni*
9. occīdat *coni,* trucīdat *ind*
10. negat *ind,* legat *coni*
11. vertat *coni,* certat *ind*
12. canat *coni,* cēnat *ind*
13. cūrat *ind,* ūrat *coni*
14. vīvat *coni,* servat *ind*

**Exercitium 15**
1. plaudit, plaudunt, plaudere
2. audit, audiunt, audīre
3. pūnit, pūniunt, pūnīre
4. pōnit, pōnunt, pōnere
5. alit, alunt, alere

6. salit, saliunt, salīre
7. tollit, tollunt, tollere
8. mollit, molliunt, mollīre
9. discit, discunt, discere
10. efficit, efficiunt, efficere
11. gerit, gerunt, gerere
12. parit, pariunt, parere
13. perit, pereunt, perīre
14. aperit, aperiunt, aperīre
15. redit, redeunt, redīre
16. reddit, reddunt, reddere

## Exercitium 16
1. accubuisse
2. appulisse, appulsum
3. collēgisse, collēctum
4. compulisse, compulsum
5. conticuisse
6. dīlēxisse, dīlēctum
7. disiēcisse, disiectum
8. dispulisse, dispulsum
9. ēlūsisse, ēlūsum
10. genuisse, genitum
11. impulisse, impulsum
12. incessisse
13. obstupuisse
14. pīnxisse, pictum
15. restitisse

## CAPITVLVM XL

### Exerctium 1
1. placidum
2. coniugiō, succubuit
3. quīn, velim, fulmine
4. dīlēctam, placitō, veniam
5. īnflammāre
6. furēns
7. ostentat, incumbit
8. extemplō, grandine, īnsequitur
9. spēluncam
10. vigilēs, plūmae
11. concubuisse, luxū, cupīdine
12. respicit
13 caprae
14. praeterit
15. invictī
16. cinis
17. potentia

### Exercitium 2
1. dubitō num/an fābula vēra sit
2. nōn dubitō quīn fābula vēra sit
3. dubitō num Neptūnus marī imperāre possit
4. nōn dubitō quīn Deus nōs servāverit
5. dubitō num Nerō urbem incenderit
6. nōn dubitō quīn gēns Iūlia ā Venere orta sit
7. nōn dubitō quīn deā nātus sit

### Exercitium 4
1. Trōiānī classem XX nāvium habēbant
2. Dīdōnī coniūnx erat Sychaeus
3. "rēgem habēbāmus Aenēam"
4. Aenēae vestis pretiōsa erat
5. Habēbat ēnsem gemmīs fulgentem

6. Aenēae in animō erat Dīdōnem dēserere
7. "tē uxōrem nōn habeō"
8. "sī saltem īnfāns mihi esset dē tē"
9. "dīvīnam nōn habēs parentem!"
10. quot caelum stēllās, tot habet tua Rōma puellās
11. fāma est mōnstrum cui tot oculī, tot linguae, tot aurēs sunt quot plūmae in corpore

### Exercitium 5
1. struit, mandātum
2. nectit, ālātīs, dēferat
3. amictū, attonitus, obmūtuit
4. ēvānuit
5. advocāvit, mandāvit, ōrnārent
6. praesēnsit
7. nefās, dissimulāre, hībernō, dēcēdere
8. miserērētur, īnfēnsīs
9. quī, aulā, omnīnō
10. meritam, cōnūbium
11. querēllīs, sponte
12. refellit, poenās
13. cūnctātur, abrumpit
14. famulae, suscipiunt
15. quotiēs, astra, admonet
16. subicerent
17. tigris
18. ūbera, admovet
19. perfidus
20. thalamus, dēmēns, moribundus, excipere

### Exercitium 7
1. quam, quantus
2. quālis, quam, quam, quae
3. quālis, quantum
4. quot
5. quanta, quanta
6. quō, quōs

### Exercitium 8
1. sōlārī
2. iussa, exsecūtī sunt
3. implōrat
4. obstant
5. taedet
6. reputat, praedictīs
7. dīvō, rogum, exuviās, iugālem
8. exsolvī
9. peragit
10. effigiem, altāria
11. discessum
12. aethere, festīnāret
13. ovantēs, vāgīnā
14. ārdōre
15. mūtābilis
16. carīna
17. praeceps, collūcēre, fervēre

### Exercitium 10
1. Dīdō: "Nōlī meī oblīvīscī!" Dīdō timet nē Aenēās suī oblīvīscātur
2. Aenēās: "Numquam tuī oblīvīscar. Semper tuī meminerō. Sed amor tuī mē hīc tenēre nōn potest"
3. "Miserēminī nostrī, pīrātae!"

"Nōs vestrī nōn miserēmur." Pīrātae nautārum nōn miserentur.
4. Ariadna: "Nēmō meī miserētur!" Bacchus: "Ego tuī misereor. Ob amōrem tuī tē hinc mēcum dūcam"
5. Dīdō: "Utinam īnfantem dē tē habērem, quī memoriam tuī referret mihi!" Fīlius memoriam patris referre potest
6. Syra: "Nōlō in speculō imāginem aspicere meī"
7. "magna meī sub terrās ībit imāgō"

### Exercitium 11
1. prō, advena
2. illūsisse
3. ultrīcēs
4. īnsepultus, exoriātur
5. sanguineōs, cubīlī
6. novissima
7. praeteriisset
8. iaculum
9. fortitūdinem
10. colōnus
11. ūsum
12. mementō, impōnere, dēbellāre

### Exercitium 12
1. Dīdō: "Taedet mē vīvere" = "Taedet mē vītae"
2. Dīdōnem vīvere taedēbat = Dīdōnem vītae taedēbat
3. Mīlitēs Rōmānōs fūgisse pudet = mīlitēs Rōmānōs fugae suae pudet
4. Cōnsulem paenitet iniūriam fēcisse = Cōnsulem paenitet iniūriae suae
5. Discipulum prāvē scrīpsisse pudet; discipulus, quem mendī suī pudet, sē excūsat
6. Fēminās Trōiānās longē errāre taedēbat. Fēminae, quās longī errōris taedēbat, nāvēs incendērunt
7. Fēminae in Siciliā relictae sunt, etsī eās male fēcisse paenitēbat = etsī eās maleficiī suī paenitēbat

### Exercitium 14
1. Valē, mī marīte! Valēte, meī līberī!
2. Heu fuge, nāte deā! Fugite, Trōiānī!
3. Tacē et audī, Sexte! Tacēte et audīte, discipulī!
4. Tū sequere mē, serve! Sequiminī mē, servī!
5. Age, curre, Mārce! Agite, ō tēctīs, iuvenēs, succēdite nostrīs!
6. Intuēre caelum, nauta! Intuēminī caelum, nautae!
7. Manē! nōlī abīre, Iūlī! Manēte! nōlīte abīre, sociī!
8. Servā mē, Neptūne! Dī immortālēs, servāte nōs!
9. Partīre mēcum, Lūcī! Partīminī praedam, mīlitēs!
10. Laetāre, Tite, mī fīlī! Laetāminī, cīvēs meī!
11. Fer mihi vīnum, Dāve! Arma, virī, ferte arma!

12. <u>Dīc</u> quid cēnseās, Cornēlī!
<u>Dīcite</u> quid cēnseātis, amīcī!
13. Domine! salvum mē <u>fac</u>! Impetum facite, mīlitēs!
14. <u>Dūc</u> puerum hūc, Achātē! Sub-
dūcite nāvēs, Trōiānī!
15. Aequō animō <u>es</u>, Aenēā! Este
clēmentēs, victōrēs!

**Exercitium 15**
1. flagrat: *3 sg praes ind āct*
2. successit: *3 sg perf ind āct*
3. nātus sit: *3 sg perf coni dēp*
4. nārrābat: *3 sg imperf ind āct*
5. potuī: *1 sg perf ind āct*
6. agnōscō: *1 sg praes ind āct*
7. velim: *1 sg praes coni āct*
8. dēvoret: *3 sg praes coni āct*
9. habeat: *3 sg praes coni āct*
10. agēs: *2 sg fut ind āct*
11. nōveris: *2 sg perf coni āct*
12. dīmīsistī: *2 sg perf ind āct*
13. repugnābis: *2 sg fut ind āct*
14. cingant: *3 pl praes coni āct*
15. minātur: *3 sg praes ind dēp*
16. reor: *1 sg praes ind dēp*
17. coniūxeris: *2 sg fut perf ind āct*
18. nāviget: *3 sg praes coni āct*
19. morāris: *2 sg praes ind dēp*
20. agat: *3 sg praes coni āct*
21. ōrnent, pārent: *3 pl praes coni āct*
22. ōrnās, properās: *2 sg praes ind āct*
23. ōdērunt: *3 pl perf ind āct*
24. exstīnxī: *1 sg perf ind āct*
25. habērem: *1 sg imperf coni āct*
26. vidērer: *1 sg imperf coni āct*
27. loquar: *1 sg fut ind dēp*
28. vīdī: *1 sg perf ind āct*
29. dabis: *2 sg fut ind āct*
30. cōnferunt: *3 pl praes ind āct*
31. afficiēbātur: *3 sg imperf ind pass*
32. vidēret: *3 sg imperf coni āct*
33. doceat: *3 sg praes coni āct*
34. terrent: *3 pl praes ind āct*
35. reddat: *3 sg praes coni āct*
36. periī: *1 sg perf ind āct*
37. volō: *1 sg praes ind āct*
38. comitābor: *1 sg fut ind dēp*
39. merita es: *2 sg perf ind dēp*
40. potes: *2 sg praes ind āct*
41. vidēbis: *2 sg fut ind āct*
42. attigerit: *3 sg fut perf ind āct*
43. pāreāmus: *1 pl praes coni āct*
44. abībit: *3 sg fut ind āct*
45. illūserit: *3 sg fut perf ind āct*
46. capient: *3 pl fut ind āct*
47. tulissem: *1 sg plusqperf coni āct*
48. implōret: *3 sg praes coni āct*
49. exoriātur: *3 sg praes coni dēp*
50. dabuntur: *3 pl fut ind pass*

**Exercitium 16**
1. concubuisse
2. ēvānuisse
3. excēpisse, exceptum
4. fefellisse, falsum
5. flexisse, flexum

6. illūsisse
7. meritum
8. nexuisse, nexum
9. obmūtuisse
10. refellisse, refulsum
11. subiēcisse, subiectum
12. succubuisse

## CAPITVLVM XLI

**Exercitium 1**
1. cōnstat
2. prīmōrēs, ēvocāvit
3. nōbilitātem, societātem
4. mātrimōnium
5. stirps, virīlis
6. adventum, spōnsa
7. molestē
8. diffīdēbat, intulit
9. conciliāvit
10. opulentō, opēs
11. iūnxit
12. cōpiās
13. prosperum, nusquam
14. pūbēs
15. muliebre, pueritiam, fīnitima
16. auctōrem
17. sitū

**Exercitium 2**
1. vīvāmus, amēmus
2. sīs, doceās
3. ferant
4. habeat, servet
5. nāviget
6. pareāmus
7. implōret videatque
8. fruātur, cadat

**Exercitium 4**
1. prōcreāvit, cāsū
2. adeptus
3. ictus, lēgāvit
4. interēmit, lēgit
5. virginitāte, partūs
6. compressam
7. crūdēlitās
8. iussū
9. alveus
10. lupa, sitiēns, vāgītum, puerīlem
11. mītis, praebēret, lamberet
12. ambō
13. adolēvērunt, saltibus, sēgnēs
14. latrōnēs
15. īnsidiīs, falsō, hostīlem
16. dēditus
17. cūstōdiā, suspicābātur
18. necessitāte
19. servīle
20. avum, grātulantēs
21. conciliō
22. sōlitūdinēs
23. vetustum
24. stabulum

**Exercitium 5**
1. ēiectum, āmissam, locūta
2. collāpsam
3. admīrātus

4. factus
5. conditam
6. nātus
7. ictus
8. sepultus
9. compressa
10. genitī, ēducātī
11. āmissam
12. captus, coāctus
13. profectus
14. prōgressī
15. conditā
16. nātum

**Exercitium 7**
1. cōnsulere, discrīmen
2. convēnit, auspicārētur
3. vulturēs, auspicium, duplex
4. ferret, trānsiluit
5. inde, conditōris
6. sacra, rītū
7. armentō
8. abdidit
9. cōnfūsus, abigere
10. mūgīrent
11. clāvā, interiit
12. facinus
13. eximiā
14. trepidāre

**Exercitium 8**
1. quī<u>cumque</u> est
2. quod<u>cumque</u> accidet
3. quae<u>cumque</u> es
4. in quās<u>cumque</u> terrās
5. quō<u>cumque</u> modō
6. quō<u>cumque</u> tempore
7. ubi<u>cumque</u>, quā<u>cumque</u> mātre
8. quī<u>cumque</u> trānsiliet moenia mea

**Exercitium 10**
1. patruus
2. ēdidit
3. lacrimōsum
4. nescioquem, vigōris
5. opem, orba
6. gemellīs, ūdīs
7. dēficiente, līmō, opācā
8. fēta, nūtrīvit
9. linter
10. tumet
11. arguitur

**Exercitium 11**
1. nōtum est veter<u>ēs</u> Rōmān<u>ōs</u>
crūdēl<u>ēs</u> fu<u>isse</u>
2. ignis Vestae Rōm<u>am</u> urb<u>em</u>
aetern<u>am</u> esse significat
3. Augustus glōriātus est 'marmoream <u>sē</u> relinqu<u>ere</u> urbem'
4. Venus prōmīsit <u>sē</u> ipsam fīlium ad
līmen domūs patriae duct<u>ūram esse</u>'
5. Nōn fās est <u>tē</u> hinc comitem
portāre Creūsam
6. Anchīsēs terr<u>am</u> ill<u>am</u> longin-
qu<u>am</u> quaerend<u>am esse</u> cēnsuit
7. Fateor '<u>mē</u> Īlium bellō petī<u>visse</u>'
8. Vidēsne omn<u>ia</u> tūta <u>esse</u> et clas-
s<u>em</u> soci<u>ōs</u>que servāt<u>ōs</u>...?

159

9. Fāma nārrābat Aenēam Trōiā vēnisse et cum Dīdōne concubuisse; eōs nunc rēgnī oblītōs in luxū vīvere turpī cupīdine captōs'

10. Fāma rēgīnae dētulit 'armārī classem cursumque parārī'

11. Crēdisne cinerem aut Mānēs sepultōs fidem nostram cūrāre? Ego reor nūmine deōrum Trōiānōs hūc vēnisse

12. Numquam negābō 'tē bene meritam esse dē mē', neque ego spērāvī hanc fugam cēlārī posse

13. Anna nōn intellegit sorōrem furentem fūnus parāre

14. Cōnstat Aenēam domō profugum prīmō in Macedoniam vēnisse, inde in Siciliam dēlātum esse, ab Siciliā ad Latium tenuisse

15. Turnus molestē ferēbat advenam sibi praelātum esse

16. Mezentius rēbātur opēs Latīnōrum nimis crēscere

17. Faustulō spēs erat rēgiam stirpem apud sē ēducārī, nam iussū rēgis īnfantēs expositōs esse sciēbat

18. Silvia, cum geminōs peperisset, 'Mārtem patrem esse' affīrmāvit

19. Numitor, cum audīvisset geminōs esse frātrēs, nepōtēs suōs servātōs esse suspicābātur

20. Herculēs, cum partem gregis abesse sēnsisset, pergit ad proximam spēluncam

21. Herculēs 'sē fātum implētūrum esse' ait

22. Euander: "Māter mea 'tē deōrum numerum auctūrum esse' cecinit, 'tibique āram hīc dicātum īrī'"

23. Quis crēdat puerīs nōn nocuisse feram?

24. Paris Venerem deam pulcherrimam esse iūdicāvit

**Exercitium 13**
1. classe: *abl sg 3 f*
2. agrum: *acc sg 2 m*
3. arma: *acc pl 2 n*
4. nāvēs: *acc pl 3 f*
5. rēx: *nōm sg 3 m*
6. advenārum: *gen pl 1 m*
7. aciēs: *nōm pl 5 f*
8. signum: *nōm sg 2 n*
9. ducem: *acc sg 3 m*
10. Trōiānōs: *acc pl 2 m*
11. sēdem: *acc sg 3 f*
12. gentis: *gen sg 3 f*
13. bellō: *dat sg 2 n*
14. dextrā: *abl sg 1 f*
15. societātem; *acc sg 3 f*
16. spem: *acc sg 5 f*
17. uxōris: *gen sg 3 f*
18. stirps: *nōm sg 3 f*
19. adventum: *acc sg 4 m*
20. certāmine: *abl sg 3 n*
21. rēbus: *dat pl 5 f*
22. opēs: *acc pl 3 f*

23. cōpiās: *acc pl 2 f*
24. situ: *abl sg 4 m*
25. flūminī: *dat sg 3 n*
26. fīliae: *dat sg 2 f*
27. partūs: *gen sg 4 m*
28. frātribus: *dat pl 3 m*
29. pecus: *acc sg 3 n*
30. nāte: *voc sg 2 m*

**Exercitium 14**
1. abdidisse, abditum
2. abēgisse, abāctum
3. adeptum
4. adolēvisse
5. arcessīvisse, arcessītum
6. compressisse, compressum
7. crēvisse
8. coēgisse, coāctum
9. cōnfūdisse, cōnfūsum
10. consuluisse, cōnsultum
11. dēdidisse, dēditum
12. īcisse, ictum
13. intulisse, illātum
14. īnstituisse, īnstitūtum
15. interēmisse, interēmptum
16. mānsisse
17. oppressisse, oppressum
18. recubuisse
19. spopondisse, spōnsum
20. trānsiluisse

## CAPITVLVM XLII

**Exercitium 1**
1. ... quō Rhēnum trānsīret
2. ... quibus nova urbs dēfenderētur
3. ... quī fascēs et secūrēs gererent rēgīque anteīrent
4. ... quī societātem novō populō peterent
5. ... quī lūdōs spectārent
6. ... quī Ascaniō haec nūntiet eumque in urbem dūcat
7. ... quī in Tiberim expōnerentur
8. ... quā amīcae suae dōnum emeret
9. ... quae alterī saeculō prōsint

**Exercitium 2**
1. rīte, iūra, agrestēs, coalēscere
2. līctōrēs, fascibus, secūribus, anteīrent, creāvit
3. īnsignia
4. asÿlum, quīlibet, perfugere
5. cum, tum
6. cīvitās, vīcīnīs
7. spernerent, lēgātiō
8. aegrē, lūdicrum, hospitāliter
9. spectāculum, discurrērunt
10. profūgērunt
11. indignātiōnem, mītigābat, blandīs
12. proinde
13. admodum, concitābant
14. lentē, occāsiōnem
15. vāna, fugat/-āvit, spoliat/-āvit
16. ēscendit, spolia
17. quercum, dēsignāvit
18. opīma, decus

**Exercitium 4**
1. ubi, unde, quō
2. illīc, illinc, illūc, hinc, ibi
3. hūc illūc
4. eō
5. hīc, inde, hūc, hinc, hīc

**Exercitium 5**
1. invāsērunt
2. clādēs, migrāvērunt
3. prōdidit, armillās, impūne
4. reciperārent, inīquō
5. effūsōs
6. dēmeret, sisteret
7. cōnfestim, iterāvērunt, prōvolāvit
8. clāmitābat, imbellēs, globō
9. aegrē, ēvāsit
10. fundere
11. pigēbat, īnfēstās, nefandō, respergerent
12. impetrāvērunt
13. foedus, prōdiērunt
14. cōnsociāvērunt, concors
15. cūriās, centuriās, cōnscrīpsit
16. Quirītēs

**Exercitium 7**
1. antequam Rōmam condidit
2. priusquam urbs R. validior esset
3. priusquam equitēs impetum facerent
4. antequam sōl ortus est
5. priusquam portae clauderentur

**Exercitium 8**
1. concursū, īnspērāta
2. convalēscere
3. immīsērunt, vāstārētur
4. populābātur
5. īnsidiīs, excīvit
6. modicum
7. perculsī
8. oppōnerentur, irrūpērunt
9. dīmicāvērunt
10. mīlitiae, acceptus
11. cōntiōnem, coorta, dēnsō
12. aliquamdiū
13. patrēs, sublīmem
14. plēbe, arguēbant
15. hodiernā, dēlāpsus, obvius
16. fānum
17. praesidium

**Exercitium 9**
1. ut pācem petant
2. quī pācem petant
3. ad pācen petendam
4. pācem petītum
5. pācis petendae causā

**Exercitium 11**
1. auxiliī ferendī
2. puerō intuendō
3. ad arcendam vim
4. novae urbis videndae
5. ad rapiendās virginēs
6. eius decoris adipīscendī
7. aurō pollicendō
8. arcis reciperandae

9. rēgis creandī
10. dē sacrīs faciendīs
11. ad sacerdōtēs creandōs
12. ad rēs dīvīnās cūrandās
13. ad turbandam omnium pācem
14. in diīs colendīs, in pāce cōn-
servandā

## Exercitium 12
1. peregrīnum
2. externī, adorīrentur
3. deinceps, imperitābant, inter-
rēgēs, interrēgnum
4. concessērunt, dēcrēvērunt, auctōrēs
5. faustum
6. augure, lituum, aduncum
7. vēlātō, uti, dēclārāret
8. dē integrō
9. indicāvit
10. discrīpsit, fāstōs, nefāstōs, ūtilēs
11. iniceret, monitū, nocturnōs
12. mīrāculō
13. assiduus, flāmen
14. ancīlia, saltāre
15. sānctās
16. generum, mandāvit
17. cōnservāta, violāre, dīligentiā,
coleret
18. temperātam
19. adverte

## Exercitium 14
1. notant
2. plausū
3. exsiliunt
4. columbae, agna, novella, cōnstitit
5. faciēs, laniat
6. geniālis
7. corrumpere
8. commoda
9. tubicen
10. nātae, pignora
11. prōcumbit
12. socer

## Exercitium 15
1. in lītore, in īnsulam propinquam
2. in latus, in fīrmō rōbore, in
partem interiōrem
3. in summam arcem, sub clipeō
4. in faciem, in gremium suum, in
gremiō (/super gremium)
5. super lectum medium, super
Priamō, super Hectore
6. sub tēctum, in spēluncam
7. in sinistrīs manibus, in eam, super
Tarpēiā

## Exercitium 17
1. ā + abl: ā senātū
2. ab + abl: ab urbe
3. ad + acc: ad vīllam
4. adversus + acc: adversus ōram
5. ante + acc: ante templum
6. apud + acc: apud medicum
7. circum + acc: circum digitum
8. citrā/cis + acc: citrā Tiberim
9. contrā + acc: contrā nātūram
10. cōram + abl: cōram populō

11. cum + abl: cum uxōre
12. dē + abl: dē caelō
13. ē + abl: ē castrīs
14. ergā + acc: ergā parentēs
15. ex + abl: ex urbe
16. extrā + acc: extrā moenia
17. in + abl/acc: vidē ex. 15!
18. īnfrā + acc: īnfrā lūnam
19. inter + acc: inter manūs
20. intrā + acc: intrā vāllum
21. iuxtā + acc: iuxtā viam
22. ob + acc: ob timōrem
23. per + acc: per fenestram
24. post + acc: post tergum
25. prae + abl: prae dolōre
26. praeter + acc: praeter ūnum
27. prō + abl: prō patriā
28. prope + acc: prope oppidum
29. propter + acc: propter īram
30. secundum + acc: s. flūmen
31. sine + abl: sine cūrā
32. sub + abl/acc: vidē ex. 15!
33. super + acc/abl: vidē ex. 15!
34. suprā + acc: suprā terram
35. trāns + acc: trāns Rhēnum
36. ultrā + acc: ultrā mare

## Exercitium 18
1. timēre īnf, timuēre perf
2. necāvēre perf, cavēre īnf
3. fēcēre perf, decēre īnf
4. vīdēre perf, rīdēre īnf
5. fūgēre perf, augēre īnf
6. audēre īnf, dedēre perf
7. tulēre perf, dolēre īnf
8. movēre īnf, mōvēre perf
9. ēgēre perf, egēre īnf

## Exercitium 19
1. cōnstitisse
2. convaluisse
3. coortum
4. dēcrēvisse, dēcrētum
5. ēscendisse
6. fūdisse, fūsum
7. invāsisse, invāsum
8. perculisse, perculsum
9. prōcubuisse
10. prōdidisse, prōditum

## CAPITVLVM XLIII

### Exercitium 1
1. indole, dissimilis
2. avītā, stimulābātur
3. repeterent
4. renūntiāvērunt
5. interfuērunt
6. pūrgāre, invītī, displicēret
7. indīcere
8. utrimque
9. cognātōs, cīvīlī
10. statīva, spatium
11. dictātōrem
12. pertinēbat
13. aggrederentur
14. trigeminī
15. disparēs

16. ictum
17. abolēvit
18. senēscere
19. quō, eō

### Exercitium 2
1. tantīs... ut... posset
2. ita... ut... nōminārētur
3. ita... ut... dīceret
4. tantā... ut... servīret
5. adeō.. ut... posset
6. tanta... ut... implēvisset
7. tantum... ut... ausī sint
8. adeō... ut... praebēret
6. adeō... ut... esset
10. tantum... ut... habēret
11. tam... ut... abstulerit
12. ita... ut... esset
13. convēnit ut... auspicārētur
14. ēvēnit ut... agerent
15. mōs est ut... accumbant
16. ut... veniat, incendat
17. ita... ut... daret, retinēret
18. hīs lēgibus ut... imperitāret

### Exercitium 4
1. uter
2. uterque, neuter
3. utrīque, alterōrum
4. utrimque
5. uter, alterīus
6. utrimque
7. utrīusque, utrī utrīs
8. utrōque, utrīque
9. neutrī
10. alterī
11. utrīque
12. alter, alter
13. utrīque

### Exercitium 5
1. adhortantur
2. prō, servitiō
3. increpuēre, mōtus, agitātiō anceps
4. exspīrantēs, integer
5. nēquāquam
6. inervāllīs
7. inclāmat
8. intāctus
9. strāgem, obiectus
10. dēfūnctus, iugulō
11. dēspōnsa
12. palūdāmentum, flēbiliter
13. complōrātiōne, increpat /in-
crepuit, trānsfigit/trānsfīxit
14. atrōx, duumvirīs
15. perduelliōnem, obnūbitō, reste,
suspenditō, pōmērium
16. gemīnātur

### Exercitium 7
1. "ego fīliam meam iūre caesam
iūdicō"
2. "ad vōs trānsībō, Fidēnātēs!"
3. "abeunt Albānī!"
4. "redī in proelium!"
5. "meō iussū circumdūcitur
Albānus exercitus"
6. 'iniussū suō Albānōs subiisse...'

7. 'unde venīrent et quid quaererent':
   "unde venītis et quid quaeritis?"
8. 'sē Trōiā venīre et novam sēdem
   quaerere': "Trōiā venīmus et
   novam sēdem quaerimus

**Exercitium 8**
1. iūdicēs, condemnāvērunt
2. colligāre, laqueum
3. prōvocāvit
4. prōvocātiōne, prōclāmāvit
5. decorātum, cruciātūs, dēfōrme
6. crīmen, līberātōrem, absolvit
7. foeditāte
8. vulgī, populārium, reconciliāre
9. palam, prōditiōnem
10. dēficerent
11. cōnfluunt
12. cornū, dīrēxit
13. sēnsim
14. circumdūcī
15. interclūderentur
16. trepidātiōne
17 citātus

**Exercitium 10**
1. voluissent, servāvissent
2. invēnerimus
3. esset, succumberem
4. coniūnxeris
5. habērem, lūderet, vidērer
6. fuisset, tulissem, dēlēvissem,
   exstīnxissem, iēcissem
7. tetigissent
8. capta esset, volverentur
9. esset, ferret
10. ferret, egēret
11. sēnsisset
12. creāveritis
13. dederis
14. victus esset, dīvīsisset
15. voluissem, fēcissētis
16. possēs, docuissem

**Exercitium 11**
1. grātulātus
2. illūxit
3. hesternō, cōntiōnantem
4. circumsistunt
5. iniussū
6. culpa, ductor, ruptor
7. perfidiā, dīmicātiōnem
8. centuriōnēs, saepiunt, īnsānābile,
   at, violāta
9. ligātus, quadrīgae, dīversās, lace-
   rātum
10. distractum
11. trādūcere
12. dīruta
13. maestitia, vagārentur
14. pulvis
15. continēns, miserābilium
16. passim
17. occupāta, ēdictum
18. duplicātus, ruīnīs
19. turmās
20. effringere
21. supplenda

**Exercitium 13**
1. tempestāte, secundum
2. ope
3. dēvīcit, invectīs
4. suscēperant, cultum
5. mīlitiā, dōnec
6. religiōne
7. statum
8. cōnflagrāvit
9. inventiōne, ōrātōriae, argūmentīs
10. causam
11. reciperet, identidem, lāmentātiōne
12. intentiō
13. dēpulsiō
14. quaestiō
15. ratiō
16. īnfīrmātiō, indemnātam
17. iūdicātiō

**Exercitium 15**
1. parāre, parere, reperīre
2. dōnāre, pōnere, pūnīre, cōnārī
3. claudere, laudāre, plaudere, audīre
4. sentīre, nūntiāre, mentīrī
5. redīre, rīdēre, reddere
6. ēducāre, ēdūcere, docēre
7. pārēre, perīre, aperīre, prōcreāre
8. conciliāre, dēsilīre, spoliāre
9. cōnficere, cōnsociāre, convenīre
10. fugāre, fugere, vāgīre
11. servāre, servīre, solvere
12. orīrī, morī, glōriārī, morārī
13. complectī, comitārī, potīrī
14. cūstōdīre, ōrdīrī, prōgredī
15. nescīre, nāscī, nōscere, secāre
16. abigere, nāvigāre, corrigere, ligāre
17. venīre, vēnīre, vēndere, vēnārī
18. vincere, vincīre, cruciāre, efficere
19. vertere, certāre, nūdāre, lūdere
20. indicāre, indīcere, dēdicāre, necāre
21. appellāre/-ere, colligāre/-ere
22. trucīdāre, occīdere

**Exercitium 16**
1. abolēvisse
2. aggressum
3. dēfūnctum
4. dēspondisse, dēspōnsum
5. dīrēxisse, dīrēctum
6. dīruisse, dīrutum
7. effrēgisse, effrāctum
8. illūxisse
9. increpuisse
10. ratum
11. saepsisse, saeptum
12. senuisse
13. supplēvisse, supplētum

**CAPITVLVM XLIV**
**Exercitium 1**
1. comitia
2. incursiōnem
3. fētiāle
4. ingreditur, postulāta
5. exposcit, fermē
6. terrestrēs, īnfernī, testor, per-
   solvere

7. fētiālis, māiōrēs nātū, quō pactō
8. duellō, cōnsentiō, cōnscīscō
9. ferrātam, dēlīquerant
10. īnstitūtum
11. dēmandātā
12. mūnītiōnibus, firmāta
13. quandō
14. amplificāvit, clandestīnīs
15. prōlātum, salīnae
16. lēgātūr
17. compos

**Exercitium 3**
1. sēditiōnem, commigrāvit
2. hērēs, dēcesserat, nurum
3. testāmentō
4. locō, honorātum
5. exsule, indignitātem
6. bonīs, māternā, āmigrāret
7. apta, strēnuō
8. carpentō, pilleum, volitāns
9. perīta, ālitem, nūntiam, dīvīnitus
10. augurium, cōgitātiōnibus
11. novitātem, cōnspicuus, cōmiter
12. tūtor
13. cōnsēnsū, compositam
14. accītus
15. funguntur

**Exercitium 4**
1. "relinquō, accēpī", 'sē relinquere,
   accēpisset'
2. 'Lāocoontem, dedisse, laeserit'
3. 'Aenēam, vēnisse, concubuisset'
4. 'sē, essent, īnstituisse'
5. 'sē, cōnspexissent, facerent'
6. 'sit, futūrum locum'
7. "petō, rēgnāvērunt", 'sē, petere,
   rēgnāvissent"
8. 'fungantur, sē, vīxisse'

**Exercitium 6**
1. vī, dolō ūsī sunt
2. pāce fruuntur
3. officiō iūdicis fungēbātur
4. rēgnō potītus est
5. carne hūmānā vescēbātur

**Exercitium 7**
1. captīvōs, revēxit
2. forī
3. lapideum, coeptīs, intervēnit
4. cōnflīxērunt
5. praeterquam, impedīvērunt
6. praecipua, incurrentēs
7. fōrmula, dēditiōnis
8. terminōs, dēlūbra, diciōnem
9. domuit
10. exōrdium, convallēs
11. ferunt, experrēctus
12. sēcrētum
13. ērudīre, ēvāsit
14. servā

**Exercitium 9**
1. secūrim
2. secūrī
3. puppim, puppī
4. turrī

5. turr**im**
6. sit**im**, sit**ī**
7. febr**im**, febr**ī**
8. Tiber**im**
9. Tiber**ī**
10. Charybd**im**

## Exercitium 10
1. fraude
2. rīxam
3. coercitī
4. ex compositō, dēiēcit
5. exsanguem, arbitrōs, properē
6. portendērunt
7. sōpītus, ictū
8. dictō audientem
9. mūneribus
10. exsulātum
11. probātus
12. cēnsum, virītim, habitū, distribuerentur
13. cēnsuit, classēs, centuriās
14. seniōrēs, iūniōrēs
15. pedester
16. immūnēs, prōlētāriī
17. tribūs
18. cornicen

## Exercitium 12
1. condidit, suovetaurīlibus, lūstrāvit
2. lūstrō, scrīptor
3. dignitās
4. aggere
5. prīvātim, hospitia, inclutum
6. perpulit
7. cōnfessiō
8. affectābat
9. ārdentis, īnstigābat, temeritāte
10. parricīdiīs, nūptiīs
11. continua, conquiēscere
12. accingerētur, rēgāle
13. facesse
14. furōre, īnstīnctus, contumēliīs
15. senectūs
16. grātuīta
17. frūstrārī

## Exercitium 13
1. admīr**ā**r**ī**, dīc**ere**, spern**ere**
2. parc**ere**
3. spect**ā**r**e**
4. pat**ī**
5. circumī**re**, conciliā**re**
6. admon**ē**r**e**, repet**ere**, allic**ere**

## Exercitium 14
1. puer**ō** egent**ī** post av**ī** mortem nāt**ō** 'Egeri**ō**' nōmen datum est
2. '**sibi** nōmen esse Tarquini**ō**'
3. **cui** Servi**ō** Tulli**ō** fuit nōmen
4. ultim**ō** rēg**ī** Rōmān**ō** 'Superb**ō**' cognōmen datum est
5. nōmen Mercuri**ō** est **mihi**

## Exercitium 16
1. bell**ō** pār
2. cum indol**e** tum sp**ē** ... ferōcior
3. nec aetāt**e** nec vīr**ibus** disparēs
4. nec sp**ē** nec vīr**ibus** parēs

5. glōri**ā** pār
6. neque quisquam ... ūll**ā** art**e** cum Servi**ō** cōnferrī potuit
7. disparēs mōr**ibus**
8. et aetāt**e** et vīr**ibus** validior

## Exercitium 17
1. sēdit, praecōnem, praeparātī
2. maledīcere, suffrāgium
3. intervēnit, corripere, potiōrem
4. fautōrēs, arripuit, gradūs
5. cmitātū, admonitū, abhorret
6. profundēns
7. sanguinulentum, fertur
8. pietāte, paternō, tīnxit
9. lēgitima, licntia
10. amārus
11. vehiculum, rotārum, iūmentīs

## Exercitium 19
1. avītae *gen sg f 2*
2. proximus *nōm sg m 1*
3. pūblica *acc pl n 2*
4. cupidīs *dat pl m 2*
5. ōtiōsum *acc sg m 2*
6. medium *nōm sg n 2*
7. necessāriam *acc sg f 2*
8. ferōcī *abl sg m 3*
9. compotem *acc sg m 3*
10. paucīs *abl pl n 2*
11. caelestēs *voc (nōm) pl m 3*
12. īnfernī *voc (nōm) pl m 2*
13. iniūstum *acc sg m 2*
14. nostrum *acc sg n 2*
15. pūrō, piō *abl sg n 2*
16. māior *nōm sg f 3*
17. praesentibus *abl pl m 3*
18. priōrum *gen pl m 3*
19. omnem *acc sg f 3*
20. veterum *gen pl m 3*
21. novae *dat sg f 1*
22. variā *abl sg f 1*
23. ingentī *abl sg f 3*
24. potēns *nōm sg m 3*
25. impiger *nōm sg m 2*
26. omnibus *abl pl n 3*
27. magnī *gen sg m 2*
28. humiliōrem *acc sg m 3*
29. aptissima *nōm sg f 1*
30. fortī *dat sg m 3*
31. cupidō *dat sg m 2*
32. prīvātīs *dat pl n 2*

## Exercitium 20
1. arripuisse, arreptum
2. coluisse, cultum
3. cōnflīxisse, cōnflīctum
4. cōnscīvisse, cōnscītum
5. cōnsuluisse, cōnsultum
6. dēiēcisse, dēiectum
7. dēlēgisse, dēlēctum
8. dēlīquisse, dēlictum
9. distribuisse, distribūtum
10. domuisse, domitum
11. experrēctum
12. fūnctum
13. incurrisse
14. ingressum

15. īnstīgāvisse, īnstīgātum/īnstīnctum
16. nūpsisse, nūptum
17. perpulisse, perpulsum
18. portendisse, portentum
19. retinuisse, retentum
20. sēdisse
21. sīvisse, situm
22. solitum
23. tīnxisse, tīnctum

## CAPITVLVM XLV
### Exercitium 1
1. ... Rōmān**īs** auxili**ō** vēnērunt
2. cum victōria Horāti**ō** honōr**ī** et glōri**ae** esset, nex sorōris e**ī** crīmin**ī** fuit
3. rapīna Sabīnārum iuven**ibus** Rōmān**īs** magn**ō** fuit gaudi**ō**, at magn**ō** dolōr**ī** fuit parent**ibus**, quibus fortūna fīliārum cord**ī** erat
4. ... dea **cui** coniugia cūr**ae** sunt
5. "memor estō hās duās aciēs spectācul**ō** fore Etrūsc**īs**"
6. Lucum**ō** ... cī**vibus** invidi**ae** erat
7. comitia rēg**ī** creand**ō**
8. Servius cēnsum īnstituit, id quod r**eī** pūblic**ae** magn**ō** ūsu**ī** erat et rēg**ī** magn**ō** honōr**ī**
9. Tarquinius Superbus dīxit 'moram suam salūt**ī** **sibi** atque ill**īs** fuisse'
10. ... ea rēs e**ī** crīmin**ī** fuit
11. Mīnōtaurus odi**ō** erat Athēniēn**sibus**, Daedalus i**īs** admīrātiōn**ī** erat
12. Dīdō Aenēae ēnsem mūner**ī** (= dōn**ō**) dederat.

### Exercitium 2
1. invīsōs, exsilium
2. dictitāret
3. imminuit, paucitāte, contemptus
4. administrābat
5. nūptum, auctōritās
6. invectī
7. īnsolēns, quicquam
8. eōdem
9. invidiā, minās, iactāvit
10. māchinātus
11. hospitium
12. prōtraherentur, enimvērō, manifēsta
13. īnsōns, crāte
14. collaudātīs, difficulter
15. manipulīs

### Exercitium 4
1. adulēscēns ūn**īus** et vīgintī ann**ōrum**
2. frātrēs geminī ei**usdem** aetā**tis** sunt
3. longitūdinem passuum XI mīl**ium** CXC (opus arcuātum pass**uum** LX)
4. classem vīgintī nāv**ium**
5. virī omn**is** gener**is**
6. armillās magnī ponder**is**
7. eius modī ānulus magnī preti**ī** est
8. **huius** modī litterae, ars scrībend**ī**
9. rēx ingeni**ī** bellicōs**ī**
10. quadringent**ōrum** ann**ōrum** opus

11. iuvenis indolis rēgiae
12. cīvēs prīmae classis, cēnsum centum mīlium habent
13. cīvēs īnfimī ōrdinis
14. altera ferōcis animī erat, altera mītis ingeniī
15. mōrem senātum dē rē pūblicā cōnsulendī solvit
16. nūntius dubiae fideī vidēbātur
17. opera labōris māiōris
18. tantae mōlis erat...

**Exercitium 5**
1. aequābat
2. talenta
3. trānsfugere, saevitiam
4. usquam
5. prōtegerent
6. assentīre, rebellandum
7. prūdentiam, assūmpsit
8. prōmptissimīs, praedātum
9. ad ultimum, obībat, tolerābat
10. scīscitātum
11. dēlīberāre
12. inambulāns, papāverum, dēcussit
13. imperfectā, praeciperet
14. operāriī, indignābantur
15. pererrābat

**Exercitium 7**
1. tantā audāciā erant
2. tantā iūstitiā fuisse dīcitur
3. bovēs mīrā speciē
4. māximā cāritāte erat
5. bonō animō esse
6. equum ingentī magnitūdine
7. fīlia inhūmānā crūdēlitāte
8. dea mīrābilī pulchritūdine

**Exercitium 8**
1. portentum. ānxiīs
2. ōrāculum
3. specū
4. stultitiam
5. lūdibrium
6. sortī
7. aliō
8. praepotentī
9. dītārī, magnificentiā
10. lēnīre
11. obsidēre
12. iuvenālibus, terēbant
13. incaluerant, mentiō
14. castissimam
15. praestāre
16. iuventae, invīsimus
17. āvolant
18. aequālibus
19. sērā
20. castitāte, penes
21. libīdō, stuprandae
22. expers

**Exercitium 10**
1. multī Trōiānī duce Aenēā ē patriā profectī sunt
2. Ascaniō puerō Lāvinia rēgnāvit
3. Rōmulō rēge numerus cīvium Rōmānōrum duplicātus est

4. nōn auctōribus patribus rēgnāvit
5. Brūtus dīs testibus iūrāvit
6. T. Mānliō cōnsule Iānus clausus est
7. servī rēgis ūdīs geniīs rediērunt
8. dubiā victōriā, magnā caede
9. mē vīvō
10. dictīs factīsque omnibus ad fallendum aptīs, īnsciā multitūdine
11. rē imperfectā
12. īnsciō Collātīnō
13. patre et virō praesentibus

**Exercitium 11**
1. hospitālī
2. pudīcae, inclīnārī
3. dēdecus
4. iugulātum, adulteriō
5. obstināta
6. fidēlibus, mātūrātō, incidisse
7. obortae
8. satin', pudīcitiā
9. dexterās, adulterō
10. noxam, dēlictī
11. peccat
12. peccātō, impudīca
13. prōlāpsa
14. mānantem, extractum
15. iūrāvit, exsecūtūrum
16. victrīx
17. pestifer, pestem

**Exercitium 13**
1. pugnābātur
2. pugnātum est
3. dīmicātum est
4. certātum erat
5. ventum est
6. reditum est
7. curritur, ventum est
8. rēgnātum est
9. nunc est bibendum, dormiendum nōn est

**Exercitium 14**
1. concientur
2. inertēs, castīgāvit, voluntāriī
3. quācumque
4. tribūnum, magistrātū
5. stuprō, orbitāte, miseriā/miseriīs
6. opificēs, bellātōribus
7. abrogāret
8. ultrō, praefectō
9. exsecrantur
10. mōtūs, comprimeret, exāctus
11. simultātem, rapīnīs
12. centuriātīs

**Exercitium 16**
1. aerātā
2. epulās, errōris
3. nūptae, pudīcae
4. pavet, dēprehēnsa, īnfēstō
5. palmīs, urgentur
6. grandaevum
7. exsequiās
8. reticet, pudibunda, perennis
9. ēloquī, mātrōnālēs
10. veniam dant

11. damnum, generōsō, stīllantem, prōle
12. sēmianimis, concussā, impavida
13. ināne
14. honestī, annuum

**Exercitium 18**
1. superbē
2. iūstē
3. leviter
4. celeriter
5. pulchrē
6. ācriter
7. subitō
8. benignē
9. cōmiter
10. falsō
11. pariter
12. sapienter
13. pūblicē
14. prīvātim
15. postrēmō
16. ferōciter
17. libenter
18. facile
19. difficulter
20. gravius
21. fortissimē
22. melius
23. prius
24. male
25. bene
26. quīnquiēs
27. sexiēs
28. deciēs

**Exercitium 19**
1. concīvisse, concitum
2. concussisse, concussum
3. dēcussisse, dēcussum
4. dēprēnsisse, dēprēnsum
5. ērubuisse
6. exēgisse, exāctum
7. fāvisse
8. incaluisse
9. obsēdisse, obsessum
10. oppressisse, oppressum
11. praestitisse
12. prōlāpsum

**CAPITVLVM XLVI**

**Exercitium 1**
1. ducentēsimō, coercēret
2. placuit, diūturnitās, redderet
3. prīvātōs
4. patrimōniō
5. collēgam
6. commōvit, restituerētur
7. invicem
8. cōnsenuit
9. vindicāret, dictātor
10. dictātūra, cōnsulātus
11. magister equitum, obsequitur
12. tribūnōs plēbis
13. contendit, mīliārium
14. repudiāvit, dēprecātiōne
15. omnīnō
16. iūgerum, sūdōre, praetextam
17. trecentēsimō, decemvirī
18. damnātus, cōnsulāre
19. excīsae
20. dītissimam
21. labōrārent, regressī
22. supervēnit

**Exercitium 2**
1. nē vāna urbis magnitūdō esset
2. nē quis impūne ... prōderet
3. nē ... sacra neglegerentur
4. nē quandō ea arx hostium esset
5. nē ipse rem tam trīstem iūdicāret
6. nē obvius fieret

7. nē stuprum ā decemvirō sustinēret
8. nē Capitōlium obsidērent
9. nē cōnsulēs longius imperium habērent, nē īnsolentiōrēs redderentur
10. nē sē orbum līberīs facerent
11. nē inultam mortem esse sinat

## Exercitium 4
1. sexāgēsimō, tribūnī mīlitārēs
2. persevērāvērunt, quadriennium
3. praesūmpsērunt, triennium
4. honor
5. singulārī, torquem
6. tīrōnibus, amplius
7. corvus, unguibus
8. prōvocāverat, meritum
9. subāctī, perdomitī
10. iugum
11. cēnsor, strāvit
12. tribūnī mīlitum
13. lēgātus

## Exercitium 6
1. ante diem ūndecimum kalendās Māiās annō septingentēsimō quīnquāgēsimō tertiō a.C.n.
2. annō ducentēsimō quadrāgēsimō quīntō a.u.c. sīve annō quīngentēsimō nōnō a.C.n. rēgēs exāctī sunt
3. sextō decimō annō post rēgēs exāctōs tribūnī plēbis creātī sunt
4. annō a.u.c. trecentēsimō sexāgēsimō quartō Rōma ā Gallīs capta est
5. L. Genūciō Q. Servīliō cōnsulibus mortuus est Camillus
6. T.Veturiō Sp. Postumiō cōnsulibus annō quadringentēsimō trīcēsimō tertiō a.u.c. ...
7. Ap. Claudiō M. Fulviō cōnsulibus annō a.u.c. quadringentēsimō nōnāgēsimō ...
8. ante diem quārtum īdūs Mārtiās annō quīngentēsimō tertiō decimō a. u.c. Q. Lutātiō A. Mānliō cōnsulibus
9. īdibus Mārtiīs annō quadrāgēsimō quārtō a.C.n., id est a.u.c. septingentēsimō decimō
10. ante diem tertium nōnās Iānuāriās annō sescentēsimō duodēquīnquāgēsimō a.u.c., centēsimō sextō a.C.n.

## Exercitium 7
1. trānsmarīnus
2. elephantōrum, incognitās
3. contigit
4. honōrificē, tractāvit
5. īnfāmēs
6. comperisset, sollicitāvit
7. aequīs, remandātum
8. venēnō
9. honestāte
10. obtinuit
11. quadringentēsimō, septuāgēsimō
12. expāvērunt
13. trucī
14. adversō
15. explōrātor

## Exercitium 9
1. A. = Aulus
2. Ap. = Appius
3. C. = Gāius
4. Cn. = Gnaeus
5. D. = Decimus
6. K. = Kaesō
7. L. = Lūcius
8. M. = Mārcus
9. M'. = Mānius
10. P. = Pūblius
11. Q. = Quīntus
12. Sex. = Sextus
13. Ser. = Servius
14. Sp. = Spurius
15. T. = Titus
16. Tib. = Tiberius

## Exercitium 10
1. rōstrātīs, nāvālī
2. dēceptus
3. retrō
4. fidem, castella
5. perniciē, refūgērunt, coniectus
6. dēmersit, pugnātōribus
7. naufragium, calamitāte, īnfrāctus
8. pompā
9. permūtātiōnem
10. negāvit
11. complexū
12. īnfīnītum, redāctum
13. tractum
14. trānsāctō, tribūta
15. fiscō
16. modiōrum
17. trīticum
18. contigerat
19. historicus
20. grandem
21. perēmisset, stīpitī
22. īnsignis, ingreditur, superēminet

## Exercitium 12
1. pectus -oris *n;* lectus -ī *m;* flūctus -ūs *m*
2. sonus -ī *m;* onus -eris *n;* genus -eris *n*
3. pontus -ī *m;* pondus -eris *n;* mundus -ī *m*
4. nīdus -ī *m;* sīdus -eris *n;* gradus -ūs *m*
5. rītus -ūs *m;* lītus -oris *n;* frīgus -oris *n*
6. latus -eris *n;* status -ūs *m;* metus -ūs *m*
7. lupus -ī *m;* opus -eris *n;* foedus -eris *n*
8. corpus -oris *n;* hortus -ī *m;* portus -ūs *m*
9. tempus -oris *n;* campus -ī *m;* pignus -oris *n*
10. vultus -ūs *m;* vulnus -eris *n;* mūnus -eris *n*
11. dolus -ī *m;* holus -eris *n;* scelus -eris *n*
12. facinus -oris *n;* asinus -ī *m;* manus -ūs *f*
13. porticus -ūs *f;* dēdecus -oris *n;* pecus -oris *n*

## Exerciium 13
1. cessisse
2. comperisse, compertum
3. cōnsenuisse
4. contempsisse, contemptum
5. contendisse

6. dēcēpisse, dēceptum
7. excīdisse, excīsum
8. expāvisse
9. flūxisse
10. īnfrēgisse, īnfrāctum
11. lūxisse
12. perrēxisse
13. perēmisse, perēmptum
14. redēgisse, redāctum
15. rettulisse, relātum
16. regressum
17. subēgisse, subāctum
18. trānsēgisse, trānsāctum
19. tribuisse, tribūtum

# CAPITVLVM XLVII
## Exercitium 1
1. commentārius, flōruērunt
2. excerpsit, chronicī, annālēs
3. cōnspectum, incōnspectum, temere
4. cognōmentum
5. poēmata
6. obiit
7. tragoediās, exagitātus, vexātus. dēscīvit
8. cōnscrīpsērunt, philosophiae, nātūrālī
9. tragicī, nōbilitātī
10. philosophus, convictus
11. obsidiōne, obrēpentēs, dēpulit
12. coniectūram

## Exercitium 3
1. decem mīlia sēstertium/nummum
2. Iuppiter, pater deum hominumque
3. Cincinnātus agrum IV iūgerum colēbat
4. Sp. Carvīlius iūrāvit 'uxōrem sē habēre līberum quaerundōrum causā'

## Exercitium 4
1. trānsgressus, orientālēs
2. diūtinō, circumvāllātī
3. notam, subscrīpsērunt, pondō, lībrās
4. celebrātus
5. quīngentēsimō, dīvortium, sterilis
6. cōmicus, prōposuit
7. obtrectāvit
8. historia, prōdit
9. hospita, vēnundare
10. percontātus, dēsipere
11. foculō, deussit, subinde
12. dēlīrāre
13. exussit, ecquid
14. cōnstantiam, cōnfidentiam, mercātus
15. sacrāriō, conditī
16. quīndecimvirī, cōnflīctātur
17. dēiūrant, scrīptīs
18. mecastor, iūs iūrandum, meherc(u)le
19. edepol

## Exercitium 6
1. exīre = ēgredī; exit = ēgreditur; exeunt = ēgrediuntur; exiit = ēgressus est
2. timēre = verērī; timeō = vereor; timēmus = verēmur; timēbāmus = verēbāmur
3. exspectāre = opperīrī; exspectāte! = opperīminī!
4. occidere ↔orīrī; occidēns ↔oriēns
5. temptāre = cōnārī; temptābat = cōnābātur; temptāvit = cōnātus est; temptātūrus = cōnātūrus
6. cēnsēre = arbitrārī = rērī; cēnseō = arbitror = reor; cēnsēbat = arbitrābātur = rēbātur
7. ambulāre = gradī; ambulat = graditur; ambulābat = gradiēbātur
8. āmittere ↔adipīscī; āmittit ↔adipīscitur; āmīsit ↔ adeptus est
9. errāre = vagārī; errāns = vagāns; errābam = vagābar; errābō = vagābor
10. interrogāre = percontārī; interrogant =percontantur; interrogāvērunt = percontātī sunt
11. ōrāre = precārī; ōrābit = precābitur; ōrēmus! = precēmur!
12. emere = mercārī; emō = mercor; ēmī = mercātus sum
13. prōmittere = pollicērī; prōmittō = polliceor; prōmīsī = pollicitus sum; prōmīsit = pollicitus est
14. redīre = revertī; redeō =revertor; redeunt = revertuntur; redībō = revertar; redībunt = revertentur; redīte! = revertiminī!
15. dīvidere = partīrī; dīvidit = partītur; dīvide! = partīre!
16. gaudēre = laetārī; gaudeō = laetor; gaudeāmus! = laetēmur!
17. spectāre = intuērī; spectābat = intuēbātur; spectā! = intuēre!
18. tolerāre = patī; tolerō = patior; tolerāvī = passus sum

## Exercitium 7
1. convīcisse, convictum
2. dēpulisse, dēpulsum
3. dēscīvisse
4. excerpsisse, excerptum
5. exussisse, exustum
6. flōruisse
7. trānsgressum

## CAP. XLVIII
### Exercitium 1
1. memorābile, contulērunt
2. ultrō
3. blandiēbātur
4. trāiceret, adēgit
5. successit, distulit
6. vixdum, assuēsceret
7. magistrātibus, exsuscitāret
8. assentiēbantur, meruit
9. habile
10. nītēbātur

## Exercitium 3
1. intrōductīs, dēnūntiārent
2. necdum, pervāstātīs
3. angulus, plānam, vergēbat
4. vīneās, arietēs, quassāre, ēmūnītus
5. obsistēbant, missilibus, submōvērunt
6. tumultuāriō, incautē, trāgulā
7. quīn, oppugnātiō
8. circumsedēbant, apparātū
9. prōcideret, redēgērunt
10. tūtō
11. irrītātī, dēposcerent
12. grātificārī
13. perōrāvisset
14. in diēs, dēspērātiō, exspectātiō, ūnica
15. succīnctus
16. cōnsultant, excissum

## Exercitium 5
1. praetōrem
2. assignātūrum
3. inviolātī
4. prīvātō, sēmet
5. pervāsit
6. statiōnibus, mōmentō
7. excidiō, maeror, summā
8. sortītī sunt, ēvēnit
9. equestrēs, īnsuper, quīnquerēmēs
10. comparātīs
11. auctōritāte, obligāre
12. omittite, mentiōnem, parturit
13. succlāmāvērunt
14. labōriōsum, trānsitum
15. periochae

## Exercitium 7
1. vigiliās
2. victimīs
3. angustiās
4. perangusta, patēscit, assurgunt
5. armātūram
6. inexplōrātō, faucēs, nebulā
7. adversō, imprōvīsīs
8. repēns, expedīrī
9. adhortātor, prōstrāvit
10. nōscitāns, dēpopulātus
11. calcāribus subditīs , cōnfertōs, lanceā
12. vagī
13. praetor
14. propinquōs
15. circumfundēbantur, āvellī, inquīsīvissent
16. sōspitēs, exanimātae
17. prōpraetōrem
18. rescinderent
19. quandō, nequīverant

## Exercitium 9
1. Cūnctātōre
2. crīminārētur, aequātum

3. īnsidēbant
4. callidus, sarmentīs, alligātīs
5. vīcum, commūnīvērunt, affluēbat
6. aquātōrēs, aquābantur, aditum, ēvectī
7. impatientiam, contrādīcēbat
8. interpositus
9. cuneus, prōminēbat
10. irruentēs
11. inīqua, recentibus
12. fundā, dēficiēbant
13. opplētus, praetervectus/-vehēns, fūnestam
14. macte, cavē
15. obruērunt

## Exercitium 11
1. mūnīmentō
2. quaestōrēs, cōnsulārēs, praetōriī
3. perfūnctus
4. epulāberis, praedēcam
5. pēnsandum
6. exclūsisset, mātūra
7. ad, viāticum
8. pālātī
9. reliquiīs, speciēs
10. absterruērunt
11. libēns, celebrāvit
12. perblandā, praeposuissent
13. aedīlis

## Exercitium 13
1. exposuit, grātēs
2. suprā, exuit
3. dīmidium, explēret
4. īnsigne
5. supplēmentum, commeātum
6. tolerābilī, vidēlicet
7. ecquōs
8. cōnsultum
9. luxuriātus, ēnervārentur
10. prōcōnsul
11. dēscrīpserat
12. speculandī, obequitāvit
13. cōnscīvērunt
14. pālōs
15. professus
16. trānscendit, ductū
17. acervus

## Exercitium 15
1. dēbellāvit,.trānsvectus
2. renūntiāvit
3. adamāvit
4. castīgārētur, hausit
5. possessiōne
6. frendēns, temperāns
7. obtrectātiōne
8. dēfōrmitāte, reditūs, exsultābit
9. compōnere
10. alibī
11. disseruit
12. indūtiae, aliō
13. perfugās, trirēmēs, portiōnibus, obsidēs
14. lūgubre

## Exericitum 17
1. thema
2. thema praesentis, perfectī, supīnī
3. (1) īnfīnītīvus praesentis
   (2) participium praesentis
   (3) praesēns indicātīvī
   (4) imperfectum indicātīvī
   (5) futūrum
   (6) praesēns coniūnctīvī
   (7) imperfectum coniūnctīvī
   (8) gerundium
   (9) gerundīvum
   (10) imperātīvus praesentis
   (11) imperātīvus futūrī
4. (1) īnfīnītīvus perfectī
   (2) perfectum indicātīvī
   (3) plūsquamperfectum indicātīvī
   (4) futūrum perfectum
   (5) perfectum coniūnctīvī
   (6) plūsquamperfectum coniūnctīvī
5. (1) supīnum I
   (2) supīnum II
   (3) participium perfectī (passīvī)
   (4) participium futūrī

## Exercitium 18
1. adēgisse, adāctum
2. cucurrisse
3. dēfēcisse, dēfectum
4. distulisse, dīlātum
5. dīripuisse, dīreptum
6. disseruisse, dissertum
7. explēvisse, explētum
8. exscidisse, exscissum
9. exuisse, exūtum
10. hausisse, haustum
11. inquīsīvisse, inquīsītum
12. nequīvisse
13. obiēcisse, obiectum
14. obruisse, obrutum
15. opplēvisse, opplētum
16. permiscuisse, permixtum
17. prōcidisse
18. prōfessum
19. trāiēcisse, trāiectum
20. trānscendisse

## CAPITVLVM XLIX
### Exercitium 5
1. īnfitiātur, antecēdere
2. nātiōnēs, praestat, quotiēs-cumque, congressus
3. dēbilitātus
4. hērēditās, puerulum
5. obitum, utpote, suffectus
6. comprobātum
7. posteāquam, foederātam
8. concīdit
9. eā
10. cōnseruit, prōflīgāvit
11. indiguisset
12. verba dedit, dētrīmentō, ex-pedīvit
13. obductā, dēligātīs, dispālātōs, vīsū
14. operam, suspīciōnem

15. sēiungit
16. rēpit

## Exercitium 3
1. quamdiū
2. ēnumerāre
3. facultātēs, impraesentiārum, compōneret
4. bīduō
5. nihilō sētius/minus
6. corōnā
7. vectīgāllibus, pendī
8. grātiā, adversārius
9. palam, publicāvērunt, disiēcērunt
10. cōnsīderāret
11. prōvīdit, avāritiam
12. plumbō
13. īnscientibus, aēneās, prōpatulō
14. praebuit
15. dīlēctū

## Exercitium 5
1. rōbustum, dissidēbat
2. utrobīque
3. cōnsiliō
4. serpentēs, venēnātās, fictilia
5. cohortātiōnem, classiāriōrum
6. praeceptō
7. nautica
8. aliās
9. ūsū vēnit
10. patrēs cōnscrīptī
11. cōnsuētūdinem, fortuītō
12. arbitriō, cōnsuēverat
13. prīstinārum, acquiēvit
14. districtus, nōnnihil, doctōre
15. concēperat, eximere
16. dūcēbat, innumerābilēs, per-agrāvisset
17. mētārī
18. ēlegāns

## Exercitium 7
1. vocāsse, vocāstī, vocāsset
2. vocārat, vocārit, vocārunt
3. cōnsuēsse, cōnsuēstī, cōnsuēsset
4. cōnsuērat, cōnsuērit, cōnsuērunt
5. nōsse, nōstī, nōsset
6. nōrat, nōrit, nōrunt
7. petiisse/petīsse, petiistī/petīstī, petiisset/petīsset
8. petierat, petierit, petiērunt

## CAPITVLVM L
### Exercitium 1
1. initum, quīnquāgēsimō
2. vexāvit, collātīs
3. supplicātiōnēs
4. hībernābat, trānsfugīs
5. mercātus
6. āream, prōnūntiāvit, immūnēs
7. percēnsuit
8. avēbant, mīrābundī
9. raptim, praeoccupāverat
10. sēnsū, voluptātis, impēnsā
11. tantummodo, vīcīnitātis, quod
12. citeriōrem, pācāvit
13. conventus, ēdisseruit, subiēcit,

dēportāre
14. prōsecūtī, servātōrem, acclā-mant
15. trānsportāvit
16. trīduum, īnfectum
17. continēns
18. māiōrēs

## Exercitium 3
1. porrō
2. iugum, dirimit
3. permūnīverat
4. verticēs, īnsīderent, callibus, circuīrent
5. artā, nī, subsidiō
6. incautōs
7. sēniermibus, trānsmīsit
8. circumvectus, contemplārētur
9. diurnō, continuātus
10. intermissā
11. dīlūcēsceret, scālīs
12. exaequātus
13. peculātūs, intercessit
14. dūxit
15 rādīx

## Exercitium 5
1. expedītiōnibus, ēventū
2. līs
3. deinceps
4. iactūrā
5. praecepta, (post) quam, murmur
6. incrēvit, fremitus, immemor, vērī similem
7. ēvānuit, ōmen, īnsidēbat
8. augurium, laureātās
9. dēnūntiāvit
10. pulvīnāria
11. nāvālibus, coniūrātī
12. inviōs

## Exercitium 7
1. contentus, extorris
2. miserātiōne, sortī, illacrimāvisse
3. ignōbilēs
4. clēmentiam
5. abaliēnāvisset
6. mercātūrās/-am, lembō, dēveheret
7. cōnsciīs, postīcum, māceriam
8. dēlituit
9. ministeriō, abscēdēbant
10. incolumitātem, trānsitiō
11. praetoriam
12. pullō, tabernāculum, introiit
13. cōnsurrēxit, porrēxit, submittere
14. subāctus, violenter, percontātiō-nem
15. fidūciam, utcumque
16. cōnspectum, effulgēbant
17. mūtātiōnis
18. flātū
19. accessiō

## Exercitium 9
1. superfūdit
2. continentī
3. praeses
4. distat, salūtāribus
5. disciplīnā

167

6. solitō, secus
7. tribūnālī, tribūtum
8. artificibus, lūdicram, athlētae
9. opulentiā
10. vulgō
11. remedium
12. adoptāvit

**Exercitium 11**
1. successor
2. documentum
3. adoptiōnem, turmātim
4. praetextātōs
5. prōgeniē
6. cōnfūdit, dēflēvisset
7. quaesō
8. inexpugnābilia
9. prōventus, gaza
10. impedīmentum
11. dēstinat

**Exercitium 13**
1. 'cūr Iūlia plōret?'
2. 'Iūliam plōrāre, quia Mārcus eam pulsāverit'
3. 'puerum quī puellam pulset improbum esse'
4. 'Lāocoontem poenam meruisse, quod ... sacrum rōbur laesisset'
5. 'Aenēam Trōiā vēnisse, cum quō virō pulchra Dīdō concubuisset'
6. 'quid petentēs vēnerint?' 'sē invītōs aliquid quod Tullō displiceat dictūrōs esse: rēs repetītum sē vēnisse'
7. 'fīliam suam iūre caesam esse!' 'nē sē, quem paulō ante cum ēgregiā stirpe cōnspexissent, orbum līberīs facerent!'
8. 'rēgiōs puerōs Macedonēs/-asque aliōs quī Samothrācae essent, sī trānsiissent ad Rōmānōs, incolumitātem lībertātemque et sua omnia servātūrōs quae aut sēcum habērent aut in Macedoniā relīquissent'
9. 'omnēs ut in Eumenis rēgis concurrerent nāvem; quem sī cēpissent aut interfēcissent, magnō iīs praemiō fore'
10. 'nē id ā sē fierī postulārent quod adversus iūs hospitiī esset'
11. 'et convīvium īnstruere et lūdōs parāre eiusdem esse quī vincere bellō scīret'
12. 'quod bellum per quadriennium quattuor ante sē cōnsulēs gessissent id sē quīndecim diēbus perfēcisse!'

**Exercitium 14**
1. dēlituisse
2. dirēmisse, dirēmptum
3. īnsēdisse, īnsessum
4. pependisse, pēnsum
5. perrēxisse
6. porrēxisse, porrēctum
7. questum
8. subēgisse, subāctum
9. trānstulisse, trānslātum/trālātum
10. vīsisse

**CAPITVLVM LI**

**Exercitium 1**
1. struī, dīlēctūs
2. dēprehendisse
3. perrogārentur
4. ēvicit, dēcrētō, perstāret
5. remōtum
6. compulērunt
7. irrita, explicitī
8. vituperandum, prōsecūtus, vigēre
9. Pseudo-, fīnxit, paelice
10. coībant, dētēcta, revicta
11. arbitrō, ērudītus
12. suffrāgābātur, aedīlitātem
13. sortem, obstrūxit
14. circuitū
15. senecta, nervī

**Exercitium 3**
1. praedīvitem
2. abstinentem
3. vēnātor
4. lābem, īnfīrmāvit
5. prōditōribus, complōrātus
6. furcā, salūtāre
7. caveā, accidit
8. ignōminiōsam, ratam
9. probātum
10. ultrō, luxuriā, disciplīnam
11. scorta, sēcernī, recīdit
12. septēnōs, vāllōs, vāllāre
13. exonerārentur
14. ēruptiōnēs
15. pābulātum, per vicem
16. dēlēvit

**Exercitium 5**
1. agrāriās, triumvirōs
2. prōmulgāvit, ōrdinis, offēnsā, modum
3. exārsit, partis
4. optimātibus, fragmentīs, subselliī
5. rogātiōnem
6. triumvirālibus, adversātus
7. quaestiō
8. ēloquentior
9. frūmentāriam, triente
10. admiscērentur, sublegerentur
11. perniciōsae
12. tribūnātum, colōniās
13. sēditiōsum

**Exercitium 7**
1. modestam, agitābat
2. formīdō, artibus
3. abundantiam, lascīvia
4. dominātiōnis, abstracta, dīlacerāta
5. nōbilitās, pollēbat
6. dispersa, asperā
7. bellicās, dīripiēbant
8. cōnfīnēs
9. modestiā, polluere
10. antepōnerent
11. vindicāre, noxia, āctiōnibus
12. dissēnsiō, permixtiō
13. moderāta
14. quōvīs, pessum dedit.

**Exercitium 9**
1. accurrere
2. adicere
3. alligāre
4. acquīrere
5. aspergere
6. attingere
7. cōgere
8. collābī
9. comprimere
10. corripere
11. corrigere
12. dēligere
13. dēscendere
14. diffīdere
15. dīgredī
16. displicēre
17. excerpere
18. effundere
19. illūdere
20. impellere
21. īnstituere
22. occidere
23. offerre
24. opprimere
25. perficere
26. pergere
27. prōsilīre
28. prōmere
29. redigere
30. suscipere
31. succēdere
32. trādere

**Exercitium 10**
1. dispersisse, dispersum
2. exārsisse
3. explicuisse, explicitum
4. fīnxisse, fictum
5. obstrūxisse, obstrūctum
6. polluisse, pollūtum
7. recīdisse, recīsum

**CAPITVLVM LII**

**Exercitium 1**
1. expedīre, dehinc
2. attrīverat
3. permānsit
4. concubīnā
5. dērelīquerat, decōrā
6. pollēns, inertiam, equitābat, iaculābātur
7. huius modī, anteībat
8. tametsī, negōtiō, vehementer
9. avidam
10. difficultātem, obiectāre
11. appetēbat
12. clāritūdinem, grātiam
13. factiōsī
14. pollicitābantur, vēnālia
15. sēcrētō, īnsuēsceret
16. aggressus, pariter
17. exāctā, novissimē, obtestātus, cārōs habēret
18. equidem, imbēcillum, dīlābuntur
19. observārent, ēnīterentur
20. sapientiā, ficta, agitābat
21. quit, mediocrī
22. -que -que

**Exercitium 3**
1. rēgulī, iūsta
2. disceptārent
3. quīnquenniī, rescindī
4. adoptātiōne
5. mōliēbātur
6. distribuendam, adulterīnīs
7. occursant, abdita, scrūtantur, tuguriō
8. dīvulgātur
9. frētus, contendere
10. contendit
11. quīs, acquīrant

12. largītiōne, commūtātiōnem, patrāvit
13. subvenīrent, tābēscere
14. flāgitia, anteferrent
15. dēprāvāta, extollēbat
16. accūrātissimē
17. commoda

## Exercitium 5
1. dīvīsiō, portuōsior
2. pollicitātiōnibus, intendit
3. ex imprōvīsō, praedātōriā
4. contumēliōsa
5. quippe quī
6. necessāriō, sēmisomnōs
7. īnsecūtī
8. mātūrantēs, malitiā
9. adulēscentiā
10. cōpia
11. pēnūriam
12. cōnfirmāvit
13. honōribus, ōcissimē
14. inceptō
15. dēfēnsābant, pacīscerētur
16. negōtiātōrēs

## Exercitium 7
1. obvēnit
2. familiārēs, adventārent, īnfectīs
3. flāgitiōsam
4. impugnāverat, administrum, assūmpsit
5. fidē, indicium
6. permagnā, patefierent
7. impudentiam, lūdibriō, augēscēbant
8. īnsidiātōrēs
9. artificēs, ēgressūs, īncōnsultē
10. reus
11. mātūrē, ēmptōrem
12. meditābātur
13. aspera
14. homō novus
15. ignāviā, socordiā
16. meamet, inīquī, arrogant, imāginēs

## Exercitium 9
1. dōna, vexillum, phalerās, cicātrīcēs
2. artificium, composita, faciēbat, ācta, praecepta
3. tūtāta, imperītiam
4. sciēns, adnītiminī, cōnsultor, iūxtā
5. abundē
6. capite cēnsōs
7. asperitāte, inculta, egentiā
8. tumulōsum, imprōvīsum
9. gentis, fācundus, facilis, largītor
10. illexit
11. decimā parte, sarcinās, latrōciniō
12. sustentābant, strepentibus

## Exercitium 11
1. dēfessīs, dē imprōvīsō
2. sonitū
3. hībernāculīs
4. quīs, expedītīs, funditōribus
5. praesidiō, speculātōribus

6. pertimēscere, haesitāret
7. īlicō
8. referre, in prōmptū, cōpiam
9. negitābat
10. exquīrit
11. accersī
12. necessāriīs
13. sita

## Exercitium 12
1. equitāre
2. iaculārī
3. sitīre
4. blandīrī
5. īnsidiārī
6. cūstōdīre
7. ōrdināre
8. sortīrī
9. epulārī
10. partīrī
11. sacrāre
12. largīrī
13. hībernāre
14. laetārī
15. pācāre
16. fīnīre
17. iūdicāre
18. mollīre
19. largīrī
20. nōmināre
21. ōsculārī
22. precārī
23. servīre
24. comitārī

## Exercitium 13
1. accersīvisse, accersītum
2. adeptum
3. attrīvisse, attrītum
4. cōnfīsum
5. disseruisse
6. docuisse, doctum
7. illexisse, illectum
8. intendisse, intentum
9. occidisse, occāsūrum
10. pactum
11. patefactum
12. pertimuisse
13. possēdisse
14. praestitisse
15. quīvisse
16. reppulisse, repulsum
17. strepuisse, strepitum

## CAPITVLVM LIII

### Exercitium 1
1. interniciōne
2. secundō
3. prōtraherētur
4. īnfīnīta
5. reportāvit
6. sescentēsimō, sociāle, asserere
7. lēctōrum
8. numerōsōs, prōscrīpsērunt, ēvertērunt
9. Collīnam, īnsatiābilī
10. agēns
11. ultrā, aedīliciī

### Exercitium 3
1. composuisset, successū
2. commorātur
3. lūdō, congregātō
4. sagittāriīs
5. īnfēstābant, celeritāte
6. pīrāticō, praesertim
7. disertissimus, locuplētis
8. togam virīlem, īnstituēbātur, rhētore
9. excellēbant

10. ēloquentiā, exercitābātur, causās
11. patrōnus, patrōciniō
12. fervēns, nervōs
13. remitteret, abundantī, moderārētur
14. doctrīnā, iuvenīlī

## Exercitium 5
1. meditātiōnibus, exercitātiōnibus
2. commentābātur, dēclāmitābat, suppeditat
3. commendātiōnem, ēlabōrātās, ēlūcubrātās
4. biennium, celebrātum
5. gracilitās, īnfīrmitās, prōcērum
6. figūra
7. remissiōne, varietāte, contentiōne
8. moderātiōne, temperātius
9. applicāvit, āctōrem, praestantem
10. redundantem, impūnitāte, repressit, diffluentem
11. commūtātus, resēdisset, dēfervisset
12. remissus, lēnis, ōrnātus
13. quaestūrā, mātūritātem
14. dēsignātus
15. stilō, quicquid, quantumcumque
16. assiduitātem, exquīsītum, vulgāre
17. praetūram
18. prōpositum, perspiciāmus

## Exercitium 7
1. puerīlis
2. hostīlis
3. aureus
4. poētica
5. ōrātōria
6. cīvīle
7. pīrāticum
8. Mārtius
9. nautica
10. foederātae
11. marmorea
12. hospitāle
13. triumphālis
14. immortālēs
15. studiōsus
16. fōrmōsa
17. dīvīna
18. pecūniōsus
19. agrāriae
20. circēnsēs
21. scaenicī
22. glōriōsus
23. Albānus
24. urbānī
25. lapideus
26. mercātōria
27. perīculōsa
28. Tiberīnum
29. patria
30. bellica
31. nāvāle
32. flāgitiōsa
33. vulgāris
34. repentīna
35. virīlis
36. argentea
37. contumēliōsa
38. pretiōsa
39. togātus
40. Vestālēs
41. ōtiōsa
42. fēminīnum

## CAPITVLVM LIV

### Exercitium 1
1. vectīgālibus
2. lacessītus
3. expetī
4. agitur
5. suscēpit
6. macula, īnsēdit, inveterāvit
7. latebrīs, ēmergit
8. iniūriōsē
9. cōnsulere
10. requīrent
11. comparātiōnem

12. disiūnctīs, contentiōne
13. fīrmāmentum, singulārī
14. oblīviō
15. tribuendum
16. afficta
17. exōrsus
18. nāviculārius

1. propter, retardātōs
2. commendārent
3. temperantiā, mānsuētūdine, hūmānitāte
4. differēbat
5. opīma, antecellat, ūbertāte, frūctuum, pāstiōnis
6. exportantur
7. irruptiō, pecua, cultūra
8. decimā, scrīptūra
9. pēnsitant, pūblicānī, exercent, exigunt
10. excursiōne, perbrevī
11. cūstōdiīs, ūtilitātī
12. gnāvī, negōtiantur, ratiō
13. diūtissimē

## Exercitium 5
1. dēpressam, domicilia, permultās
2. opīnātur, impertīvisse
3. congesserat
4. collēctiō, tardāvit
5. misericordiā, afflīctum, recreāvit
6. opīniō, religiōsissimī
7. longinquitāte, dēsīderiō, prōgressiōnem
8. adventī ciīs
9. offēnsiōnem, praeterit
10. incommodīs, medērī
11. cōnsultō, coniectūrā
12. praedicant, dissipāvisse

## Exercitium 7
1. restat
2. dēlīberātiōnem, antīquitātis
3. scientiam
4. concupīvit, concertāvit
5. imperātōria, pār, inaudītum
6. prōstrātī
7. taetrum, attenuātum
8. tempestīvō, quaestūs
9. adōrnāvit, ūndēquīnquāgēsimō
10. prō, extrēmā, ineunte

## Exercitium 9
1. administrae, innocentia, facilitās
2. centuriātūs, dēprōmptam, quaestū
3. admurmurātiōne, īrāscitur
4. quōcumque, recordantur
5. continēre
6. continentiā, sūmptum
7. perfugium
8. remorātum, dēvocāvit, amoenitās, dēlectātiōnem, cognitiōnem
9. querimōniae
10. gravitāte
11.vīlitās, cāritāte
12. īnsolitā, īnflātum, minitantem
13. splendōrem
14. rēmigēs

## Exercitium 11
1. moderātiōne, ingrātus
2. obtemperāverint, obsecundāverint
3. impudentem, dētulērunt
4. opportūnitās
5. prōfēcisset
6. petītiōne, repulsam
7. coniūrāvit
8. coniūrātiō, ēruta
9. coniūrātī
10. cōnspīrātiōnem
11. cōnsalūtātus, amplitūdinem
12. successit, lacrimābile

## Exercitium 13
| | |
|---|---|
| 1. aditus | 29. flētus |
| 2. admīrātiō | 30. furor |
| 3. aedificium | 31. gemitus |
| 4. argūmentum | 32. horror |
| 5. ārdor | 33. impedīmentum |
| 6. cāsus | 34. imperium |
| 7. calor | 35. largītiō |
| 8. clāmor | 36. lūctus |
| 9. cognitiō | 37. maeror |
| 10. collēctiō | 38. meditātiō |
| 11. colloquium | 39. mōtus |
| 12. conventus | 40. nāvigātiō |
| 13. cōgitātiō | 41. oppugnātiō |
| 14. cōnfessiō | 42. partus |
| 15. cōnspectus | 43. pavor |
| 16. decor | 44. plausus |
| 17. dēditiō | 45. pudor |
| 18. dēsīderium | 46. rīsus |
| 19. discessus | 47. sacrificium |
| 20. dīvīsiō | 48. sēnsus |
| 21. documentum | 49. splendor |
| 22. dolor | 50 studium |
| 23. ductus | 51. supplēmentum |
| 24. error | 52. terror |
| 25. exitus | 53. ūsus |
| 26. exspectātiō | 54. vestīmentum |
| 27. favor | 55. vigor |
| 28. fīrmāmentum | 56. vāgītus |

## Exercitium 14
1. affīnxisse, affictum
2. afflīxisse, afflīctum
3. concupīvisse
4. dēfervisse
5. dēpressisse, dēpressum
6. dēprōmpsisse, dēprōmptum
7. ēruere, ēruisse, ērutum
8. inveterāvisse
9. lacessīvisse, lacessītum
10. resēdisse

## CAPITVLVM LV
1. fēriīs, relaxāret
2. ventitātūrōs
3. nancīscī, commodō, abūtī
4. disputāre, investīgāre
5. vel, conquīrere, attinēre
6. interventus, propter, assīdere
7. puer, pergrātus
8. paululum, fēriātī, prātō, aprīcō
9. sīquidem
10. atquī, cōnsīderātiō

11. vicissim
12. parietēs
13. sērō

## Exercitium 3
1. globō, sphaerā, ratōs
2. disputātiōnēs, dissentiēbat
3. mūnus, ūsuī
4. explicāret, statum
5. approbāvērunt
6. persaepe
7. ingressus
8. coetus, commūniōne
9. coniūnctiō, distīncta
10. cōnstitūtiō, populāris
11. quodvīs, dēvincit
12. dominātū, particeps
13. quamvīs, aequābilitās, inīquitātem
14. excidērunt
15. secus

## Exercitium 5
1. temperātum
2.                , exsistere, cōnfūsiō
3. discrīptiōne
4. accommodābit
5. silvestris, bēluae, perhibentur
6. perceleriter, ascīvit, commūnicātīs
7. ōrātrīcēs
8. interitum, reccidit
9. fultus, locuplētāvit
10. cooptāvit
11. assecūtus, obscūrātō, compāruisset
12. subagrestis, impulsū, fertur
13. nūncupātus
14. cūnābulīs, adultum
15. ferōcitātem, labefactātam

## Exercitium 7
1. āream, arbitrātū
2. exemplārī
3. excessum, flāgitāret
4. dūxit, generātus, quāliscumque
5. prōgeniem
6. aliēnigena
7. virītim, dēpopulātiōne, abundārent, perceptiō
8. immānēs, caerimōniīs
9. celebritātēs
10. quamvīs
11. maculātus
12. pudēns, recordātiōne
13. dēterrimam
14. prōnum
15. īnflexerit, invīsius
16. rīte, immānitāte
17. prōcūrātor
18. postrīdiē
19. rēctōribus
20. stabiliōra, sempiternā

## Exercitium 9
| | |
|---|---|
| 1. altitūdō | 5. avāritia |
| 2. amīcitia | 6. celebritās |
| 3. amplitūdō | 7. concordia |
| 4. audācia | 8. cōnstantia |

9. crūdēlitās
10. dignitās
11. dīligentia
12. fēlīcitās
13. firmitās/-itūdō
14. foeditās
15. fortitūdō
16. grātia
17. gravitās
18. hūmānitās
19. īnsānia
20. iūstitia
21. laetitia
22. longitūdō
23. maestitia
24. magnitūdō
25. malitia
26. miseria
27. multitūdō
28. nōbilitās
29. patientia
30. paucitās
31. perfidia
32. potentia
33. pudīcitia
34. pulchritūdō
35. saevitia
36. sōlitūdō
37. stultitia
38. trīstitia
39. superbia
40. ūtilitās

## Exercitia 10
1. ascīvisse
2. distīnxisse, distīnctum
3. excidisse
4. exstitisse
5. fulsisse, fultum
6. nactum
7. placuisse/placitum esse
8. reccidisse
9. solitum

## CAPITVLVM LVI
### Exercitium 1
1. collacrimāvit, caelitibus
2. citrō, multam
3. cubitum, excelsō, illūstrī
4. cohorruit, ēvertēs, hērēditārium
5. octiēs, fātālis,
6. ingemuit, arrīdēns
7. potius
8. offendit
9. ānfrāctū
10. nītitur

### Exercitium 3
1. cōnservātōribus, dēfīnītum, aevō
2. exstīnctus, vinclīs
3. alacer, dēfugeret
4. quī, templō, globōsae, animātae, circōs
5. pietātem, laxātī, lacteus
6. candōre, ēlūcēns
7. volvuntur, extimus, īnfīxae
8. subiectae, moderātor, temperātiō, radiīs, lūstrat
9. citima, fulgōre
10. subter, cadūcum
11. tellūs, nūtū
12. cōnexa
13. quoūsque
14. rutilus
15. pūnctum

### Exercitium 5
1. concentus, gravibus, aequābiliter
2. ratā, distīnctīs
3. stēllifer, conversiō, concitātior, acūtō, lūnāris
4. immōbilis
5. sphaerae, nōdus
6. nervōs
7. obsurduērunt, accolunt, praecipitat
8. sēnsus, hebes, aciēs
9. cingulīs, redimītus, subnīxī, obriguērunt
10. habitābilēs, austrālem, trānsversī, adversī, īnsistunt
11. interruptī, dīlātārī
12. interest
13. ēluviōnēs, exustiōnēs
14. populāriter, mētiuntur, discrīptiōnem, vīcēsima
15. amputārī

### Exercitium 7
16. pruīnā
17. trānatāvit

### Exercitium 7
1. contuērētur, illecebrīs
2. perennis, obruitur, posteritātis
3. ciētur, inanimum, aliunde, pulsū
4. fragile
5. integer, ōcius, pervolābit
6. volūtantur, exagitātī
7. renāscī
8. aestuōsās, inhospitālem, fābulōsum
9. aestīvā
10. torridā, ārida, quōcircā
11. pharetrā

### Exercitium 9
1. exārdēscere, exārsisse
2. dēfervēscere, dēfervisse
3. ingemēscere, ingemuisse
4. cohorrēscere, cohorruisse
5. dēlitēscere, dēlituisse
6. illūcēscere, illūxisse
7. pallēscere, palluisse
8. expavēscere, expāvisse
9. obrigēscere, obriguisse
10. ērubēscere, ērubuisse
11. obstupēscere, obstupuisse
12. conticēscere. conticuisse
13. pertimēscere, pertimuisse
14. contremēscere, contremuisse
15. convalēscere, convaluisse

### Exercitium 10
1. pōne |sub cur|rū nimi|um pro|pinquī
2. sōli|s ‿in ter|rā domi|bus ne|gātā
3. dulce |rīden|tem Lala|gēn ‿a |mābō
4.       dulce lo|quentem